CHRISTIANE HEIBACH (HG.)

ATMOSPHÄREN

D1726400

HFG FORSCHUNG

Band 3

Die Reihe HfG Forschung wird
herausgegeben von
Marc Jongen und Uwe Hochmuth

Wissenschaftlicher Beirat:
Prof. Dr. Peter Sloterdijk
Prof. Dr. Wolfgang Ullrich
Prof. Dr. Heiner Mühlmann

CHRISTIANE HEIBACH (HG.)

ATMOSPHÄREN

DIMENSIONEN EINES DIFFUSEN

PHÄNOMENS

Wilhelm Fink

Bibliografische Information der Deutschen Nationalbibliothek

Die Deutsche Nationalbibliothek verzeichnet diese Publikation in der Deutschen
Nationalbibliografie; detaillierte bibliografische Daten sind im Internet über
http://dnb.d-nb.de abrufbar.

© 2012 Wilhelm Fink Verlag, München
(Wilhelm Fink GmbH & Co. Verlags-KG, Jühenplatz 1, D-33098 Paderborn)

Internet: www.fink.de

Gestaltung und Satz: Sahar Aharoni, Karlsruhe

Printed in Germany
Herstellung: Ferdinand Schöningh GmbH & Co KG, Paderborn

ISBN 978-3-7705-5420-1

INHALT

CHRISTIANE HEIBACH
EINLEITUNG

Atmosphären weisen eine gewisse Paradoxie auf: Einerseits sind sie allgegenwärtig und somit in ihrer Existenz kaum anzweifelbar, ja sogar lebensbedingend. Andererseits gehören sie zu den Phänomenen, die sich aus traditionell-wissenschaftlicher Perspektive einer analytischen Betrachtung entziehen: Ihnen kommt ein vornehmlich diffuser, weil kategorienverweigernder Charakter zu, der bisher auch ihren Einzug in die klassischen Wissenschaftsdisziplinen verhindert hat – und dies, obwohl ihre Aktualität in den verschiedensten Gebieten augenfällig wird.

Der etymologische Ursprung des Begriffs liegt im Griechischen und setzt sich aus »atmós« – »Dampf, Dunst, Hauch« und »sphairos« – »Kugel« zusammen. Damit ist die ursprüngliche Verortung in der Physik manifest – schon die Meteorologie des Aristoteles bezeichnete mit »Atmosphäre« die aus dem Wasserkreislauf resultierende Dunstschicht um die Erde, die die Strahlen der Sonne mildert und unser Klima reguliert. Heute steht die Bewahrung der Atmosphäre im Zentrum der Klimadiskussion und der naturwissenschaftlichen, geophysischen und meteorologischen Forschung.

Der umhüllende, nicht sichtbare, gleichwohl spürbare Charakter der physikalischen Atmosphäre wird übertragen, wenn der Begriff für unsere soziale Lebenswelt adaptiert wird und beispielsweise von ›zwischenmenschlichen Atmosphären‹ die Rede ist. Wie Wolfhart Henckmann feststellt, entzieht sich dieser Typus der Atmosphäre jedoch – anders als die physikalische Atmosphäre – der Messbarkeit; auch für den »Druck, den sie auf uns (menschliche) Lebewesen in wechselnder Intensität ausübt« und mit dem sie unsere Erlebnisqualität prägt, gilt diese Nicht-Erfassbarkeit durch empirische Messverfahren (Henckmann 2007: 48).

Die Übertragung des Begriffs »Atmosphäre« in unsere soziale Lebenwelt hat (mindestens) zwei Dimensionen: Einerseits er-

streckt sie sich auf sozial-gesellschaftliche Prozesse, die – wie zuletzt in den Krisenakkumulationen globaler wie lokaler Politik und
Wirtschaft zu beobachten – nicht nach dem klassischen Ursache-
Wirkungs-Prinzip funktionieren: So wird die Finanzkrise mittlerweile mit fiktiven Wertzuschreibungen, Vertrauen, Wetten und
Gerüchten in enge Verbindung gebracht (vgl. Vogl 2010). Derart
unwägbare und unberechenbare Faktoren sind offensichtlich in der
Lage, eine komplexe Atmosphäre zu erzeugen, die über Milliar-
dengewinne oder Verluste, ja sogar über Existenzen von Nationen
zu entscheiden scheint. Auch die um sich greifenden revolutionären
Bewegungen in den arabischen Ländern obliegen Dynamiken, die
nicht allein durch die – schon länger existierenden – politisch-wirt-
schaftlichen Einschränkungen und Entbehrungen erklärbar sind –
die transnational um sich greifenden Proteste lagen (oder liegen
teilweise noch) offensichtlich geradezu »in der Luft«.

Zum anderen spielt die »Atmosphäre« in unserer medial
durchinszenierten Alltagswelt eine entscheidende Rolle und wird
zunehmend zur Ware und zum Konsumgut. Transkulturell gestaltete Erlebniswelten aller Art überziehen den Globus und zielen auf das »Erleben mit allen Sinnen« des Konsumenten ab, das
psychophysisches Wohlbefinden inhärent an Atmosphären-De-
sign knüpft, mit dem Ziel, das Konsumverhalten anzuregen. Damit befinden wir uns schon am Übergang zur Ästhetik, deren ur-
eigenes Feld, die Kunst, seit dem frühen 20. Jahrhundert ebenfalls
zunehmend »atmosphärisch« wurde – in dem Sinne, dass sie die
Betrachter gesamtleiblich zu involvieren trachtet und durch gezielten (Multi)Mediaeinsatz die Erzeugung von Atmosphären anstrebt, die diese vom ehemals distanziert-kontemplativen Rezipienten zum erlebenden Teilnehmer machen.

In diesem Sinne können also mindestens drei Typen von Atmosphäre identifiziert werden, die auch im Folgenden die Struktur
dieses Sammelbandes vorgeben: Nimmt man den Grad der Konstruktion als Referenzrahmen, so kann man von Atmosphären erster, zweiter und dritter Ordnung sprechen – oder von physikalischen, sozialen und medial-intendierten Atmosphären.

Zur Gruppe der *Atmosphären erster Ordnung* gehören demnach die Phänomene, die einen »natürlichen« Charakter aufweisen, ohne dass dabei auf den klassischen Dualismus von Natur – Kultur zurückgegriffen werden soll. »Natürlich« bedeutet in erster Linie »physikalisch« und umfasst die Luft und das Klima. Dem Vorschlag Peter Sloterdijks, das 20. und 21. Jahrhundert als Explikation der Atmosphäre zu verstehen, ist im Kontext dieses Bandes nur zuzustimmen. Dass sich die physikalischen Atmosphären in einer Wechselwirkung mit menschlicher und technischer Beeinflussung befinden, zeigen sowohl seine Analysen zum »Klimakrieg«, der die Intoxikation der Atemluft des Gegners zum Ziel hat (Sloterdijk 2004: 89 ff.), als auch die teilweise hitzig geführten gegenwärtigen Debatten zum Klimaschutz – eine »natürliche« Atmosphäre ist demnach niemals frei von techno-kultureller Beeinflussung.

Atmosphären zweiter Ordnung haben zwangsläufig einen weitgehend anthropozentrischen Charakter und können daher auch als »soziale Atmosphären« bezeichnet werden. Gemeint sind damit Atmosphären, die *in der* und *durch die* Interaktion von Personen (mit anderen Personen, aber auch mit Räumen, Dingen, Umgebungen aller Art) entstehen. Soziale Atmosphären haben sowohl eine Dimension des individuellen Handelns und Erlebens als auch eine gesellschaftliche der verschiedenen Formen kollektiven Handelns bzw. dessen Koordination in Gruppen und deren Erleben.

Atmosphären dritter Ordnung können als »intendierte Atmosphären« bezeichnet werden: Sind die Atmosphären erster und zweiter Ordnung emergente Phänomene aus allerdings verschieden gearteten Interaktionen zwischen Mensch und Umwelt mit mehr oder weniger dauerhaftem Charakter, so sind intendierte Atmosphären medial durchstrukturiert. Zu ihnen gehören Gebäude- und Städteplanung, Konsum- und Wellnessumgebungen, mono- und multimediale Kunstformen, Theater/Performance – alle als Bestandteile der gesellschaftlich-kulturellen Realität. Noch umfassender und bedrohlicher manifestieren sich intendierte Atmosphären in totalitären Systemen, die sich nach außen hin abschließen, um nach innen durch die Indoktrination der Zeichen- und medialen Systeme eine umfassende Verengung und Manipulation der

Lebens- und Denkräume vorzunehmen und die auf diese Weise »toxische Atmosphären« (Sloterdijk 2004: 189) erzeugen, denen sich kaum jemand entziehen kann.

Gerade dieser ethische Aspekt macht deutlich, warum die Beschäftigung mit Atmosphäre so relevant ist: Bei allen drei hier identifizierten »Typen« (die in erster Linie heuristische Strukturierungsfunktion haben) wird deutlich, dass wir es mit einer Komplexität zu tun haben, der mit analytischer Zergliederung nicht mehr beizukommen ist. Atmosphären umfangen die sie Erlebenden und werden wiederum gleichzeitig von diesen beeinflusst, teilweise sogar erzeugt. Sie sind mit dualistischen Konzepten kaum zu erfassen, auch mit einem Verweis auf die Forschungen einzelner Disziplinen ist es nicht getan, da nur Teilaspekte in den verschiedenen Terminologien erfasst, nicht aber zusammengedacht werden. Natürlich befasst sich die Psychologie beispielsweise mit dem un- und vorbewussten Spüren und den Emotionen, die inhärent mit Atmosphären verbunden sind; gleichermaßen hat die interpersonale Kommunikationsforschung einiges zur Entstehung sozialer Gruppendynamiken beizutragen, ebenso wie die Medienwissenschaften sich für die Funktionsweise intendierter/inszenierter Räume und Umgebungen interessieren – alles für das Phänomen »Atmosphäre« relevante Aspekte. Doch der transversale, volatile Charakter von Atmosphären, ihre Komplexität, wird durch die Betonung und Analyse von Einzelaspekten nicht adäquat erfasst, zumal die Brücken zwischen den einzelnen disziplinären Diskursen überhaupt erst zu schlagen wären. Atmosphären als reale Phänomene fordern unsere wissenschaftliche Theorien- und Methodenbildung auf mehreren Ebenen heraus – sie verlangen non-dualistische, inhärent interdisziplinäre Herangehensweisen, die sich auch jenseits etablierter wissenschaftlicher Denkmuster und Methodiken bewegen müssen.

Dies erklärt wohl auch, warum die geisteswissenschaftliche Beschäftigung mit dem Phänomen der Atmosphäre vergleichsweise jung ist: Obwohl Peter Sloterdijk im dritten Band seiner Sphärologie das 20. Jahrhundert als das »der Entfaltung des Atmosphärenbewußtseins« definiert, das »im Zentrum der Selbstexplikation der Kultur im 20. Jahrhundert steht« (Sloterdijk 2004: 161), waren es bisher nur vereinzelte Forschungen, zumeist aus der Philosophie, die sich ernsthaft mit dem Phänomen der Atmosphäre beschäftigten, und hier in erster Linie mit der Atmosphäre als einer spezifischen Weise des individuellen »In-der-Welt-Seins«. Hermann Schmitz als Begründer der »Neuen Phänomenologie« beginnt damit in den 6oer Jahren. In dieser Zeit erscheint auch eine pädagogische Untersuchung von Otto F. Bollnow, *Die pädagogische Atmosphäre* (1964), und 1968 legt der Neurologe und Psychoanalytiker Hubert Tellenbach sein Buch *Geschmack und Atmosphäre. Medien menschlichen Elementarkontaktes* vor. Darin bringt er die Atmosphäre sowohl mit den, von der Philosphie bisher kaum beachteten, »niederen Sinnen« Geruch und Geschmack als auch mit dem Begriff des »Mediums« in Verbindung. Für Tellenbach ist die Atmosphäre das »Medium[s], in welchem das Dasein sich seiner Welt und diese sich ihm mitteilt« (Tellenbach 1968: 52), weshalb die Elementarsinne Geruch und Geschmack auch diejenigen sind, die das Kleinkind als erstes in Kontakt mit der Außenwelt bringen und die Grundlage für sein Weltverhältnis darstellen. Tellenbach versteht »Atmosphäre« daher nicht nur als ein Medium zwischen Ich und Welt, sondern auch als Kennzeichen des »Ich« – die Atmosphäre des Individuums bildet sich in der frühkindlichen Phase aus und begleitet es sein Leben lang.

Dieses Doppelverständnis von »Atmosphäre« ist nicht weit von Hermann Schmitz' Definition von Gefühlen als »räumlich, aber ortlos, ergossene[n] Atmosphären« (Schmitz 1998: 22) entfernt. Beide identifizieren in der Atmosphäre einen elementaren Zustand der individuellen Weltaneignung, der sich vor aller bewussten Wahrnehmung und Propriozeption befindet: Die leibphilosophische Annäherung von Schmitz und das psychologisch motivierte Verständnis von Tellenbach finden ihre gemeinsame Basis in einem Denken jenseits von analytisch-dualistischen Kategorien. Die Verbindung von Atmosphäre mit den Modi des gesamtsinnlichen und vorbewussten Spürens stellt diese zudem in einen inhärenten Zusammenhang mit einer Unmittelbarkeit, die einem techno-medialen Weltvermittlungsverständnis fast anachronistisch entgegen zu stehen scheint. Die Verortung der Atmosphäre in einer nicht-euklidischen Räumlichkeit, die sich erst mit dem Wahrnehmenden konstituiert, hebelt die Subjekt-/Objekt-Differenz insofern aus, als Atmosphäre nicht ohne, aber durchaus jenseits des wahrnehmenden Subjekts existiert – wer sie wahrnimmt, ist gleichzeitig auch Teil von ihr, ohne sie notwendigerweise als Teil von sich zu erleben – ihre Position ist innerhalb der Subjekt-Objekt-Polarität nicht mehr eindeutig bestimmbar.

Die »Entdeckung des Unbestimmten« im 20. Jahrhundert ist somit auch die geistige Grundlage, in der die Explikation der Atmosphäre in all ihren Dimensionen überhaupt erst möglich wird (Sloterdijk 2004: 35). Diese spiegelt sich auch in dem in den letzten Jahren kontinuierlich gewachsenen Interesse der Geisteswissenschaften an »diffusen Phänomenen«: Tatsächlich steht eine Beschäftigung mit der Atmosphäre in engem Bezug zu kulturwissenschaftlich motivierten Forschungen, die sich zunehmend mit chronisch unterbestimmten Phänomenen wie Emotionen, dem Charisma, der Aura und der Stimmung oder auch mit Prozessen der Kollektivität befassen, die traditionell weniger rational, sondern vielmehr psychophysisch bestimmt werden.[1]

All diese Forschungsfelder befinden sich an Schnittpunkten von Ontologie und Epistemologie: Sei es, dass ontologische Bestimmungen in Frage gestellt werden, wie dies in neueren soziologischen Ansätzen wie in Bruno Latours »Actor-Network-Theory« der Fall ist, die den Menschen als nur ein agens unter vielen versteht und Bakterien genauso wie Experimentalaufbauten eine aktive kulturverändernde Rolle zugesteht; sei es, dass epistemologische Sicherheiten, auf denen das Selbstverständnis des modernen Menschen aufbaut, plötzlich ins Wanken geraten, wie die Leibphilosophie der Neuen Phänomenologie herausarbeitet (vgl. Schmitz 2009), die

---

1 Vgl. zur »Stimmung« beispielsweise den Sammelband von Gisbertz (Hg.) 2011, zum Zusammenhang von Emotion, Kommunikation und Kollektiven die Sammelbände von Schaub/Suthor/Fischer-Lichte (Hg.) 2005 zur »Ansteckung« sowie von Horn/Gisi (Hg.) 2009 zu Schwärmen. Ebenso wäre zu nennen Baxmann 2000, Gamper/Schnyder (Hg.) 2006, Brandstetter/Brandl-Risi/van Eikels (Hg.) 2007.

auch für andere Bereiche der Philosophie, insbesondere die Ästhetik aufgegriffen wird (vgl. Böhme 1995). Die von Sloterdijk konstatierte Hinwendung der Wissenschaften zur Unbestimmtheit impliziert somit auch die erneute Infragestellung nach den Bedingungen unserer Wahrnehmungskategorien, die vor dem Hintergrund der Atmosphären-Diskussion auch das in den medienorientierten Ansätzen der Kulturwissenschaften nahezu unhinterfragte Dictum von der prinzipiellen Vermitteltheit unserer Perzeptionen erneut zur Diskussion stellt.[2] Umgekehrt allerdings wirft das Beharren der phänomenologischen Herangehensweise auf die unmittelbare Leibwahrnehmung die Frage nach dem Verhältnis von Atmosphäre zur Medialität auf, die kaum mit einer Entweder- (Unmittelbarkeit der Wahrnehmung) / Oder- (prinzipielle Vermitteltheit der Wahrnehmung) Entscheidung zu beantworten sein wird.[3]

Die Beschäftigung mit Atmosphären impliziert somit nicht nur die Hinwendung zu verschiedenen Dimensionen eines diffusen Phänomens, sondern sie geht inhärent in die Tiefe unserer ontologischen und epistemologischen Modelle. Die offenen Fragehorizonte betreffen jedoch nicht nur mehrere wissenschaftliche Disziplinen; sie gehen – wie schon erwähnt – über die rein wissenschaftliche Sphäre hinaus und verweisen auf hochaktuelle ethische Zeitprobleme. Atmosphären sind immer auch handlungsleitende Phänomene und dies auf verschiedenen Ebenen: Als Bedingung unseres Lebens ist die physikalische Atmosphäre unbedingt schützenswert und fordert ökologische Maximen; als Teil unserer Arbeits- und Lebenswelt ist sie Grundbedingung unserer sozialen Verankerung; als intendiertes Ereignis und medial inszenierte Umgebung fordert

---

2 Vgl. dazu auch entsprechende Diskussionen im anglophonen Raum, beispielsweise Massumi 2010.

3 Hinzu kommt ein weiterer Aspekt, der bisher in der Diskussion um die Leibphilosophie merkwürdigerweise nie thematisiert wird: Die Frage nach der Genderspezifik des Leibes. Ist eine Leibphilosophie, die vom männlichen Leibempfinden ausgeht, tatsächlich auch für das weibliche Leibempfinden uneingeschränkt gültig (ganz zu schweigen von Mischformen, die weder eindeutig weiblich noch männlich zu kategorisieren sind)? Mindestens im Bereich des Schmerzempfindens und der Sexualität ist dies berechtigterweise in Frage zu stellen; leider fehlt es bisher an entsprechenden Ausarbeitungen beispielsweise für eine weibliche Leibphilosophie.

sie von uns bestimmte Verhaltensweisen – kurz: Atmosphären sind
Steuerungsmechanismen und implizieren damit auch eminent starkes Manipulationspotential. Die wissenschaftliche Beschäftigung
mit Atmosphären bedarf daher nicht nur einer Überprüfung des
theoretischen und methodischen Instrumentariums, sondern auch
eines kulturkritischen Blicks auf die Allgegenwärtigkeit von inszenierten Räumen/Umgebungen und ihren Implikationen.

I. META-ATMOSPHÄREN: DIE THEORIEANSÄTZE

Den Anfang des Bandes machen die »Meta-Atmosphären«,
vier Beiträge, die sich mit der Frage nach einer theoretischen Annäherung an das Thema befassen. PETER SLOTERDIJK eröffnet den
Diskurs mit einer Ontologie des Klimas, die soziale und physikalische, ebenso wie mediale Atmosphären aufs Engste aufeinander bezieht.[1] Im Anschluss an Martin Heidegger und mit Bezug
auf Hermann Schmitz ist das Klima für ihn zu allervorderst eine
»kommunitarische Größe« und daher Ausdruck der menschlichen
Seinsweise als eine immer auf Andere bezogene. So erschaffen sich
die Menschen ihre Innenraumklimata (»Treibhäuser«) als Räume
der Zusammengehörigkeit und legen damit die ethische und ästhetische Basis für Kultur(en).

HERMANN SCHMITZ, den man mit Fug und Recht als »Doyen
der Atmosphärenforschung« bezeichnen könnte, schließt mit seinem Text daran an und arbeitet eine detaillierte Phänomenologie
der Atmosphäre auf der Basis eines nicht-subjektiven Gefühlsverständnisses aus. Er sieht in einem vorbewussten gesamtleiblichen
Empfinden den Kern unserer existentiellen Erfahrung und konstituiert diese jenseits klassisch-trennender analytischer Kategorien. Ihm gelingt damit eine besondere Art philosophischen »Mäanderns« durch die existentiellen Erlebensformen des Menschen
unter Vermeidung einer Subjekt-/Objektdifferenzierung, die er als
Resultat bestimmter philosophiehistorischer Prozesse entlarvt.

Der Beitrag von MARC JONGEN schließt indirekt an das Leibkonzept von Schmitz an, indem er – auf der Basis der Nietzschea-

---

1 Mein Dank geht an den Suhrkamp Verlag für die Genehmigung zum Abdruck
dieses Kapitels aus *Sphären II. Makrosphärologie* (1999, S. 143–157).

nischen Konzeption des witternden Philosophen – für eine Alternative zum logikgeleiteten Philosophieren eintritt. Jongen liest Nietzsches Plädoyer für eine Philosophie der niederen Sinne als eine Vorstufe der Sloterdijkschen These von der Explikation der Atmosphäre im 20. Jahrhundert und als eine Konsequenz der Dekonstruktion der systemorientierten Philosophie: Ohne das Auftreten und die Kultivierung der »niederen« Sinne des Geruchs und des Geschmacks (gleichermaßen aber auch der Taktilität) lässt sich die Atmosphäre als ontologisch-epistemologisches Paradigma des 20. Jahrhunderts nicht erfassen – hierfür hat Nietzsche den Weg bereitet, wie Jongen in seinem Beitrag zeigt. Die Hinführung zu Peter Sloterdijks Sphärologie verbindet das Wittern mit der Witterung – der Klima- und Wettermetaphorik, die Jongen zufolge alle drei *Sphären*-Bände durchzieht und Nietzsches intuitiver Epistemologie des Witterns eine komplementäre Ontologie hinzufügt.

Eine derartige Verbindung zwischen Wetter, Witterung und Klima diskutiert auch Mădălina Diaconu, indem sie der physikalischen Lesart die ästhetische Dimension des Atmosphären-Begriffs, wie sie vor allem bei Gernot Böhme zu finden ist, gegenüber stellt. In einer doppelten Bewegung setzt sie sich auf die Spur der Übertragungen: Zum einen in der Ästhetisierung der Beschreibung von meteorologischen Phänomenen, zum anderen in der Aisthetik Böhmes, in der Wetterphänomene als Exempel für atmosphärisches Spüren dienen. Diaconu stellt der Lesart Böhmes unter anderem Mikel Dufrennes Wahrnehmungsphilosophie gegenüber, um auf das Zusammenspiel von Spüren und Reflexion in der Aisthesis aufmerksam zu machen – nicht zuletzt fordert sie eine Atmosphärenkritik, die ethische Aspekte thematisiert.

II. ATMOSPHÄREN ERSTER ORDNUNG – PHYSIKALISCHE ATMOSPHÄRE

Der Geophysiker Dim Coumou stellt nach einem kurzen historischen Abriss zur Klimaforschung aus naturwissenschaftlicher Perspektive die theoretischen und methodischen Probleme des Umgangs mit der physikalischen Atmosphäre vor, einem Phänomen, das nicht so sehr ein Objekt mit weitgehend statischen Eigenschaften als vielmehr ein sich ständig wandelndes Emergenzphänomen

aus komplexen Prozessen ist. In der Klimaforschung erweisen sich
die Vielzahl der Parameter für die Messdaten und der Zwang zur
Erstellung von langfristigen Vorhersagen als größte Herausforderung für die Erstellung von Klimamodellen, die ohne Hochleis-
tungsrechner und Non-Stop-Datenverarbeitung überhaupt nicht
zu denken sind.

Der Politikwissenschaftler ALEXANDER THUMFART stellt anhand einer Fülle von Klimadaten die Frage nach unserem Umgang mit aktuellen Messdaten und darauf aufbauenden Zukunftsszenarien sowie nach den Konsequenzen für unser Verständnis des
Mensch-Umwelt-Verhältnisses. An seinem Beitrag wird deutlich,
wie stark – trotz der omnipräsenten ökologischen Forschung und
ihrer Rezeption in der Öffentlichkeit – der Schutz der Atmosphäre auf den Status eines Zukunftskonzeptes festgelegt bleibt: Zwar
ist die existentielle Dimension ihres Schutzes allgemein anerkannt,
dieser wird jedoch beständig in die Zukunft verlagert. Für Thumfart führt kein Weg an einer grundsätzlichen Neuorientierung unseres Weltverhältnisses vorbei, das er insbesondere in der ontologischen Gleichsetzung von Dingen, Lebewesen und Menschen sieht,
wie sie Bruno Latours neue Soziologie vornimmt, dessen Parameter er in konkrete Vorschläge für politisches Handeln überträgt.
PETER WEIBEL eröffnet schließlich in Form der »Elektrosphäre«
eine weitere Dimension der physikalischen Atmosphäre. Die Kern-
these seines Beitrags lautet, dass unsere soziale Existenz nicht nur
vom ökologischen Klima abhängt, sondern inzwischen genauso
von der Elektrizität. Deren Entdeckung mit der darauf aufbauenden Teilchenphysik ermöglichte erst die Entstehung einer globalen
Kommunikations- und Transmissions(atmo)sphäre, die für unser
Überleben und den Erhalt unserer ökologischen Atmosphäre entscheidend geworden ist.

III. ATMOSPHÄREN ZWEITER ORDNUNG – SOZIALE ATMOSPHÄREN

Gerade im Zuge der Krisen und Revolutionen, deren Zeugen
und Beteiligte wir in den letzten Monaten und Jahren waren, wird
deutlich, dass Atmosphären gesellschaftlich-kollektive Dimensionen haben, für die es jedoch an soziologischen und ökonomischen

Erklärungsmodellen fehlt, nicht zuletzt, weil die Komplexität und Diffusität der Faktoren eine klassische Ursache-Wirkungs-Konstellation unterläuft. Wie hilflos derzeit die ökonomischen Modelle solchen Ereignissen gegenüberstehen, zeigt der Beitrag des Wirtschaftswissenschaftlers Uwe Hochmuth, der seit Jahren schon an einem Modell arbeitet, das derartige »weiche« Faktoren mit berücksichtigt. Sein Beitrag zielt darauf ab, vor dem Hintergrund des ökonomischen Krisenbegriffs die Probleme der geltenden Modelle herauszuarbeiten, um Wege und Vorschläge für komplexere Alternativ-Konzepte zu eröffnen. Analog zur naturwissenschaftlichen Atmosphärenforschung geht es auch hier um eine theoretische Flexibilisierung und Komplexitätsinduktion von Modellen, um bessere Vorhersagen treffen zu können.

Der Mediziner, Psychologe und Psychiater Hinderk M. Emrich wendet sich anschließend einem weiteren Brückenschlag zwischen Natur- und Geisteswissenschaften zu, diesmal allerdings wieder aus der Perspektive des Individuums: Er verbindet mit »Atmosphäre« eine spezifische Form der Wahrnehmung, die neurophysiologisch untersucht werden kann und deren Erforschung Rückschlüsse auf die eminent philosophischen Fragen nach der Konstituierung eines einheitlichen Bewusstseins und eines emotionalen Weltzugangs zulassen. Es handelt sich dabei um das Phänomen der Synästhesie und der intermodalen Sinneskopplungen, die – so Emrich – ein reicheres und komplexeres Erleben der Umwelt implizieren. Synästhesie und Welterleben sind für Emrich inhärent miteinander gekoppelt, zumal Prozesse der intermodalen Integration von Sinneswahrnehmungen aus psychologischer Sicht ein wesentlicher Faktor der homogenen Bewusstseins- und Identitätsbildung darstellen. Emrich denkt diesen integrativen Ansatz weiter bis hin zu »heilenden Atmosphären« und fragt nach den »salutogenetischen« Potentialen von Atmosphären in der Medizin.

Andreas Rauh eröffnet eine weitere Perspektive sozialer Atmosphären, indem er einen naheliegenden, aber bisher kaum reflektierten Bezug zur Pädagogik herstellt. Die Lernatmosphäre stellt in den wenigen pädagogischen Theorien, die sie thematisieren, eine Herausforderung dar, da sie sowohl die Perspektive des Lehrenden als auch die des Lernenden einzunehmen erfordert – und zwar auf der Basis von Stimmung und Gestimmtheit, also »weichen« emotionalen Faktoren. Die solchermaßen erweiterte Pädagogik nimmt Rauh zum Anlass, um eine empirische Herangehenweise zur Erschließung atmosphärischer Phänomene vorzustellen, die »aisthetische Feldforschung«. Es wird kaum verwundern, dass es dabei wiederum um eine Erfassung der komplexen Vorgänge des leiblichen Spürens geht, das in diesem Fall in erster Linie über Sprache erfolgt und eine erhebliche Wahrnehmungssensibilisierung erfordert.

HEINZ PAETZOLD greift in seinem Beitrag ebenfalls die Frage nach Atmosphäre und Weltzugang auf und verbindet sie mit dem ästhetischen Konzept des Flaneurs. Das Erleben der Atmosphäre eines offenen städtischen Raumes, so seine These, erfordert das absichtslose Sich-Bewegen des müßigen, aber gerade deshalb geistig offenen Flaneurs. Dabei identifiziert Paetzold mehrere Ebenen des Erlebens, von denen die gesamtleibliche nur eine darstellt: Er führt darüber hinaus die kulturell-semiotische Theorie des Symbols als Ausdruckserleben nach Cassirer ein und verbindet sie mit den phänomenologischen Ansätzen von Hermann Schmitz und Gernot Böhme.

IV. ATMOSPHÄREN DRITTER ORDNUNG – MEDIALE ATMOSPHÄREN

Der große Themenkomplex der intendierten medialen Atmosphären beginnt mit GERNOT BÖHMES phänomenologischer Erkundung eines typischen Phänomens der westlichen Konsumkultur: dem Einkaufszentrum. Im Sinne von Edmund Husserls Dictum »Zu den Sachen selbst!« analysiert er das Nord-West-Zentrum in Frankfurt am Main – eine unspektakuläre und vergleichsweise schlichte, aber gerade deswegen auch durchaus typische Shoppingmall, die nicht im gigantomanen Geist der heutigen Luxusmalls geplant und gebaut wurde. Böhme widmet sich vor dem Hintergrund seiner eigenen Atmosphären-Theorie den einzelnen Aspekten des Einkaufszentrums, wobei die Oszillation zwischen absichtsvoller medialer Konstruktion und aus der Interaktion der Besucher entstehender sozialer Atmosphäre ein wesentliches Element darstellt: Es kommt nämlich hier zur Überlappung von Atmosphären, was – genauer betrachtet – vielmehr der Normal- als der Ausnahmefall ist.

Von hier aus ist der Weg zur Frage nach dem Verhältnis von Atmosphäre und Manipulation nicht weit: CHRISTIANE HEIBACH untersucht anhand von Leni Riefenstahls Film *Triumph des Willens* den Zusammenhang von medialer Gestaltung und Beeinflussung der Zuschauer. In Ergänzung zum vorbewussten gesamtleiblichen Erleben bei Schmitz geht es ihr darum, die Frage nach dem Verhältnis von »Unmittelbarkeit« und Medialität zu diskutieren – tatsächlich ist die Mobilisierung von Massen im 20. Jahrhundert ein inhärent mit den Massenmedien gekoppelter Prozess. Deren Produkte können auf die Lenkung von größeren Menschenmengen explizit abgestellt sein, was nicht immer so fatale Folgen wie in den Diktaturen zu haben braucht – und dennoch bedarf es eines Verständnisses der Funktionsweise von Medien, um Manipulationsformen zu erkennen und zu durchschauen.

YANA MILEVS politisch-mediales Szenario der allgegenwärtigen »Breaking News« behandelt das Thema der Manipulation im Kontext der massenmedialen Konstellationen der Gegenwart: Die auf instantane Übermittlung abgestellte Medienwelt produziert beständig »Breaking News«. Diese erzeugen eigene Bild- und Kommunikationswelten, die in die Politik, die Wirtschaft und die individuelle Lebenswelt eingreifen, ohne dass ihre Akteure noch erkenn- und identifizierbar wären. Milev spitzt dieses verschwörungstheoretische Szenario bewusst zu, indem sie an sich getrennt existierende Bild- und Textsphären kombiniert und auf diese Weise die Brutalität und den Zynismus der massenmedialen Kommunikations- und Informationsmechanismen offen legt. In ihrer Welt gibt es kein Entrinnen vor machtpolitischen Strategien, deren Drahtzieher nicht einmal mehr benannt werden können.

ANKE FINGER schließlich wendet den Begriff der »Atmosphäre« auf das viel gescholtene und häufig als totalitär abgekanzelte Konzept des Gesamtkunstwerks an. Ihr Augenmerk gilt den Verschiebungen, die sich im Verlauf der Moderne an diesem ästhetisch-atmosphärischen Komplex par excellence gezeigt haben – vom Ideal des geschlossenen Ganzen bei Wagner, das Multimedialität und mehrsensuelles Erleben des Publikums zur Generierung einer Alternativwelt zusammenspannt, bis hin zur zunehmenden Fragmentierung des Ganzheitlichen in Konzepten offener Multimedialität und Multisensorik in der neuen Medienkunst.

So verhältnismäßig geschlossen diese Blöcke wirken mögen, so zeigt jedoch die Vieldimensionalität des Phänomens Atmosphäre auch Überschneidungen, die den primär heuristischen Charakter der Strukturierung in Atmosphärentypen deutlich machen. Klimaforschung ist ohne Reflexion auf soziale Prozesse und mediale Präformierung kaum adäquat zu erfassen; ebenso sind soziale Atmosphären gleichermaßen mit physikalischen und medialen Aspekten verbunden; dasselbe gilt für die intendierten Atmosphären. Diese Interferenzen der Perspektiven verweisen auf weitere Forschungsfelder: Atmospären sind nicht nur situativ-räumliche Phänomene, sondern auch zeitlich, sie manifestieren sich nicht nur in homogener Form, als *eine* Atmosphäre, sondern können heterogen-interferierend, sogar widersprüchlich aufeinander treffen. Hier ergeben sich weitere Fragen für die Zukunft, die es zu beantworten gilt und für die der interdisziplinäre Dialog und die non-dualistische Theorienbildung zu intensivieren sind.

Das vorliegende Buch geht auf die Tagung »Atmosphären erleben. Dimensionen eines diffusen Phänomens« zurück, die vom 3.–5. Juni 2011 im Rahmen des von der DFG geförderten Forschungsprojekts »Epistemologie der Multimedialität« unter dem Dach des HfG Forschungsinstituts in Karlsruhe stattgefunden hat. Für deren Gelingen ist zahlreichen Personen zu danken: Peter Sloterdijk hat als Rektor der Staatlichen Hochschule für Gestaltung Karlsruhe (HfG) das Vorhaben tatkräftig unterstützt; der Vorstand des Zentrums für Kunst und Medientechnologie, Peter Weibel, stellte dessen Infrastruktur für die Veranstaltung kostenlos zur Verfügung; Uwe Hochmuth, Prorektor für Forschung der HfG, Marc Jongen, Leiter des HfG Forschungsinstituts, und Monika Theilmann im Rektorat standen stets mit Rat und Tat zur Verfügung. Ebenso gilt mein Dank Sarah Wilhelm, Anna Maria

Tekampe, Stella-Sophie Seroglou, Kai Hanneken und Malte Pawelczyk für ihren Einsatz während der Tagung. Für die Aufnahme des Bandes, der noch um die Beiträge von Mădălina Diaconu, Andreas Rauh und Alexander Thumfart ergänzt werden konnte, in die Reihe »HfG Forschung« sei den Herausgebern der Reihe, Uwe Hochmuth und Marc Jongen, sowie den Mitgliedern des Wissenschaftlichen Beirats gedankt, Sahar Aharoni für die graphische Gestaltung und Anna Maria Tekampe für die hilfreiche Unterstützung beim Lektorat. Und last but not least wäre ohne die finanzielle Unterstützung der Deutschen Forschungsgemeinschaft das ganze Unterfangen nicht realisierbar gewesen.

Während dieser Band noch im Werden war, erreichte uns die Nachricht vom plötzlichen Tode Heinz Paetzolds im Juni 2012. Ihm soll an dieser Stelle gedacht werden: In seinem Beitrag fasst er noch einmal wesentliche Aspekte seines ästhetischen Denkens zusammen und stellt wichtige Fragen, die zu beantworten leider nicht mehr ihm, sondern der Nachwelt obliegen – seine Stimme wird im Atmosphärendiskurs nun schmerzlich fehlen.

Karlsruhe, im August 2012

LITERATUR

Baxmann, Inge (2000):
Mythos Gemeinschaft.
Körper- und Tanzkulturen in
der Moderne, München: Fink.

Böhme, Gernot (1995):
Atmosphären. Essays zur
neuen Ästhetik, Frankfurt
a.M.: Suhrkamp.

Brandstetter, Gabriele/
Brandl-Risi, Bettina/van
Eikels, Kai (Hg. 2007):
SchwarmEmotion. Bewe-
gung zwischen Affekt und
Masse, Freiburg i. Br. u. a.:
Rombach.

Gamper, Michael/Schnyder,
Peter (Hg. 2006): *Kollektive*
Gespenster. Die Masse, der
Zeitgeist und andere
unfassbare Körper, Freiburg
i. Br. u. a.: Rombach.

Gisbertz, Anna-Katharina
(Hg. 2011): *Stimmung. Zur*
Wiederkehr einer ästhetischen
Kategorie, München: Fink.

Henckmann, Wolfhart
(2007):»Atmosphäre,
Stimmung, Gefühl«, in:
Goetz, Rainer/Graupner,
Stefan (Hg.):
Atmosphäre(n). Annäherun-
gen an einen unscharfen
Begriff, S. 45–84.

Horn, Eva/Gisi, Lucas Marco
(Hg. 2009): *Schwärme.*
Kollektive ohne Zentrum.
Eine Wissensgeschichte
zwischen Leben und
Information, Bielefeld.

Massumi, Brian (2010):
Ontomacht. Kunst, Affekt
und das Ereignis des
Politischen, Berlin: Merve.

Schaub, Miriam/Suthor,
Nicola/Fischer-Lichte,
Erika (Hg. 2005): *Anste-*
ckung. Zur Körperlichkeit
eines ästhetischen
Prinzips, München: Fink.

Schmitz, Hermann (1998):
Der Leib, der Raum und die
Gefühle, Ostfildern: edition
tertium.

Schmitz, Hermann (2009):
Kurze Einführung in die
Neue Phänomenologie,
Freiburg: Alber.

Sloterdijk, Peter (2004):
Sphären III: Schäume.
Plurale Sphärologie,
Frankfurt a.M.: Suhr-
kamp.

Tellenbach, Hubertus
(1968): *Geschmack und*
Atmosphäre. Medien
menschlichen
Elementarkontaktes.
Salzburg: Otto Müller.

Vogl, Joseph (2010): *Das*
Gespenst des Kapitals,
Zürich: diaphanes.

I. META-ATMOSPHÄREN: DIE THEORETISCHEN DIMENSIONEN

Peter Sloterdijk, Prof. Dr., 1947 geboren in
Karlsruhe, studierte Philosophie, Germanistik
und Geschichte in München und Hamburg. Seit
1992 ist er Professor für Philosophie und
Ästhetik an der Hochschule für Gestaltung
Karlsruhe, seit 2001 auch deren Rektor. Daneben
hatte er Gastprofessuren in Wien, Zürich, Paris
und New York inne. Peter Sloterdijk ist Träger
zahlreicher Auszeichnungen, unter anderem des
Cicero Rednerpreises (2008), des Leipziger
Mendelssohn-Preises (2008) und des BDA-
Preises für Architekturkritik (2009). Von 2002
bis 2012 leitete er zusammen mit Rüdiger
Safranski die Sendung »Im Glashaus – Das
Philosophische Quartett« im ZDF. Bekanntheit
weit über die Fachgrenzen hinaus erlangte er
1983 mit dem Buch *Kritik der zynischen Vernunft.*
Veröffentlichungen seither (Auswahl):
Eurotaoismus (1989), *Sphären I-III* (1998–2004), *Im
Weltinnenraum des Kapitals* (2005), *Zorn und Zeit*
(2006), *Du mußt dein Leben ändern* (2009), *Zeilen
und Tage* (2012).

PETER SLOTERDIJK
ANTHROPISCHES KLIMA [1]

> Die Weltblase muss anschwellen, bevor sie platzt.
>
> Alexandre Koyré, *Von der geschlossenen*
> *Welt zum unendlichen Universum*

Menschen sind Lebewesen, die fürs erste nirgendwo anders *sein* können als in den wandlosen Treibhäusern ihrer Nähe-Beziehungen. Die von mir so bezeichnete Mikrosphärologie ist insoweit nichts anderes als eine proxemische Anthropologie. Der Kern der personalen Proxemik ist das, was wir die starke Beziehung genannt haben. Aus ihr formen sich die autogenen Gefäße der Primärsolidaritäten, die wir ironischerweise ohne Ironie zuletzt am Paradigma der Trinitätsunion von Vater, Sohn und Geist erläutert haben. [2] Für diese surrealen Beziehungen gilt, dass sie »ihr eigener Ort« sind. Wer an ihnen teilhat, lebt in einem topologisch eminenten Sinn *innen*.

Als Geschöpfe, die unter allen Umständen zunächst aufeinander zu Lebende und sich gegenseitig Beherbergende und Verwerfende und darüber hinaus nichts anderes sind, um eventuell und sehr viel später als sogenannte Individuen zu selbstergänzenden Alleinlebenden zu werden, die Außenkontakte (Adressen, Netzwerke) pflegen, sind die Menschen, ohne Differenz und Aber, auf das fördernde Mikroklima ihrer frühen Binnenwelten angewiesen. Nur in ihm, als seine typischen Gewächse, geraten sie zu dem, was sie zu ihrem Besten und Schlimmsten sein können. In ihm sam-

---

1 »Anthropisches Klima«, aus: Peter Sloterdijk, *Sphären. Makrosphärologie, Band II: Globen.* © Suhrkamp Verlag Frankfurt am Main 1999. Alle Rechte bei und vorbehalten durch Suhrkamp Verlag Berlin. Der Beitrag wurde am Anfang und Ende leicht verändert und die Zitierweise ebenso wie die Rechtschreibung an die Formalia dieses Bandes angepasst. Die Abbildungen des Original-Kapitels sind weggefallen.

2 Vgl. Sloterdijk 1998: 549 ff.: »Mir näher als ich selbst. Theologische Vorschule zu einer Theorie des gemeinsamen Innen« (8. Kapitel).

meln sie einen Vorrat schöpferischer, ambivalenter, destruktiver Grundstimmungen oder gefühlshafter Vorurteile über das Seiende im Ganzen an, die sich beim Übergang in größere Szenen beharrlich geltend machen. Von diesem Fundus her setzen sich alle Übertragungen in Gang.

Über das erste Klima informiert kein Wetterbericht; woher die Innenweltbrise weht und welche Tiefdruckzonen über die zwischenmenschlichen Bemühungen hinwegziehen, darüber setzt uns die Urteilskraft des Atmosphärengefühls, und fürs erste nur sie, in Kenntnis; es ist ursprünglicher als der orale Intim-Sinn, der Geschmack, und öffentlicher als dieser zugleich. Der sechste Sinn ist stets der erste, denn durch ihn wissen Menschen ohne Induktion und indirekte Forschung auf der Stelle, woran sie sind – mit sich selbst und mit anderen und allem. In Atmosphären sind sie eingetaucht, aus Atmosphären spricht zu ihnen das Offenbare. Durch Immersion ins leitfähige Element sind sie ursprünglich *da* und für Umgebung offen. Der Raum als Atmosphäre ist nichts als Schwingung oder *reine Konduktivität* (vgl. Gosztonyi 1976: 1255). In diesem Sinn ist er wirklich, nach Platons schöner und dunkler *chóra*-Lehre, die »Amme des Werdens«. Wie will man mit einer schwerfälligen Kommunikationstheorie an solche Grenzverhältnisse rühren? Sender, Empfänger, Kanal, Medium, Code, Botschaft – diese Distinktionen kommen für die Grundöffnung zu spät. Sie erlangen Bedeutung, wenn es darum geht, etwas über etwas in Erfahrung zu bringen. Lange davor muss aber schon jenes In-Sein oder In-Etwas-Sein »statt« haben, das die Fundamentalontologen als In-der-Welt-Sein, Mit-Sein und Gestimmt-Sein auslegen. Das Klima, die Stimmung, die Atmosphäre, das ist die Dreifaltigkeit des Umgreifenden, in dessen anhaltender Offenbarung die Menschen immer und überall leben, ohne dass man sagen dürfte, dass zu diesen Epiphanien eine Botschaft und ein Überbringer gehörten – selbst wenn die Modernen sogar das Wetter zur Diskurssache gemacht haben; erst das Meteo, dann der Blick zum Himmel. Gegen diese Blendung setzen wir die Erinnerung an das klimatische Pleroma: an das In als das Farb-Bad, in das alle diskreten Akte des Vorstellungs-, Willens- und Urteilslebens getaucht sind.

Weil Atmosphären von nicht-gegenständlicher und nicht-informativer Natur sind (und weil sie nicht beherrschbar schienen), wurden sie von der alt- und neu-europäischen Vernunftkultur auf ihrem langen Marsch in die Vergegenständlichung und Informatisierung aller Dinge und Sachverhalte beiseite gelassen. Wo die Diskurse ihren Eigensinn entfalteten, wurde es mehr und mehr unmöglich, auch nur ein Wort an die atmosphärische Ausgesetztheit, Löslichkeit, Erschlossenheit der Existenz zu verlieren. Dass außer den *Wörtern* und den *Dingen* etwas bestehen könnte, das keines von beiden ist und weiträumiger, früher, durchdringender als beides, haben die Sachwissenschaften ebenso wenig wahrhaben wollen wie die Diskurstheorien. Zwar hat das 19. Jahrhundert versucht, nach diesem subtilen Dritten zu greifen, als es vom *milieu* oder *ambiente* sprach; das 20. hat das Seine daraus gemacht, indem es dieses in *Umwelt* und *environment* übersetzte; aber mit all diesen Begriffen hat man das Atmosphärische verfehlt und Fortschritte vom Dumpfen zum Dumpferen erzielt. Nur in den Welten der großen Romanciers, zumal bei Balzac, Proust und Broch, sind überlegene Atmosphärologien entstanden, die auf ihre Verknüpfung mit der philosophischen Grundanalyse noch warten. Immerhin sind atmosphärische »Phänomene« als solche für die ästhetische Theorie, für die Neo-Phänomenologie und die Theologie in jüngerer Zeit interessant geworden, besonders unter Heideggers Anregung, zuweilen sogar mit grundbegrifflichen Ansprüchen – was wohl als Zeichen einer punktuellen Öffnung zu lesen ist.[3]

Mit Recht hat die moderne Philosophie – besonders die Fundamentalontologie –, als sie anfing, nach ihrem zweitausendjähri-

---

3 Hermann Schmitz hat im § 149 seines System der Philosophie (Band III Teil 2) eine eindrucksvolle Deutung der »Gefühle als Atmosphären« vorgelegt (Schmitz 1981: 98 f.). Unter seinen Anregungen entwickelt Gernot Böhme in seinem Buch *Atmosphäre. Essays zur neuen Ästhetik* (1995) ein Konzept von ästhetischer Tätigkeit als Atmosphärenproduktion; Varianten hierzu bietet ders. (1998). Vgl. daneben auch Michael Hauskeller (1995), Knodt (1994). Als *link* zwischen den Heideggerschen und Schmitzschen Raum- und Atmosphärentheorien vermittelt unverwüstlich Otto Friedrich Bollnow (1994/1963), besonders die Kapitel »Der gestimmte Raum«, »Der präsentische Raum«, »Der Raum des menschlichen Zusammenlebens« (ebd.: 229–270). Für eine theologische Atmosphärologie hat Hermann Timm in seinem Buch *Das Weltquadrat. Eine religiöse Kosmologie* (1985) einen paradigmatischen Versuch vorgelegt.

gen Exil im Übersinnlichen, wieder im In-der-Welt-Sein Grund zu fassen, die *Stimmung* als die erste Öffnung des Daseins zum Wie und Worin der Welt beschrieben. Man könnte Heideggers frühes Werk als die Magna Charta einer nie zuvor versuchten Onto-Klimatologie ansehen.[4] Es läßt sich plausibel machen, warum die Entfaltung von Heideggers Anregungen in der Phänomenologie der Stimmungen und in der Existentialpsychiatrie zu den fruchtbarsten Aspekten seiner Wirkung gehört. Wenn die Saite der Existenz in einem Individuum sich spannt, so schwingt sie in der Klangfarbe einer Stimmung oder eines prägenden Klimas. Stimmungen jedoch – Heidegger hat hierauf vielleicht nicht ausreichend Gewicht gelegt – sind zunächst nie Sache der Einzelnen in der scheinbaren Privatheit ihrer Existenz und in der Einsamkeit ihrer existenziellen Ekstase; sie bilden sich als geteilte Atmosphären – gefühlsbetonte Bewandtnisganzheiten – zwischen Mehreren, die den Nähe-Raum füreinander tönen und einräumen.

Wie unsere mikrosphärischen Untersuchungen erläutert haben, sind Sphären zunächst Binnenwelten der starken Beziehung, in denen die miteinander Verbundenen in einem autogenen Dunstkreis oder einem überspringenden Schwingungsverhältnis »leben, weben und sind«. Was wir Klima nennen, bezeichnet darum zunächst eine kommunitarische Größe und erst danach einen meteorologischen Sachverhalt. Dies gilt für alle menschlichen Lebensformen, auch solche, die sich an Abstand, Bewegungsfreiheit und Partnerlosigkeit orientieren. Gerade die Alleinlebenden sind oft sozial besonders klimaempfindlich, und viele von denen, die das Alleinsein suchen, tun dies vor allem, um Schwüle zu reduzieren. Wie Touristen, die gegen die Saison reisen, gehen sie den Schlechtwetterintimitäten aus dem Weg. Aber die Menschen sind nicht nur gruppenbezogen wetterfühlig, sie wirken auch selbst mit allem, was sie im gemeinsamen Feld tun und lassen, durch die Nahbereichsteilung als mikrosphärisch klimaaktive Lebewesen. Die Nähe-Welt entsteht aus der Summe unserer Aktionen aufeinander und unserer Leiden aneinander. Was man in verschiedenen philosophischen

---

4 Und die Arbeit von Hermann Schmitz als den partiell gelungenen Versuch, Heideggers (und Bollnows) Vorgaben zu überbieten.

Kontexten – von Augustinus über Heidegger bis zu Vilém Flusser – mit dem Pathosausdruck Nähe bezeichnet hat – , ist die gelebte Redundanz, die Fülle des Offenkundigen, in der die Synchronisierten schwingen. Wie wir zusammenpassen, so ergeht es uns, und wie es uns miteinander geht, legt Passungen und Unpassungen zwischen unseren Leben offen. In ihren Nähe-Feldern sind Menschen ohne Ausnahme Wettermacher und üben in jedem Augenblick Sonnen- und Regenzauber aus. Ihre Gesichter sind die Schlagzeilen ihrer Zustände; ihre Gebärden und Stimmungen strahlen Unwetter und Aufklaren ins Gemeinsame ab.

In der Zeit des Kunstwerks konnten die Künstler zu herausragenden Klimabildnern ihrer Kulturen aufsteigen, weil sich um ihre Werke gestimmte Gemeinschaften sammelten – weswegen es stets ein Trugschluss ist, zu meinen, die Kunstproduzenten drückten in ihren Werken ihr Inneres aus. Was Ausdruck genannt wird, ist die Formelsammlung der aktuellen klimaschöpferischen Möglichkeiten einer Gruppe. Heideggers suggestive sprachontologische These, das Kunstwerk »stelle eine Welt auf« (man konnte im übrigen nie sicher sein, ob es nicht eher »stellt eine Welt aus« hätte heißen sollen), ist darum vor allem sphärologisch sinnvoll und verliert außerhalb dieses Bedeutungsfeldes schnell an Plausibilität: Es gab eine Epoche, in der vor allem religiöse Bildwerke den Inbegriff des Vermögens verkörperten, größere Gruppen von Menschen in einen geteilten symbolischen Äther einzuspinnen. Darum hat man solchen Kunstwerken Wahrheits- oder Offenbarungscharakter zugesprochen: weil sie die Mitte einer Offenheit, einen lokalen Welt-Blitz markieren. Es ist die Ironie der Heideggerschen Lehre vom Ursprung des Kunstwerks, dass sie im Wesentlichen für Werke *vor* dem Zeitalter der Kunst wahr ist. An den von Heidegger intendierten Werken ist also nicht entscheidend, dass sie Kunstwerke sind, sondern dass sie Kultstätten bilden, an denen man der Ausstellung des Seins begegnet.

Was sich nie verschweigen lässt, da es – vor jeder Darstellung und Ausstellung – das offenbare Gemeinsame zu spüren gibt: das ist die Atmosphäre, die umgreifende Tönung des Raumes, der seine Einwohner imprägniert. Darum bleibt für die meisten Menschen ihr Beziehungswetter wichtiger und um vieles wichtiger als alle große Politik und »Hoch«kultur. Es ist die Definition von kleinen Leuten, dass für sie die Politik und die meteorologischen Phänomene unter dem Aspekt objektiver Unverfügbarkeit denselben Rang haben; gegen schlechtes Wetter und hohe Herren kann man gleich wenig machen, außer über sie reden wie über höhere Gewalten. Diese Reden aber – das kommt erst in späten Reflexionen ans Licht – sind der Äther der Gesellschaften; darum vibrieren alle Gruppen, von den mündlichen Horden bis zu den Hochkulturen mit ihren Schrift-, Druck- und Funkmedien, fast ausschließlich in Kommunikationen über ihre aktuellen Gründe zusammenzuleben: ihr Wetter, ihre Lokalgötter, ihre Gruppenteufel. Aber dass dieses Schwingen im Eigen-Gerede die basale klimabildende Funktion von Gesellschaft ist, kommt für die Theorie erst in Sicht, wenn die Gruppen bereits so weit auseinandergefallen oder ausdifferenziert sind, dass von Einheit nicht mehr die Rede sein kann.

Für die modern-postmodernen Soziologen, die vor kurzem vom Produktivismus auf den Kommunikativismus »umgestellt« haben (umstellen heißt den Leit-Irrtum wechseln), käme es jetzt wohl darauf an, einzusehen, dass sich bei der sphärologischen Analyse von Gesellschaften eine »Ebene« zeigt, die *vor* der Unterscheidung von Produktion und Mitteilung liegt: Die getönte Endosphäre ist das erste Produkt der dicht zusammenlebenden Gemeinschaft, und ihre Stimmung ist ihre erste Mitteilung an sich selbst. Sie zu dichten, abzurunden, zu regenerieren und aufzuhellen, das ist das erste menschenschaffende Projekt. In trivialen Orts- und Innenraum-Wörtern wie Nest, Zimmer, Höhle, Hütte, Haus, Herd, Halle, Dorf, Familie, Paar, Stamm, Stadt verbirgt sich für immer ein Rest an Ungedachtem, das weitergeträumt zu werden verlangt, ohne dass es jemals vollständig ausgelegt und in Vorstellungen eingefangen werden könnte. Dieser blühende Rest zeugt dafür, dass Innenweltschöpfungen nie abgeschlossen sind und ständig von einem Wie zum nächsten Wie entwickelt werden müssen. Das Geheimnis der Raumproduktion blitzt in Wörtern hervor, die auf die autogenen Behälter deuten. *Mundus in gutta* – im Tropfen der Weltraum.

Seit jeher sind die Menschen engagiert in dem Vorhaben, so viel wie nötig von dem, was außen begegnet, nach innen zu ziehen und so viel Äußeres wie möglich vom Herd des guten Lebens fernzuhalten. Nicht zuletzt darum stellen sie früh, regelmäßig, hartnäckig *Bilder* von den Personen in ihrer Nähe auf, ohne die sie nicht integer wohnen könnten; sie füllen ihre physischen und imaginären Behausungen auf durch die gegenwärtigen Zeichen abwesender Partner, die auch nach ihrem Verschwinden lebenswichtig bleiben. Die Allgegenwart von Ahnen- und Götterbildern, von Amuletten, Fetischen und aufgeladenen Zeichen in den älteren Kulturen bezeugt, wie weit die Notwendigkeit reicht, die anwesende Welt durch Hindeutungen auf wesentliches Abwesendes, auf Ergänzendes, Umgreifendes abzurunden. Dass es Bilder geben muss, hat sein Motiv in der Nötigung der Intelligenz durch den Tod und die Absenz; dass es Bilder geben kann, gründet in der primordialen ergänzenden Funktion der Onto-Graphie. Wenn Schrift idealtypisch Darstellung im Unähnlichen meint, so das Bild Darstellung im Ähnlichen.

Der bildsetzende Abrundungstrieb verrät den Menschen als das Tier, dem etwas fehlen kann. Ist Kultur insgesamt nicht eine Überreaktion auf Absenz? (vgl. von Samsonow 1999) Wenn Fehlendes Auffälligkeit erzeugt, entsteht morphologischer Druck: Leerstellen wollen wiederbesetzt werden, als duldete der Plan des Fülle-Raums keine dauernden Vakanzen. Durch den Ergänzungszwang werden Innenwelten der Selbstrundung wiedergenähert: zunächst nur im Sinne eines wandlosen Nestbaus, bei dem das Prädikat »rund« eine prägeometrische, raumpsychologische, vage immunologische Qualität ausdrückt – von einer gewissen Schwelle der diskursiven und politischen Entwicklung an gewinnt es jedoch auch architektonische und geometrische Bedeutungen. Weniger als eine in sich gerundete innenraumgebende Kugel kann den Gemeinsamlebenden als ihr charakteristischer Ort in der Welt nicht genügen. Solche euklidischen Sphären des Gruppenseelischen entstehen, wie wir aus kooperationsbiologischen und sozialmorphologischen Gründen wissen, nur durch Innenraumteilung mit Nähewesen erster Ordnung und deren Ersetzungen. Zugleich schweben die Menschen – weil sie Innenweltwesen sind, bei denen der endoklimatische Nestbau allen anderen Konstruktionen vorangeht – wie keine andere Art in der Gefahr, dass ihre wandlosen Innenwelten durch Einbrüche von außen oder endogene Konflikte zerstört werden, denn nichts ist so zerbrechlich wie die Existenz in den gehauchten und gebauten Schalen zwischenmenschlicher Interiorität.

Der Ausdruck Klimakatastrophe – das authentische Passwort zu unserer Epoche – trifft schon das ursprüngliche Menschheitsrisiko. Menschen sind – auf eine Weise, die sich völlig bewusst zu machen nur unter Vorbehalten zu empfehlen ist, weil hier tatsächlich »Bewusstsein als Verhängnis« (Seidel 1927) wirken kann – bis ins Detail ihrer biologischen Ausstattung und ihrer kulturellen Rituale von der Gunst binnenklimatischer Umstände abhängig. Dass sie zumindest in ihren von Degeneration verschonten Fortpflanzungsreihen, werden konnten, wie sie heute sind, ist die Folge einer so unbemerkten wie unerhörten Geschichte von Selbstbegünstigungen durch eigene Klimaschöpfungen. Als Bewohner ihrer selbstgeschaffenen Nähetreibhäuser sind sie in einem Kontinuum von Selbstverwöhnungen zu Hause – was im Übrigen nichts über das Ausmaß an Härte, Schwere und Misslingen in den einzelnen Leben präjudiziert. Die Menschen wohnen – wenn das Wortspiel erlaubt ist – in ihrer Verwöhnung, wobei dieser Ausdruck als vorläufiger Hinweis auf die Verfeinerungsdynamik lokaler Kulturen und Individuationen gelten soll. In ihrer evolutionären Bilanz ist die Existenz von *homo sapiens* nur als Erfolgsgeschichte anwachsender Nervlichkeit und symbolvermittelter luxurierender Selbsterregungen zu begreifen. Die Erfolgslinien dieser Geschichten heben sich ab vor einem Hintergrund erbarmungsloser Selektionsfatalitäten, in denen Ausmerzung und Scheitern die Regel sind.

Hebt man die Spannung zwischen Innen und Außen als Grundmotiv aller kulturellen Topologie hervor, so wird die beharrliche Wiederkehr des Innen in ihrer Erstaunlichkeit erst recht bewusst. Haben nicht Unzählige die äußere Welt als den Inbegriff von sphärenzerstörenden Zwischenfällen erleben müssen? Ist nicht das durchstoßende, überrollende, entblößende Außen immer unendlich viel ruhiger und stärker als jeder Innenweltbau? Das Blasen-Bild, das unserer Intimsphärenlehre vorangestellt wurde (vgl. Sloterdijk 1998), evoziert die Zerbrechlichkeit der von Menschen bewohnten Räume. Was vermag dagegen die Fähigkeit der Sterblichen, sich in ihren Beziehungstreibhäusern selbst zu hüten? Wundersam genug ist die Kraft der Verbundenen, sich in vorrangigen Beziehungen zueinander zu stabilisieren, obwohl endogen wie exogen alles darauf hinzuarbeiten scheint, die menschenermöglichenden Sphären zum Platzen zu bringen. Und doch: Diese Selbstbergung im selbsterzeugten Raum – das Vermögen, den Mantel über sich und die Seinen zu werfen und sich ins unsichtbare Glashaus gespürter Zusammengehörigkeiten zurückzuziehen –, sie ist die ursprüngliche und unaufhörliche sphärenschaffende Regung, die sich besonders nach Gruppenkrisen in zahllosen Fällen bewähren muss. Aus ihr gehen die Gebilde hervor, die später einmal, in bürgerlichen, städtischen, theorietreibenden Zeiten »Gesellschaften« oder Kulturen heißen werden. Unermesslich, scheint es, ist das Vermögen der miteinander verbundenen Menschen, ihre Verlorenheit in der Äußerlichkeit zu dementieren. Wie wäre sonst das Risiko zu tragen, einer Gattung von sprechenden, angstanfälligen Sterbewesen anzugehören, und wie unerträglich wäre die Bedrohung durch das Außen, gäbe es nicht eine regenerationsfähige Hülle von wiederbeseelender Solidarität, die auflösenden Angriffen, so lange es irgend geht, ihre schöpferischen Widerstände entgegensetzt.

Als Prozess wachsender Solidaritätskomplexe ist die Geschichte des *homo sapiens* in hochkultureller Zeit vor allem ein Kampf um das integre und integrierende Treibhaus. Sie gründet in dem Versuch, dem weiteren Innen, dem versöhnenderen Eigenen, dem weiter ausgreifenden Gemeinsamen eine unverwundbare oder zumindest lebbare, den Angriffen des Äußeren möglichst überlegene Form zu geben. Dass dieser Versuch offenkundig noch immer im Gang ist und dass, unermesslichen Rückschlägen zum Trotz, der Kampf um den Einzug immer größerer Fraktionen der Menschheit in immer größere gemeinsame Schutzhäuser oder Endosphären weiterhin gewagt wird, spricht ebenso für die Unwiderstehlichkeit seiner Motive wie für die Beharrlichkeit der Widerstände, die sich dem historischen Zug in die erweiterte innere Sicherheit entgegenstellen. Kämpfe um die Erhaltung und Ausdehnung von Sphären bilden den dramatischen Kern der Gattungsgeschichte und ihr Kontinuitätsprinzip zugleich.

Wenn wir die unzähligen kleinen Kulturen, die aus der Urwelt bis in historische Zeiten emporsteigen, diesen Schwarm aus schillernden, von Sprachen, Riten, Projekten erfüllten Blasen, bei ihrem Hervorsprudeln und Zerplatzen beobachten und wenn wir in einigen auserwählten Fällen ihnen zusehen können bei ihrem Weiterschweben, Anwachsen und Herrschen, so drängt sich die Frage auf, wie es möglich war, dass nicht überall alles vom Wind verweht wurde. Fast spurlos hat sich die größte Mehrheit der älteren Clans, Stämme und Völker in eine Art Nichts aufgelöst, in einigen Fällen wenigstens einen Namen und dunkle Kultobjekte hinterlassend, und von den Millionen winziger Ethnosphären, die über die Erde gedriftet sind, hat sich nur ein Bruchteil durch vergrößernde, selbstsichernde, machtzeichensetzende Metamorphosen hindurch erhalten.[5] Sie sind es, die die Frage provozieren: Warum gibt es noch immer eher große Sphären als keine?

---

5 Diese sind als Makrosphären Gegenstand des zweiten Bandes der Sphärologie, aus dem dieses Kapitel stammt (vgl. Sloterdijk 1999).

LITERATUR

Böhme, Gernot (1995): *Atmosphäre. Essays zur neuen Ästhetik*, Frankfurt a. M.: Suhrkamp.

Böhme, Gernot (1998): *Anmutungen. Über das Atmosphärische*, Ostfildern: edition tertium.

Bollnow, Otto Friedrich (1963/1994): *Mensch und Raum*, Stuttgart: Kohlhammer.

Gosztonyi, Alexander (1976): *Der Raum. Geschichte seiner Probleme in Philosophie und Wissenschaften*, Bd. 2, Freiburg/München: Alber.

Hauskeller, Michael (1995): *Atmosphären erleben. Philosophische Untersuchungen zur Sinneswahrnehmung*, Berlin: Akademie Verlag.

Knodt, Reinhard (1994): »Atmosphären. Über einen vergessenen Gegenstand des guten Geschmacks«, in: Ders.: *Ästhetische Korrespondenzen. Denken im technischen Raum*, Stuttgart: Reclam.

Samsonow, Elisabeth von (1999): »(Präliminarien zu einer) Phänomenologie des halluzinierenden Geistes«, in: *Telenoia, Kritik der virtuellen Bilder* hg. v. Elisabeth von Samsonow und Eric Alliez, Wien: Turia & Kant, S. 28–46.

Schmitz, Hermann (1981): *System der Philosophie*, Band III Teil 2: *Der Gefühlsraum*, Bonn: Bouvier.

Seidel, Alfred (1927): *Bewußtsein als Verhängnis.* Aus dem Nachlasse herausgegeben von Hans Prinzhorn, Bonn: Verlag Friedrich Cohe.

Sloterdijk, Peter (1998): *Sphären I: Blasen. Mikrosphärologie*, Frankfurt a. M.: Suhrkamp.

Sloterdijk, Peter (1999): *Sphären II: Globen. Makrosphärologie*, Frankfurt a. M.: Suhrkamp.

Timm, Hermann (1985): *Das Weltquadrat. Eine religiöse Kosmologie*, Gütersloh: Gütersloher Verlagshaus Mohn.

Hermann Schmitz, Prof. Dr., wurde 1928 in
Leipzig geboren, 1955 in Bonn in Philosophie
promoviert und habilitierte sich 1958 in Kiel. Von
1971 bis zu seiner Emeritierung 1993 war er
ordentlicher Professor und Direktor des philosophischen Seminars der Universität Kiel. Schmitz
ist Begründer der Neuen Phänomenologie, die
das Ziel verfolgt, nach Abräumung geschichtlich
geprägter Verkünstelungen die unwillkürliche
Lebenserfahrung – was Menschen wirklich
widerfährt, ohne dass sie es sich absichtlich
zurechtgemacht haben – zusammenhängendem
Begreifen zugänglich zu machen. Er hat bisher
47 Bücher systematischen und historischen
Inhalts geschrieben und 134 Aufsätze veröffent-
licht. Jüngste Publikationen: *Der Leib* (2011); *Das
Reich der Normen* (2012).

Die Neue Phänomenologie, für die ich hier über das Gefühl sprechen will, setzt sich die Aufgabe, das Denken für die unwillkürliche Lebenserfahrung begriffsfähig zu machen. Unwillkürliche Lebenserfahrung ist alles, was Menschen merklich widerfährt, ohne dass sie es sich absichtlich zurechtgelegt haben. Sie ist die einzige Grundlage zur Rechtfertigung von Behauptungen. Eine andere Kontrolle gegen die Willkür von Konstruktionen gibt es nicht. Daher verteidigt die Neue Phänomenologie jede unwillkürliche Erfahrungsweise, die sie aufdecken kann, gegen systematische und etablierte Umdeutungen. Solche betreffen die Gefühle, wenn diese als private Seelenzustände und daher, wie alles Seelische, als raumlos ausgegeben werden. Dagegen setze ich die These: *Gefühle sind räumlich ergossene Atmosphären und leiblich ergreifende Mächte.* Was hier *Atmosphäre*, »räumlich« und »leiblich« heißen soll, muss zunächst präzisiert werden. Als *Atmosphäre* bezeichne ich die Besetzung eines flächenlosen Raumes oder Gebietes im Bereich erlebter Anwesenheit. Ich spreche von Besetzung statt von Erfüllung, damit auch Platz bleibt für eine Atmosphäre der Leere, von der noch zu sprechen sein wird. Es ist nicht an entlegene Räume zu denken, sondern an solche, die jemand als anwesend erfährt, erfüllt beispielsweise von Gefühlen wie Freude, Trauer, Zorn, Scham, Furcht, Mut, Ärger, Mitleid, Zufriedenheit. Es kommen nur flächenlose Räume in Betracht. Solche sind dem üblichen Vorverständnis unbekannt. Seit der griechischen Geometrie konzentriert sich die dem Raum gewidmete Aufmerksamkeit auf den flächenhaltigen Raum, in dem es drei Dimensionen, Figuren, Lagen, Abstände und durch diese sich gegenseitig bestimmende Orte gibt, die zu sagen gestatten, wo etwas ist. Die Koordinatengeometrie seit Descartes überzieht diesen Raum mit einem beliebig umfassenden und detaillierten System solcher Orte. Das alles ist aber nur möglich, weil es in ihm Flächen und an diesen Strecken gibt, umkehrbare Verbindungsbahnen, an denen Lagen und Abstände abgelesen werden können. Das alles fehlt in flächenlosen Räumen. Ich gebe einige Beispiele. Flächenlos ist der Raum des Schalls. Ich denke nicht nur an die auf die Schallquelle bezüglichen Signale für Richtung und Entfernung, sondern mehr noch an die Bewegungssuggestionen, mit denen der Schall Gebärden vorzeichnet, die etwa durch Rhythmus und Tonlage auf die Tanzenden und Marschierenden überspringen, ferner als stechender Lärm, als Hall und Echo, als sonorer, weit ausladender Gongschlag oder schriller, spitzer Pfiff mit synästhetischen Masseneigenschaften usw. Der Schall hat Volumen, aber nicht dreidimensionales, weil keine Flächen; drei Dimensionen sind nur mit Hilfe von Strecken unterscheidbar, diese nur an Flächen möglich. Volumen hat – wie der Schall – auch die einprägsame Stille, die als feierliche weit und dicht, als drückende eng und noch dichter, als Stille eines unberührten Morgens weit und zart ist. Andere Beispiele sind der Raum des Wetters, der den empfindlichen Menschen mit einer formlosen Weite zum Beispiel dann umgibt, wenn dieser aus stickiger Luft ins Freie tritt; der Raum des unauffälligen Rückfeldes, das man durch kleine Bewegungen des Aufrichtens, Zurücklehnens, Sichdrehens unaufhörlich in Anspruch nimmt; der Raum des entgegenschlagenden Windes, den man als eine Bewegung von etwas her, aber ohne Ortswechsel, erfährt, wenn man ihn nimmt, wie er sich gibt, und nicht in bewegte Luft umdeutet; der Raum der frei sich entfaltenden Gebärde; der Raum des Wassers für den Schwimmer, der gegen ein widerstehendes, flächen- und streckenloses, aber mit Richtungen des Vorwärtsstrebens und Entgegenströmens versehenes Volumen ankämpft oder sich von einem solchen ruhig tragen lässt.

Die beiden für mich wichtigsten Typen flächenloser Räume sind der Raum des Leibes und der Raum der Gefühle als Atmosphären. Als den *Leib* eines Menschen bezeichne ich den Inbegriff all dessen, was er von sich, als zu sich selbst gehörig, in der Gegend – nicht immer in den Grenzen – seines Körpers spüren kann, ohne sich der fünf Sinne Sehen, Hören, Tasten, Riechen, Schmecken und des aus ihren Erfahrungen gewonnenen perzeptiven Körperschemas (der habituellen Vorstellung vom eigenen Körper) zu bedienen. Dazu gehören erstens die bloßen leiblichen Regungen wie Schreck, Angst, Schmerz, Hunger, Durst, Jucken, Stechen, Wollust, Ekel, Frische, Müdigkeit, zweitens die leiblichen Regungen, die affektives Betroffensein von Gefühlen sind, drittens die gespürten willkürlichen und unwillkürlichen Bewegungen wie Gehen, Greifen, Springen, Tanzen, Zittern, Zucken, Schlucken, und viertens die unumkehrbaren leiblichen Richtungen, teils ohne Bewegung vorkommend wie der Blick, teils an Bewegungen gebunden wie Ausatmen und Schlucken. Alle diese leiblichen Ereignisse sind flächenlos. Am eigenen Leib kann man keine Flächen spüren. Nur am eigenen Körper kann man sie besehen und betasten. Der Leib ist gewöhnlich ein Gewoge verschwommener Inseln, unter denen sich einige durch Konstanz, Struktur und Funktion auszeichnen. Dazu gehört die Ateminsel in der Brust- oder Bauchgegend. Sie bildet sich bei jedem Einatmen neu durch Verschränkung engender Spannung mit weitender Schwellung, wobei anfangs die Schwellung führt, von der sich das Übergewicht allmählich zur Spannung verlagert, bis diese unerträglich zu werden droht und ihr Übergewicht von der unumkehrbar aus der Enge in die Weite führenden Richtung des Ausatmens abgeführt wird, womit die Leibesinsel zusammensinkt, um gleich wieder neu gebildet zu werden. Abermals zeichnet sich daran, wie am Schall, an der feierlichen oder drückenden Stille und an dem Wasser, wie es dem nicht blickenden und sich der optischen Vorstellung enthaltenden Schwimmer begegnet, das nichtdreidimensionale Volumen flächenloser Räume ab, nun in seiner leiblichen Grundform als Konkurrenz von Engung und Weitung als Spannung und Schwellung. Das ist die Struktur des vitalen Antriebs, auf dem die von mir eingehend studierte leibliche Dynamik hauptsächlich beruht. Wenn die Engung aushakt, wie im heftigen Schreck, ist der Antrieb gelähmt, und wenn die Weitung ausläuft, wie beim Einschlafen und Dösen sowie nach der Ejakulation, ist er erschlafft. Er besteht nämlich in der konkurrierenden Verschränkung beider Impulse.

Unter den leiblichen Regungen kommen Atmosphären vor. Es gibt teilheitliche leibliche Regungen, die auf einzelnen Leibsin-

seln angesiedelt sind, wie Kopf- und Bauchschmerzen oder müde
Beine. Außerdem gibt es ganzheitliche leibliche Regungen, in die
der Leib ohne Verteilung auf Inseln wie in ein Klima ganzheitlich eingetaucht ist. Max Scheler sprach von Lebensgefühlen (vgl.
Scheler 1954: 350–354). Ein Beispiel ist die Mattigkeit. Sie ist von
Müdigkeit verschieden. Müdigkeit kann ganzheitlich oder teil-
heitlich sein, Mattigkeit nur ganzheitlich. Müdigkeit bedarf der
Ruhe und befriedigt sich an ihr. Mattigkeit wird durch Ruhe so
wenig wie durch Bewegung abgefunden; sie ist eine empfindliche
Schwächung der Lebenskraft ohne Rücksicht auf den Bewegungs-
zustand. Andere Beispiele sind das leibliche Behagen beim Fau-
lenzen in der Sonne oder in der Badewanne, den Leib mit einem
Schlag durchziehende Gebärden wie das stolze Sichaufrichten und
das schlaffe Zusammensinken des Bekümmerten, das mehr oder
weniger rasch wechselnde Befinden am Morgen, wenn man schwer
in Gang kommt – überhaupt die Tagesform eines Menschen. Solche leiblichen Atmosphären sind zwar randlos, aber nicht überall
im Raum erlebter Anwesenheit. Die eigene Mattigkeit verträgt sich
mit einer von Lebenskraft strotzenden Umgebung, und das Behagen in der Badewanne reicht nicht über deren Ränder hinaus, während das Behagen als Gefühl, geborgen zu sein in der Liebe eines
Menschen oder eines harmonischen Familienkreises, den Betroffenen überall hin begleitet.

Im Gegensatz zu den ganzheitlichen leiblichen Regungen sind
die Gefühle Atmosphären, die darauf angelegt sind, den Raum
erlebter Anwesenheit total zu erfüllen, weswegen ich von ihrer
randlosen Ergossenheit spreche. Ich zeige das gern am sozialen
Gefühlskontrast. Zu diesem Zweck vergleiche ich zwei Gefühle,
Fröhlichkeit und Trauer, mit zwei ihnen nah verwandten leiblichen
Regungen, Frische und Mattigkeit; Fröhlichkeit wird oft mit Frische, Trauer mit Mattigkeit gefühlt. Wenn ein fröhlich erregter
Mensch ahnungslos an eine Gesellschaft tief trauriger Menschen
gerät, wird er bei einiger Feinfühligkeit den lebhaften Ausdruck
seiner Fröhlichkeit etwas dämpfen, vielleicht sogar scheu zurück-
treten. Anders wird sein Verhalten ausfallen, wenn er als Frischer
an eine Gesellschaft von Matten gerät. Falls er von diesen etwas

will, wird er sich nicht so bändigen lassen, sondern versuchen, die Matten durch Zuruf oder gar Zugriff aufzurütteln; wenn er nichts erreicht, wird er eher bereit sein, ihnen tätig weiterzuhelfen, indem er ihnen eine Stärkung reicht oder den Arzt ruft usw. Dieser Unterschied im Kontrastgrad bedarf der Erklärung. Die Achtung vor der Menschenwürde reicht dafür nicht aus. Sie würde ebenso den Matten wie den Trauernden zugute kommen und eher dazu führen, auch auf diese zuzugreifen und sie aufzurichten, um ihnen die Haltung des Stolzes und der Würde zurückzugeben. Eine stärkere Hemmung ist erforderlich, um den Fröhlichen zu bewegen, von den Trauernden abzulassen. Das kann nur die Autorität der Trauer selbst sein, einer von den in diese verstrickten Menschen ausstrahlenden Atmosphäre, die den Anspruch erhebt, den Raum erlebter Anwesenheit ganz zu besetzen, und mit der Stärke dieses Anspruchs den in dieser Lage minder gewichtigen, aber gleich umfassenden Anspruch der Fröhlichkeit niederschlägt. Die Mattigkeit dagegen stellt keinen solchen Anspruch, weil die bloßen leiblichen Regungen auch als ganzheitliche nur begrenzte, den Raum erlebter Anwesenheit nicht total beanspruchende Atmosphären bilden und auch nicht die Autorität von Gefühlen haben.

Außer den Gefühlen gibt es noch andere Atmosphären mit Tendenz zur totalen Ausdehnung im Raum erlebter Anwesenheit, zum Beispiel das Wetter in dem nicht physikalisch oder psychologisch ausgedeuteten Sinn, wie es leiblich gespürt wird und den nächstliegenden Gesprächsstoff noch unter Fremden bildet. Auch die Stille in einer weiten Ebene oder in der Nacht kommt in Betracht. Wetter und Stille können Gefühle sein, etwa als heiter strahlende, beklemmende, drückende oder feierliche Atmosphären; oft fehlt ihnen aber diese Auszeichnung. Um das unterscheidende Merkmal der Gefühle gegenüber solchen Atmosphären, wenn sie nicht Gefühle sind, ausfindig zu machen, muss das Verhältnis der Gefühle zu den leiblichen Regungen thematisiert werden. Gefühle werden zu eigenen des sie fühlenden Menschen, indem sie ihn leiblich spürbar ergreifen. Außerdem gibt es noch ein anderes Fühlen, ein bloßes Wahrnehmen der Atmosphäre. Der ernsthafte Beobachter eines fröhlichen, aber etwas ordinären Volksfestes kann von der

Atmosphäre der Fröhlichkeit aufdringlich betroffen werden, ohne Fröhlichkeit zu empfinden; vielleicht fühlt er sich abgestoßen. Es kommt sogar vor, dass ein Gefühl, das niemand fühlt, als Atmosphäre einen Menschen nicht direkt, sondern durch ein anderes, entgegengesetztes Gefühl hindurch in Bann zieht. Ich denke an den Zorn, den ein von schwerer Schuld geplagter Mensch als Drohung spürt und fürchtet, wie die Kindsmörderin Gretchen in Goethes *Faust*, der ein böser Geist wie die Stimme des Gewissens zuruft: »Grimm fasst dich.« (Goethe 1986: 120, Vers 3800) Ganz ähnlich bekennt sich der Muttermörder Orestes in den *Choephoren* des Aischylos noch vor dem Erscheinen der Rachegöttinnen als rasend vor Furcht, die ihn zum Tanz im Ton des Grolls treibe (Aischylos 2009: Vers 1025), eines absoluten Zorns ohne Zürnenden wie bei Gretchen. In anderen Fällen wird die erst bloß wahrgenommene Atmosphäre zur leiblich spürbar selbst gefühlten. Goethes Faust, als lüstern verliebter Spion Gretchens Zimmer betretend, ruft aus: »Wie atmet rings Gefühl der Stille, Der Ordnung, der Zufriedenheit!« (Goethe 1986: 87, Vers 2691 f.) Sein eigenes Fühlen ist zunächst entgegengesetzt, aber leicht lässt sich denken, dass etwas von der Atmosphäre ergreifend, vielleicht nur streifend, auf ihn übergeht. Ähnliches mag dem zerrissenen oder bösartigen Menschen widerfahren, den die milde, stille, feierliche Atmosphäre eines zufällig betretenen Kirchenraumes zu seiner Überraschung versöhnlicher stimmt. Solche Übergänge zeigen, dass das Gefühl als wahrgenommene Atmosphäre dasselbe ist wie das leiblich ergreifende Gefühl. Die Leiblichkeit des Ergriffenwerdens wird evident an der überraschenden Gebärdensicherheit des Ergriffenen. Zum Ausdruck der Freude gehören die strahlenden Augen, zufriedenes Lächeln, beschwingter Gang und helle Stimme; wer nicht so fühlt, kann dieses komplizierte Erscheinungsbild nur mit besonderer Begabung und Übung echt nachstellen, aber dem Freudigen gelingt das ganz von selbst. Die Atmosphäre des Gefühls gibt ihm die Bewegungssuggestion ein, die seine Gebärde lenkt. Das Entsprechende gilt für Kummer, Scham, Furcht, Zorn usw., sogar für zwiespältige Gefühle, die ebenso ambivalenten Ausdruck finden, nur nicht für das Mitleid, das meist gut gemeint, aber halbherzig ist; dann muss sich der Mitleidige mit mehr oder weniger Verlegenheit um die passende Bezeugung seiner Zuwendung bemühen, etwa durch die Beteuerung: »in aufrichtiger Anteilnahme«. Nur wenn einmal das Mitleid so spontan und stürmisch kommt, wie eigenes Leid, ist die passende Geste, das richtige Wort, kein Problem mehr und gelingt so selbstverständlich wie der Ausdruck anderer Gefühle.

Die Leiblichkeit des Fühlens im Sinne der Ergriffenheit vom Gefühl ist besonders deutlich am Zorn. Noch niemand hat einen Zorn, der in ihm aufsteigt, in seiner Seele oder seinem Bewusstsein dingfest gemacht; vielmehr wird er von ihm leiblich spürbar überfallen wie von der reißenden Schwere, die ihn abwärts zieht, wenn er ausgleitet und entweder stürzt oder sich gerade noch fängt. Der Zorn treibt ihn eher vorwärts, aber gewichtiger ist der Unterschied, dass der Fallende sich gegen den Impuls der reißenden Schwere heftig sträubt, während der Zornige nicht anders zürnen kann als so, dass er wenigstens anfangs ein Stück weit mit dem ihn ergreifenden Gefühl mitgeht, als Komplize des Zorns, der dessen Impuls zu seinem eigenen macht. Erst danach hat der Zornige Gelegenheit zur personalen Auseinandersetzung mit seinem Zorn, indem er sich entweder noch hineinsteigert oder ihn abwehrt und abzustreifen sucht. Damit ist das gesuchte unterscheidende Merkmal der Gefühle im Verhältnis zu anderen Atmosphären im Raum erlebter Anwesenheit, die nicht Gefühle sind, gefunden. Es besteht in der Verlaufsform der Ergriffenheit von Gefühlen: Wenn die Ergriffenheit echt ist, muss sich der Ergriffene erst einmal mit dem Gefühl solidarisieren, es in seinen eigenen Antrieb übernehmen, und kann erst danach in die personale Auseinandersetzung mit dem Gefühl durch Preisgabe oder Widerstand eintreten. Wer es dagegen schon an der Schwelle seines stürmischen oder auch leise schleichenden Eindringens mit einer ihm gewachsenen Stellungnahme begrüßt, wird entweder von dem Gefühl bloß flüchtig gestreift oder tut nur so, als ob er fühle. Diese provisorische Hinfälligkeit des Ergriffenen an sein Gefühl fehlt bei den total ergossenen Atmosphären, die nicht Gefühle sind. Zwar kann man sich über trübes Wetter ärgern oder in anderer Weise davon affektiv betroffen sein, aber keineswegs muss dem so Betroffenen, wenn das Wetter nicht zum ihn ergreifenden Gefühl wird, erst einmal trübe zumute werden, als ob er erst hinterher mit dem Ärger ablehnend Stellung nehmen könnte. Die Gefühle zeichnen sich also durch die Besonderheit des affektiven Betroffenseins von ihnen, der Ergriffenheit, aus. Das gilt auch im Verhältnis zu den bloßen leiblichen Regungen, vielleicht mit wenigen Ausnahmen. Ein Jucken, einen Schmerz, einen Hunger, einen Durst, die nicht heftig und plötzlich einsetzen, kann man an sich herankommen lassen, indem man sich gleich anfangs über sie hinwegsetzt oder sie in ihrem Aufsteigen nüchtern beobachtet. Viel schwerer ist es, ein Gefühl, von dem man ergriffen ist, etwa einen Zorn oder eine katastrophale Scham, so zu beobachten. Das liegt daran, dass der Ergriffene sich anfangs in sein Gefühl verstrickt und dessen Partei genommen hat; er kann nicht mehr ganz unparteiischer Beobachter sein, ohne zwiespältig in der Doppelrolle zu werden, einerseits in dem Gefühl entweder gefangen zu sein oder sich daraus loszuwinden und andererseits als ruhiger Beobachter darüberzustehen.

Die These, dass Gefühle räumlich ausgedehnte Atmosphären sind, ist naheliegenden Einwänden ausgesetzt. Ihr gemäß, so scheint es, müsste die Ergriffenheit von einem Gefühl vom Aufenthaltsort des Ergriffenen abhängen, je nach dem, ob das Gefühl dort ist; tatsächlich haben aber Menschen, die dicht bei einander stehen, einen völlig unterschiedlichen Gefühlszustand, und der des Einzelnen hängt nicht von seinem Beharren am Ort ab. Zunächst unterstellt ein solcher Einwand dem Gefühl einen Ortsraum mit Lagen und Abständen, und ich habe schon ausgeführt, dass ein flächenloser Raum nicht von dieser Art ist. Freilich kann ein solcher einem Ortsraum eingelagert sein, wie der Raum des Schalls oder der Stille, und das trifft auch für Gefühle zu, deren Raum sich mit dem Ortsraum, wo etwas an einem relativen Ort sein kann, gewissermaßen überschneidet: Oft ist ein bedeutsamer Ort mit Gefühlen gleichsam gesättigt; so spricht Vergil von der ungeheuren Religion eines Ortes, der mit Wald und Fels die Bauern zittern ließ (Vergil 2012: 8. Gesang, Vers 349 f.) Andererseits kommen auch starke Atmosphären vor, von denen niemand sagen kann, an welchen Ort sie gebunden sein könnten, beispielsweise die Überfälle gegenstandsloser Freude und Traurigkeit, denen zu Euphorie

und Depression geneigte Menschen ausgesetzt sind. Der eigentliche Fehler des Einwands besteht aber darin, dass er dem Gefühl
als ausgedehnter Atmosphäre eine falsche Verdinglichung unterstellt. Gefühle sind nicht Dinge, sondern Halbdinge. Ich habe den
Gegenstandstyp der Halbdinge von dem der Dinge folgendermaßen unterschieden: Dinge dauern ohne Unterbrechung und wirken mittelbar als Ursache, die durch eine Einwirkung einen Effekt
hervorbringt. Dagegen ist die Dauer der Halbdinge unterbrechbar
und ihre Einwirkung unmittelbar, indem Ursache und Einwirkung
zusammenfallen. Ein exemplarisches Halbding ist die Stimme, sei
es eines Menschen oder einer Tierart. Die Schallfolge wächst, die
Stimme nicht. Zwischen zwei Schallfolgen, in denen sie laut wird,
ist die Stimme nicht vorhanden, und dann kehrt sie als dieselbe
wieder. In der unwillkürlichen Lebenserfahrung fällt sie mit ihrer
Einwirkung zusammen, obwohl diese Kausalität in der physikalischen und physiologischen Interpretation, die für die Phänomenologie belanglos ist,[1] durch viele Zwischenglieder vermittelt wird.
Ein anderes Halbding ist der chronische, wiederkehrende Schmerz,
der nicht nur ein peinlicher Zustand der Bedrängnis ist wie die
Angst, sondern auch ein zudringlicher Widersacher, dem der Betroffene sich stellen muss. Im Schmerz kann man nicht aufgehen
wie in der Angst, mit deren Impuls der Geängstigte, beispielsweise
in panischer Flucht, solidarisch wird, sondern man muss sich mit
ihm auseinandersetzen, weil er den Gequälten mit der Zudring-
lichkeit eines Halbdings konfrontiert. Weitere Beispiele sind der
Wind, der elektrische Schlag, Melodien, die einen verfolgen, Geräusche wie stechender Lärm und schrille Pfiffe, schneidende Kälte
und brütende Hitze, die Nacht und die Zeit, wenn sie in Langeweile oder gespannter Erwartung sich unerträglich dehnt. Halbdinge sind auch die Gefühle, zum Beispiel immer wieder einmal auf-
steigende Bitterkeit oder Scham. Sie können zwar auftreten, ohne
gleich zu ergreifen, aber wenn sie ergreifen, lassen sich Ursache und
Einwirkung nicht so unterscheiden wie bei einem Ding, zum Beispiel einem fallenden Stein, der als Ursache verschieden ist von sei-

---

1 Vgl. zu dieser Interpretation Schmitz 2010: 24–77: Kapitel »Grenzen der naturwissenschaftlichen Erkenntnis«.

ner Einwirkung, dem Stoß, mit dem er den Effekt bewirkt. So wie sie auftreten, verschwinden sie auch. In den Zwischenzeiten sind sie so wenig da wie die Stimme eines Menschen, der nicht spricht. Sie kommen spontan oder werden durch einen Anlass geweckt. Dieser Anlass kann in der Lebensgeschichte eines Menschen bestehen. Dann begleiten ihn die Gefühle als Atmosphären unabhängig von seinem Aufenthaltsort und sind oft nur ihm zugänglich, den Umstehenden aber verschlossen. Das spricht so wenig gegen ihre Realität, wie es gegen die von Bauchschmerz oder Kopfschmerz spricht, dass man sie nur selber empfinden kann. Ebenso, wie solche dem Individuum vorbehaltenen Gefühle, gibt es aber auch Kollektivgefühle, die mit einem Schlag mehrere oder viele Menschen ergreifen, wie stürmischer Mut eine Truppe, Furcht, Grauen oder Entsetzen mit Angst eine Menge in der Panik, zornige Erregung eine Menge in Aufruhr oder fromme Begeisterung und Sehnsucht eine Gemeinde beim Gesang. Gemeinsames Singen verbreitet ein gemeinsames Gefühl wie eine Stimmungsglocke über die Singenden, etwa als Volks-, Arbeits-, Kriegs-, Kirchenlied oder als Nationalhymne. Die Liebe, in der zwei oder mehr Menschen einträchtig zusammengehören, ist ein ihnen gemeinsames Gefühl mit einer Autorität, die an jeden von ihnen Ansprüche stellt und nur dadurch besteht, dass die Liebenden sie durch ihr höchst persönliches, mit keinem anderen teilbares Lieben, ihr affektives Betroffensein von dieser Liebe und ihrem Umgang damit, aufrecht erhalten (vgl. Schmitz 2005c: 99–111)[2].

Für die Art, wie die Menschen fühlen, gibt es typisch verschiedene Bestimmungsgründe. Das Fühlen als affektives Betroffensein von Gefühlen ist primär leibliches Ergriffensein und greift beim vitalen Antrieb an, in dem Engung und Weitung als Spannung und Schwellung gegenläufig verschränkt sind. Für die Bindungsform dieser Verschränkung gibt es ebenso in der aktuellen leiblichen Regung wie in den beharrlichen leiblichen Dispositionen der Individuen drei Möglichkeiten. Die Bindung kann kompakt sein, so dass Engung und Weitung zäh an einander haften und

---

2 Kapitel: »Die Liebe und das Lieben«.

ihre Gewichte sich nur mit geringer Amplitude und allmählich verschieben lassen. Ein solcher Antrieb ist beständig, aber schwer aufwühlbar und daher für das Angreifen der Gefühle wenig oder mit Verzögerung empfänglich. Bei der zweiten Form ist der Antrieb schwingungsfähig, mit großen Ausschlägen zum Übergewicht der Engung oder der Weitung hin. Beim dritten Typ ist die Bindung locker, so dass aus dem Antrieb Anteile von Engung als privative Engung (z. B. im Schreck) und Anteile von Weitung als privative Weitung (z. B. in Erleichterung, Zartheit, Spiritualität) abgespalten werden können. Solche Menschen sind einerseits der Bestürzung ausgesetzt, haben andererseits aber durch privative Weitung die Chance, in der Ergriffenheit Abstand zu halten. Zu diesen Unterschieden leiblicher Empfänglichkeit kommen die personalen. In der phänomenologischen Theorie der Personalität wird dargelegt, dass die Person mit ihrer leiblichen Dynamik durch personale Emanzipation und personale Regression, Abstand nehmend und darauf zurückfallend, verbunden ist. Das Verhältnis und die Ausgestaltung beider Prozessrichtungen sind von großer Bedeutung für die Empfänglichkeit der Person für Gefühle. Man kann über seine Gefühle, auch wenn sie leiblich spürbar ergreifen, hinwegleben. Man kann auch auf verschiedenen Niveaus personaler Emanzipation, eventuell gleichzeitig, verschieden betroffen werden. Die Lebensgeschichte hat einen wichtigen Einfluss darauf, ob und wie sich die Person gegen Gefühle sperrt. Die Chance für die Person, sich nach der anfänglichen Überwältigung durch das ergreifende Gefühl in Preisgabe oder Widerstand damit auseinanderzusetzen, gibt Gelegenheit zur Entwicklung einer persönlichen Kultur des Fühlens zwischen Rohheit und subtiler Verfeinerung.

Die These, dass Gefühle Atmosphären sind, will ich nun noch durch Musterung einiger Gefühle dem Verständnis näher bringen. Aufdringliche Atmosphären des Gefühls, die ebenso individuell wie gemeinsam gefühlt werden können, sind Verlegenheit und Betretenheit, in die jemand ahnungslos hineinplatzt, so dass ihm das Wort auf den Lippen erstirbt, die Aufgeregtheit vor einer Schlacht oder in einer Krise anderer Art (»knisternde Spannung«), die ahnungsvolle Mischung von Verheißung und Drohung

in unbestimmter Erwartung (vgl. Schmitz 1969: 300–304)[3], ferner
die optisch-klimatischen Atmosphären: Abendstimmung, Novem-
berstimmung usw. Verwandt ist der feierliche Ernst mit weit ausladender Atmosphäre, ein mächtiges Gefühl, das sowohl spontan
in einer weiten, öden, stillen Landschaft von großem Format als
auch bei feierlichen Anlässen auftreten kann und das Besondere an
sich hat, dass es gegen Lust und Leid (oder Unlust) indifferent ist;
an diesem Beispiel scheitern die von Aristoteles angeregten (Aristoteles 1985: 1105b21–23), bei Kant und in der Psychologie der Fol-
gezeit zur vermeintlichen Selbstverständlichkeit gediehenen Versuche, das Gefühl auf Lust und Unlust zu reduzieren und dadurch
seine Fixierung in der Seele zu besiegeln. Freude ist ein hebendes
Gefühl, das das Leben leicht macht. Diese Leichtigkeit ist nicht nur
metaphorisch zu verstehen, aber auch nicht vom Körper. An der
körperlichen Schwere ändert sich durch Freude nicht das Gerings-
te. Die Leichtigkeit betrifft vielmehr den vom Körper säuberlich zu
unterscheidenden spürbaren Leib. Wegen seiner Erleichterung im-
poniert die unveränderte physische Schwere nicht mehr wie sonst;
der Freudige hüpft (»Freudensprung«) oder »schwebt in Seligkeit«.
Das braucht nicht an gesteigertem Kraftgefühl zu liegen; es gibt
nämlich auch eine passive Freude, in die man sich schlaff fallen
lässt, zum Beispiel bei der Erleichterung von einer schweren Sorge,
und solche Freude hebt nicht weniger, weil man mit ihr in eine levi-
tierende, hebende Atmosphäre des Gefühls geraten ist. Besonders
geeignet zum Aufweis der atmosphärischen Natur des Gefühls ist
die Scham. Es kommt vor, dass jemand sich beschämend benimmt,
ohne sich zu schämen, die Umstehenden aber peinlich berührt
sind. Diese Peinlichkeit ist immer noch Scham, aber abgeschwächt.
Der katastrophal Beschämte möchte in den Boden versinken und
senkt den Blick; der peinlich Berührte kneift die Augen etwas zu,
um nicht zu genau hinzusehen, und möchte lieber weg sein. Dass
die Peinlichkeit selbst noch Scham, nur abgeschwächte, ist, zeigt
sich daran, dass sie auch, gesteigert, als katastrophale Scham vorkommt; man sagt dann: »Es ist mir entsetzlich peinlich, dass ...«

---

3 Kapitel »Das Ahnungsvolle (Erwartungsgefühl)«.

Da aber im angegebenen Fall niemand sich katastrophal schämt, kommt auch keine Gefühlsansteckung in Frage; die Scham erweist sich damit als reine Atmosphäre, die von ihrem Verdichtungsbereich, wo der schamlose Unverschämte sich beschämend benimmt, zur Peripherie hin abnimmt, aber immer noch als peinliches Berührtsein spürbar ist. Ein quälendes Gefühl von anderer Art habe ich als Verzweiflung bezeichnet und ausgiebig studiert (Schmitz 1969: 219–244). Ich denke nicht an versagte Wunscherfüllung, sondern an die Atmosphäre gefühlter Leere, in der dem Betroffenen der Halt entzogen ist, der dem Zufriedenen (selbst ohne Wunscherfüllung) vom Gefühl der Geborgenheit und der ruhigen Selbstsicherheit kommt. Für Verzweiflung in diesem Sinn haben die Franzosen das Wort »ennui«, das eine mit Ekel gemischte Langeweile bezeichnet; ein anderes Gesicht dieser Verzweiflung ist die »acedia« der frühchristlichen Wüstenväter, die mittags das Motiv des Verweilens in ihrer Zelle verloren und ziellos herumirrten. Verzweiflung ist ein beklemmendes und bedrängendes Gefühl wie die Trauer, aber nicht drückend wie diese, sondern haltlos; sie stiftet zu einer halt- und ziellosen Unruhe an, die Horaz mit den Worten charakterisiert: »Angestrengte Trägheit hält uns in Atem« (»strenua nos exercet inertia«).[4] Verzweiflung kann sich aus erfolgloser Reflexion auf den Sinn des Lebens ergeben, aber auch spontan als mächtig ergreifende Atmosphäre auftauchen, etwa in kühler, bleicher, befremdlicher Abenddämmerung (vgl. Schmitz 2005b/1967: 153–166; ders. 2005c: 181–184) oder an einem nasskalten Morgen im hässlichen Häusermeer einer Großstadt oder auf dem Bahnhof.

Die Neue Phänomenologie geht mit ihrer Lehre vom Gefühl hinter die Weltspaltung zurück, die als seither weitgehend dominantes Paradigma der europäischen Intellektualkultur um 450 v. Chr. – philosophisch zuerst fassbar im trümmerhaft überlieferten Werk Demokrits – einsetzt und von Platon und Aristoteles vollendet wird. Im Interesse der Machtergreifung der Person als Vernunft über die unwillkürlichen Regungen wurde damals die erfahrbare Welt in der Weise zerlegt, dass jedem Bewusthaber eine Seele als

---

4 Horaz 1970: I, 11, Z. 28, vgl. auch die Schilderung der Verzweiflung als eigenen Zustand ebd. I, 8.

seine private Innenwelt, in die sein gesamtes Erleben eingeschlossen wurde, zugeteilt und zwischen den Seelen nur eine reduzierte Außenwelt belassen wurde, abgeschält bis auf wenige für Statistik und Experiment geeignete Merkmalsorten, die noch heute das Datenmaterial der Physik bilden, und deren hinzugedachte Träger; der Abfall der Abschälung wurde absichtlich oder versehentlich (unter der Hand) in den Seelen abgeladen. Dieses Schicksal traf insbesondere die Gefühle. Zuvor waren diese ohne Verseelung in einer Weise verstanden worden, die ihrer Auffassung als räumlich ergossene Atmosphären und leiblich ergreifende Mächte in der Neuen Phänomenologie viel näher kommt. Rudolf Otto kommentiert den altindischen (vedischen) Gott Manyu, d.h. »Zorn«, mit den Worten: »Unheimliche Zornmacht wird gefühlt.« (Otto 1932: 147) Ich erinnere an die vom Schuldbewussten mit Furcht erlittene Drohung des Zorns, an Goethes Gretchen und den Orestes des Aischylos. Von solchem Zorn als eigenständiger Macht heißt es in der *Ilias*, dass er in Meleager und Achilleus eintauche und den umsichtigen Sinn (Noos) in der Brust sogar der Verständigen schwellen lasse (Homer 2010: 9. Gesang, Vers 553 f.; 19. Gesang, Vers 16). Diese Schwellung ist als leibliches Ereignis zu verstehen, als Aktivierung der Schwellungskomponente des vitalen Antriebs in der Brustgegend wie beim Einatmen. Der Zorn Jahwes im Alten Testament der Bibel ist so etwas wie ein Ausfluss, der sich wie Feuer oder Wasser über Volk und Land, Vieh, Bäume und Feldfrüchte ergießt,[5] er steht in der Mitte zwischen dem persönlichen Zorn eines Gottes und einer Atmosphäre unheimlich ausbrechender Zornmacht. Jeremia bekennt, dass er von dieser Zornglut übervoll sei und sich mühe, sie zurückzuhalten, sie aber ausgießen müsse über Kinder, Jünglinge, Männer, Weiber und Greise (Jeremia 6, 11). Wie Jahwes Zorn in Jeremia und der Zorn in Achilleus, taucht in der *Ilias* Ares in Hektor ein (Homer 2010: 17. Gesang, Vers 210 f.), und Aischylos nennt den Angreifer Hippomedon vor den Toren Thebens »gotterfüllt von Ares« (Aischylos 2003: Vers 497). Die griechischen Götter, namentlich Ares und Aphrodite als

---

5 4. Buch Mose 17, 11; Jesaja 42, 25; Jeremia 7, 20; Ezechiel 22, 20–22; Hosea 5, 10; Psalm 78, 49 und 88, 17; 2. Chronik 34, 25.

Prototypen der Kampfes- und erotischen Erregung, sind zugleich
Personen und Gefühlsmächte[6]; die Besessenheit von ihnen ist zugleich die Ergriffenheit von der Macht eines atmosphärischen Gefühls. Diese Atmosphäre braucht nicht stürmisch zu kommen; Pindar beschreibt den ersten Geschlechtsverkehr eines Mädchens mit
den Worten, dass es, geführt von Apollon, zuerst zart an die süße
Aphrodite gerührt habe (Pindar 1967: 6. Olympische Ode, Vers
35). »Aphrodite« ist auch ein Name der Liebe, die nach Empedokles zusammen mit dem Streit oder Groll das Weltgeschehen dynamisch dirigiert. Empedokles rüttelt seinen Schüler auf, nicht blöde
glotzend dazusitzen, sondern mit wachem Bemerken aufzufassen,
was los ist; dann sehe er, wie die Liebe, gleich an Länge und Breite,
da draußen unter den Elementen wirbelt, und das sei dieselbe Liebe, die unter dem Namen der Aphrodite Wonne den Gliedern der
Sterblichen eingepflanzt, sie Liebesgedanken fassen und einträch-
tige Werke vollenden lasse; das aber habe noch nie ein sterblicher
Mann erkannt (Diels/Kranz 1956: 31B.17 Z. 20–26). Im kosmo-
gonischen Prozess bricht die Liebe nach Empedokles wirbelnd aus
und verdrängt den Streit alias Groll an die Peripherie; sie erfüllt
den Raum, in dem sich unter ihrem Einfluss die Geschöpfe bilden
und mischen. Ohne Zweifel versteht Empedokles sie als dynamisch
ergreifende, leiblich die Menschen mit Regungen der Eintracht er-
füllende Atmosphäre.

Dieses archaische Gefühlsverständnis kehrt überraschend
im Urchristentum zurück, etwa im *1. Johannesbrief.* Wie Ares die
Kampfbegierde, Aphrodite die erotische Erregung, ist der Gott des
Johannes die Liebe, die in uns vollendet ist, wenn wir einander lieben (4,8.12), und wer in der Liebe bleibt, der bleibt in Gott und
Gott in ihm (4, 16). Wie wörtlich dieses urchristliche Darinsein in
einem Gefühl zu verstehen ist, sagt der pseudopaulinische *Brief an
die Kolosser:* Die Gläubigen sollen die Glieder auf Erden, in denen sie vorab herumgegangen sind, als sie in ihnen lebten, abtöten,
nämlich Begierde, Habsucht, Zorn und das Pathos (die Leiden-
schaft) schlechthin (3, 5–8). Der Gnostiker Markos fordert sogar

---

6 Walter Pötscher sprach etwa in diesem Sinn von einem Person-Bereich-Denken (Pötscher 1959).

vom Bekehrten: »Nimm den Bräutigam auf, und gehe in ihm herum« (Irenaeus 2001: I 13, 3). Hier greift das heidnische Person-Bereichs-Denken auf das Christentum über, wie auch bei Paulus, wenn er lehrt: »Der Herr ist das Pneuma« (2. Korinther 3, 17). Das Verhältnis des Christen zu der ihn umhüllenden und ergreifenden Atmosphäre ist passiv; die ergreifenden Mächte tragen ihren Streit unter sich aus. Im *1. Johannesbrief* heißt es: »Vollkommene Liebe treibt die Furcht aus.« (4, 18) Das ist ganz wörtlich zu verstehen: Der Liebende ist nicht der Handelnde, der sich der Furcht entzieht, sondern Schauplatz des Kampfes, in dem die Liebe die Furcht besiegt. Dass die Worte so zu verstehen sind, ergibt sich aus den viel breiteren und drastischeren Ausführungen derselben Vorstellungsweise in der umgebenden Literatur, vorzüglich in der urchristlichen Lehrschrift *Der Hirt* des Hermas, aber auch in den *Testamenten der 12 Patriarchen* (einer jüdischen Apokryphe, wohl aus dem 1. Jahrhundert v. Chr.) und den (wohl im 4. oder 5. nachchristlichen Jahrhundert entstandenen) *50 Homilien* des Pseudo-Makarios (vgl. dazu Schmitz 2005b: 508–518; ders. 2007: 26–28). Johannes denkt, wenn er die vollkommene Liebe über die Furcht siegen lässt, wie Aischylos, dessen Chor im *Agamemnon* fragt: »Wieso denn schwebt beharrlich mir diese Angst als Vorsteherin des grauserblickenden Herzens vor (…) und setzt sich nicht, sie ausspeiend nach Art wirrer Traumbilder, gelehrige Kühnheit auf den lieben Thron des Gemüts?« (Aischylos 1983: Verse 975–984) Die archaische Vorstellung von Gefühlsmächten, die den Menschen besessen halten und auf ihm als Sitz ihren Kampf austragen, kehrt im Urchristentum zurück.

Nur auf der Grundlage dieser Vorstellungsweise ist die Lehrverkündung des Paulus zu verstehen (vgl. hierzu Schmitz 2007: 23–32 sowie ders.: 2005a/1965: 507–528; 2011: 151–153). Die Seele spielt bei ihm keine Rolle; der Mensch ist Leib, und um den Sitz in diesem Leib streiten der Geist (Pneuma) und das Fleisch, wobei der Mensch zwar nicht untätig bleibt, aber trotz Option für das Pneuma der Macht des Fleisches und der Sünde in seinen Gliedern nahezu hilflos ausgesetzt ist. Sofern aber das Pneuma siegt, ist er von Christus und vom Pneuma, die dann statt seiner in ihm wirken, besessen wie Hektor und Hippomedon von Ares; sein Leib ist dann ein Tempel des heiligen Geistes. Der Gegensatz von Geist und Fleisch ist aber nicht platonisch zu verstehen, als Durchsetzung der zur Herrschaft bestimmten Vernunft gegen die fleischlichen, sinnlichen Regungen, sondern im Wesentlichen wie der von Liebe und Streit bei Empedokles. Das ergibt sich aus der Aufzählung der Werke des Fleisches und der Früchte des Geistes im *Brief an die Galater* (5, 19–22): Werke des Fleisches sind außer sinnlichen Ausschweifungen Götzendienst, Zauberei, Zwist, Gehässigkeit, missgünstiger Eifer, Zorn, Zank, Entzweiung, Spaltung nebst Saufgelagen und dergleichen, Früchte des Geistes dagegen Liebe, Freude, Friede, Langmut, Geradlinigkeit, Güte, Glaube, Milde, Selbstbeherrschung.

Die beschriebene urchristliche Denkweise beruht auf der Erfahrung des Lebens im Pneuma, dem Geist oder heiligen Geist, wobei diese Übersetzung eher in die Irre führt, weil sie andere Vorstellungen nahelegt als die einer Atmosphäre, die ein Gefühl ist, in dem die davon ergriffenen Menschen miteinander leben. Es handelt sich um ein Gefühl von Freude, gegenseitiger Liebe der Genossen und Freimut (Parrhesia), ein Hochgefühl, zu dem die Christen ermächtigt waren durch ihre Gewissheit der nahen Wiederkunft des Messias zum Weltgericht, bei dem sie als selige Adoptivkinder Gottes auserwählt werden würden. Als dieses Ereignis nicht so bald eintrat und die dominante Ausbreitung des Christentums seit Konstantin der Gemeinde die Bestärkung einer Gemeinschaft von durch Absonderung und Verfolgung zusammengehörigen Aristokraten der Erwählung nahm, erlosch dieses Gemeingefühl, wurde aber konserviert in Gestalt einer dritten Person der göttlichen Trinität. Noch im 4. Jahrhundert stößt der kappadokische Kirchenvater Basilius (1967: 92)[7] bei dem Versuch, den Heiligen Geist mit dem Vater und dem Sohn zu koordinieren, auf Widersacher, die sich lieber die Zunge abbeißen würden, als auf die Worte »im Heiligen Geist« zu Gunsten der Worte »mit« oder »und« dem Heiligen Geist zu verzichten. Sie wollten die Atmosphäre nicht für die Person preisgeben.

---

[7] Im Original: Basilius von Caesarea: *De spiritu sancto*, Kapitel XXV, p.51a (Migne, Patrologia graera, Band 32, Spalte 180A). Zum Heiligen Geist insgesamt: Schmitz 2005 d/1977: 13–43, Kapitel »Der Heilige Geist«.

LITERATUR

Aischylos (2009): *Choephoren*, hg., kommentiert und übers. v. Lutz Käppel, Berlin: De Gruyter.

Aischylos (1997): *Die Perser: Sieben gegen Theben*, übers. und kommentiert v. Emil Staiger, Stuttgart: Reclam.

Aischylos (1983): *Agamemnon*, übers. u. m. einem Nachwort v. Emil Staiger, Stuttgart: Reclam.

Aristoteles (1985): *Nikomachische Ethik*, übers. v. Eugen Rolfes, Hamburg: Felix Meiner.

Basilius (1967): *Über den Heiligen Geist*, eingel. und übers. v. Manfred Blum, Freiburg i. Br.: Lambertus.

Diels, Hermann/Kranz, Walter (1956): *Die Fragmente der Vorsokratiker*, Berlin: Weidmann'sche Buchhandlung.

Goethe, Johann Wolfgang von (1986): »Faust. Der Tragödie erster Teil«, in: Ders.: *Werke. Hamburger Ausgabe in 14 Bänden, Bd. 2: Dramatische Dichtungen I*, durchges. und kommentiert v. Erich Trunz, München: C.H. Beck.

Homer (2010): *Ilias*. Text der Ausgabe letzter Hand von 1821, übers. v. Johann Heinrich Voß, Stuttgart: Reclam.

Horaz (1970): *Briefe*, hg. v. Adolf Kießling, bearb. v. Richard Heinze, Berlin: Weidmann.

Irenäus (2001): *Adversus Haereses – Gegen die Häresien*, übers. u. eingel. v. Norbert Brox, Freiburg i. Br.: Herder (griech./lat./ deutsch).

Otto, Rudolf (1932): *Das Gefühl des Überweltlichen*, München.

Pindar (1967): *Siegesgesänge und Fragmente*, griech. u. deutsch, hg. und übers. v. Oskar Werner, München: Heimeran.

Pötscher, Walter (1959): »Das Person-Bereich-Denken in der frühgriechischen Periode«, in: *Wiener Studien. Zeitschrift für Klassische Philologie 72*, S. 5 ff.

Scheler, Max (1954): *Der Formalismus in der Ethik und die materiale Wertethik*, Bern.

Schmitz, Hermann (1969): *System der Philosophie Band III Teil 2: Der Gefühlsraum*, Bonn: Bouvier.

Schmitz, Hermann (2005a/1965): *System der Philosophie Band II Teil 1: Der Leib*, Bonn: Bouvier.

Schmitz, Hermann (2005b/ 1967): *System der Philosophie Band III Teil 1: Der leibliche Raum*, Bonn: Bouvier.

Schmitz, Hermann (2005c): *Situationen und Konstellationen*, Freiburg i. Br./München: Alber.

Schmitz, Hermann (2005d/1977): *System der Philosophie Band III Teil 4: Das Göttliche und der Raum*, Bonn: Bouvier.

Schmitz, Hermann (2007): *Der Weg der europäischen Philosophie. Eine Gewissenserforschung, Bd. 2: Nachantike Philosophie*, Freiburg i. Br./München: Alber.

Schmitz, Hermann (2010): *Jenseits des Naturalismus*, Freiburg i. Br./München: Alber.

Schmitz, Hermann (2011): *Der Leib*, Berlin u.a.: de Gruyter.

Vergil (2012): *Aeneis. Epos in zwölf Gesängen*, übers. und hg. v. Wilhelm Plankl, Stuttgart: Reclam.

Marc Jongen, Dr. phil., geb. 1968, studierte
Philosophie, Geschichte und Indologie an der
Universität Wien sowie Volkswirtschaft an der
Wirtschaftsuniversität Wien; Promotion an der
HfG Karlsruhe bei Peter Sloterdijk und Boris
Groys zum Thema *Nichtvergessenheit. Tradition
und Wahrheit im transhistorischen Äon*. Seit 2003
ist er akademischer Mitarbeiter für Philosophie
und Ästhetik sowie Assistent des Rektors an der
HfG Karlsruhe, seit 2009 auch Leiter des HfG
Forschungsinstituts. Das hauptsächliche For-
schungsinteresse von Marc Jongen gilt dem
Fortwirken vormoderner – religiöser und spiri-
tueller – Gedankenwelten und kultureller Pro-
grammierungen in der technologischen Zivilisation, insbesondere ihren Auswirkungen auf
Kunst, Politik und Medien.
Publikationen (Auswahl): Hg.: *Der göttliche
Kapitalismus* (2007); Hg.: *Philosophie des Raumes.
Standortbestimmungen ästhetischer und politi-
scher Theorie* (2008); Hg.: *Was wird Denken
heißen? Kognition und Psyche im posthumanen
Zeitalter* (erscheint 2012).

»MEIN GENIE IST IN MEINEN NÜSTERN«
SKIZZEN ZU EINER EPISTEMOLOGIE DER WITTERUNG [1]

I. ZUR »GEGENSTANDSBESTIMMUNG« DES WITTERNS

»Mein Genie ist in meinen Nüstern« – die Anführungszeichen verraten es schon: Ich spreche hier nicht *pro domo*, sondern zitiere Friedrich Nietzsche, genauer gesagt das Schlusskapitel aus *Ecce Homo*, »Warum ich ein Schicksal bin« (Nietzsche 1977: 127), in dem der Autor mit allerhöchstem Pathos und in überheller Luzidität seine eigene Stellung in der Geistesgeschichte reflektiert, in dem also jeder Satz – bei aller scheinbaren Aperçuhaftigkeit und manischen Überspanntheit – mit äußerster Präzision gesetzt ist und entsprechend philosophisch ernst genommen zu werden verdient. Im Anschluss an Nietzsche – und im Schlussteil auch an Peter Sloterdijk – möchte ich im Folgenden die Metaphorik des Riechens und Witterns für das Erkennen etwas wörtlicher nehmen als üblich und mich fragen, ob und inwiefern das witternde Wahrnehmen von Atmosphären auch in Weltbildern, Moralen, wissenschaftlichen Theorien und Kunstformen, kurz: in kulturellen Erzeugnissen jeder Art, einen angemessenen »Gegenstand« findet. Die dergestalt zumindest umrisshaft am Horizont erscheinende *Epistemologie der Witterung* gibt auf Heideggers Frage »Was heißt Denken?« ohne Umschweife die Antwort: »Denken heißt wittern!«

Von den konkreten, in physischer Anwesenheit zu erlebenden Atmosphären abrückend, die für gewöhnlich Gegenstand phänomenologischer Untersuchung sind, scheinen wir damit ein Gebiet zu betreten, das nur noch im übertragenen Sinne »atmosphärischer« Natur ist. Zweifellos ist es wichtig, zwischen leiblich-affektiver Wahrnehmung einerseits und dem abstrakteren Wittern zwischen den Zeilen eines Textes andererseits zu unterscheiden.

---

[1] Der Text ist die überarbeitete Version des Tagungsvortrags. Der Vortragsstil wurde bewusst beibehalten, nur die Anreden an das Publikum wurden getilgt.

Dem möglichen Missverständnis, der Atmosphärenbegriff werde in letzterem Fall »bloß metaphorisch« gebraucht, möchte ich aber schon hier entgegenhalten, dass auch das Wittern »abstrakter Atmosphären« über einen oder zwei Übersetzungsschritte an konkret erfahrbare Situationen, das heißt an die Sinne und den Leib rückgekoppelt bleibt. Genauso wie umgekehrt das »konkret« Wahrgenommene schwerlich ohne abstrakt-metaphorische Beimengungen auskommt – spätestens dann nicht mehr, wenn es sich verbalisieren soll.

Das witternde Denken ist also, sofern es authentisch ist, an keinem Grad seiner Sublimierung »bloß noch metaphorisch« zu nennen; wohl aber ist mit steigenden Schwierigkeiten bei seiner Überführung in eine wissenschaftliche Form zu rechnen. (Wir denken bei »Epistemologie« nicht nur an Erkenntnistheorie, sondern auch an deren griechische Wurzel: *episteme*, »Wissenschaft«). Wenn es schon schwer, aber doch nicht unmöglich ist, die physisch erspürten Atmosphären einer wissenschaftlichen Beschreibung zugänglich zu machen – die Phänomenologie des zwanzigsten Jahrhunderts hat hierfür eine reich differenzierte Sprache entwickelt –, stößt man bei moralischen oder Theorie-Atmosphären an gewisse prinzipielle Grenzen, die mit deren eigenen Geltungsansprüchen zusammen hängen. Wie kann man wittern und witternd beurteilen, was seinerseits die Bedingungen der Erkenntnis festzulegen beansprucht – und zwar ganz anders? Wie wir sehen werden, gerät man auf diesem Feld sehr rasch in einen Titanenkampf der Denkstile, der, von Nietzsche vielleicht nicht begonnen, aber in bis *dato* ungekannter Klarheit artikuliert, noch heute fortdauert und dessen Zauber es ist, dass, wer ihn schaut, ihn auch kämpfen muss... (vgl. Nietzsche 1988: 102)

II. GÖTZEN-DÄMMERUNG ODER: WIE MAN MIT DER NASE PHILOSOPHIERT

Lassen wir zunächst Friedrich Nietzsche in einigen Zitaten zu Wort kommen, um in das Thema einzustimmen. In *Götzen-Dämmerung*, in dem Kapitel »Die ›Vernunft‹ in der Philosophie«, heißt es: »Und was für feine Werkzeuge der Beobachtung haben wir an unseren Sinnen! Diese Nase zum Beispiel, von der noch kein Philosoph mit

Verehrung und Dankbarkeit gesprochen hat, ist sogar einstweilen das delikateste Instrument, das uns zu Gebote steht: es vermag noch Minimaldifferenzen der Bewegung zu konstatieren, die selbst das Spektroskop nicht konstatiert.« **(Nietzsche 1985: 25 f.)**

Zwei Paragraphen zuvor hatte Nietzsche »den Philosophen«, das heißt den metaphysischen Denkern, ihre Seins-Anbetung und ihre Missachtung des Werdens vorgeworfen; ihre Begriffs-Götzendienerei lasse alles Lebendige, das sie anfassen, zur Mumie vertrocknen. Weil die Wahrnehmung nirgends das Sein und überall Wandel zeige, glauben diese Philosophen, es müsse dabei mit Betrug zugehen. Und »wo steckt der Betrüger? – ›Wir haben ihn!‹, schreien sie glückselig, ›Die Sinnlichkeit ist’s! Diese Sinne, *die auch sonst so unmoralisch sind*, sie betrügen uns um die *wahre* Welt.‹« **(Ebd.: 24)** Darum heißt die Devise der metaphysischen Philosophie: »loskommen von dem Sinnentrug« **(ebd.)**, »weg vor allem mit dem Leibe, dieser erbarmungswürdigen *idée fixe* der Sinne! Behaftet mit allen Fehlern der Logik, die es gibt, widerlegt, unmöglich sogar, ob er schon frech genug ist, sich als wirklich zu gebärden!« **(Ebd.: 25)**

Gegen diese »Vernunfts«-Philosophie, die das Zeugnis der Sinne verwirft, da die »Vernunft« das Zeugnis der Sinne zuvor gefälscht hat (ebd.), bringt Nietzsche die Nase im Allgemeinen und seine eigene, überfeine Nase im Besonderen als philosophisches Kampforgan in Stellung. Was ihn persönlich dazu disponiert, dazu gibt er in *Ecce Homo* folgendermaßen Auskunft: »Darf ich noch einen letzten Zug meiner Natur anzudeuten wagen, der mir im Umgang mit Menschen keine kleine Schwierigkeit macht? Mir eignet eine vollkommen unheimliche Reizbarkeit des Reinlichkeitsinstinkts, so dass ich die Nähe oder – was sage ich? – das Innerlichste, die ›Eingeweide‹ jeder Seele physiologisch wahrnehme – *rieche*... Ich habe an dieser Reizbarkeit psychologische Fühlhörner, mit denen ich jedes Geheimnis betaste und in die Hand bekomme [Man sieht, es geht hier auch um das Tasten und, worauf wir noch kommen werden: um den Geschmack, also um sämtliche »niederen Sinne«. M.J.]: der viele verborgene Schmutz auf dem Grunde mancher Natur, vielleicht in schlechtem Blut bedingt, aber durch Erziehung übertüncht, wird mir fast bei der ersten Berührung schon bewusst.« **(Nietzsche 1977: 52)**

Und deshalb, schreibt Nietzsche, habe er »Einsamkeit nötig, will sagen, Genesung, Rückkehr zu mir, den Atem einer freien, leichten, spielenden Luft...« (Ebd.: 52) »Wer die Luft meiner Schriften zu atmen weiß«, heißt es im Vorwort zu *Ecce Homo*, »weiß, dass es eine Luft der Höhe ist, eine *starke* Luft. Man muss für sie geschaffen sein, sonst ist die Gefahr keine kleine, sich zu erkälten. Das Eis ist nahe, die Einsamkeit ist ungeheuer – aber wie ruhig alle Dinge im Lichte liegen! wie frei man atmet!« (Ebd.: 36)

In Briefen an Freunde taucht diese Selbstcharakterisierung als feines Witterungstier zuweilen auch in humoristischer Variante auf. 1881 schreibt Nietzsche an Franz Overbeck: »[I]ch hätte in Paris bei der Electricitäts-Ausstellung sein sollen, theils um das Neueste zu lernen, theils als Gegenstand der Ausstellung: denn als Witterer von elektrischen Veränderungen und sogenannter Wetter-Prophet nehme ich es mit den Affen auf und bin wahrscheinlich eine Spezialität« (Nietzsche 1981: 140).[2]

Nun streckt Nietzsche seine »psychologischen Fühlhörner« nicht nur nach Personen, sondern auch nach Büchern, nach Theorien und Weltanschauungen, vor allem nach der Religion und der Moral aus; er tritt in deren Atmosphäre ein und beurteilt sie von dieser Atmosphäre her, unter rigoroser Absehung ihrer Selbstbeschreibung und ihres eigenen Wertessystems. Wie schon aus den oben zitierten Stellen hervorgeht, lässt sich dabei die Geruchs- und Witterungsmetaphorik vom Leiblich-Konkreten niemals ablösen; was im übertragenen Sinne »schlecht riecht«, das riecht sehr oft auch im konkreten Sinne schlecht. Ein von Nietzsche oft verwendetes Bild, in dem konkreter und übertragener Sinn ineinander fließen, ist der süßliche Weihrauchduft, der Kirchen genauso wie Büchern und Texten – beileibe nicht nur explizit theologischen – entströmt. Auch Musik, wie etwa die Richard Wagners, kann davon betroffen sein, und selbst noch hinter den streng logischen Ausführungen Immanuel Kants wittert Nietzsche den »hinterlistigen Christen« (vgl. Nietzsche 1985: 29).

Ein historisch rezenteres Beispiel für derartiges Wittern ist der »Muff von tausend Jahren«, den die revoltierenden Studenten

2 Brief an Franz Overbeck am 14.9.1881.

von 1968 »unter den Talaren« ihrer Professoren ausgemacht haben. Das war in erster Line ein atmosphärisches Argument und erst in zweiter Linie ein politisches, mit Peter Sloterdijk gesprochen: ein psychopolitisches Argument. Muffig rochen nicht nur die physischen Talare, muffig roch auch der Geist, der in der Nachkriegsuniversität den Ton angab. Es ist schwer zu entscheiden, welcher »Muff« hier für welchen die Metapher liefert, welcher das Urbild des jeweils anderen ist. Parallele Entwicklungen führen zum »Muff« im geistigen wie im physischen Sinn, nämlich eine gewisse Enge, das Unterbinden des Zustroms von Neuem – von frischen Informationen, ›frischer Luft‹ –, sodass eine Bestimmung wie »Muffigkeit«, keine »bloße«, schon gar keine »beliebige« Metapher ist, sondern eine durchaus exakte atmosphärische Bezeichnung für einen geistigen Zustand.

Das Beispiel der Revolte von ʼ68 passt übrigens auch deshalb in den Kontext der Atmosphäre, weil ihr Hauptresultat ein Atmosphärenwechsel war: die Etablierung eines neuen Lebensgefühls. Mochte die ʼ68er Revolte, gemessen an ihrem politischen Ziel, der Abschaffung des Kapitalismus, auch gescheitert sein, in atmosphärischer Hinsicht war sie sehr erfolgreich. Angesichts der Dimensionen und der weitreichenden Konsequenzen dieser gesamtgesellschaftlichen Umstimmung, ist das theoretische Instrumentarium, sie zu erfassen und zu beschreiben, noch immer erstaunlich unterentwickelt. Seine Ausarbeitung führt rasch zu den Grundfragen der kulturellen Organisation des Wissens.[3]

III.   DIE WITTERUNGSREVOLUTION (ALIAS: -EXPLIKATION)

Wer für eine geistige Atmosphäre empfänglich geworden ist, für wen explizit wird, was für die anderen eine nicht zu Bewusstsein gebrachte Hintergrundstimmung und -schwingung ist – in der sie gleichwohl schwimmen wie Fische im Wasser –, der ist ein Sehender unter Blinden, ein Erleuchteter – oder sollte man sagen: ein »Erdufteter« – in einer Welt von verstockten Nicht-Riechern. Dies

---

3 Der Großteil des atmospärischen Wissens ist in der Literatur gespeichert. Insofern muss es in einer Epistemologie der Witterung darum gehen, literarisches Wissen in philosophisch-explizites zu überführen.

war, wenn wir seinem Selbstzeugnis Glauben schenken, der Fall
Nietzsches. Seine Erfahrung war, als einziger und zum ersten Mal
wahrgenommen zu haben, was den Eingetauchten in die diversen
geistig-moralischen Atmosphären, die er untersuchte, bis dato ver-
borgen geblieben ist. So wie wir uns selbst nicht *riechen*, nehmen
wir auch die Atmosphäre nicht – oder nur sehr schwer – wahr, in
der wir uns ständig aufhalten, in der wir »leben, weben und sind«,
um mit dem Apostel Paulus zu reden. In der Terminologie Peter
Sloterdijks war Nietzsche mit seinem Witterungsdenken ein Protagonist der Tendenz zur *Explikation*, die die Moderne in erkenntnistheoretischer Hinsicht auszeichnet, ja *ist* (vgl. Sloterdijk 2004:
69 ff.). »Die zarten Dinge werden spät Objekt« (ebd.: 65) und die
Atmosphären am allerspätesten, weil sie alle Lebensäußerungen
der Kultur wie ein Fluidum durchdringen und gerade deshalb am
längsten unbemerkt bleiben. In dieser Eigenschaft sind sie aber,
weit davon entfernt, ephemer zu sein, die eigentlich primären Gegebenheiten.

Sloterdijk sieht die Explikation des Atmosphärischen, der
stillschweigenden, impliziten Hintergrundvoraussetzungen des
menschlichen Daseins, vor allem durch die Phänomenologie des
zwanzigstens Jahrhunderts geleistet (ebd.: 74 ff.). Wir meinen aber,
dass in dem witternden Denken Nietzsches Aspekte enthalten sind,
die im phänomenologischen Impuls nicht aufgehen, sondern diesen eher als einen Spezialfall, vielleicht als den wissenschaftlichen
Teil eines epochalen epistemologischen Umbruchs erscheinen lassen. Wesentliche Aspekte dieses Umbruchs sind nicht ohne weiteres wissenschaftsfähig, jedenfalls nicht, ohne dass die Wissenschaft dabei zutiefst transformiert würde.[4]

Zunächst muss man sich bewusst machen, welche erkenntnistheoretische Revolution in Nietzsches Nobilitierung der Nase, die
bei oberflächlichem Lesen wie ein frivoler Scherz am Rande wirken
mag, in Wahrheit zum Ausdruck kommt. Indem er dem Geruchs-
sinn – zusammen mit dem Tastsinn und dem Geschmack – das

---

4 Wie in Abschnitt 5 gezeigt wird, lebt in Sloterdijks eigenem Denken Nietzsches Witterungsimpuls gerade in dem Aspekt fort bzw. wieder auf, in dem er
   über die Phänomenologie hinausgeht.

Potential zubilligt, die »Lüge von Jahrtausenden« zu demaskieren und außer Kraft zu setzen, bricht er mit der klassisch-abendländischen Dominanz der »höheren Sinne«, dem Hören und vor allem dem Sehen, die zuerst der Philosophie, dann der Wissenschaft die Schlüsselmetaphern des Erkennens geliefert haben – man denke an die *theoria*, wörtl. Schau, an die *Evidenz* (von *videre*, sehen), oder noch an Heideggers »Lichtung«.

Zwar gibt es eine Tradition der niederen Sinnesmetaphorik für Erkenntnisvorgänge auch in der metaphysischen Tradition, vor allem in der Mystik. So setzte der Theologe und Zisterziensermönch Wilhelm von Saint-Thierry im elften Jahrhundert die Weisheit und ihre Erfahrung mit dem Geschmacksinn in Beziehung, indem er *sapientia* von *sapor* (lat. für »Geschmack«) herleitete (vgl. Haas 2007: 54). Aus der mittelalterlichen Frauenmystik ließen sich zahlreiche weitere Beispiele beibringen. Diese traditionellen Formen gewitterter, gerochener, geschmeckter »Weisheit« blieben jedoch immer im Einklang mit der Schau Gottes und den überweltlichen Wahrheiten, sie stellten eine Ergänzung dazu, keinen Einspruch dagegen dar.

Dieses metaphysische Wittern ist nicht dasjenige Nietzsches. Seine erkenntnistheoretische Umstellung vom Auge auf die Nase bedeutet einen Bruch, einen Paradigmenwechsel im Regime der Wahrheit, indem die Nase jetzt zu einer *ganz anderen* Wahrheit gelangt als das Auge. Mit dem nachidealistischen, nach*metaphysischen* Stundenschlag der Geistesgeschichte schlägt auch die Stunde der Rache der »niederen Sinne« an den höheren, den meta-physischen Sinnen. Der gesamte Materialismus der Moderne, ihre Hermeneutik des Verdachts, ihre Tendenz, alles »Höhere« von niederen Ursachen her zu erklären, lässt sich zumindest *auch* als eine Revolution in der Hierarchie der Sinne und ihrer Eigenschaft erklären, die jeweiligen Leitmetaphern für das Erkennen zu liefern. Das olympische Auge muss sich jetzt von der erdnahen Nase über die »Wahrheit seiner Wahrheit« belehren lassen – so heißt es in der *Götzendämmerung*: »[M]an hat die ›wahre Welt‹ aus dem Widerspruch zur wirklichen Welt aufgebaut: eine scheinbare Welt in der Tat, insofern sie bloß eine *moralisch-optische* Täuschung ist.« **(Nietzsche 1985: 29)**

Die »wahre Welt« eine »moralisch-optische Täuschung« – das darf man durchaus so lesen, dass die »Optik« selbst, also die geruchs- und atmosphärenvergessene Schau »ewiger Wahrheiten«, für das Sich-Täuschen verantwortlich ist. Sobald man dem Paradigma des »Sehens« folgt – auf dem, wohlgemerkt, unsere gesamte Wissenschaft noch fußt –, hat man sich demnach schon getäuscht, noch bevor man zu irgendeiner besonderen »Einsicht« überhaupt gelangt ist.

Um nun aber einen Schritt weiter zu machen in der Bestimmung des Denkens als Wittern, ist dem Ausdruck »moralisch« näher nachzugehen, den Nietzsche mit »optisch« verbindet. Was er mit seiner feinen Nase gerochen hat, was er als erster »entdeckt« zu haben meint, das ist die »Moral«. Moral ist eine ungeheuer aufgeladene Vokabel in Nietzsches Schriften, die geradezu mit »Gift« synonym gesetzt werden kann – im Ausdruck »Moralin« sind beide Begriffe zusammengezogen. Das Gift Moralin wirkt sich nicht nur im manifesten Moralisieren aus, sondern durchzieht wie eine feinstoffliche Substanz alle Lebensäußerungen des alt gewordenen, durch lange Gifteinwirkung alt gewordenen Europa, bis hinein in die scheinbar neutralsten Gebiete der Wissenschaft. In diesem thematischen Zusammenhang fällt übrigens auch der Satz »Mein Genie ist in meinen Nüstern«. Die Stelle lautet im Kontext: *»Umwertung aller Werte: das ist meine Formel für einen Akt höchster Selbstbesinnung der Menschheit, der in mir Fleisch und Genie geworden ist. Mein Los will, dass ich der erste anständige Mensch sein muss, dass ich mich gegen die Verlogenheit von Jahrtausenden im Gegensatz weiß... Ich erst habe die Wahrheit entdeckt, dadurch dass ich zuerst die Lüge als Lüge empfand – roch... Mein Genie ist in meinen Nüstern...«*

(Nietzsche 1977: 127)

Ohne die neuartige Erkenntnisweise des Witterns also keine »Umwertung aller Werte«, sie folgt daraus zwingend und ist mit ihr eigentlich schon gesetzt. Die »Wahrheit« aber, deren Entdeckung Nietzsches Nase für sich in Anspruch nimmt, steht, wie angedeutet, nicht mehr mit dem »Schönen und Guten« in Einklang, sondern im diametralen Gegensatz dazu. Eben darin liegt die Lüge, der idealistische Schwindel: dass das Wahre zugleich das Schöne und das

Gute sei. »Meine Wahrheit ist furchtbar« sagt Nietzsche stattdessen – ein Satz, mit dem er sich als Prophet der radikalen Moderne zu erkennen gibt. Im manischen Crescendo auf den Schlussseiten von *Ecce Homo* wird mit grandioser Geste und in einem Ton der Endgültigkeit der Stab über »die Moral« gebrochen: »Die *Entdeckung* der christlichen Moral ist ein Ereignis, das nicht seinesgleichen hat, eine wirkliche Katastrophe. Wer über sie aufklärt, ist eine force majeure, ein Schicksal – er bricht die Geschichte der Menschheit in zwei Stücke. Man lebt *vor* ihm, man lebt *nach* ihm...« **(Ebd.: 134)**

Es geht hier nicht darum zu entscheiden, ob diese Selbsteinschätzung Nietzsches gerechtfertig ist oder nicht, sondern um die Frage, welcher Typ von Erkenntnis sich darin so selbstbewusst zu Wort meldet. Man nähert sich einer Antwort, indem man eine Abstraktionsstufe höher steigt und sich fragt, was Nietzsche mit derselben philosophischen Nase sonst noch *entdeckt haben könnte*, was er vielleicht als Angehöriger einer anderen Kultur als der christlichen entdeckt *hätte*. Begriffe wie »Atmosphäre« oder auch »Stimmung« drängen sich hier auf, indem es nämlich bei derartigen Einsichten immer auf ein atmosphärisches, stimmungshaftes Element ankommt, das die gesamte Kultur durchzieht und prägt. Im Europa des neunzehnten Jahrhunderts hieß es »Moral«, in Indien hätte es vielleicht »Dharma« geheißen und in anderen Weltgegenden wieder anders. Überall aber hätte seine Entdeckung die grundsätzlichen Regeleinstellungen der jeweiligen Hochkultur durch deren Explikation in Frage gestellt oder zumindest massiv in ihrer Selbstverständlichkeit erschüttert.

Das eigentliche »Ereignis«, das tatsächlich Revolutionäre und Bleibende an Nietzsches Entdeckung scheint mir daher nicht so sehr seine Moralkritik als solche zu sein, sondern der *Typ der Erkenntnis*, das *witternde Denken*, das ihn zu dieser Kritik befähigt hat und das von der konkreten Anwendung auf die christliche Moral weitgehend ablösbar ist. Trotzdem empfiehlt es sich, beim Thema Moral noch ein wenig zu verweilen, um die Herausforderung kenntlich zu machen, die die witternde gegenüber der traditionellen Theorie darstellt.

IV. »EINE FRAGE DES GESCHMACKS UND DER ÄSTHETIK« –

NIETZSCHE KONTRA KANT

In einem Fragment aus dem Nachlass, das als § 353 in *Der Wille zur Macht* aufgenommen wurde, unterzieht Nietzsche unter dem Titel »Zur Kritik des guten Menschen« (Nietzsche 1992: 256 f.) die Begriffe »Rechtschaffenheit, Gerechtigkeit, Menschlichkeit, Ehrlichkeit, Geradheit, gutes Gewissen« einer Betrachtung »jenseits von Gut und Böse«. Er fragt sich dort, ob es denn wünschbar wäre, »Zustände zu schaffen, in denen der ganze Vorteil auf Seiten der Rechtschaffenen ist – so dass die entgegen gesetzten Naturen und Instinkte entmutigt würden und langsam ausstürben?« **(Ebd.: 257)** Die Antwort lautet: » – Dies ist im Grunde eine Frage des Geschmacks und der *Ästhetik*: wäre es wünschbar, dass die ›achtbarste‹, d. h. langweiligste Spezies Mensch übrig bliebe? die Rechtwinkligen, die Tugendhaften, die Biedermänner, die Braven, die Geraden, die ›Hornochsen‹?« **(Ebd.: 257)**

Aus Nietzsches Apostrophierungen der »Guten« in diesem veritablen ›Gutmenschen-Bashing‹ geht eindeutig hervor, dass er meint, diese Zustände wären *nicht* wünschbar. Und zwar nicht – darauf kommt es in unserem Zusammenhang an –, weil logische oder moralische Gründe dagegen sprächen, sondern weil es gegen den guten Geschmack ginge. Nicht Gründe entscheiden jetzt gegen den Priester, sondern der Geschmack, schreibt er irgendwo sinngemäß. Auf die Problematik dieser Präferenz für einen dezidiert aristokratischen Geschmack, die ja keineswegs selbstverständlich ist, kommen wir gleich noch zu sprechen. Zunächst muss man sich zu Bewusstsein bringen, was die von Nietzsche behauptete Dominanz der Geschmacks- über die logischen Urteile in erkenntnistheoretischer und sozusagen wahrheitsgeschichtlicher Hinsicht bedeutet. Noch für Kant, der das Geschmacksurteil explizit auf die Kunst begrenzt, wäre eine solche Überordnung purer Wahnwitz gewesen. In § 1 der *Kritik der Urteilskraft* schreibt er: »Das Geschmacksurteil ist [...] kein Erkenntnisurteil, mithin nicht logisch, sondern ästhetisch, worunter man dasjenige versteht, dessen Bestimmungsgrund nicht anders als subjektiv sein kann.« **(Kant 1997: 115, § 1)**

Rein subjektiv ist das ästhetische Geschmacksurteil deshalb, weil sich die Vorstellungen darin nicht auf Begriffe, sondern auf das Gefühl der Lust oder Unlust beziehen, »wodurch gar nichts im Objekte bezeichnet wird, sondern in der [Beziehung] das Subjekt, wie es durch die Vorstellung affiziert wird, sich selbst fühlt.« **(ebd.)** Um zu erklären, warum wir unseren Geschmacksurteilen dennoch unwillkürlich Allgemeingültigkeit zusprechen, postuliert Kant einen »Gemeinsinn« als verbindendes Element zwischen den Subjekten und spricht ausdrücklich von einer nur zu fühlenden »Stimmung der Erkenntniskräfte« als notwendiger Bedingung der allgemeinen Mitteilbarkeit unserer Erkenntnisse, einschließlich der logischen (ebd.: 157 f., § 21). Friedrich Schiller wird diesen Gedanken der Gemeinschaftsstiftung durch das ästhetische Gefühl in den »Briefen über die ästhetische Erziehung des Menschen« weiter ausbauen. Weder Kant noch Schiller gingen aber jemals so weit zu behaupten, dass alle logischen und moralischen Konstrukte auf elementaren Stimmungen aufruhen, die einer Form der »ästhetischen Erkenntnis« zugänglich und von dort her wertmäßig zu beurteilen wären. Eine »ästhetische Erkenntnis« wäre für sie – und umso mehr für die Philosophie vor ihnen – ein »hölzernes Eisen« gewesen, der Ästhetik ein Übergewicht gegenüber Logik und Moral zu geben, ein geradezu skandalöser Gedanke.

Genau dieses Skandalon, dass ästhetische Geschmacksurteile über Wahrheitsfragen entscheiden sollen, dass das Ästhetische zum Medium der letztgültigen – wenn auch nicht »letztbegründeten« – Erkenntnis wird, ist durch Nietzsche in die Welt gekommen. Um den Punkt noch einmal ganz klar zu machen: Traditionell bezog sich das Geschmacksurteil auf sinnlich Gegebenes, dem das Prädikat der Schönheit zugesprochen werden konnte: auf die Natur oder auf Kunstprodukte. Nietzsches Operation besteht darin, das Geschmacksurteil auf intellektuell Gegebenes auszuweiten: auf Religionen, Weltbilder, philosophische Systeme. Dabei wird die objektive oder normative Geltung, die diese ihrerseits für sich beanspruchen, gewissermaßen eingeklammert und nach rein ästhetischen Kriterien beurteilt. Es ist also eigentlich eine Art Hyper-Geschmack, kraft dessen Nietzsche beansprucht, selbst noch auf die Begriffs- und Urteilssysteme der Wissenschaft und der »Vernunfts«-Philosophie zuzugreifen und die ihnen entströmenden Moralingerüche und sonstigen, zumeist unangenehmen Ausdünstungen als zwingende Einwände gegen sie werten zu können. »Die Wissenschaft unter der Optik des Künstlers zu sehn, die Kunst aber unter der des Lebens« so hatte er in der Vorrede zu *Die Geburt der Tragödie* sein Programm definiert (Nietzsche 1988: 14). »Nur als ästhetisches Phänomen« ist die Welt nicht nur »ewig gerechtfertigt« (ebd.: 47), sie ist auch nur als ästhetisches Phänomen adäquat zu beurteilen. Dass die »Welt«, soweit sie wissenschaftlich verfasst ist, darauf mit einem reflexartigen »Rein subjektiv!« antworten muss, versteht sich von selbst.

Nicht notwendigerweise von selbst versteht sich dagegen Nietzsches Präferenz für den *vornehmen* Geschmack. Der gute Geschmack ist für ihn stets ein aristokratischer; schlechter Geschmack ist dagegen synonym mit »Pöbelgeschmack«. Wenn Nietzsche »Volk« riecht, wenn er »Kleine-Leute-Geruch« wahrnimmt, dann ist eine Sache für ihn widerlegt – was vor allem daran liegt, dass das »Volk« in einem jahrhundertelangen Prozess vom »Priester« verdorben worden ist. Was rechtfertigt aber eigentlich diese Parteinahme für den aristokratischen Geschmack – der bei Nietzsche bekanntlich die Ablehnung von Demokratie, »gleichen Rechten«, Sozialismus und ähnlichen »modernen Ideen« einschließt? Warum nicht bewusst für den sogenannten schlechten Geschmack Partei ergreifen, wie etwa in der zeitgenössischen Trash-Ästhetik? Warum nicht das Verkommene, die Dekadenz oder das Proletentum feiern? Oder zumindest als notwendige Konsequenz einer demokratischen Gesellschaft in Kauf nehmen? Das wäre insofern ein linksnietzscheanischer Gestus, als erst nach Nietzsches »Umwertung aller Werte« derartige Fragen überhaupt stellbar geworden sind. Dass es keine zwingenden Gründe gibt, sie so oder so zu beantworten, ist mit ein Grund dafür, dass Nietzsche seine Wahrheit »furchtbar« nennt (Nietzsche 1977: 127). Weil nach dem »Tod Gottes« – der auch Letztinstanz der »Vernunft« gewesen ist – kein einziger Wert eine Sanktionierung im Absoluten mehr hat, weil es im ästhetisierten Universum keine »Letztbegründung« gibt, muss der

Philosoph zum »Gesetzgeber« werden[5], muss er die Kraft aufbringen, Werte zu setzen, Gut und Böse neu zu definieren.

Nun kann ein Blick auf die Geschichte des zwanzigsten Jahrhunderts leicht den Eindruck erzeugen, dass die »natürliche Tendenz« dieser Neu- und Umwertungen in einer moralischen Sanktionierung des Niederträchtigen – durch Faschismus und Kommunismus – sowie in einer ästhetischen Sanktionierung des Wertlosen – durch die Kulturindustrie – liege. Danach hätte also Nietzsches Impuls eines witternden Denkens und Urteilens, »im Lichte unserer Erfahrung« betrachtet, einem nie da gewesen Verfall des ethischen und ästhetischen Niveaus den Weg bereitet, indem er jedem selbsternannten »Gesetzgeber der Zukunft« die Lizenz zur rücksichts- und begründungslosen Durchsetzung seiner Partikularmeinung ausgestellt hätte?

Um zu verdeutlichen, warum bei aller Missbräuchlichkeit Nietzsches die erwähnten Entwicklungen im Unrecht sind, sich auf ihn zu berufen, ist es nützlich, noch einmal zu Kant zurückzugehen. Auch dessen Ästhetik, bestimmt keines totalitären Untertons verdächtig, ist – und zwar aus intrinsischen, streng logischen Gründen – einem elitären, aristokratischen Prinzip verpflichtet, wobei die grundlegende Denkfigur diejenige Nietzsches indirekt kommentiert. Im § 48 der *Kritik der Urteilskraft* führt Kant aus, dass dem *Geschmack* auf der Seite der Rezeption von Kunst das *Genie* auf der Seite des Hervorbringens entspricht (vgl. Kant 1997: 246). Das Genie, wiewohl ein *geistiges* Vermögen, ist eine »*Naturgabe*«, und zwar eine solche, »durch welche die Natur der Kunst die Regel gibt«, wie die berühmte Formel lautet (ebd.: 241 f., § 46). Das Genie *setzt* also, was als schön zu gelten hat; freilich nicht in einem Willkürakt, sondern in tiefer Übereinstimmung mit den Gesetzen, gewissermaßen mit der »Weisheit« der Natur. Hier taucht schon Nietzsches »befehlender Philosoph« von ferne auf, der dem »guten Geschmack« *qua* Setzung nicht mehr nur auf ästhetischem Gebiet, sondern auch in Fragen des »Wahren« und »Guten« zur Durchsetzung verhilft.

---

5 Vgl. z. B. § 972 »Gesetzgeber der Zukunft« in Nietzsche 1992: 664.

Da nun der gute Geschmack stets und ausschließlich die Produkte des Genies favorisieren wird, das Genie aber etwas äußerst Seltenes und insofern Elitäres ist, kann der gute Geschmack *per definitionem* niemals ein Massengeschmack sein. Die postmoderne Valorisierung des Trashs und ähnliche kulturelle Umwertungen setzen – als ironische, paradoxe Strategien – den Maßstab des guten Geschmacks als Kontrastfolie notwendig voraus; ohne diesen würde ihnen der Reiz der Provokation und des Radikalen gänzlich abgehen (vgl. Groys 1992). So wie nun für Kant das Genie nicht erlernbar ist, so ist auch Nietzsches »Genie in den Nüstern« ein angeborener »Adel des Geistes«. Damit, das lässt sich nicht weginterpretieren, ist es ein zutiefst undemokratisches und mithin auch unwissenschaftliches Prinzip – sofern die wissenschaftliche Gleichheit der Diskursteilnehmer sowie die Öffentlichkeit und Reproduzierbarkeit ihrer Erkenntnisse die Übertragung demokratischer Prinzipien auf das Feld des Wissens bedeuten.[6] Aus diesem Grund wäre es Kant auch nie eingefallen, eine »geniale Wissenschaft« für möglich zu halten, er schließt eine solche sogar explizit aus.[7] Nietzsches »fröhliche Wissenschaft«, die die geniale Nase zu ihrem Erkenntnisorgan hat, ist hingegen genau das. »Es steht niemandem frei«, so Nietzsches provozierendes Diktum, auf Zarathustras Art und Weise zu denken, ja auch nur Ohren für seine Botschaften zu haben. Man muss dafür schon eine verwandte Seele sein, sprich ein überfeines psychophysisches Sensorium sein eigen nennen.

V. »NUR NARR! NUR SCHNÜFFLER!«?

Sollten wir eine so verstandene Philosophie nicht eher der Kunst als der Wissenschaft zuordnen und uns so aller Geltungsprobleme mit einem Handstreich entledigen? Dass dies oft ge-

---

6 Linksnietzscheaner wie Gianni Vattimo oder Richard Rorty, die aus Nietzsche einen guten Demokraten machen wollen, können dies nur tun unter (bewusster) Missachtung seiner zentralsten Intuitionen.

7 »Man sieht hieraus, (...) 4) Daß die Natur durch das Genie nicht der Wissenschaft, sondern der Kunst die Regel vorschreibe; und auch dieses nur, in sofern diese letztere schöne Kunst sein soll.« (Kant 1997: 243, § 46)

tan wurde, entbehrt nicht einer gewissen Logik, man muss sich
aber bewusst sein, dass Nietzsches eigener Anspruch damit klar
unterboten wird. Sein Drang zur Überführung der eigenen Wit-
terungsfähigkeit in Wissenschaft äußert sich in Stellen wie dieser
(unmittelbar anschließend an unser Eingangszitat aus *Götzen-
Dämmerung*): »Wir besitzen heute genau so weit Wissenschaft, als
wir uns entschlossen haben, das Zeugnis der Sinne *anzunehmen* – als
wir sie noch schärfen, bewaffnen, zu Ende denken lernten. Der Rest ist
Mißgeburt und Noch-nicht-Wissenschaft: will sagen Metaphysik, Theologie, Psychologie, Erkenntnistheorie. *Oder* Formal-Wissenschaft, Zei-
chen-Lehre: wie die Logik oder jene angewandte Logik, die Mathematik. In ihnen kommt die Wirklichkeit nicht vor, nicht einmal als Problem;
ebensowenig als die Frage, welchen Wert überhaupt eine solche Zei-
chen-Konvention, wie die Logik ist, hat. –« **(Nietzsche 1985: 26)**

Aus der Verknüpfung der Wert-Frage mit dem Problem der
Wissenschaft geht klar hervor, dass Nietzsche mit dem »Zeugnis
der Sinne« weit davon entfernt ist, auf einen erkenntnistheoreti-
schen Empirismus klassischen (angelsächsischen) Zuschnitts ab-
zuzielen. Die Sinne »zu Ende denken« heißt gerade nicht, zu einer
vermeintlich neutralen, objektiven, »wertfreien« Wissenschaftlich-
keit zu gelangen. Es heißt vielmehr, das Trugbild letzterer auf seine
Genealogie hin – die letztlich eine »Genealogie der Moral« ist – zu
untersuchen. Auch hinter der scheinbaren »Voraussetzungslosig-
keit« der Wissenschaft nämlich wittert Nietzsche »Moralin«. Ihr
zugrunde liegt der »Wille, *sich nicht täuschen zu lassen*«, und mehr
noch: »*nicht zu täuschen*«, auch sich selbst nicht – »*und hiermit sind
wir auf dem Boden der Moral.*« (Nietzsche 1982: 220 ff., § 344)

Es erscheint unmittelbar plausibel, dass eine derartige »Erkenntnis über die Erkenntnis« nur »gerochen« werden kann, dass
es aus prinzipiellen Gründen nicht möglich ist, sie ihrerseits zu
verwissenschaftlichen und damit beliebig reproduzierbar zu machen, ohne sie zu verfälschen oder zumindest zu trivialisieren. Obwohl sich Wissenschaft darum bemüht, allen »Geschmack« aus
dem Wissen zu tilgen, einen neutralen, »objektiven« Geschmack
herzustellen – gleich Wasser oder Luft, die »nach nichts«, sozusagen »objektiv« schmecken –, entwickelt jedes noch so reflektierte

kulturelle Milieu, so auch das wissenschaftliche, eine klimatische Aura *sui generis*, und sei es den Geschmack der Geschmacklosigkeit, der Fadheit, die es sich mit seinen eigenen Mitteln nicht bewusst machen kann. Analog zum »blinden Fleck« des Beobachters in der Systemtheorie, möchte man von einem »olfaktorischen Loch« der Bewohner eines jeden geistigen Milieus sprechen. Wie der Beobachter »nicht sehen kann, was er nicht sieht«, so können diese »nicht riechen, was sie nicht riechen« – nämlich sich selbst und das »moralische Apriori« ihres Daseins und Denkens. Um dieses wahrzunehmen, bedarf es eines – und besser noch mehrerer – Milieuwechsel, die in Summe zwar auch nicht zu einer »objektiven Erkenntnis« führen, aber immerhin die verschiedenen Partikularstandpunkte gegeneinander auszutarieren erlauben.[8] Auf nichts anderem beruht Nietzsches berühmter »Perspektivismus«.

Trotz alledem muss uns als Angehörige einer akademischen Institution und mithin als der Wissenschaft Verpflichtete daran gelegen sein, den kritischen Impuls Nietzsches, so er denn tatsächlich wichtige Erkenntnisse zutage fördert, im eigenen System des Wissens produktiv zu verarbeiten und ihn nicht nur dem zufälligen Auftreten von (tatsächlichen oder vermeintlichen) »Genies« zu überlassen. Dass es der Wissenschaft möglich ist, vormals als »unwissenschaftlich« verfemte Standpunkte oder Methodiken durch Erweiterung ihrer Begriffe und Rahmenbedingungen – die sogenannten Paradigmenwechsel – in ihren Korpus zu integrieren, hat sie oft genug bewiesen. Sollte also nicht auch das Wittern zu einem neuen Instrumentarium der Wissenschaft mit neuen Erkenntniswerkzeugen und neuen Überprüfungskriterien ausgebaut werden können? Zumindest muss dieser Versuch unter Aufbietung aller intellektuellen Kräfte gemacht werden, wenn die Wissenschaft weiterhin für substantielle Fortschritte offen gehalten werden soll.

Man könnte nun so weit gehen zu behaupten, der Impuls Nietzsches sei von der Phänomenologie, der Psychoanalyse und anderen Theorieinnovationen des zwanzigsten Jahrhunderts be-

---

8 Soziologisch entspricht dies einem mobilen Bewohner der globalisierten Welt, der »in mehreren Kulturen zuhause« ist und dadurch den Beschränkungen keiner derselben mehr ganz unterliegt.

reits vollständig in wissenschaftliche oder wissenschaftsnahe Formen überführt worden. Ohne Zweifel haben Phänomenologie und Psychoanalyse vieles von dem, was Nietzsche zuerst »erschnüffelt« hat, in exakter Terminologie beschrieben und theoretisch modelliert. Wo Nietzsche »schlechte Luft« wittert, da weist die Freud-Schule »Symptome« eines psychischen Komplexes oder einer Deformation nach, die sich exakt beschreiben und methodisch therapieren lassen. Wir sollten es uns aber nicht zu einfach machen und das instinktive Wittern des »Genies« heute darum nicht schon für obsolet erklären. Die nähere Betrachtung zeigt, dass das Wittern auch angesichts der erwähnten neuen Theorieansätze ein ureigenstes Anwendungsfeld und damit ein Existenzrecht behält. Zwar werden die Grenzen dessen, was einer exakten wissenschaftlichen Vermessung und Beschreibung zugänglich ist, immer weiter ins vormals Un-fassliche hinausgeschoben, doch nach wie vor und mehr denn je scheinen »feine Nasen«, scheint ein »divinatorischer Instinkt« nötig, um diese Grenzen zu überschreiten, das heißt um die klimatischen Bedingtheiten der jeweils imperierenden Methoden und Paradigmen ausfindig zu machen – woraus sich in der Folge deren unhinterfragte Voraussetzungen und Begrenztheiten ermitteln lassen.

Was es aber mit diesem irreduziblen »divinatorischen Instinkt« auf sich hat, warum er so schwer in eine methodisch exakte Form, ja überhaupt in den »wissenschaftlichen Diskurs« zu transferieren ist, haben wir noch nicht hinreichend ermittelt. Was ist es genau am witternden Erkennen, das sich so hartnäckig seiner Verwissenschaftlichung widersetzt? Man muss offenbar auf eine sehr tiefe Ebene der Ordnung des Wissens hinabsteigen, um diese Frage zu beantworten, denn das witternde Denken stellt das Selbstverständnis und die Betriebsbedingungen dieser Ordnung gründlicher in Frage, als dies bei den großen epistemologischen Paradigmenwechsel bisher der Fall gewesen ist.

VI.   PETER SLOTERDIJK NIMMT DIE FÄHRTE AUF

Gewittert wird, das sagten wir schon, eine Atmosphäre, eine Aura, das heißt ein ontologisch schwer bestimmbares »Zwischen«, das weder unter die Dinge noch unter die Zeichen wirklich zu rechnen ist. Das *Ding* wird gesehen und be-griffen, das *Zeichen* wird gelesen und interpretiert; Dinge sind, grob vereinfachend gesagt, die »Objekte« der Natur- und Lebenswissenschaften, Zeichen sind das »Material« der Kultur- und Geisteswissenschaften, das Atmosphärische aber schwebt auch zwischen allen wissenschaftlichen Disziplinen. Natürlich lässt sich die Atmosphäre, vor allem im physikalischen Sinn des Wortes, zu einem Objekt der (Natur-) Wissenschaft machen, und natürlich gibt es einen breit gefächerten »Diskurs« über die Aura, hinterlässt diese also ihre semantischen Spuren. Wie aber Walter Benjamin in einem Brief an Theodor W. Adorno schreibt: »Der Begriff der Spur findet seine philosophische Determination in Opposition zum Begriff der Aura.« (Benjamin 1974: 1102)[9] Die Aura, die Atmosphäre, kann weder gelesen, noch sinnlich wahrgenommen, noch eigentlich begriffen werden – sie hat daher auch keine Teile, in die sie sich analytisch aufgliedern ließe –, vielmehr wird sie *als Ganze* auf einen Schlag *erfahren* – oder eben: *gewittert*. Dieses Wittern kann von einer überwältigenden, »schlagenden« Evidenz begleitet sein, es kann sich auch nur als leise Ahnung im Bewusstsein bemerkbar machen – immer ist es ein kontemplatives Sich-Aussetzen dem Offenen gegenüber, das diese Erkenntnisform begünstigt und vorbereitet (nicht erzwingt). Der rational-analytische Zugriff, wie auch Hermeneutik und Dekonstruktion haben schlicht kein Sensorium für die Dimension des Atmosphärischen, weshalb übrigens Intellektuelle, die von einer dieser traditionellen Denkschulen geprägt sind, oft in einem beachtlichen »olfaktorischen Loch« dahinwandeln und in gewissen Situationen den Eindruck von Dummheit (»Tumbheit«) auf höchster Intelligenzstufe erwecken können.[10]

Nun haben in den letzten Jahren Theoretiker der Aura, der Materialität und des Nicht-Hermeneutischen nachdrücklich darauf hingewiesen, dass die sinnliche Präsenz, die Wahrnehmung des

---

9 Brief vom 9.12.1938.

10 Ein Phänomen, das sich auch bei manchen Sommeliers beobachten lässt: Sie beschreiben einen Wein mit größter Eloquenz und unter Verwendung aller angelernten Fachbegriffe, der in Wahrheit nur das Prädikat »Möchtegern« verdient hätte. Woraus man ersieht: zum echten Wittern bedarf es »einer Nase noch hinter der Nase«.

nackten »Dass« einem Eigensinn unterliegt, der sich hermeneutisch nicht erschließen und zeichentheoretisch nicht fassen lässt.[11] Um diese These zu stützen wird meist auf gewisse Richtungen moderner und zeitgenössischer Kunst verwiesen, die sich dem *Sensemaking* verweigern und stattdessen auf leibliche oder materielle Präsenzeffekte setzen. Wir glauben, dass damit zwar eine wichtige und zukunftsweisende Fährte aufgenommen ist, dass der entscheidende Schritt, der Durchbruch zu einem neuen Paradigma, aber darin bestünde, die Aura und die Atmosphäre nicht nur da zu ihrem Recht kommen zu lassen, wo sie unter Zurückweisung aller Sinn- und Zeichenhaftigkeit bewusst produziert werden (was übrigens oft genug auch schiefgeht), sondern vielmehr dort, wo sie den Zeichen, den Theorien und Diskursen – ungeplant und unkontrolliert – entströmen. Wie bei einem nichthermeneutischen Kunstwerk ist der Geschmack einer solchen Atmosphäre etwas höchst Einfaches, Undiskursives, auf einen Schlag zu Erfahrendes – das verhindert jedoch nicht, dass daraus eine Fülle von theoretischen Folgerungen und Kommentaren abgeleitet werden können, von denen selbstverständlich auch die »Trägertheorien« dieser Atmosphären affiziert werden.

Eminente Beispiele für diese Herangehensweise finden sich in Peter Sloterdijks Sphärologie, vorgelegt in drei voluminösen Bänden zwischen 1998 und 2004, die zugleich so etwas wie die theoretische Grundlegung eines neuen Paradigmas des Witterns darstellen. Dabei lässt sich Sloterdijks Witterungsdenken weniger aufgrund einer Geruchs- oder Nasenmetaphorik belegen, die in *Sphären* eine eher untergeordnete Rolle spielt – wenngleich sie auch vorkommt[12] –, als vielmehr aufgrund einer Metaphorik des Klimas und des Wetters, die alle drei Sphärenbände durchzieht.

11 Vgl. exemplarisch Mersch 2002 sowie Gumbrecht 2004. Gumbrecht vergleicht seine Spekulationen über eine künftige »nichtmetaphysische und nichthermeneutische Epistemologie« der Geisteswissenschaften mit »Moses, der nur einen Blick ins Gelobte Land werfen durfte«, es aber selbst nicht betreten konnte (ebd.: 111). Wie dem Nachfolgenden zu entnehmen, glauben wir, dass einige Pioniere in diesem Gelobten Land schon zu siedeln begonnen haben.

12 Vgl. das Kapitel »Merdokratie« in *Sphären II*, das von »metaphorischen National-Odoraten« und »vergemeinschaftenden Miasmen« handelt. Vgl. Sloterdijk 1999: 340–353.

Ihren Namen haben die »Sphären« von dem Kugelhaften, Runden, das der Begriff *sphaira* wörtlich bedeutet und das bei Sloterdijk vor allem einen immunisierenden, bergenden Inklusionsraum bezeichnet, in dem menschliches Leben sich abspielt, bei dem aber immer auch die Luft, das Klima, die Stimmung hinzuzudenken ist, wie das im Wort »Atmo-sphäre« (Dunstkugel) denn auch zum Ausdruck kommt.

Sphären sind »geteilte Räume, die durch gemeinsames Einwohnen in ihnen aufgespannt werden« (Sloterdijk 1999: 1011), sie sind das unsichtbare und doch omnipräsente Fluidum – im psychischen wie im physischen Sinn –, worin Menschen sich aufhalten, wenn sie in der Welt sind: »Die Gesellschaft *ist* ihre Raumtemperatur, sie *ist* die Qualität ihrer Atmosphäre, sie *ist* ihre Depression, sie *ist* ihr Aufklaren; sie *ist* ihre Aufsplitterung in zahllose Mikroklimata.« (Ebd.) Bewusst lässt Sloterdijk offen, ob die konkrete oder die metaphorische Lesart dieses Satzes die richtige ist. »[W]er immer es sich leisten kann, arbeitet daran, aus der geteilten schlechten Luft für alle auszusteigen. Die Wohnkulturen der Zukunft werden immer expliziter von der Notwendigkeit ausgehen, lebbare Binnenklimata technisch herzustellen« (ebd.: 1007) – dies ist durchaus noch im konkret-meteorologischen Sinn gemeint. Wenn es dann weiter heißt: »*Air conditioning* wird sich als das raumpolitische Grundthema des kommenden Zeitalters durchsetzen« (ebd.), dann schwingt bereits deutlich die übertragene Bedeutung mit, die auf die psychosozialen und symbolischen Klimata abzielt.

Dieses Changieren zwischen wörtlichem und metaphorischem Sinn scheint einem Zeitalter angemessen, in dem die menschliche Zivilisation begonnen hat, auf das meteorologische Klima Einfluss zu nehmen. Damit sich der menschengemachte Klimawandel nicht zur Katastrophe auswächst, muss er von einem psychopolitischen Klimawandel allergrößten Ausmaßes begleitet und kompensiert werden. Die Anstrengungen, aus dem Zeitalter fossiler Energieträger auszusteigen und eine Kultur der erneuerbaren Energien zu etablieren, können nicht fruchten, wenn nicht parallel dazu eine *Umstimmung* des gesellschaftlichen Makroklimas herbeigeführt wird, das aus den modernen Leistungssubjekten, die nach dem

Vorbild des Verbrennungsmotors funktionieren, solche macht, die sich eher an der Nachhaltigkeit von Sonnenkollektoren orientieren.

Halten wir fest, dass Sloterdijks Sphärologie, indem sie die schwer zu fassenden Entitäten des »Zwischen«, des »Medialen«, die in der traditionellen Ontologie einen durchaus zweifelhaften Seinsstatus haben, als das eigentlich Seiende betrachtet, Kulturtheorie in eine Art psychopolitische Klimakunde verwandelt. Zu der von Nietzsche inaugurierten Epistemologie des Witterns liefert sie die passende Ontologie. Diese ist auch dort im Hintergrund präsent, wo sie nicht explizit besprochen wird, etwa in *Zorn und Zeit*, wo Sloterdijk eines der eindrücklichsten und wahrscheinlich folgenreichsten Beispiele seines philosophischen Witterns liefert. An der Psychoanalyse, von der wir oben sagten, sie habe Nietzsches Impuls in Teilen durchaus erfolgreich verwissenschaftlicht, hat Sloterdijk etwas »gerochen«: eine systematische Missachtung des »thymotischen« Elements der menschlichen Seele (vgl. Sloterdijk 2006: 27–36).[13] Die gesamte Psychoanalyse sei auf den *Eros* gepolt, indem sie den Menschen primär als den Begehrenden, den Wünschenden und den Habenwollenden beschreibe und auf die Regungen des *thymós* – Stolz, Zorn, Ehre, Großzügigkeit – entweder zu wenig Acht habe oder sie aus der Perspektive des Begehrens fehlinterpretiere. So viele Argumente sich aus der psychoanalytischen Literatur gegen diese These im einzelnen auch beibringen lassen, so sehr es letzterer noch an theoretischer und therapeutischer Differenziertheit mangelt, sie wird sich durch Einsprüche, die auf dem psychoanalytischen Paradigma fußen, nicht mehr aus der Welt schaffen lassen, und zwar weil sie sich – ganz im Stil Nietzsches – auf das *Odium* bezieht, das die psychoanalytische Kultur *als ganze* umgibt. Ist einmal die geheime Komplizenschaft des psychoanalytischen Menschenbildes mit der modernen Konsumkultur »gerochen«, kann sie nie wieder gänzlich kaschiert werden. Damit ist eine wichtige theoretische Voraussetzung dafür geschaffen, echte Alternativen dazu zu entwickeln.

---

13 Vgl. die Einleitung, insbesondere den Abschnitt »Jenseits der Erotik«.

Diesen Umstimmungsprozess – von dem die Überwindung einer psychoanalytisch verengten Sicht auf die Psyche freilich nur ein Aspekt unter vielen ist –, reflexiv zu begleiten und nach Möglichkeit auch aktiv zu steuern, ist die Aufgabe des witternden Denkens heute und für die absehbare Zukunft. Von Nietzsche erbt es die Einsicht, dass allen noch so »objektiv« sich gebenden Theorien und Methoden eine »Moral« zugrunde liegt. Insofern wird witterndes Denken immer einen subversiv-entlarvenden Aspekt behalten. Es ist aber davon auszugehen, dass mit steigender Sensibilität für atmosphärische Argumente die Entlarvung moralischer oder ideologischer Verstocktheiten zugunsten einer heiteren Exploration atmosphärischer Möglichkeiten in den Hintergrund treten wird. Gerade der Vergleich zwischen Nietzsche und Sloterdijk legt eine solche Vermutung nahe.

Bei einer atmosphärischen Betrachtung beider Denkstile – die, wie schon öfter festgestellt worden ist, manches gemeinsam haben – fällt sofort die größere Gelassenheit und Heiterkeit Sloterdijks auf. Auch wenn Nietzsche immer wieder von »unserer Heiterkeit«, von Tanz und Leichtigkeit spricht, so zeigt gerade das explizite Beschwören dieser Zustände, dass sie mehr angestrebt werden als schon realisiert sind. Die tatsächliche Heiterkeit Sloterdijks ist vor allem der gründlich veränderten geistigen Großwetterlage geschuldet, in der die Aufheiterung und Aufklärung der kulturellen Atmosphäre, die Nietzsche sich gewünscht hat, inzwischen weitgehend eingetreten sind – und zwar nicht zuletzt aufgrund Nietzsches eigener Impulse. Sie hat aber auch ganz wesentlich mit einem spezifischen Spaltungsarrangement der Intelligenz bei Sloterdijk zu tun, die bei aller denkenden Immersion in atmo-sphärische Gegebenheiten diesen gegenüber stets eine innere Reserve aufrecht erhält und eine distanziert-forschende Grundhaltung einnimmt.

Der witternd Erkennende muss demnach das Kunststück fertig bringen, ganz löslich zu werden für ein geistiges oder psychisches Milieu, sich ganz zu verströmen und zugleich hoch konzentriert bei sich zu bleiben, um das, was er als Verströmender erfährt, in artikulierter Begriffssprache zum Ausdruck zu bringen. Sloterdijk hat diese für sein Denken insgesamt charakteris-

tische Disposition in *Sphären I. Blasen*, in dem Kapitel »Klausur
in der Mutter« (Sloterdijk 1998: 275–296), explizit gemacht, wo
er – im Rahmen einer imaginierten »Fruchtwasserfahrt der Seele«, die in das Wahrnehmen und Empfinden des vorgeburtlichen,
fötalen Lebens phänomenologisch Licht bringen will – die Fikti-
on ausspinnt, »es sei uns möglich, die abenteuerliche Intelligenz so
zu spalten, dass eine Hälfte von ihr an der Zugangsrampe zur mystischen Höhle – also noch in Außenansichts-Position – Stellung bezieht,
während ihre andere Hälfte sich initiieren lässt, um in die homogene
Dunkelganzheit einzugehen.« **(Ebd.: 291 f.)** Die eingedrungene Hälfte
schickt dann Signale über den (präpersonalen, medialen) Innen-
zustand nach Draußen, wo der dort wartende artikulationsfähige
Teil des Autors sie in Sprache übersetzt. Was dabei alles zum Vor-
schein kommt, soll hier nicht weiter erörtert werden. Uns kommt es
auf die daraus zu ziehende Lehre an, die wir hier zum Abschluss einer im Detail noch auszuarbeitenden Epistemologie der Witterung
als Axiom voranstellen wollen:

Das witternde Denken muss darauf achten, die Distanz zwischen dem Subjekt und dem Objekt, die der Sehsinn und die daraus
abgeleiteten Erkenntnisweisen von sich her implizieren, gewissermaßen künstlich herzustellen. Es kommt nicht von ungefähr, dass
der philosophische Spürhund Nietzsche es nötig hatte, derartigen
Wert auf das »Pathos der Distanz« zu legen. Wer aufgrund einer
außergewöhnlichen Sensibilität dazu neigt, von Mikroklimata, die
ja oft genug toxischer Natur sind, förmlich aufgesogen zu werden,
der hat besondere Schutzmaßnahmen nötig. Je gründlicher und
methodischer diese ins Werk gesetzt werden, je besser die Balance
zwischen Selbstauflösung im fremden Milieu und konzentrierter
Wachheit gelingt, zu desto artikulierteren, belastbareren Resulta-
ten wird das witternde Denken gelangen.

LITERATUR

Benjamin, Walter (1974): *Gesammelte Schriften I.3*, Frankfurt a. M.: Suhrkamp.

Groys, Boris (1992): *Über das Neue. Versuch einer Kulturökonomie*, München/Wien: Hanser.

Gumbrecht, Hans-Ulrich (2004): *Diesseits der Hermeneutik. Die Produktion von Präsenz*, Frankfurt a. M.: Suhrkamp.

Haas, Alois M. (2007): *Mystik als Aussage. Erfahrungs-, Denk- und Redeformen christlicher Mystik*, Frankfurt a. M.: Suhrkamp.

Kant, Immanuel (1997): *Kritik der Urteilskraft*, Frankfurt a. M.: Suhrkamp.

Mersch, Dieter (2002): *Was sich zeigt. Materialität, Präsenz, Ereignis*, München: Fink.

Nietzsche, Friedrich (1977): *Ecce Homo*, Frankfurt a. M.: Insel.

Nietsche, Friedrich (1981): *Briefwechsel*. Kritische Gesamtausgabe Bd. III/1: *Briefe von Nietzsche 1880–1884*, hg. v. Giorgio Colli und Mazzino Montinari, Berlin u. a.: de Gruyter.

Nietzsche, Friedrich (1982): *Die fröhliche Wissenschaft*, Frankfurt a. M.: Insel.

Nietzsche, Friedrich (1985): *Götzen-Dämmerung oder Wie man mit dem Hammer philosophiert*, Frankfurt a. M.: Insel.

Nietzsche, Friedrich (1988): *Die Geburt der Tragödie*, Kritische Studienausgabe Bd. 1, hg. v. Giorgio Colli und Mazzino Montinari, München: dtv.

Nietzsche, Friedrich (1992): *Der Wille zur Macht. Versuch einer Umwertung aller Werte*, hg. v. Peter Gast unter Mitwirkung von Elisabeth Förster Nietzsche, Frankfurt a. M.: Insel.

Sloterdijk, Peter (1998): *Sphären I. Blasen. Mikrosphärologie*, Frankfurt a. M.: Suhrkamp.

Sloterdijk, Peter (1999): *Sphären II. Globen. Makrosphärologie*, Frankfurt a. M.: Suhrkamp.

Sloterdijk, Peter (2004): *Sphären III. Schäume. Plurale Sphärologie*, Frankfurt a. M.: Suhrkamp.

Sloterdijk, Peter (2006): *Zorn und Zeit, Politisch-psychologischer Versuch*, Frankfurt a. M.: Suhrkamp.

Mădălina Diaconu, Doz. DDr., ist Privatdozentin an
der Universität Wien. Sie studierte Philosophie an
den Universitäten Bukarest (Dr. phil. 1996) und
Wien (Dr. phil. 1998) und habilitierte sich für Philosophie an der Universität Wien (2005). Sie lehrte
an der Universität Bukarest, Universität für
angewandte Kunst Wien und Karls-Universität
Prag und forschte zur Kunsttheorie, Philosophie
der Wahrnehmung und Phänomenologie in Wien,
Berlin, Freiburg i. Br. und Paris. 2007–2010
leitete sie ein interuniversitäres Forschungsteam
zur urbanen Sinneswahrnehmung in Wien. Publikationen u. a.: *Tasten, Riechen, Schmecken. Eine
Ästhetik der anästhesierten Sinne* (2005) und
zuletzt *Sinnesraum Stadt. Eine multisensorische
Anthropologie* (2012) .

Die Atmosphären haben längst Eingang in die Architekturkritik gefunden: Lokale, Stadtviertel und sogar Städte werden mit
ihrer Atmosphäre beworben. Die Werkstätten der »Kreativen« mu-
tieren zum Ideal von Arbeitsstätten. Hotels und Spas werden nach
dem Kriterium des Wohlgefühls beurteilt. Dieser Sehnsucht nach
Stimmungen entsprach dann auch die Wiederentdeckung der Situationisten: Ihre Suche nach emotional-atmosphärisch aufgeladenen urbanen Orten wird dem rational-planerischen, diszipliner-
ten Geist des modernen Funktionalismus gegenübergestellt. In der
Postmoderne feierten die Gefühle ganz allgemein eine triumphale
Wiederkehr und begegneten dem »Form follows function«-Prinzip
mit der Macht der rhetorischen Effekte, der Inszenierungen und
des irrationalen Begehrens: Die Eventkultur zelebriert weiter diese reine Lust an der Erscheinung. Die Atmosphäre erscheint somit
als ein Phänomen, das die inzwischen historisch gewordene Postmoderne als ihr Relikt überlebt hat. In manchem lassen sich Symptome einer Neoromantik erkennen, die gegen die kühle Askese der
Moderne und gegen die Intellektualisierung der (hohen) Kunst
Einspruch erhebt.

Bei aller Zeitgeistigkeit und einem gerechtfertigten Unbehagen
(gegen die Moderne) aus dem Willen zur Behaglichkeit (in der Postmoderne) hat die Theorie der Atmosphären mit weitaus grundle-
genderen Schwierigkeiten zu kämpfen, nämlich mit der Ambivalenz
ihres zentralen Begriffs: Die Atmosphäre bezeichnet sowohl ein na-
turwissenschaftliches als auch ein ästhetisches und soziokommu-
nikatives Phänomen; als ästhetisches Phänomen wird sie zugleich
deskriptiv und bewertend verwendet; und nicht zuletzt entsteht sie
nicht nur durch gezielte Gestaltung, sondern ebenso anonym und
unbeabsichtigt. Diesen und weiteren Widersprüchen sowie auch

Fragen, die die bisherige Ästhetik als Theorie der Atmosphären offen gelassen hat, wollen die folgenden Ausführungen nachgehen.

I. ATMOSPHÄRE(N) UND HIMMELSERSCHEINUNGEN

Ungeachtet des Aufrufs Gernot Böhmes und Gregor Schiemanns (1997), eine Phänomenologie der Natur unter der Beteiligung von Philosophen und Naturwissenschaftlern auszuarbeiten,
und trotz der häufigen Exemplifizierung von Atmosphären durch
Natur- und Wetterphänomene bei Gernot Böhme und Hermann
Schmitz lassen sich bisher keine hinreichend überzeugenden Versuche erkennen, die Kluft zwischen dem wissenschaftlichen und
dem ästhetischen Begriff von Atmosphäre zu überbrücken. Für die
Meteorologen bestehen Wetter, Witterung und Klima – anders gesagt: die atmosphärischen Phänomene – aus physikalischen Prozessen, die in den unteren Luftschichten, bis zu einer Höhe von etwa
15 km, stattfinden (vgl. Roth 2009: 31). Astronomisch betrachtet
bezeichnet allerdings die Atmosphäre nicht nur die Erdatmosphäre im Singular, sondern darüber hinaus die gasförmige Hülle eines
Himmelskörpers im Allgemeinen. Was die Erde anbelangt, sind
die meisten atmosphärischen Zustände auf die Sonnenenergie und
auf den Konvektionsprozess zurückzuführen, wodurch die warme
Luft aufsteigt und die kühle Luft absinkt; daher stellt das Wetter,
mit den Worten Goethes (1960: 799), einen »Wettstreit der obern
Luft und untern Luft« dar.

Um Kausalerklärungen zu finden und Prognosen zu erstellen,
bedient sich die Wetterkunde messbarer Parameter sowie komplexer Symbole auf Wetterkarten. Von Interesse ist für uns aber vor
allem ihre deskriptive Dimension, die etwa in der Beaufortskala
der Windstärke oder bei der Beschreibung der Nebelarten äußerst
elaboriert ist (vgl. Roth 2009: 146 f., 100). Umso mehr überrascht
es, dass diese präzisen Schilderungen von atmosphärischen Zuständen bisher weder in die Naturästhetik, noch in die Phänomenologie der Wahrnehmung Eingang gefunden haben. Abgesehen
von diesem Potential scheinen allerdings die Meteorologen die *ästhetisch-phänomenologischen* Atmosphären, im Sinne von emotionalen Qualitäten von Räumen, völlig verfehlt zu haben.

Ein Beispiel dafür ist die populärwissenschaftliche Abhandlung Günter D. Roths (2009), die unter meteorologischen Erklärungen auch Anmerkungen zur Schönheit des Himmels enthält. Dabei ist seine implizite »Ästhetik« eindeutig rein visuell: Das ideale Wetter zeigt sich als ein klarer, intensiv blauer Himmel, wie etwa an windstillen und wolkenlosen Tagen im Hochgebirge. Diese »kräftige Intensität [des Blaus] und absolute Reinheit« wird blasser im Tal und in den städtischen Gebieten, wo die Luftverschmutzung die Atmosphäre »trübt«; reine Sichtbarkeit (man könnte es auch das »Diaphane« oder die Durchsichtigkeit der Atmosphäre nennen), Schönheit und ökologische Gesundheit fallen zusammen (ebd.: 44). Desgleichen schätzt der Meteorologe die Chromatik des Alpenglühens und eines Vulkanausbruchs (vgl. ebd.: 46). Letzterer ist im Übrigen das einzige Beispiel des Erhabenen; alle anderen ästhetisch relevanten Aussagen beziehen sich auf das sogenannte »schöne Wetter«, dessen Phänomene nach den Kriterien der Diversität, der Farbenpracht bzw. Farbintensität und der Seltenheit beurteilt werden. Die ästhetischen und die vital-positiven Werte stehen so miteinander im Einklang.

Das macht deutlich, warum die Wetterkunde bisher kaum zu einer ästhetischen Theorie der Atmosphären beigetragen hat: Zwar mag das Schöne eine spezifische Atmosphäre ausstrahlen, aber sie ist »nur eine unter anderen Atmosphären« und ihre ausschließliche Betrachtung würde zu einer thematischen Verengung der Ästhetik führen (Böhme 2006: 24). Anders gesagt vernachlässigt die Meteorologie – falls sie sich überhaupt auf subjektive ästhetische Werturteile einlässt – die ganze Palette von Stimmungen, die Wetterlagen in uns hervorrufen und die daraufhin künstlerisch dargestellt werden können.

So lässt sich die Faszination des Nebels – eines der atmosphärischsten Wetterphänomene überhaupt – für melancholisch veranlagte Menschen kaum meteorologisch erklären. Naturwissenschaftlich gesehen handelt es sich um eine »Wolkenform«, die sich »nahe der Erdoberfläche« durch die Mischung warmer, feuchter Luft mit kälterer Luft oder durch den Kontakt der warmen und feuchten Luft mit der abgekühlten Erdoberfläche bildet (Roth

2009: 100). Ganz im Gegenteil dazu betrachtet der radikal pessi-
mistische und misanthropische Denker Cioran den Nebel als das
Einzige, was ihn im Leben niemals enttäuscht habe, und sogar als
»la plus belle réussite à la surface de la terre« (Cioran 1997: 970).
Der Nebel und der bewölkte Himmel, Wind und Regen entsprechen seinem Temperament: Wer nicht genug Licht in sich hat, um
mit der Sonne zu harmonieren, kann nur ein »amoureux du mau-
vais temps« sein (ebd.: 77 f.). Dafür aber sind seine Befindlichkeit,
seine Überzeugungen und sogar seine Gedanken von der Dynamik
der Elemente abhängig: Das Subjekt ist den Atmosphären ausgesetzt, ihrer »Gnade« ausgeliefert (Cioran 2008: 1503), so dass die
Wettergeschehnisse in ihm eine ebenso wechselhafte »Meteorologie der Gefühle« (ebd.: 1060) auslösen. Luzide sein heißt, die eigene Ohnmacht konstatieren: Denn »wozu sich brüsten, wenn man
von der Gnade der Trockenheit und der Feuchtigkeit abhängt?«
(Ebd.: 1503) War das Subjekt der Wetterkunde ein intentionales,
beobachtendes und selbstständig agierendes Ich, so wirkt das wet-
terempfindliche Subjekt eher als ein ›Mich‹, das durch unvorher-
sehbare Wetterbedingungen fremdbestimmt und in seiner Freiheit
eingeschränkt wird.

Im Grunde genommen hat jedoch weder das eine noch das
andere Subjekt einen Zugang zu ästhetischen Atmosphären: das
eine aufgrund seiner beobachtenden Haltung und der Verschlos-
senheit gegenüber anderen Atmosphären als der »blue-sky«-Stim-
mung, das andere wegen seines mangelnden Abstands zu den Atmosphären. Keines der beiden erlebt folglich das Zusammenspiel
von Ingression in eine Atmosphäre *und* Distanzierung zu dieser;
aber beide Momente sind wesentlich für Gernot Böhmes Ästhetik
als Aisthetik (Wahrnehmungslehre).

II.   EINE RELATIONALE ÄSTHETIK

Die Reintegration der Natur in die Ästhetik bildete für Gernot Böhme einen der Gründe, die eine Erneuerung der ästhetischen
Theorie erforderlich machen. Seit seinen ersten Entwürfen einer
»ökologischen Ästhetik« (Böhme 1989) arbeitete er eine komplex
artikulierte Theorie der Atmosphären aus und wandte sie erfolg-

reich auf die bildenden Künste, die Literatur und das Theater, aber auch auf die Architektur und Stadtwahrnehmung an. Dabei fand er die Grundlagen seiner Ästhetik in der Phänomenologie der Leiblichkeit von Hermann Schmitz, in Heideggers Begriff der Befindlichkeit und in Merleau-Pontys Begriff eines inkarnierten Subjekts, aber auch bei Aristoteles, Goethe und in der Physiognomik.

Unter anderem verlangt die Kunstentwicklung nach der Ausarbeitung einer neuen Ästhetik durch die Schwerpunktverlagerung vom Sinn(haften) auf das Sinnliche, von »Form, Symbol und Zeichen« auf »die Materialität, die Leiblichkeit, das Atmosphärische und das Ereignis« (Böhme 2001: 31 f.). Indem die neue Ästhetik die Art, »*wie es dem wahrnehmenden Menschen in der Wahrnehmung geht*«, in ihr Zentrum rückt, stellt sie sich gegen die intellektuelle Beurteilung der Kunst und gegen die »Verengung der Ästhetik auf Semiotik und Hermeneutik«, in denen sowohl die Sinnlichkeit als auch die Affektivität des Menschen zu kurz kommen (ebd.: 73, 145, 30 f.).[1] Die Ästhetik als Wahrnehmungslehre ersetzt vielmehr den Logozentrismus als Herrschaft der Wahrheit und des Sinnes durch das leibliche Spüren der (eigenen) Anwesenheit.

Dabei zeigt sich bereits bei der Bestimmung des Gegenstands dieser neuen Ästhetik eine grundsätzliche Ambiguität: Einerseits wird die Ästhetik als allgemeine Wahrnehmungslehre definiert, andererseits als Theorie der Atmosphären. In der Wahrnehmung im Sinne des Spürens der Anwesenheit fallen Erkenntnis und Befindlichkeit noch zusammen, bevor überhaupt die Sinnlichkeit durch die fünf Sinne spezifiziert wird[2] und die Qualitäten von Umgebungen identifiziert werden. Anstelle der Konstitution des ästhetischen Objekts durch das Zusammenspiel von perzeptiven, imaginativen, reflektiven und bewertenden Subjektvollzügen (vgl. Ingarden 1968) schlägt die Theorie der Atmosphären den umgekehrten Weg ein: den der Ausdifferenzierung und der Distanzierung des Sub-

---

jekts von den erlebten Atmosphären. Daraus ergibt sich, dass diese neue Ästhetik weder die Tradition der transzendentalen Phänomenologie, noch die phänomenologische Ontologie des Kunstwerks fortsetzt: Weder die Konstitution, noch die Wahrheit spielen bei Böhme eine Rolle. Ursprünglich sind allein die Integraleinheiten (als Qualitäten, zugleich Zustände und Relationen), aus denen sich das Subjekt und das Objekt entfalten; und in diesem Sinne dürfen Wahrnehmung, Befindlichkeit und Atmosphäre wohl synonym verwendet werden.

Wer in der Ästhetik Böhmes eine Subjekttheorie erwartet, wird enttäuscht werden: Das Atmosphären erlebende Subjekt (ein Begriff übrigens, der von Böhme sorgfältig durch ›Dasein‹ oder ›Mensch‹ ersetzt wird) zeichnet sich durch Empfindlichkeit und affektive Betroffenheit aus. Vor allem ist es individuell, unersetzbar und reaktiv. Somit ist der Ichpol der Sammelbegriff für »*Subjektivität, Befindlichkeit, affektive Betroffenheit, Sich-spüren*« und Fühlen (Böhme 2001: 74)[3]. Im Unterschied zum Handlungsakteur zeigt sich das empfindende Ich als der Welt ausgesetzt und schwingt mit dem Wahrgenommenen mit (vgl. ebd.: 83). Schließlich ist sein Charakter der »Disposition« (ebd.) nur ein anderer Name für die auf das In-der-Welt-Sein zurückzuführende Affizierbarkeit des leiblichen Ich. In diesem Sinne »ist auch das Mir als Wurzel von Subjektivität fundamentaler als das Ich« (ebd.: 78). Damit nähert sich Böhme nicht nur der »Meteorologie der Gefühle« Ciorans an, sondern bestätigt auch die Tendenz der zeitgenössischen Phänomenologie, die Passivität des Wahrnehmungssubjekts im Anschluss an Merleau-Ponty zu betonen. So werden die Sinnesmodalitäten als »Affektionsweisen« definiert (Waldenfels 2010: 370 f.) und der Übergang vom konstituierenden zum affizierten Ich als einer vom Ich zum Mich der Wahrnehmung bezeichnet (vgl. Wiesing 2009); schließlich wird das Subjekt *durch* die Wahrnehmung hervorgebracht und gemacht (vgl. ebd.: 119 ff.). Sowohl für Böhme als auch für Wiesing ist der Wahrnehmende nicht durch andere vertretbar: Niemand kann mich von meiner Präsenz- und Partizipationspflicht

---

3 Hervorhebungen im Original.

an der Welt entlasten, denn jedes Spüren ist zugleich ein Sich-spüren. Damit pendelt die Wahrnehmung von Atmosphären hin und
her zwischen Fremd- und Selbstwahrnehmung, zwischen Partizipation an der Welt und Selbstbezug.

Die Aisthetik ist aber nicht nur eine Wahrnehmungslehre, sondern auch eine »Erscheinungslehre« (Böhme 2001: 118). Die »Geburt des Ich aus dem Mir« (ebd.: 85) hat als Gegenstück die Objek-
tivierung der »Ekstasen«; diese sinnlichen Qualia, »wodurch sich
Dinge als anwesend bemerkbar machen« (ebd.: 131), werden den
Dingen als ihre Eigenschaften zugeschrieben. Bildete noch das Ek-
statische bei Heidegger eine ›Eigenschaft‹ des Daseins, das »immer
schon ›draußen‹ bei einem begegnenden Seienden der je schon ent-
deckten Welt« ist (Heidegger 1986: 62, § 13), so treten Böhmes Dinge selbst aus sich heraus, indem sie ihre Qualia gleichsam ausstrahlen, ähnlich den Farben bei Merleau-Ponty. Und überhaupt eignet
dieser Welt eine eigentümliche Dynamik; es ist, als ob die Wahrnehmung einen Kairos, einen begnadeten Zustand, bezeichnete,
vergleichbar der Verliebtheit oder mystischen Erleuchtungen,[4] aus
dem man durch Reflexivität und Sprache (unvermeidlich?) heraus-
fällt. Farben, Gerüche, Stimmen sind zunächst keine Bestimmungen von Dingen, sondern gleichsam freischwebende Qualitäten des
Phänomens als »Ding in der Erscheinung« (ebd.: 141). Schließlich
hört die Wahrnehmung als Spüren von Atmosphären mit der Iden-
tifizierung des Dings als körperlicher Träger von Eigenschaften
und mit seiner Lokalisierung auf. In einem ähnlichen Sinne merkte
Sartre an, dass wir uns angeblickt fühlen, bevor wir den anderen
überhaupt sehen; wir spüren den Blick, bevor wir die Augenfarben
bemerken (vgl. Sartre 1962: 338 ff.). Es ist aber allgemein bekannt,
dass Blicke Stimmungen erzeugen: Böhme steht somit in der phänomenologischen Tradition, die zwischen einer »eigentlichen« (ursprünglichen) und einer »uneigentlichen« (abgeleiteten) Wahrneh-
mungsart unterscheidet.

---

4 Böhme bezieht sich in diesem Kontext auf die Dingauffassung Jacob Böhmes
   (vgl. Böhme 2001: 142).

III. ATMOSPHÄRE UND WELT

Trotz solcher Analogien spiegelt die Beziehung zwischen Böhme und der klassischen Phänomenologie letztlich die Ambiguität des Verhältnisses zwischen der Postmoderne und Moderne wider, wie sich am Beispiel des Vergleichs zwischen der Atmosphäre und der Welt festmachen lässt.[5] Für Böhme hat die Welt zwei Bedeutungen: eine physische und eine gesellschaftliche (vgl. Böhme 2001: 86). Dabei knüpft er an den Weltbegriff aus *Sein und Zeit* an, auch wenn er Heidegger vorwirft, die »Jemeinigkeit, d. h. die subjektive Betroffenheit«, den unvertretbaren Charakter der Subjektivität sowie die leibliche und gesellschaftliche Dimension der Wahrnehmung vergessen zu haben (ebd.: 76, 81). Aber auch sein Weltbegriff erscheint Böhme unzureichend, was zum merkwürdigen Ergebnis führt, dass er zwar die »großartige Analyse« der Befindlichkeit in *Sein und Zeit* bewundert, aber zugleich den *welterschließenden* Aspekt der Befindlichkeit und die Gleichursprünglichkeit von Befindlichkeit und *Verstehen* (Heidegger 1986: 142, § 31) verliert. Vor allem verfolgt Böhme nicht mehr die Entwicklung des Weltbegriffs im Kunstdenken Heideggers (etwa im Sinne einer historischen Welt im *Ursprung des Kunstwerks*) und in seiner Folge.

Mikel Dufrenne hat in seiner *Phänomenologie der ästhetischen Erfahrung* das Zusammenspiel von Welt und Atmosphäre ganz anders gedeutet. Um zu erklären, warum die ästhetische Erfahrung im Gefühl gipfelt, d. h. in einer Auslegung des Ausdrucks (»sentiment comme lecture de l'expression«, Dufrenne 1953: 539), bedient sich Dufrenne des Apriori-Begriffs, den er in drei Klassen unterteilt: 1. Die Apriori der Präsenz oder der Wahrnehmung *(a priori corporels)* beziehen sich auf die Bedingungen, unter denen ein Objekt gegeben (wahrgenommen) werden kann. Auf dieser Ebene konstituiert der Leib *(corps propre)* die erlebte Welt, wie es schon Merleau-Ponty gezeigt hat. 2. Die Apriori der Repräsentation oder der Erkenntnis *(a priori intellectuels)* bezeichnen viel-

---

5 Diese Analyse müsste durch einen Vergleich zwischen den Atmosphären und dem Begriff des *genius loci* ergänzt werden, der für die phänomenologische Architekturtheorie zentral ist und auf den Böhme selbst Bezug nimmt (vgl. Böhme 2006: 149).

mehr die Bedingungen, unter denen eine objektive Erkenntnis der objektiven Welt für ein unpersönliches Subjekt möglich ist; diese entsprechenden Apriori wurden bereits von Kant festgelegt. 3. Spezifisch für die Kunst ist jedoch erst die dritte Art von Apriori, jene des Gefühls *(a priori affectifs)*, die Dufrenne als seine eigene Entdeckung betrachtete. Die sogenannten affektiven Apriori beziehen sich auf die Erschließung einer erlebten und gefühlten Welt durch ein expressives Objekt. Anders gesagt konstituieren affektive Qualia *(qualités affectives)* in der Kunst (und nur in ihr) eigene und letztlich einzigartige Welten. Im Grunde genommen konstituieren alle drei Klassen von Apriori Welten: In der Wahrnehmung konstituiert der Leib des Wahrnehmenden eine erlebte Welt *(monde vécu)*; in der Repräsentation konstituiert ein abstraktes Subjekt eine vorgestellte Welt *(monde représenté)*; schließlich erschließt sich dem »tiefen Ich« in der Kunst eine spezifische Atmosphäre *(atmosphère)* oder gefühlte Welt *(monde senti)*. Und dieses Ich ist wiederum ein »sujet concret, capable d'entretenir une relation vivante avec un monde«, d. h. entweder der Künstler oder der Kunstrezipient (ebd.: 539).

Im Unterschied zu Böhme fallen bei Dufrenne wohlgemerkt Wahrnehmung und Befindlichkeit (»Gefühl«)[6] nicht zusammen. Dufrennes Ästhetik ist darüber hinaus immer noch in der Husserl'schen (modernen) Intentionalitäts- und Konstitutionslehre verankert: Die drei Ebenen des Subjekts (Leib, universales Denksubjekt, Ich) bezeichnen Einstellungen der Welt gegenüber. Die Welt selbst ist somit nicht wie in der Alltagssprache als Gesamtheit der Seienden zu verstehen, sondern transzendental als Korrelat des Subjekts; daher entsprechen der Triade der Apriori auch drei Typen von Welten. Im selben Sinne eines noch modernen Denkens ist auch der Vorrang der Einheit, Identität und des Sinns bei Dufrenne zu deuten sowie die Bezeichnung der Atmosphäre als »Seele« der durch das ästhetische Objekt erschlossenen Welt (ebd.: 549). Nicht zuletzt zeigt sich die Herkunft dieser Ästhetik aus der modernen Subjektphilosophie darin, dass sich hinter den affektiven Apriori

---

6 Böhme vermeidet hingegen den Begriff des Gefühls, der gerichtet und somit intentional ist.

der Künstler selbst verbirgt, denn in der ausgedrückten Welt (der affektiven Qualia) drückt sich der Künstler selbst als eine konkrete Person aus (vgl. ebd.: 551). Die affektiven Qualia oder Atmosphären der ästhetischen Objekte werden »anthropomorphisch« bezeichnet:»l'horrible de Bosch, l'allégresse de Mozart, le tragique de Macbeth, le dérisoire de Faulkner« etc. (ebd.: 544) Sie sind folglich sowohl subjektiv (sie bezeichnen eine Einstellung des Künstlers) als auch objektiv (sie beziehen sich auf eine Struktur des Objektes). Und beide Aspekte, der objektive und der subjektive, sind komplementär und miteinander untrennbar verbunden; nach Dufrenne sind die affektiven Apriori nicht nur existentiell, sondern auch kosmologisch.

In welchem Verhältnis stehen aber bei Dufrenne der Künstler und der Rezipient zueinander? Die ausgedrückte Welt des Kunstwerks soll dem Kunstrezipienten ermöglichen, die Erfahrung des Künstlers nachzuvollziehen. Nehmen wir als Beispiel das Komische Molières (vgl. ebd.: 554 ff.): Der Theaterzuschauer gerät in eine Atmosphäre (atmosphère), die den Sinn der Aufführung beherrscht und dessen Verstehen lenkt. Diese Atmosphäre bildet eine singuläre Welt, d.h. die Welt eines Einzelnen, nämlich Molières; das Werk legt Zeugnis von einem Subjekt ab und bildet dessen Wahrheit. Die Wahrheit des Künstlers Molière (Authentizität) ist jedoch eine andere als die bloß biographische Wahrheit des Individuums Molière (die Dufrenne Ehrlichkeit nennt). Daraus folgt, dass eine existentielle Identität zwischen dem Künstler Molière und der künstlerischen Welt, die er geschaffen hat, besteht, ohne dass damit eine Identität zwischen dem »wirklichen Molière« und seinem Werk postuliert würde. Der Künstler Molière ist sogar erst das, was er geworden ist, allein aufgrund seines Werkes: Die »qualité affective« konstituiert zugleich das Werk *und* das Subjekt. Damit – so ließe sich in der Folge Dufrennes behaupten – öffnet sich ein hermeneutischer Kreis, innerhalb dessen sich Werk und Autor gegenseitig beleuchten. Und dieser Kreis (wie der Sinn überhaupt) spielt bei Gernot Böhme keine Rolle mehr, ebenso wie sich das Werk diffus im Raum auflöst und der Autor hinter der »ästhetischen Arbeit« zurücktritt.

Auch der noch von Dufrenne verwendete Wahrheitsbegriff[7] verliert bei Böhme jegliche Gültigkeit. Die Ebene der Repräsentation wird überhaupt übersprungen und die Stimmungen sind auf keine *subjektive* Ursache (etwa die Individualität ihres sie Erzeugenden) zurückzuführen. Schließlich wird Dufrennes komplexe »dialéctique de la réflexion et du sentiment« in der ästhetischen Erfahrung (ebd.: 518) allein auf die Betroffenheit reduziert. Einbildung, Geschmacksurteil, das Gedächtnis des Subjekts und empathisches Verstehen werden von Böhme schlichtweg ausgeschaltet, um allein dem Subjekt als Erlebnisfluss Platz zu schaffen. Bei Dufrenne weckt zwar das ästhetische Objekt auch Gefühle, doch wird dadurch keineswegs die Reflexion ausgeschlossen:

> »Il n'y a de présence sentie que par une présence comprise. Et c'est pourquoi l'attitude esthétique n'est pas simple, elle ne peut exclure le jugement au profit du sentiment, elle est une sorte d'oscillation perpétuelle entre ce qu'on pourrait appeler l'attitude critique et l'attitude sentimentale.« **(Ebd.: 514)**

Im Vergleich dazu scheint Böhmes Ästhetik der Atmosphären die »attitude sentimentale« zu verabsolutieren und das Zusammenspiel von sensorischen, affektiven und reflexiven Momenten linear auseinanderzufalten als Übergang von der Wahrnehmung der Atmosphären zu jener von Dingen. Muss sie deshalb als eine Art Neoromantik bezeichnet werden?

IV. OFFENE FRAGEN EINER ÄSTHETIK DER ATMOSPHÄREN

Die Theorie der Atmosphären ist im Kontext der Hyperintellektualisierung und Entsinnlichung der Kunst sowie auch der Krise der Repräsentation zu verstehen und reagiert auf die Tendenz, die Differenzen zwischen Kunst und Wissenschaft bzw. Kunst und

7 Dufrenne unterscheidet vier Aspekte von Wahrheit in der Kunst: die Kohärenz der Form oder das Gefühl der Geschlossenheit/Vollkommenheit (als Bezug des Werks auf sich selbst), die Eigentlichkeit (als Bezug des Werks auf den Künstler), die Glaubwürdigkeit des Inhalts (im Bezug auf das Dargestellte im Sinne der Mimesis) und schließlich im Bezug auf den Ausdruck. Im letzten Sinne ist eine künstlerische Welt »wahr«, nicht wenn sie die Wirklichkeit wiederholt/verdoppelt, sondern wenn sie Aspekte der Wirklichkeit »beleuchtet« (*éclairer*), wie wenn etwa die Lektüre Kafkas uns hilft, »kafkaeske« Merkmale der Wirklichkeit zu entdecken (vgl. ebd.: 613–656).

Wissen überhaupt zu nivellieren. Historisch betrachtet steht sie in jener langen Tradition der Versuche, die rationalistische »Große Theorie« der Schönheit (Tatarkiewicz 2003) zu beschränken, etwa durch ein *je ne sais quoi*, einen unfehlbaren und unerklärlichen »Sinn« für Schönheit oder das romantisch Erhabene. Die Theorie der Atmosphären lässt sich durchaus als ein Ableger dieser antiklassischen Tradition verstehen.

Dabei aber lässt sie so manche Fragen offen, wie etwa jene nach der ästhetischen Differenz. Bedeutet das Atmosphärische bereits als solches eine ästhetische Qualifikation – oder wirken einige Atmosphären »ästhetischer« als andere? Einerseits eignet jedem Ort eine Atmosphäre und ein gewisser »Charakter«, andererseits wirken manche Wetterlagen »atmosphärischer« als andere (beispielsweise eine stürmische Nacht eher als ein ruhiger, sonniger Tag) und manche Orte sind stärker individualisiert als andere (zum Beispiel pittoreske historische Stadtviertel im Vergleich zu Geschäftsvierteln mit Neubaubürotürmen). Dementsprechend wird der Begriff der Atmosphäre zum einen aisthetisch-deskriptiv, zum anderen ästhetisch-bewertend verwendet (was im Übrigen an die Ambivalenz des Geschmacks erinnert; denn jeder hat seinen Geschmack, doch nur manche haben wirklich einen, einen guten allzumal). Im letzteren Sinne impliziert die Atmosphäre Flair. Wenn aber jeder Raum (s)einen Charakter hat und vielleicht allein unsere Insensibilität ihn vor uns verbirgt, ist dann dieser Charakter nicht eventuell auf einen *genius loci* zurückzuführen? Offenbar nicht, denn Böhme regt durchaus auch die Untersuchung der Atmosphären von Nicht-Orten (Augé 1994) wie Flughäfen oder Shopping-Malls an (vgl. Böhme 2006: 105).[8]

Wird aber das Subjekt auf Wahrnehmung und Befindlichkeit reduziert, mündet dann letztlich die Theorie der Atmosphären nicht in einen Kult der Empfindsamkeit? Und wie lässt sich der Manipulation der Gefühle entgehen? Wie ist es möglich, Kritik zu üben, ohne das Erleben des Atmosphärischen zu zerstören? Oder kann sich die Kritik allein auf das Scheitern der kreativen Akteure

---

8 Vgl. dazu auch Gernot Böhmes Beitrag in diesem Band.

beschränken, Atmosphären zu erzeugen? In dieser Hinsicht steht die Theorie der Atmosphären in einem ambivalenten Verhältnis zur zeitgenössischen Eventkultur und Erlebnisgesellschaft: Die neue Ästhetik holt nicht nur die Ästhetisierung der Ökonomie und Politik ein (und Böhme selbst betrachtet sie als Anpassung der ästhetischen Theorie an eine bereits vollzogene Wende (vgl. ebd.: 161), sondern könnte ebenso – gewollt oder nicht – die Ökonomisierung der Ästhetik betreiben; ihre explizit gegen den passiven Konsum gerichtete Kritik mag folglich zum Konsum von glückversprechenden Räumen entarten. Umso wichtiger ist es, neben dem Erlebnis die Sensibilitätsbildung zu betonen; denn die Sensibilität steht gerade für ein allgemeines Differenzierungsvermögen, das infinitesimale Nuancen im perzeptiven, emotionalen, aber auch semantischen Bereich unterscheidet – anders gesagt für *esprit de finesse*, Feingefühl und Subtilität. Und diese Kompetenz der Unterscheidung (gr. *krinein*) lässt sich auch auf die *kritische* Auseinandersetzung mit der Qualität der erzeugten Qualitäten erstrecken.

Mit der Sensibilität taucht aber auch die Frage auf, wie wir uns den uns begegnenden Atmosphären gegenüber verhalten *sollen*. Haben wir sie auszuhalten, müssen wir ihnen Widerstand leisten, sie reflexiv brechen – oder aber haben wir uns vielmehr ihrer Kraft bewusst auszusetzen, müssen wir mit ihnen experimentieren und ihre Intensität nach Möglichkeit verstärken? Die implizite Ethik einer solchen Theorie bleibt offen: Ist ihr Subjekt letztlich der spielerische, narzisstische und hedonistische Flaneur der Postmoderne, wie die Gegenüberstellung von ästhetischem Spiel und dem Ernst der Realität zu verstehen gibt (vgl. ebd.: 163)?[9] Oder zeichnet sich vielmehr ein »Neue[r] Humanismus im Bauen« ab in einer Architektur, die ihre Mittel »auf Nicht-Materielles wie Licht und Ton« erweitert und den Menschen ermöglicht, an Räumen emotional zu partizipieren (ebd.: 151)?

Die Aufgeschlossenheit für Atmosphären kann aber auch Gespür und Takt bedeuten. In dieser Hinsicht könnte das Ästhetische zur *Sensibilisierung* im Sinne der Bekämpfung der Indifferenz und

---

9 Vgl. auch den Beitrag von Heinz Paetzold in diesem Band.

der Beseitigung von blinden Flecken beitragen.[10] Darin liegt meines Erachtens das ethisch-gesellschaftliche Potential der Theorie der Atmosphären, nämlich über das Ästhetische und Aisthetische hinauszugehen, wenn etwa ein Architekturwettbewerb fordert, ein »Wohlfühlspital für Patienten und Mitarbeiter« zu schaffen (Hammer 2009: 16). Dafür aber wäre es notwendig, die Sensibilität auch als Qualität in der Begegnung mit dem Anderen aufzufassen – und nicht nur als Begehren, »das sich an der Wirklichkeit des Erscheinens befriedigt« (Böhme 2001: 31). Außerdem macht gerade das angeführte Beispiel eines zu planenden Spitals darauf aufmerksam, dass Atmosphären nicht nur gezielt durch »ästhetische Arbeit« erzeugt werden, sondern auch anonym, unbeabsichtigt und unkontrolliert entstehen können, und zwar durch eine langsame Akkumulation von infinitesimalen Eigenschaften, Spuren von Gesten, Gerüchen und sonstigen Verdichtungen der »Zeit als Berührung und Hauch« (Diaconu/Vosicky 2011), ähnlich der meteorologischen Akkretion, wenn sich ein Tropfen in Wolken bildet. Sie wirken grundsätzlich synästhetisch und nicht selten unbewusst. Die erzeugten Atmosphären treten somit in Konsonanz oder Dissonanz zu bereits bestehenden Atmosphären auf, die sie überdecken und neutralisieren oder aber potenzieren und verwandeln.

Aus allen diesen Gründen sollte die Atmosphäre als spezifische Kategorie in die Ästhetik integriert werden, ohne dadurch aber andere ebenso berechtigte Aspekte, wie etwa die Reflexivität und das Formale, schlechterdings zu verdrängen. Schließlich zeigt die implizite Ästhetik der Meteorologen, dass sogar die (physischen) atmosphärischen Phänomena ohne jegliches Gespür für ihren (ästhetisch) atmosphärischen Charakter wahrgenommen werden können.

---

10 In diesem Sinne hat auch Wolfgang Welsch argumentiert (vgl. Welsch 1990: 38 f.).

LITERATUR

Augé, Marc (1994): *Orte und Nicht-Orte. Vorüberlegungen zu einer Ethnologie der Einsamkeit*, Frankfurt a. M.: Fischer.

Böhme, Gernot (1989): *Für eine ökologische Naturästhetik*, Frankfurt a. M.: Suhrkamp.

Böhme, Gernot / Schiemann, Gregor (1997): *Phänomenologie der Natur*, Frankfurt a. M.: Suhrkamp.

Böhme, Gernot (2001): *Aisthetik. Vorlesungen über Ästhetik als allgemeine Wahrnehmungslehre*, München: Fink.

Böhme, Gernot (2006): *Architektur und Atmosphäre*, München: Fink.

Cioran, Emil M. (1997): *Cahiers. 1957–1972*, Paris: Gallimard.

Cioran, Emil M. (2008): »Vom Nachteil, geboren zu sein«, in: *Werke*, Frankfurt a. M.: Suhrkamp, S. 1479–1632.

Diaconu, Mădălina/ Vosicky, Lukas Marcel (2011): »Zeit als Berührung und Hauch. Von Sammlern, Altwaren und Vintage«, in: Diaconu, Mădălina u. a. (Hg.):

Sensorisches Labor Wien. *Urbane Haptik- und Geruchsforschung*, Berlin: Lit, 561–585.

Dufrenne, Mikel (1953): *Phénoménologie de l'expérience esthétique*, Paris: P.U.F.

Geiger, Moritz (1928): *Zugänge zur Ästhetik*, Leipzig: Neuer-Geist-Verlag.

Goethe, Johann Wolfgang (1960): *Gesamtausgabe der Werke und Schriften 20: Abt. 2, Schriften. Schriften zur Geologie und Mineralogie. Schriften zur Meteorologie*, Stuttgart: Cotta.

Hammer, Mark (2009): »Architekturwettbewerb Krankenhaus Nord entschieden. Ein Spital zum Wohlfühlen«, in: *Medical Tribune*, 41. Jg., 4, S. 16, http://extranet.medical-tribune.de/volltext/PDF/2009/MT_Oesterreich/04_mtoe/MTA_04_S16.pdf (07. Juni 2012).

Heidegger, Martin (1986): *Sein und Zeit*, Tübingen: Niemeyer.

Heidegger, Martin (1994): *Holzwege*, Frankfurt a. M.: Klostermann.

Ingarden, Roman (1968): *Vom Erkennen des literarischen Kunstwerks*, Tübingen: Niemeyer.

Roth, Günther D. (2009): *Die BLV-Wetterkunde*, München: BLV.

Sartre, Jean-Paul (1962): *Das Sein und das Nichts. Versuch einer ontologischen Phänomenologie*, Reinbek b. Hamburg: Rowohlt.

Tatarkiewicz, Władysław (2003): *Geschichte der sechs Begriffe: Kunst, Schönheit, Form, Kreativität, Mimesis, ästhetisches Erlebnis*, Frankfurt a. M.: Suhrkamp.

Waldenfels, Bernhard (2010): *Sinne und Künste im Wechselspiel. Modi ästhetischer Erfahrung*, Berlin: Suhrkamp.

Welsch, Wolfgang (1990): *Ästhetisches Denken*, Stuttgart: Reclam.

Wiesing, Lambert (2009): *Das Mich der Wahrnehmung. Eine Autopsie*, Frankfurt a. M.: Suhrkamp.

II. ATMOSPHÄREN ERSTER ORDNUNG: DIE PHYSIKALISCHEN DIMENSIONEN

Dim Coumou, Dr. rer. nat., studierte Geophysik an
der Universität Utrecht und ist seit 2008 als
Klimaforscher am Potsdamer Institut für Klima-
folgenforschung (PIK) tätig. Er arbeitet an einem
neuen Atmosphären-Modell. Seine Forschungsge-
biete umfassen die Dynamik von Windströmungs-
mustern wie dem Jetstream und dessen Einfluss
auf extreme Wettererscheinungen wie Überflutun-
gen und Hitzewellen. Besonders von Interesse für
seine Arbeit sind die Auswirkungen der globalen
Erwärmung auf diese Prozesse. 2008 wurde Dim
Coumou an der ETH Zürich promoviert. Davor
arbeitete er als Marine-Geophysiker – eine Tätigkeit, die ihn in Länder der ganzen Welt verschlug,
z. B. ins Niger Delta und den arabischen Golf.
Jüngste Publikation u. a.: mit Stefan Rahmstorf:
»A decade of weather extremes«, in: *Nature
Climate Change 2* (2012), S. 491–496.

EINE KURZE GESCHICHTE DER ATMOSPHÄRISCHEN WISSENSCHAFTEN

Während der Apollo-8–Mission zum Mond im Jahr 1968 sahen drei Astronauten zum allerersten Mal auf einen Blick den gesamten Globus und dessen Atmosphäre. Die von der Erde gemachte Aufnahme wurde von Präsident Johnson an die Oberhäupter aller Staaten geschickt, um die unausweichliche Einheit der Menschheit zu unterstreichen. Heutzutage sind Bilder, die den ganzen Globus zeigen, uns allen vertraut. Mit Internet-Tools wie Google Maps oder Google Earth können wir uns per Mausklick von jeglichem Teil des Globus ein Bild machen. Dass die Erde eine Kugel ist und demnach eine einzige, globale Atmosphäre hat, ist natürlich seit Jahrhunderten bekannt. Jedoch ist man sich erst seit kurzem der grundlegenden Implikation bewusst, dass lokale Handlungen globale Auswirkungen haben können. Ein bekanntes Beispiel ist der Ausstoß von FCKW-Gasen (Fluorchlorkohlenwasserstoffe), der zur Zerstörung der schützenden Ozonschicht führt. In der Frühgeschichte mangelte es noch an der Erkenntnis, dass die Atmosphäre ein globales Einzelmerkmal ist. Wenn wir also die Geschichte der Atmosphärischen Wissenschaften betrachten, stellen wir fest, dass unser Verständnis der Atmosphäre mit der Globalisierung gewachsen ist.

I. ANTIKE

Ein geeigneter Ausgangspunkt für die Geschichte der Atmosphärischen Wissenschaften ist die Veröffentlichung von Aristoteles' Buch mit dem Titel »Meteorologie« etwa 350 v. Chr. Neben vielen anderen Themen beschreibt er in diesem Werk – zum ersten Mal – ziemlich genau den Wasserkreislauf: Das Wasser der Flüsse, Seen und Meere verdunstet, wird zu Wasserdampf in der Luft, der wieder kondensiert und sich in Wassertröpfchen verwandelt, wenn die Temperaturen sinken. Auf diese Weise bilden sich Wolken, die wieder abregnen können, womit Wasser zur Erde zurückgeführt wird und sich der Kreislauf schließt. Die Griechen wussten auch, dass sich das Klima im Wesentlichen mit dem Breitengrad ändert: am Äquator warm, zu den Polen hin kälter. Tatsächlich bedeutet das griechische Wort *Klima* »Neigung«, wodurch das Klima direkt mit dem Breitengrad in Verbindung gesetzt wird.

Diese reine Verknüpfung mit dem Breitengrad ist auch auf der berühmten Weltkarte des Ptolemäus aus dem 2. Jahrhundert deutlich zu sehen. Zu jener Zeit, sprich während des Römischen Reiches, waren viele Teile der Welt bekannt und kartographiert. Der von der Weltkarte des Ptolemäus erfasste Bereich erstreckte sich ungefähr vom Äquator bis etwa 80° Nord und von 10° West bis 110° Ost. (Abb. 1)

Europa, Nordafrika und Asien sind kartographisch recht gut erfasst, doch noch dachte man, der Indische Ozean sei von Land umschlossen. Ptolemäus teilte seine Karte in 15 horizontale Klimazonen ein, wobei die Temperatur vom Äquator bis zum Pol immer weiter sinkt. In Ermangelung eines quantitativen Maßes für die Temperatur benutzte Ptolemäus die Dauer des längsten Tages zur Bestimmung der verschiedenen Klimazonen.

II. DIE GLOBALISIERUNG IM 17. JAHRHUNDERT

Im Wesentlichen blieb die »ptolemäische« Sicht des Klimas und der Atmosphäre bis Anfang des 17. Jahrhundert gleich. Dann wurde unsere Auffassung von der Atmosphäre durch zwei Phänomene grundlegend verändert. Das erste war die Globalisierung. Der von europäischen Staaten betriebene weltweite Handel brachte Weltkarten hervor, durch die die Vorstellung entstand, dass die Atmosphäre eine globale Erscheinung ist und deshalb globaler Erklärungen ihrer Existenz und physischen Eigenschaften bedarf. Die zweite Entwicklung war die Erfindung verlässlicher Messgeräte für Temperatur und Luftdruck.

Zu Beginn des 17. Jahrhunderts waren alle Weltmeere bereits befahren worden und die meisten Kontinente richtig kartographiert. Nur die Antarktis war noch nicht entdeckt sowie große Teile Nordamerikas und Australiens noch nicht genau kartographisch erfasst. Es war eine Zeit des globalen Handels mit portu-

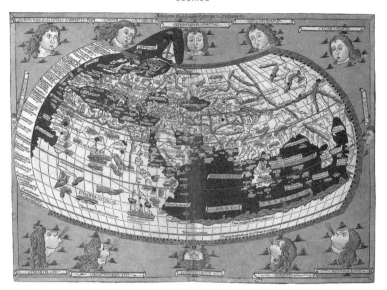

Abb. 1: Eine Landkarte von 1482 nach der Ptolomäischen Beschreibung der bekannten Welt (Radierung von Johannes Schnitzer)[1]

giesischen, spanischen, holländischen und englischen Segelbooten, die Europa, Amerika, Afrika und den Fernen Osten miteinander verbanden. Frühe Seereisen lieferten das erste Wissen über vorherrschende Windverhältnisse auf den Weltmeeren, und man entdeckte die so genannten Passatwinde. Bei diesen handelt es sich um westwärts strömende Winde (d. h. »Ostwinde«) und äquatorwärtige Winde in äquatornahen Regionen. Die Portugiesen erkannten als Erste deren strategische Bedeutung für den Handel, da man sich ihrer bedienen konnte, um leicht den Atlantik zu überqueren und zur Neuen Welt zu gelangen.

Im Jahr 1686 stellte Halley als Erster eine Theorie über die Existenz der Passatwinde auf. Zunächst reiste er nach St. Helena (um die Sternenkonstellationen in der südlichen Hemisphäre zu kartographieren), wobei er die vorherrschenden tropischen Oberflächenwindmuster miterlebte. Nachdem er sich mit Seefahrern beraten hatte, erstellte er die ersten genauen Karten zu den Passatwinden. (Abb. 2)

---

1 Quelle: Wikipedia, http://en.wikipedia.org/wiki/Ptolemy (12. Juli 2012).

Abb. 2: Edward Halleys Karte der Passatwinde in den Regionen um den Äquator herum[2]

Er schlussfolgerte, dass die Sonnenwärme die Luft in der Nähe des Äquators nach oben befördert, was hier zu Tiefdruck an der Erdoberfläche führt. Dadurch wird in höheren Breitengraden dichtere Luft eingesogen, wodurch die äquatorwärtigen Winde entstehen. Mit dieser Theorie erkannte Halley einen grundlegenden Mechanismus der Atmosphäre: die Bewegung der Hitze vom Äquator zum Pol. Es war auch der allererste Versuch, die globale Zirkulation zu erklären.

Seit Halleys früher Theorie bezüglich der globalen Zirkulation ist diese schrittweise verbessert worden. Zuallererst etwa ein halbes Jahrhundert später durch Hadley, der erkannte, dass die Erdrotation einen starken Einfluss auf die Strömungsrichtung von Luftmassen hat. Etwa ein Jahrhundert später wurde dies als Corioliskraft bekannt, benannt nach dem französischen Wissenschaftler, der eine viel umfassendere Theorie veröffentlichte. Aufgrund der Corioliskraft scheint der Wind in der nördlichen Hemisphäre nach rechts zu drehen und in der südlichen Hemisphäre nach links. Demnach strömt der Wind nicht senkrecht in Richtung des Äquators, sondern dreht sich gen Westen. Im Jahr 1855 sammelte der US-amerikanische Marineoffizier Maury große Mengen an Oberflächenwinddaten und bemerkte, dass die vorherrschenden Winde in den mittleren Breitengraden ostwärts und in Richtung der Pole strömen – sprich: genau umgekehrt. Zur Erklärung seiner Beobachtung schlug er eine Zweizellenstruktur vor. Nur ein Jahr später legte Ferrel ein aktualisiertes Dreizellenstrukturmodell vor, um auch den vorherrschenden Wind in den Polarregionen zu erklären.

2 Quelle: http://www.nerc-essc.ac.uk/~as/ (12. Juli 2012).

Ein Vergleich von Ferrels Darstellung mit einer aktuellen NASA-Darstellung der globalen Zirkulation zeigt, dass sich seit Ferrels Zeit nicht viel geändert hat. In der Hadley-Zelle steigt die Luft in der Nähe des Äquators auf und etwa auf dem 30. Breitengrad wieder ab, wodurch die größten Wüstenregionen der Erde entstanden sind. Die daneben liegende Ferrel-Zelle strömt in die entgegen gesetzte Richtung, wodurch die Luft in den mittleren Breitengraden aufsteigt und hier zu unbeständigen, oft regnerischen Wetterbedingungen führt.

III.   DIE ERSTEN QUANTITATIVEN BEOBACHTUNGEN

Im frühen 17. Jahrhundert wurden auch das Thermoskop und das Quecksilberbarometer erfunden, von Galilei im Jahr 1607 bzw. von Torricelli im Jahr 1643. Letztere Erfindung führte unmittelbar zu der Endeckung, dass der Luftdruck in der Atmosphäre nach oben hin sinkt und dass es oberhalb der Atmosphäre ein Vakuum geben muss. Die Erfindung des Thermoskops und des Barometers führte schnell zur Einrichtung von Wetterstationen, und bereits in der zweiten Hälfte des 17. Jahrhunderts bildeten sich die ersten Wetterbeobachtungsnetzwerke, die Italien, England, Deutschland, Österreich und Polen abdeckten. Die ältesten ununterbrochenen Temperaturaufzeichnungen, die wir haben, gehen auf diese Zeit zurück und sind unersetzliche historische Belege des Klimas. Viele weitere Wetterstationen sollten im 18. und 19. Jahrhundert folgen. Das Problem war die Art und Weise, wie diese Stationen ihre Messungen der Temperatur, des Drucks und manchmal des Windfeldes handhabten. Die Messungen wurden in langen Tabellen der einzelnen Wetterstationen festgehalten, und es wurde versucht, die Messungen eines bestimmten Tages mit denen eines anderen Tages zueinander in Beziehung zu setzen. Diese Praxis, die Messungen von einem einzigen Ort auszuwerten, um die grundlegenden Mechanismen der Atmosphäre zu verstehen, erwies sich als unmöglich. Erst im Jahr 1817 begann Alexander von Humboldt, ein neues graphisches Verfahren einzusetzen: die Isotherme, die Verbindung von Punkten ähnlicher Temperatur mit einander. Er reiste um die Welt und erstellte eine globale Temperaturkarte, wodurch die ur-

alte Klimata-Theorie widerlegt wurde. Es wurde klar, dass Europa
– auf demselben Breitengrad – viel wärmer war als die Neue Welt.
Heute sind die Isotherme und Isobare immer noch die wichtigsten graphischen Mittel, um den Zustand der Atmosphäre darzustellen. Im frühen 19. Jahrhundert führte deren Erfindung sofort
dazu, dass man mehr Daten benötigte: Man konnte eine Isolinie
zwischen zwei Stationen ziehen, die 1000 km voneinander entfernt
lagen, doch man erkannte, dass man keine Ahnung davon hatte,
was wirklich dazwischen passierte.

Dieser Drang zur Erhebung immer genauerer Daten nahm mit
jeder wichtigen Erfindung im 19. und 20. Jahrhundert zu. Die erste wichtige Erfindung war die des Telegrafen, die zum ersten Mal
die uralte Verknüpfung zwischen der Geschwindigkeit der Infor-
mationsübermittlung und der Fortbewegung des Menschen durch
den Raum durchbrach. Diese Technologie ermöglichte es, gleichzeitig an vielen Stationen Messungen durchzuführen, alle Daten
an einem einzigen Ort zu sammeln und somit Schnappschüsse des
Zustands der Atmosphäre zu erstellen. Solche Schnappschüsse bezeichnen wir als synoptische Karten, und sie waren die Grundlage
der ersten vorsichtigen Wetterprognosen: Wenn man das Windfeld
kennt, kann man eine fundierte Vermutung darüber anstellen, in
welche Richtung sich ein Sturm in den folgenden Tagen bewegen
wird. Es wurde jedoch bald klar, dass man für annäherungswei-
se genaue Wettervorhersagen mehr Daten benötigen würde, insbesondere Daten nahe gelegener Weltmeere, die noch gar nicht
erfasst wurden. In den Jahren nach 1870 stieg die Zahl der Wetterstationen rapide an. Im Jahr 1870 gab es nur in Europa und in
den USA Wetterstationsnetze, aber schon im Jahr 1900 waren die
meisten anderen Teile der Welt auch abgedeckt. Die Zahl der Wetterstationen stieg die ganze erste Hälfte des 20. Jahrhunderts hindurch beständig an.

IV.   DAS REVOLUTIONÄRE 20. JAHRHUNDERT

Zwei weitere Innovationen zu Beginn des 20. Jahrhunderts
brachte unser Verständnis der Atmosphäre voran. Erstens Messungen der oberen Luftschichten: Bis dato waren alle Messungen am

Boden gemacht worden. Mit der Erfindung des Flugzeugs wurde es möglich, immer mehr Messungen der oberen Luftschichten vorzunehmen, später auch mit Hilfe von Wetterballonen und noch später mittels Satelliten. Die zweite wichtige Entwicklung war die Erfindung des Computers, durch die die Wetter- und Atmosphärenforschung revolutioniert wurde. Erstens ermöglichten es die Computer, auf globaler Ebene große Datenmengen zu generieren. Zweitens konnte man Modellsimulationen durchführen, die unser Verständnis der komplexen Dynamik der Atmosphäre voranbrachten.

Während des Zweiten Weltkriegs begegneten Piloten hochfliegender Kriegsflugzeuge zum ersten Mal den Jetstreams. Die Jetstreams sind röhrenartige Regionen hoch oben in der Atmosphäre – 10 bis 20 km –, in denen die Windgeschwindigkeit bis zu 100 Stundenkilometer erreichen kann. Die Jetstreams umkreisen die Erde, wobei sie sich langsam verlagern, und es wurde schnell herausgefunden, dass sie die bodennahen Wettersysteme in hohem Maße beeinflussen. Diese Erkenntnis bedeutete, dass immer mehr Daten über die oberen Luftschichten erforderlich wurden, um bessere Vorhersagen zu machen.

Die Erfindung des Computers direkt nach dem Ende des Zweiten Weltkriegs ermöglichte die ersten Wettervorhersagen. 1945 erfand John von Neumann den ENIAC, ein militärisches Gerät, das zuerst zur Simulation einer Wasserstoffbombenexplosion genutzt wurde. Jule G. Charney, der von vielen als der Vater der modernen Meteorologie betrachtet wird, lieferte die erste überzeugende physikalische Erklärung der Sturmsysteme in den mittleren Breitengraden, bekannt als Theorie der *Baroklinen Instabilität*. Im Jahr 1950 erstellte seine Forschungsgruppe an der Universität von Princeton die allererste erfolgreiche Wettervorhersage und benutzte dafür John von Neumanns Computer. Das Problem bestand darin, dass eine 24-Stunden-Vorhersage zu jener Zeit mindestens 24 Stunden Berechnung erforderte, so dass Wettervorhersagen in den 50er Jahren praktisch noch nicht möglich waren.

Für die Klimasimulation war das jedoch unerheblich. Bei der Klimasimulation interessiert man sich für den durchschnittlichen Zustand der Atmosphäre. Die Erfindung des Computers ermöglichte zum ersten Mal Experimente unter Benutzung globaler Klimamodelle, so genannter »General Circulation Models« (GCMs). Während andere wissenschaftliche Disziplinen kontrollierte Experimente im Labor durchführen konnten, war das in den Atmosphärischen Wissenschaften nie möglich gewesen, da es nur eine globale Atmosphäre gibt. Durch die Erfindung des Computers änderte sich das: Jetzt wurde es möglich, Experimente durchzuführen und gewissermaßen »gottgleich« die Sonne stärker zu machen, Treibhausgase zuzuführen oder zu entfernen, etc. Auf diese Weise kann man die wichtigsten treibenden Kräfte in der Atmosphäre untersuchen. Ein komplexes System wie die Atmosphäre, das von vielen Gleichungen beherrscht wird, die den Energiezyklus, den Wasserkreislauf, den Strahlungstransfer, etc. steuern, kann nicht durch einen rein deduktiven Ansatz erfasst werden. Mit anderen Worten: Wenn man jede Teilkomponente für sich begreift, dann ist das keinerlei Gewähr dafür, dass man das System als Ganzes versteht. In dem System besteht vielmehr ein komplexes Gleichgewicht zwischen rivalisierenden Kräften, die sich positiv oder negativ aufeinander auswirken können. Solche Berechnungen können praktisch nur von Computern durchgeführt werden. (Abb. 3)

V. DER TREIBHAUSEFFEKT

Schon in den 50ern und 60ern wurde das so genannte $2 \times CO_2$–Experiment zu einem der Standardexperimente. Im späten 19. Jahrhundert entdeckte der irische Wissenschaftler John Tydall, dass CO_2 ein Hitze stauendes Gas bzw. ein Treibhausgas ist, das Hitze zurück zum Boden reflektiert. Im Jahr 1896 berechnete Arrhenius als Erster, um wie viel wärmer die Welt wäre, wenn sich die CO_2–Konzentration in der Atmosphäre verdoppelte, und kam dabei auf einen Wert von 5°C. Das bezeichnen wir heute als Klimasensitivität. Seither haben viele Simulationsstudien bestätigt, dass sich die Erde tatsächlich erwärmt, wenn die CO_2–Konzentration höher ist – der Grad der Erwärmung wurde von Arrhenius jedoch etwas überschätzt. Gemäß der besten Einschätzung der Klimasensitivität geht man heutzutage von etwa 3°C aus.

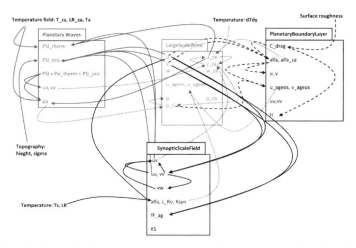

Abb. 3: Abhängigkeits-Diagramm des dynamischen Kerns vom Atmosphären-Modell *Aeolus*, das die innere Komplexität dieser Modelle demonstriert[3]

Derzeit erhöht sich die Menge an CO_2 in der Atmosphäre rapide. Während der letzten 10.000 Jahre war die CO_2–Konzentration mit etwa 280 ppm (parts per million) relativ konstant, und zwar bis zum Beginn der industriellen Revolution. Von da an stieg sie schnell auf den heutigen Wert von etwa 400 ppm an. CO_2 ist nicht das einzige Treibhausgas: Die Konzentration anderer Gase wie Methan und Stickoxid steigt heutzutage gleichermaßen rapide an.[4]

Dies bedeutet, dass wir einen Temperaturanstieg erwarten. Und tatsächlich ist die globale Durchschnittstemperatur im Laufe des letzten Jahrhunderts um etwa 0,8°C gestiegen. Für das nächste Jahrhundert ist ein Temperaturanstieg von etwa 2°C bis 4°C zu erwarten. Das wird ernste Konsequenzen haben. Diese Temperaturkurven werden mithilfe ausgeklügelter Atmosphärenmodelle erstellt. Sie haben eine sehr feine Auflösung und schließen Atmosphärenchemie, Wolken, Wechselwirkungen mit der Pflanzenwelt, CO_2–Emissionen und einen dynamischen Ozean mit ein. Wir benötigen immer genauere und natürlich immer mehr Daten, damit sich solche hochkomplexen Modelle mit der tatsächlichen Atmosphäre messen

---

3 Das computerbasierte Klimamodell *Aeolus* wird derzeit vom Autor dieses Beitrages entwickelt.

4 Vgl. dazu auch den Beitrag von Alexander Thumfart in diesem Band.

können. Diese Daten werden global mithilfe von Wetterschiffen, Satelliten, Flugzeugen, etc. erhoben und zentral zwecks Auswertung gesammelt. Dadurch entstehen alle sechs Stunden Schnappschüsse der kompletten Atmosphäre mit allen Variablen. (Abb. 4)

VI. DIE KOMPLEXITÄTSTHEORIE

Dennoch bleibt die Frage, wie viel wir wirklich von der Atmosphäre verstehen. Was können wir vorhersagen und was nicht? Das Wetter kann derzeit nur zwischen einer Woche und zehn Tagen im Voraus prognostiziert werden. Der eigentliche Grund dafür ist, dass die Atmosphäre sich im zeitlichen Rahmen der Wetterprognose wie ein chaotisches dynamisches System verhält. Die Chaostheorie, im Volksmund als »Schmetterlingseffekt« bekannt, besagt, dass solche dynamischen Systeme empfindlich auf Änderungen in ihrem Anfangszustand reagieren, der nie zu 100% bekannt ist. Ein früher Pionier dieser Theorie, Edward Lorenz, hat sie als Erster in der Meteorologie angewandt.

Klimasimulationen unterliegen nicht dem von der Chaostheorie aufgeworfenen Problem: Die Berechnung der globalen Durchschnittstemperatur basiert beispielsweise allein darauf, dass man die einströmende Energie der abgehenden Energie gegenüberstellt. Dennoch ist die Vorhersagbarkeit in Klimamodellen eingeschränkt, und zwar dadurch, dass die kleinsten Prozesse auf Molekular-Ebene stattfinden. In der Natur wirkt der Wind auf einzelne Moleküle ein, und auch Mechanismen wie die Wolkenbildung setzen auf molekularer Ebene ein. Dagegen arbeiten die höchstauflösenden GCM-Modelle mit einer Auflösung von etwa 50 km. Das bedeutet also, dass alle in kleineren Maßstäben auftretenden Prozesse parametrisiert werden müssen: So werden sie nicht explizit berechnet, doch es wird versucht, ihre gemeinsame Wirkung gemittelt über das ganze Raster zu erfassen. Das kann problematisch sein, da diese kleinen Prozesse wichtig sein können und manchmal unzulänglich erfasst werden.

Demnach kann eine erhöhte Auflösung der Modelle die physikalische Realitätsnähe von Klimasimulationen steigern. Damit die Simulationen realitätsnah sind, müssen andererseits die komplexen

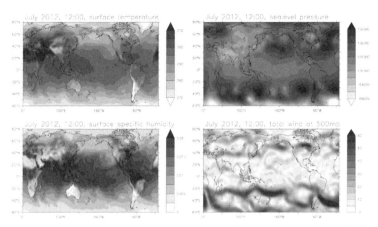

Abb. 4: Momentaufnahmen der Atmosphäre am 6. Juli 2012 um 12 Uhr, erzeugt durch das NCEP/NCAR-Reanalysis 1 Projekt.[5] Sie zeigen nur vier der insgesamt zwanzig möglichen Parameter: Die Oberflächen-Temperatur (oben links), den Meeresspiegel-druck (oben rechts), die oberflächenspezifische Feuchtigkeit (unten links) sowie das gesamte Windfeld (unten rechts).

Interaktionen, so wie sie in der wirklichen Atmosphäre stattfinden, so weit wie möglich erhalten bleiben. Sowohl die Erhöhung der Auflösung als auch die Steigerung der Komplexität erfordern eine höhere Rechenleistung. Da Klimasimulationen bereits auf den schnellsten Supercomputern durchgeführt werden und typischerweise mehrere Wochen oder Monate dauern, müssen die Fachleute einen Balanceakt vollführen: Entweder erhöht man die Auflösung oder die Komplexität. Oft ist beides zusammen praktisch nicht möglich.

In Klimamodellen resultiert die Ungenauigkeit aus der Unsicherheit vieler interner klimatischer Rückkoppelungen. Verschiedene Klimakomponenten, wie Wolken oder Meereis, können eine anfängliche Erwärmung entweder verstärken (»positive Rückkoppelung«) oder dämpfen (»negative Rückkoppelung«). Die wichtigsten sind die Wasserdampf-Rückkoppelung, die Lapse-rate-Rückkoppelung, die Wolken-Rückkoppelung, die Eis-Albedo-Rückkoppelung und die Kohlenstoffkreislauf-Rückkoppelung. Von diesen ist die Wolken-Rückkoppelung vermutlich die am we-

5 Vgl. mehr Details unter http://www.esrl.noaa.gov/psd/data/gridded/reanaly-sis/ (15. Juli 2012). Die Momentaufnahmen sind original in Farbe, sie können ebenfalls auf der Webseite des Earth System Research Laboratory (ESRL) abgerufen werden.

nigsten quantifizierte, und sogar die Anzeichen dafür sind unklar: Wolken könnten die globale Erwärmung sowohl verstärken als auch dämpfen.

Im Allgemeinen sind die atmosphärischen Prozesse großen Maßstabs gut erforscht, und deren Ablauf kann mit den existierenden Modellen auch für eine längere Zeitspanne vorhergesagt werden. Beispiele dafür sind die Hadley-Zirkulation, globale Temperaturfelder und jahreszeitliche Schwankungen. Phänomene kleineren Maßstabs wie Gewitterstürme sind natürlich viel schwerer vorherzusagen. Manche Wetterphänomene mittleren Ausmaßes wie große Gewitterstürme können bislang nur ein oder vielleicht zwei Tage im Voraus prognostiziert werden. Die Chaostheorie verbietet jedoch längerfristige Vorhersagen.

VII. DER EINTRITT INS ANTHROPOZÄN

Heute ist man sich darüber im Klaren, dass die Atmosphäre nicht für sich allein erforscht werden kann. Die komplexen Interaktionen mit anderen Klimakomponenten wie Eis, Biosphäre und Hydrosphäre, die eng durch Wasser- und Energiekreisläufe sowie chemische Kreisläufe miteinander verbunden sind, müssen berücksichtigt werden. Die Menschheit greift heutzutage in viele dieser natürlichen Kreisläufe auf recht massive Art ein. Neben der Störung des Kohlenstoffkreislaufs durch Emissionen kann auch die veränderte Landnutzung – wodurch agrarische Produktionsflächen an die Stelle von natürlichen Biosphären treten – starke Auswirkungen auf die Atmosphäre haben. In den letzten Jahren ist zunehmend deutlich geworden, dass wir die Atmosphäre nicht als Mülldeponie für unsere Zivilisation benutzen dürfen. Der Begriff »Anthropozän« wurde zuerst vom Nobelpreisträger Paul Crutzen, Atmosphärenchemiker an der Universität Mainz, vorgeschlagen. Er argumentierte, dass die Menschheit seit dem Beginn des 21. Jahrhunderts einen so entscheidenden Einfluss auf das System Erde und insbesondere die Atmosphäre gehabt hat, dass wir jetzt vom Anthropozän sprechen können.

Diese kurze Geschichte zeigt, wie viel wir allein im vergangenen Jahrhundert durch die junge, erst seit dem 19. Jahrhundert existierende Wissenschaft der Meteorologie über die Atmosphäre gelernt haben. Allgemeine Zirkulationsmodelle haben entscheidend zu diesem Verständnis beigetragen und sind jetzt das wichtigste Instrument für die Erforschung des Klimas. Jüngste Vorschläge aus dem sogenannten Geoengineering, aktiv ins Klimasystem einzugreifen, beruhen teilweise auf dieser modellbasierten Wissenschaftskultur: In Modellen kann man jeglichen Parameter einstellen und somit »leichte« Lösungen für komplexe Probleme wie die globale Erwärmung finden. Warum soll man diese leichten Lösungen nicht in der realen Welt ausprobieren? Mehrere angesehene Wissenschaftler haben solche geotechnischen Lösungen vorgeschlagen, vom Einbringen von Partikeln in die Stratosphäre bis hin zum Düngen der Weltmeere mit Eisen. Jedoch ist die wirkliche Atmosphäre im Vergleich zu der virtuellen in Computermodellen viel komplexer, mit vielen (bekannten und unbekannten) Unbekannten. Geotechnische Ansätze könnten somit durchaus zu Überraschungen im Klimasystem führen, was sie extrem gefährlich macht.

LITERATUR

Charney, Jule/Fjørtoft, Ragnar/Neumann, John von (1950): »Numerical integration of the barotropic vorticity equation«, in: *Tellus* 2, S. 237–54.

Edwards, Paul N. (2010): *A Vast Machine*, Cambridge/ Mass.: MIT Press.

Henson, Robert (2008): *The Rought Guide to Climate Change*, London: Penguin Books.

IPCC (2007): *Climate Change 2007: The Physical Science Basis*. Contribution of Working Group I to the Fourth Assessment Report of the Intergovernmental Panel on Climate Change. Cambridge u.a.: Cambridge University Press, http://www.ipcc.ch/ publications_and_data/ publications_ipcc_fourth_assessment_report_wg1_report_the_physical_science_basis.htm (24. Juli 2012).

Lorenz, Edward N. (1963): »Deterministic Nonperiodic Flow«. In: *Journal of the Atmospheric Science*, Vol. 20, No. 2, 130–141.

Lovelock, James (2007): *The Revenge of Gaia. Earth Climate Crisis and the Fate of Humanity*, London: Allen Lane.

Peixoto, Jose/Oort, Abraham H. (1992): *Physics of Climate*, New York: Springer.

Rahmstorf, Stefan/ Schellnhuber, Hans-Joachim (2007): *Der Klimawandel*, München: C.H. Beck.

Smith, Leonard (2007): *Chaos – A Very Short Introduction*, Oxford: Oxford University Press.

Alexander Thumfart, apl. Prof. Dr., studierte
Philosophie, Politische Wissenschaft und evan-
gelische Theologie in München und Augsburg. Er
promovierte mit der Dissertation *Die Perspektive
und die Zeichen. Hermetische Verschlüsselungen
bei Giovanni Pico della Mirandola* (München: Fink
1996), bevor er als akademischer Mitarbeiter
bzw. Assistent an den Universitäten Augsburg,
Ilmenau und der PH Erfurt tätig war. Im Jahr
2000 habilitierte er sich in Politikwissenschaft
mit der Arbeit *Die politische Integration Ost-
deutschlands* (Frankfurt a. M.: Suhrkamp). Seit
2001 lehrt er als Hochschuldozent für politische
Theorie an der Universität Erfurt, seit 2011 als
apl. Professor. Seine Forschungsschwerpunkte
sind Politische Theorie von der Antike bis zu
Gegenwart mit besonderer Berücksichtigung
von Humanismus und Renaissance; Transforma-
tionstheorien und Transformation in Ostdeutsch-
land, Gerechtigkeitstheorien, Theorien des
Republikanismus sowie Politik der Nachhaltigkeit. Publikationen u. a.: mit Gisela Riescher
(Hg.): *Monarchien* (2008); mit Dorothée Kimmich
(Hg.): *Universität ohne Zukunft?* (2004).

ALEXANDER THUMFART
VERGIFTETE ATMOSPHÄRE.
KLIMAWANDEL, KLIMAKRIEGE UND EINE NEUE POLITIK

I. EIN ANDERER WEG

Wir alle wissen im Ungefähren, was der Ausdruck »die Atmosphäre ist vergiftet« normalerweise bedeutet. Meist verwandt zur Beschreibung politischer Ereignisse, evoziert der Ausdruck das Bild einer tiefgreifenden Verstimmung zwischen mindestens zwei Akteuren.[1] Das, was diese zwei Handelnden verbindet, was zwischen diesen beiden liegt und was sie zugleich umgibt und, wenn man möchte, einhüllt, ist vergiftet, also massiv geschädigt, vielleicht sogar zerstört. An die Stelle einer grundlegenden kommunikativen Gemeinsamkeit, der Bereitschaft, notfalls über alle Differenzen hinweg miteinander konstruktiv und lösungsorientiert zu sprechen, sind Distanz, Trennung und das Verstummen getreten. Ist die Atmosphäre erst vergiftet, redet man nicht mehr miteinander, sondern wendet sich ab, will sich vielleicht auch bewusst missverstehen, ist an einer Lösung nicht mehr interessiert, sondern wünscht sich wechselseitig das Schlechteste. Die Vergiftung der Atmosphäre setzt Aggressionspotentiale frei, mobilisiert Zorn und vielleicht sogar Hass auf den jeweils Anderen. Man will nur noch raus hier, jegliches Vertrauen in die Verlässlichkeit der jeweils An-

---

1 Nur ein paar Beispiele, die (natürlich) allesamt aus der Politik stammen. So äußerte der Projektleiter des Bahnprojektes Stuttgart 21 die Auffassung, »die Atmosphäre ist vergiftet« zwischen Bahn und Demonstranten (*Die Welt* vom 16. Mai 2011) und floh daraufhin vor den anstürmenden Protestierenden. Im Gespräch am Runden Tisch der *taz* zwischen Erika Steinbach, Naika Foroutan, Neco Celik und Thomas Brussig wurde die Einschätzung geäußert, dass u. a. durch die Thesen Thilo Sarrazins die »Atmosphäre total vergiftet sei« *(die tageszeitung* vom 8. Dezember 2010), und im Atomstreit zwischen Iran, IAEO, den USA und der EU werfen sich alle wechselseitig vor, die Atmosphäre vergiftet zu haben (*Focus* vom 12. November 2011). Schließlich berichtete *Die Zeit*, dass zwischen den Koalitionspartnern in London die »Atmosphäre vergiftet« sei (*Die Zeit* vom 9. Mai 2011), während die *Süddeutsche* vom 8. Februar 2012 auf Seite 1 vermeldet, der erbitterte Streit um Clint Eastwoods neuen Werbespot für Chrysler sei »exemplarisch (...) für das vergiftete Klima in Amerika«.

deren ist verschwunden, Verachtung und eine gewisse Endgültigkeit im Abbruch der Verbindung greifen stattdessen um sich. Wie konnte man nur so blauäugig sein, mag man sich fragen, um gerade deshalb die Kluft noch tiefer zu treiben. Enttäuschtes oder getäuschtes Vertrauen, das Gefühl, am Ende, vielleicht sogar diverser Anläufe zur Verständigung zum Trotz, doch hinters Licht geführt und benutzt worden zu sein, lassen sich vom Bild der Vergiftung der Atmosphäre nicht trennen. Eine Reparatur dieses tiefen Bruchs sozialer Verbundenheit scheint auf längere Zeit – wenn überhaupt – unmöglich.

In einer spezifischen Theorietradition war und ist dieses (atmosphärische) Zwischen, das die Akteure vor aller Vergiftung schon verbindet, die Öffentlichkeit oder die Freundschaft oder die Freiheit oder die Politik.[2] Folgt man dieser im weitesten Sinne republikanischen Tradition, so ist die politische (und letztlich normativ demokratisch verfasste) Atmosphäre immer schon da. Sie ist gegeben, weil es Menschen gibt, und diese Menschen nicht einmal fiktiv in so etwas wie dem solipsistischen Gefängnis eines Naturzustandes leben, sondern immer bereits als Mit-Menschen. Wir Menschen leben unhintergehbar immer im Plural, Isolation ist künstlich, parasitär, Strafe. Deshalb *ist* die (politische) Atmosphäre auch nicht vergiftet, sie *wird* vergiftet. Klassischerweise geschieht das durch den Tyrannen. Der Tyrann ist die radikale Negation von

---

2 »Offensichtlich ist also der Staat nicht bloß eine Gemeinschaft des Ortes und um einander nicht zu schädigen und um des Handelns willen. Sondern dies sind nur notwendige Voraussetzungen, wenn es einen Staat geben soll; aber auch wenn all das vorhanden ist, ist noch kein Staat vorhanden, sondern dieser beruht auf der Gemeinschaft des edlen Lebens in Häusern und Familien um eines vollkommenen und selbständigen (sic!) Lebens willen (...) Das ist das Werk der Freundschaft. Denn der Wille, zusammenzuleben, ist Freundschaft«; Aristoteles 1984: 117–118 (*Politik* 1280b28–38). Man kann das, wie es Peter Sloterdijk gemacht hat, reformulieren in ein immer Zugleich von Tugenden des Teilnehmens und denen des Beobachtens, um dann zu sagen: »We could in like manner say that the atmospheric premises of democracy must be formed from a parallelogram of observer's virtues and participant's virtues.« (Sloterdijk 2005: 948). »Frei *sein* können Menschen nur in Bezug aufeinander, also nur im Bereich des Politischen und des Handelns«. (Arendt 2000: 201, Hervorhebung im Original). »Durch das Freisein, in dem die Gabe der Freiheit, des Anfangenkönnens, zu einer greifbar weltlichen Realität wird, entsteht zusammen mit den Geschichten, die das Handeln erzeugt, der eigentliche Raum des Politischen.« (Ebd.: 225).

Freundschaft und Freiheit, die er durch Misstrauen, Überwachung, Sprachverbot, Zensur und Verbannung ins Private, also Knechtschaft, ersetzt.[3] Solche extremen Formen der Entfremdung sind natürlich nicht notwendigerweise im Spiel, wenn wir oder die Medien heute von einer »vergifteten Atmosphäre« sprechen. Gleichwohl sind es einzelne Akte, durch die die Atmosphäre von den Beteiligten vergiftet *wird*. Das kann eine kleine Geste sein oder eine Reihe von Äußerungen, die sich von kleinen (süffisanten) Nebenbemerkungen, durch unglückliche Zufälle und/oder ungeschicktes Agieren aller Beteiligten aufschaukeln bis hin zu bitteren Aussagen und feindlichen Konfrontationen. Dann folgt jene Starre, jene wechselseitige Abschottung, die zu jener klar gewussten (und vielleicht sogar betriebenen) Kompromisslosigkeit führt, die oben angedeutet wurde.

Nun geht es – wie der Titel vielleicht nahe legen könnte – nicht darum, diese (phänomenologische) Beschreibung menschlicher, in den sozialen Abbruch führender Handlungsverläufe auf Naturprozesse zu übertragen. Denn das hieße, eine Metaphorik, die einen vielschichtigen menschlichen Interaktionskomplex einfängt, experimentell in die nicht-menschliche Welt zu projizieren. Das wäre zwar durchaus reizvoll, verfehlt aber die eigentliche Stoßrichtung. Denn die Vergiftung der Atmosphäre ist keine Metapher, sondern ein ganz realer Prozess. Würden wir Metaphern hin und her schieben, würde das, was »dort draußen« und »hier und jetzt« passiert, zugleich verharmlost und in ein Bild verwandelt, das zu betrachten reizvollen Genuss und topische Erkenntnis liefern könnte. Darum aber geht es genau nicht.

Denn die hier und jetzt ablaufende Vergiftung der Atmosphäre unterläuft die Trennung in eine Gesellschaftswelt hier und in eine Welt der Natur dort. Da gibt es nichts hin und her zu schieben, zwischen zwei Bereichen eine partielle Verbindung herzustellen, deren Charakter einer (wie immer gearteten) Analogie das Getrenntsein von Hier und Dort schließlich nur bestätigt. Die von vergesellschafteten Menschen hier und jetzt (und letztlich seit der Industrialisierung schon) in Gang gesetzten Prozesse der Vergiftung der Atmo-

---

3 Grandios, klar und, bedenkt man die Entstehungszeit 1951, historisch sehr fundiert analysiert von Arendt (2008).

sphäre haben unweigerlich Folgen für den gesamten Planeten. Sie lassen sich deshalb weder auf die Gesellschaft oder die Natur beschränken noch in eine Natur auslagern. Umfängt uns nämlich die Atmosphäre gleichermaßen, egal ob menschlich oder nicht-menschlich, trifft uns auch deren anthropogene Vergiftung gleichermaßen, egal ob menschlich oder nicht-menschlich. Und sie trifft uns, indem sie Menschen und nicht-menschliche Wesen verändert (bis hin zum Tode), indem sie das Zusammenspiel zwischen beiden verändert, und indem sie im Zusammenspiel, in der Relation von Menschen und nicht-menschlichen Wesen beide verändert. Das hat natürlich die radikale Konsequenz, dass wir über andere Formen politischer Repräsentanz und Beteiligung nachdenken müssen. Denn die Demokratie war und ist ja angetreten, um einzulösen, was im *Codex Iuris Civilis* so formuliert wurde: »quod omnes tangit, ob omnes approbetur«: was alle betrifft, muss von allen bewilligt werden.

Die Vergiftung der Atmosphäre transformiert deshalb auch die demokratische Atmosphäre. Denn die Betroffenen sind nicht mehr Menschen allein. Deshalb müssen auch die Nicht-Menschlichen eine Stimme und eine (politische) Repräsentanz bekommen. Die Vergiftung der Atmosphäre fordert eine neue Politik. Wir werden also nicht umhin kommen, Bruno Latour ernst zu nehmen (vgl. Latour 1996; Latour 2001; Latour 2007). Zumindest sollten wir das versuchen.

II. ERDERWÄRMUNG, KLIMAWANDEL UND ANTHROPOZÄN: EIN PAAR DATEN

Bevor das in Angriff genommen werden kann, sollen ein paar Prozesse geschildert werden, mit denen die Menschen direkt und indirekt die wirkliche Atmosphäre vergiften. Ich gehe davon aus, dass wir uns nicht ernsthaft darüber unterhalten müssen, ob der Klimawandel insgesamt von Menschen verursacht ist, oder es sich um ein natürliches Phänomen handelt, das in regelmäßigen Abständen auftritt. Ich teile die Meinung des Chemie-Nobelpreisträgers Paul J. Crutzen, dass wir seit dem späten 18. Jahrhundert im »Anthropozän« leben, also in einem Erdzeitalter, in dem der Mensch der wesentliche (nicht alleinige) Gestalter der planetaren Bedingungen und Zustände ist (vgl. Crutzen 2011).[4]

Klimawandel basiert zentral auf einer Veränderung in der Zusammensetzung der Erdatmosphäre. Etwa 40 verschiedene Gase, allen voran Kohlendioxid (CO_2), Kohlenmonoxid (CO), Distickstoffmonoxid (N_2O, bekannt – ironischerweise – als Lachgas), Methan (CH_4) und Fluorkohlenwasserstoffe (FCKW) sind ursächlich für den so genannten Treibhauseffekt.[5] Die auf die Erdoberfläche treffende und dort reflektierte Sonnenstrahlung wird von diesen Gasen in der Atmosphäre auf die Erde und die unteren Luftschichten zurückreflektiert. Die Zunahme der Konzentration dieser genannten Treibhausgase bedeutet aber zugleich eine Erhöhung des Rückstrahleffektes (vor allem der langwelligen Strahlung). Die Konsequenz daraus ist, dass ein zunehmender Anteil der einfallenden Sonnenstrahlung nicht mehr ins Weltall reflektiert wird, sondern in der Atmosphäre verbleibt. Die Erde wird deshalb (unweigerlich) langsam erwärmt.

Laut dem Intergovernmental Panel on Climate Change (IPCC) hat sich der Ausstoß von CO_2 von 1970 bis 2004 von 15 auf 28 Gigatonnen pro Jahr erhöht,[6] und steht damit für 77% aller vom Menschen bzw. durch menschliche Aktivitäten emittierten Treibhausgase. Hinzukommen etwa 6 Gigatonnen Methan, etwas mehr als 3 Gigatonnen N_2O und etwa 500 Millionen Tonnen FCKW-Gase sowie etwa 10 Gigatonnen durch Brandrodung und Rodung.

---

4 Um Missverständnissen zu begegnen, hat das IPCC (Intergovernmental Panel on Climate Change) auch seine Definition von Klimawandel geändert. Die Definition betont – in Abweichung der Ansicht der UNFCCC (United Nations Framework Convention on Climate Change): »Climate change in IPCC usage refers to a change in the state of the climate that can be identified (e.g. using statistical tests) by changes in the mean and/or the variability of its properties, and that persists for an extended period of time, typically decades or longer. It refers to any chance in climate over time, whether due to natural variability or as a result of human activity.« (IPCC, 2007b: 30). Dass diejenigen, die am anthropogenen Klimawandel Zweifel säen, vor allem das Heartland Institute in Chicago, massiv – wie jüngst bekannt wurde – von Tabakkonzernen, Pharmaherstellern, Autofirmen und Eigentümern von Erdölraffinieren unterstützt werden, überrascht vielleicht nicht und spricht Bände; vgl. Schrader 2012: 22.

5 Vgl. im Einzelnen etwa: Umweltbundesamt: www.umweltbundesamt-daten-zur-umwelt.de (6. Juli 2012).

6 Vgl. IPCC 2007a: 36. Hinzugerechnet werden muss dann noch jeweils die Abholzung bzw. die Brandrodung. Dann sehen die Zahlen so aus: CO_2-Ausstoß plus Rodung etc. 1970: 21 Gigatonnen, 2004: 38 Gigatonnen (ebd.). Eine Gigatonne entspricht einer Milliarde Tonnen.

Die durch menschliche oder menschlich induzierte Aktivitäten in die Atmosphäre emittierten Treibhausgase werden so Teil globaler Austausch- und Umwandlungsprozesse. So bindet etwa das Oberflächenwasser der Ozeane 92 Milliarden Tonnen (also 92 Gigatonnen) Kohlenstoff.[7] Durch Wachstum wie Zersetzung von Meerespflanzen sowie den Austausch zwischen den Wasserschichten werden weitere 150 Gigatonnen Kohlenstoff in den Sedimenten der Meeresböden gebunden, 132 Gigatonnen werden aber auch wieder frei gegeben. Ebenso bindet die Biosphäre 121 Gigatonnen Kohlenstoff, gibt aber etwa 60 Gigatonnen wieder ab. Dieser Kreislauf hat unterschiedliche Geschwindigkeiten. Während der Austausch im Oberflächenwasser der Weltmeere kürzer als ein Jahr dauert, verlaufen die Sedimentierungsprozesse wohl länger als 100 Jahre, wie die Abgabe von Kohlenstoff durch die Biosphäre etwa 60 Jahre benötigt. Das bedeutet insgesamt, dass die CO_2-Speicher (und die Speicher für andere Treibhausgase) langsam aber zügig volllaufen. Daraus folgt als direkter Beleg dieser Erschöpfung die Zunahme der Konzentration von Treibhausgasen. So stieg die CO_2-Konzentration (gemessen etwa auf Mauna Loa/Hawaii) von 315 ppm (parts per million) im Jahre 1958 auf 373 ppm im Jahre 2004, die von Methan (CH_4) von 1625 ppb (parts per billion) im Jahre 1982 auf 1775 ppb im Jahre 2005, und die von Distickstoffmonoxid (N_2O) von 300 ppb im Jahre 1978 auf 320 ppm im Jahre 2005.[8] Die von der Agenda 21 veröffentlichten Zahlen für 2010 zeigen einen weiteren Anstieg auf 389 ppm für CO_2, auf 1808 ppb für CH_4 und auf 322,2 ppb für N_2O.[9]

Die sich beschleunigende Zunahme von Treibhausgasen in der Atmosphäre führt zur Erwärmung der gesamten Erde. Vergleicht man die weltweiten Jahresdurchschnittstemperaturen von der Mitte des 19. Jahrhunderts, also etwa dem Beginn der massi-

---

7 Vgl. zum Folgenden die gute Kurzdarstellung des CO_2-Kreislaufs insgesamt in Bovet u. a. 2007: 30–31; zu den Austauschprozessen zwischen Meer und Atmosphäre vgl. Bigg 2003: 91–114.

8 Alle Zahlen nach Archer/Rahmstorf 2010: 23–31. Die CO_2-Konzentration lag in vor-industrieller Zeit (um 1750) bei 273 ppm.

9 Vgl. www.agenda21-treffpunkt.de/daten/treibhausgase (10. Februar 2012). Weitere Informationen und eine Bestätigung der Zahlen liefert World Meteorological Organization 2011.

ven, Länder übergreifenden Industrialisierung, bis zur Gegenwart, lässt sich eine Erhöhung um 0,7 bis 0,9 °C feststellen. Auch hier erfolgte die Erwärmung nicht kontinuierlich, sondern beschleunigte sich. Während die Erde von 1850 bis ca. 1940 um 0.05 °C pro Jahrzehnt wärmer wurde, lag die Steigerungsrate der letzten 25 Jahre bei 0.18 °C pro Dezennium (vgl. Archer/Rahmstorf 2010: 41).[10] Das durch einen (insgesamt eher unbedeutenden) Fehler ganz besonders vorsichtige und konservativ rechnende IPCC kommt deshalb zu dem Schluss: »Most of the observed increase in global average temperature since the mid-20th century is *very likely* due to the observed increase in anthropogenetic greenhaus gas concentration« (IPCC 2007b: 10),[11] und vergisst nicht hinzuzufügen, dass der Rest an Unsicherheit im Urteil allein der momentan zur Verfügung stehenden Methodik geschuldet ist (vgl. ebd.: Anm. 12). Zieht man Vulkanausbrüche, natürlich entstehende Brände und die Schwankungen in den Aktivitäten der Sonne ab, dann ist es zum massiven und alles überwiegenden Teil menschliches Handeln, das die Erderwärmung erzeugt.

Nun sind die Konsequenzen einer weiteren Erhöhung der Erdoberflächen- und Atmosphärentemperatur ausgesprochen vielfältig, komplex, mit einander verschränkt und (natur-)wissenschaftlich noch gar nicht im einzelnen absehbar, als dass sie hier auch nur ansatzweise vorgestellt und thematisiert werden könnten.[12] Außerdem beziehen sich diese zum Teil schon wirklichen Folgen auf sehr unterschiedliche Bereiche. Das IPCC arbeitet mit 5 großen Feldern, in bzw. auf denen der Klimawandel in seinen Szenarien behandelt wird: Wasser, Ökosystem, Nahrung, Küsten und Gesundheit. Eines der jüngsten »working paper« befasst sich mit den Auswirkungen der Erwärmung auf Großstädte und nimmt etwa das Risikomanagement und mögliche Anpassungsstrategien in der Gesundheits-, Nahrungsmittel- und Energieversorgung in den Blick (IPCC 2012). Aus diesen fünf Feldern möchte ich zwei spezifische Bereiche thematisieren und in beiden plausibel vermut-

---

10 Die Jahresdurchschnittstemperatur lag 2000 weltweit bei 14,4 °C, im Jahr 1860 lag sie bei 13,5 °C. Vgl. auch Solomon u. a. 2007: 23–30.

11 Hervorhebung im Original.

12 Vgl. dazu auch den Beitrag von Dim Coumou in diesem Band.

bare bzw. schon reale Folgen des Klimawandels zumindest skizzieren: die Biodiversität zum einen und die Klimakonflikte bzw. Klimakriege zum anderen. Diese Auswahl stützt sich auf einen so banalen wie schrecklichen Grund: Sowohl für die Biodiversität als auch für die in Klimakriege verstrickten Menschen hat die Erderwärmung direkt und unmittelbar katastrophale Wirkungen. Diese Wirkungen verändern menschliche und nicht-menschliche Wesen massiv – auch in ihrem Verhältnis zueinander – bis hin zum Tode und zur Ausrottung. Die Vergiftung der Atmosphäre ist hier nicht eine Hintergrundbedingung im Irgendwo und im Irgendwann, sondern der Grund für das hier und jetzt Getötet-Werden. Die – meistens andernorts – induzierte Klimaveränderung entscheidet wesentlich mit über die Formen des Lebens und des Todes hier und jetzt – für Menschen gleichermaßen wie für Nicht-Menschen. Der Klimawandel und speziell die Vergiftung der Atmosphäre machen darin gar keinen Unterschied – und deshalb provozieren sie für uns heute, in der Gegenwart und nicht erst in einer diffusen Zukunft ein anderes Denken und eine neue Politik.

Weitere Gründe sind sehr viel uninteressanter: So hat die UN für 2011–2020 die Dekade der Biodiversität ausgerufen, also thematisch in den Vordergrund gestellt, und die sozialen, konfliktuösen, bellizistischen und letztlich weltweiten Folgen des Klimawandels sind in einer ganzen Zahl von Einzelstudien zwar erforscht, aber kaum in einer weiteren Öffentlichkeit bekannt (vgl. Barnett/Matthew/O'Brien 2010).[13] Da sich diese Berichte wie die Einzelstudien in aller Regel auf eine Region oder ein mehr oder weniger begrenztes Gebiet beziehen und nicht die weltweiten Folgen gerade auch in den Industrienationen thematisieren, bleibt die Generalisierbarkeit fraglich. Das bedeutet aber auch, dass unsere Gesellschaften wesentlich bedingt durch die Vergiftung der Atmosphäre vor wahrscheinlichen Zukünften stehen, von denen sie sich noch gar keinen Begriff machen und für die sie auch noch gar keine Handlungskompetenzen und -strategien besitzen: »(...) the con-

---

13 Dort finden sich Beispiele und eine Literaturüberblick. Eine Ausnahme bildet das Buch von Diamond 2005. Bekannt sind die beeindruckenden Analysen zum Zusammenbruch der Kultur auf den Osterinseln. Was dort, oder etwa bei den Maya oder den Wikingern, aber tatsächlich geschah, bleibt gleichwohl Spekulation.

vergent effects of climate change, peak oil, peak water, and an additional 1.5 billion people on the planet will produce negative synergies probably beyond our imagination« (Davis 2010: 17).[14]

III. ATMOSPHÄRENVERGIFTUNG:

FALLBEISPIEL BIODIVERSITÄT UND GESCHUNDENE RIFFE

Unter Biodiversität versteht man »the variability among living organisms from all sources including, *inter alia*, terrestial, marine and other aquatic ecosystems and the ecological complexes of which they are part; this includes diversity within species, between species and of ecosystems« (Secretariat of the Convention on Biological Diversity 2010: 15). Biodiversität bezieht sich sowohl auf unterschiedliche Ökosysteme wie auf einzelne Spezies innerhalb dieser Ökosysteme. Diversität, Vielfalt, Variabilität, Unterschiedlichkeit sind dabei die Messlatten eines robusten, d. h. so anpassungsfähigen wie zugleich stabilen, nachhaltigen Ökosystems samt der jeweiligen Spezies. Eine hohe Biodiversität ist Bedingung vielfältiger und robuster menschlicher Gesellschaften. Das betrifft die Versorgung mit abwechslungs- und nährstoffreicher Nahrung, mit Kleidung und Unterkunft genauso wie mit Heilpflanzen, umfasst kulturelle Werte, Praxis- und Lebenswissen wie religiös-transzendente Absicherung ebenso wie psychologische Ausbalancierung und (touristische) Erholung.[15]

---

14 Man könnte natürlich den Roman »Die Straße« von Cormac McCarthy als Beispiel einer post-apokalyptischen Zukunft lesen, in der der Himmel immer verhangen und die Luft immer getrübt ist. Aber auch hier sind wir in der Post-Apokalypse. Die Bundeswehr hat zu »nur« einem Punkt, dem unvermeidbaren Peak Oil, eine Studie zu möglichen Zukunftsszenarien vorgelegt. Darin heißt es mehrfach, dass der »Übergang in eine post-fossile Gesellschaft (...) alle vor die gleichen Herausforderungen [stellt], da es noch keine Best-Practice-Modelle gibt und aufgrund der Neuartigkeit der Situation auch nicht geben kann«. (Zentrum für Transformation der Bundeswehr 2010: 42–43). Und im »Fazit« heißt es: »Die Benennung konkreter Gefahren ist zwar möglich, soll aber nicht über die Tatsache hinwegtäuschen, dass der Großteil der auf uns zukommenden Herausforderungen im Dunkeln liegt« (ebd.: 78).

15 Der Weltentwicklungsbericht (Weltbank (Hg.) 2010: 137) vermerkt: »Das Wohl der Menschen hängt von einer Vielzahl von Arten ab, deren komplexe Interaktionen in einem gut funktionierenden Ökosystem nicht nur Gewässer reinigen, Blumen bestäuben, Abfälle zersetzen, die Bodenfruchtbarkeit erhalten, sondern auch Hochwasser und Wetterextreme abpuffern und soziale und kulturelle Anforderungen erfüllen.« Vgl. im selben Sinne und mit vielen Beispielen Secretariat of the Convention on Biological Diversity 2010: 108–156.

Menschliches Handeln hat aber in den letzten Jahrzehnten ganz deutlich zur Reduktion von Biodiversität weltweit geführt. Das betrifft zunächst die Populationszahl einzelner Spezies. Im Zeitraum von 1970 bis 2006 ist die Zahl der Lebewesen einer Gattung weltweit und durchschnittlich um knapp ein Drittel, 31%, zurückgegangen, wobei die Zahlen für die Tropen und die Frischwasser-Ökosysteme mit 59% bzw. 41% deutlich und dramatisch höher liegen. Zerstörung der Habitate, Übernutzung, Vergiftung, Jagd etc. sind dafür – und dies wenig überraschend – die Ursachen. In einzelnen Ökosystemen der gemäßigten Klimazonen hingegen haben sich manche Populationen sogar deutlich vermehrt.

Darüber hinaus hat sich aber auch die Zahl der Species selbst reduziert. Rechnet man die Anteile der stark gefährdeten (7%), gefährdeten (10%) und bereits ausgerotteten Arten (2%) zusammen, so kommt man auf 19% aller (ehemals) lebenden Arten der Welt. Weitere 19% (das sind etwas über 9.000 Arten) sind angegriffen. Ganz offensichtlich entscheiden wir Menschen fraglos, selbstverständlich und ohne jeglichen Gedanken seit Jahrzehnten und in großem Stil über den Bestand und die Existenz anderer Lebewesen (vgl. Secretariat of the Convention on Global Biodiversity 2010: 27). So wird geschätzt, dass 23% aller Pflanzenarten weltweit gefährdet sind.

Das trifft besonders auf die Korallenriffe zu: Korallenriffe, etwa in der Karibik, dem Indisch-Pazifischen Ozean oder das Great Barrier Reef vor der Ostküste Australiens, sind in den 70er und 80er Jahren massiv zurückgegangen, teilweise um 25% an lebenden Korallen in einem Jahr. Die Dramatik zeigt sich ganz besonders an den Korallenbänken des Indo-Pazifik, die bis 2004 knapp die Hälfte ihrer Lebend-Bestände an Korallen eingebüßt haben.[16] Weltweit dürften mit Stand 2008 19% aller Korallenriffe verloren gegangen sein, 35% sind massiv gefährdet (vgl. Harding u. a. 2010: 47; Wilkinson

---

16 »In the Indo-Pacific region, where the vast majority of corals occur, living coral cover fell rapidly from an estimated 47.7% of reef areas in 1980 to 26.5% in 1989, an average loss of 2.3% per year (...) Living coral cover in Caribbean reefs dropped by nearly half (from 38.2% to 20.8% living coral cover) between 1972 and 1982, with a decline of almost one-quarter (24.9%) occurring in a single year, 1981« (IPCC 2007a: 47).

2008). Die Gründe dafür liegen neben direkter Vergiftung durch Pestizide, der Jagd mit Dynamit und der Einwanderung aggressiver Arten vor allem in zwei Bereichen, die uns wieder zur Frage der Atmosphäre zurückbringen: der Erwärmung des Wassers und seiner zunehmenden Versauerung. Korallen sind ausgesprochen empfindlich und benötigen zum Aufbau der Skelettstruktur eine konstante Wassertemperatur (18–30 °C) und einen spezifischen Säuregehalt. Der Anstieg der durchschnittlichen Meerwassertemperatur um 0,7 bis 1,7 °C durch die oben beschriebene Erderwärmung und der Anstieg des Säuregehaltes des Wassers um den pH-Wert 0.11 durch die oben genannte vermehrte Aufnahme der Treibhausgase im Meer setzt die Korallen unter Stress und führt zu jener nur dramatisch zu nennenden Häufigkeit der Korallenbleiche: Die Korallen wachsen langsamer, sterben früher und auf weiten Flächen, sind poröser, für Krankheiten und Räuber anfälliger und regenerieren sich – wenn überhaupt – nur mit großen Verlusten an Vielfalt (vgl. IPCC 2007a: 52, 56).[17] Wie das Sondergutachten des Wissenschaftlichen Beirats »Globale Umweltveränderung« der Bundesregierung denn auch festhält, sind es vor allem diese beiden »anthropogenen Stressoren« Erwärmung und Versauerung, die zur massiven »Zerstörung der Korallenriffe« beitragen (vgl. Schubert u. a. 2006: 20).[18]

Die Korallenriffe sind ihrerseits Habitate einer extrem großen wie faszinierenden Biodiversität mit zehntausenden von Arten und bilden zugleich die Ernährungsgrundlage für Millionen von (in aller Regel: ärmeren oder armen) Menschen.[19] Darüber hinaus sind Riffe auch eine CO_2-Senke. Die Zerstörung der Riffe führt des-

---

17 Vgl. dazu auch Hill 2004: 142–153. Da die Messskala des pH-Wertes exponentiell aufgebaut ist, bedeutet eine Steigerung um 0.11 auf der Skala, dass sich de facto 30% mehr Wasserstoffionen im Meerwasser befinden; vgl. dazu auch den aktuellen Bericht des Wissenschaftlichen Beirats Bundesregierung Globale Umweltveränderungen (WBGU) 2011: 41.

18 Dort auch weitere Zahlen.

19 »More than 93,000 coral reef species have been described to date and tropical coral reef ecosystems are estimated to support 1–3 million species (...) Tropical coral reefs are also among the most productive ecosystems. More than 100 countries have coastal-lines with coral reefs and almost half a billion people (8% of the world's population) live within 100 km of a reef. Consequently, tens of millions of people depend on reef ecosystems for food, coastal protection, building materials and income from tourism.« (Harding u. a. 2010: 47).

halb sowohl zum Aussterben einer schier unglaublichen Zahl von Arten und zum Zusammenbruch eines komplizierten und sensiblen Ökosystems mit wichtiger Schutzfunktion für die Küsten, als auch zu dramatischer Lebensmittelknappheit und wachsendem Hunger, und damit auch zu Flucht, Tod, Verlust an Wissen und Kompetenz, Freude, Glück, Handlungsintelligenz und menschlichem Aufenthaltsraum. Zudem beschleunigt die Zerstörung der Korallenriffe den Klimawandel. Ähnlich wie das schmelzende Eis der Gletscher die Rückstrahlkapazität der weißen Polkappen reduziert und so die Erwärmung forciert, befeuert – im wahrsten Wortsinne – das Sterben der Korallenriffe den Treibhauseffekt.[20] Die Vergiftung der Atmosphäre beschleunigt also die weitere Vergiftung der Atmosphäre, die wiederum eine noch schnellere Vergiftung der Atmosphäre hervorbringt. Die hier und jetzt Vergifteten sind menschliche wie nicht-menschliche Lebewesen gleichermaßen.

IV.   ATMOSPHÄRENVERGIFTUNG:

FALLBEISPIEL KLIMAKONFLIKTE UND KLIMAKRIEGE

Sieht man an der Zerstörung der Riffe sehr unmittelbar deren soziale Konsequenzen, nämlich Verarmung, Hunger, Depravierung, Flucht,[21] zeitigen Umweltzerstörungen noch sehr viel dramatischere Folgen: Kriege. Seit etwa Mitte der 80er Jahre wird in einer ganzen Reihe unterschiedlicher Studien Umweltdegradation als einer der Faktoren benannt, die zu gewaltsamen Konflikten

20 So hält der Bericht vom »Second Symposium on the Ocean in a High-CO$_2$ World« in Monaco aus dem Jahr 2009 fest: »Ocean acidification may render most regions of the ocean inhospitable to coral reefs, affecting tourism, food security, shoreline protection, and biodiversity. Coral reefs may be particularly affected because of the combined impact of coral bleaching caused by increased water temperatures and ocean acidification. The ocean's capacity to absorb from the atmosphere is being degraded by ocean acidification, which will make it more difficult to stabilize atmospheric CO$_2$ concentration.« (Ocean Acidification, Summary for Policymakers 2009: 6). Die Versauerung der Meere hat natürlich weitere Wirkungen. So gehen die Mangroven-Wälder und die Seegras-Felder massiv zurück, riesige Speicher für CO$_2$.

21 Das sind natürlich nur einige der Konsequenzen, Marginalisierung, Blockierung von Entwicklungschancen, Ungerechtigkeitserfahrungen, Vertreibung und die Verzweiflung, nicht so leben zu dürfen, wie man zusammen mit anderen leben möchte, sind weitere; vgl. den *Weltentwicklungsbericht* von 2010 (Weltbank (Hg.) 2010).

führen bzw. mit beitragen (vgl. den Überblick in Devitt/Tol 2012). Gleichzeitig hat die sozialwissenschaftliche Forschung herausgearbeitet, dass Umweltzerstörung nicht per se Gewalt produziert. Das Entstehen von bewaffneten Umweltkonflikten hängt von zahlreichen Faktoren ab: beispielsweise von der Existenz und Stabilität bzw. dem Fehlen und der Labilität von im weiteren Sinne rechtsstaatlichen Institutionen, ebenso von der ökonomischen Lage des Landes, der Verteilung von Macht und Einfluss, dem politischen Zugang bzw. der Marginalisierung von Bevölkerungsgruppen sowie von anderen vorhandenen innergesellschaftlichen Bruchlinien oder Konfliktpotenzialen, etwa religiösen oder ethnischen Auseinandersetzungen (vgl. Barnett/Matthew/O'Brien 2010). Je schwächer staatliche Institutionen sind, je weniger Recht durchgesetzt wird, je schwächer die ökonomische Position international und die öffentlichen Mittel national, je geringer die Möglichkeit von politischem Einfluss und Zugang zu sozialen Dienstleistungen für die BürgerInnen sind, je höher die Ungleichheit und Ungleichverteilung im Staat und je vielfältiger die nationalen Konfliktlinien sind, desto größer ist die Wahrscheinlichkeit, dass Umweltdegradation zu bewaffneten Konflikten um die Nutzung von Ressourcen führt. Das heißt aber auch: Die Zerstörung der Umwelt befeuert gewalttätige Konflikte, gießt Öl auf schwelende Konflikte und kann diese forcieren.[22] Nach einer Studie von Dan Smith und Janani Vivekananda von *International Alert* aus dem Jahre 2007 gibt es »46 countries – home to 2.7 billion people – in which the effects of climate change interacting with economic, social and political problems will create a high risk of violent conflict« (Smith/Vivekananda 2007: 3; vgl. auch Smith/Vivekananda 2009). Nicht zuletzt aus diesen Gründen sind Klimakonflikte zunehmend ein Aufmerksamkeitsfeld internationaler Governance-Strukturen, Außenpolitiken und politischer Sicherheitsarchitekturen.[23]

---

22 Vgl. Debiel u. a. (Hg. 2006): 359–366; WBGU 2007: 49–70; am Beispiel der Sahel-Zone und dem Verschwinden des Chad-Sees vgl. United Nations Environmental Programme 2011: 59–63.

23 Allein in der EU gibt es das Green Diplomacy Network (GDN), das Global Monitoring for Environment and Security (GMES) und die Informal Steering Group on Climate Change & International Security; vgl. dazu auch de Ville/Kingham 2011.

Die Konflikte in Darfur, im Süd-Sudan, in Sierra Leone, Liberia, Angola und Kambodscha sind ein paar schreckliche Beispiele dafür, wie Umweltdegradation Konflikte, Bürgerkriege und ethnische Säuberungen antreibt, verschärft, steigert und intensiviert (vgl. United Nations Environment Programme 2009; United Nations Environment Programme 2007: 70–97). Harald Welzer nennt deshalb auch den Genozid in Darfur den »ersten Klimakrieg« (vgl. Welzer 2008: 94–99) Wie unter anderem der Wissenschaftliche Beirat der Bundesregierung hervorgehoben hat, ist es neben der Bodendegradation vor allem die »Wasserknappheit«, die als ökologische Kriegsursache wirkt.[24] Die Auseinandersetzung mit und die Sicherung der Ressource »(Süß-)Wasser« wird eine der zentralen Probleme, Bedrohungen Konfliktlinien im 21. Jahrhundert sein.[25]

Ein zentraler Grund für die Existenz von »water stress« – und damit Grund für bewaffnete Gewalt – liegt wieder in der Vergiftung der Atmosphäre. Die Erwärmung der Atmosphäre durch die Treibhausgase hat den äußerst sensiblen und komplexen Wasserkreislauf der Erde durcheinander gebracht.[26] Die Zirkulation und die (global betrachtet ungleiche) Verteilung von Süßwasser wurden und werden durch die globale Erwärmung verändert und verschoben. So schrumpfen etwa die Extremniederschläge im Amazonasbecken dramatisch und machen mit großer Wahrscheinlichkeit Dürregebieten im Nord-Westen Brasiliens Platz, wie Kalifornien und Nord-West-Mexiko wohl ebenfalls zu Dürregebieten werden.

---

24 »Durch die Häufung solcher Konflikte steigt die Gefahr, dass eine gesellschaftliche Destabilisierung ausgelöst oder verschärft wird. Ein häufigeres Auftreten dieser Konfliktkonstellation ist (...) zu erwarten. Erstens wird der Klimawandel in vielen Regionen den Wasserhaushalt so beeinflussen, dass sich die Wasserverfügbarkeit in Menge oder jahreszeitlicher Verteilung verschlechtert. Zweitens wird eine wachsende Weltbevölkerung (...) die Nachfrage nach Wasser in Zukunft deutlich vergrößern. Diese ›sich öffnende Schere‹ führt schon heute in einigen Regionen zu erheblich zusätzlichen gesellschaftlichen Konflikten«. (WBGU 2007: 83). Vgl. dazu mit weiteren Belegen auch Dyer 2010: 22–28.

25 So konstatiert die UNESCO, dass von »allen Krisen hinsichtlich der sozialen und natürlichen Ressourcen, mit denen wir Menschen konfrontiert sind, (...) die Wasserkrise diejenige [ist], die unser Überleben und das unseres Planeten Erde am meisten bedroht« (UNESCO 2003: 4).

26 »The hydrological cycle is intimately linked with changes in atmospheric temperature and radiation balance. Warming of the climate system in recent

Im Gegenzug werden die Niederschlagsmengen von Liberia bis Kamerun exponentiell zunehmen, während Südeuropa von Spanien bis zur Türkei sich zum mediterranen Trockengebiet wandelt, und die Niederschlagsmengen in Indonesien, Polynesien, Sumatra deutlich zurückgehen.[27]

Niemand vermag sich wirklich vorzustellen, was diese auf den ganzen Erdball verteilten Entwicklungen für Menschen und nichtmenschliche Lebewesen bedeuten werden.[28] Die Begriffe wie Hungerkatastrophen, Vertreibung, Massenflucht, Untergang, Seuchen, Aussterben, massive Gewalt, Staatenzerfall, (Bürger-)Krieg und Tod für eine dreistellige Millionenzahl an Menschen sind zwar sagbar, sie bleiben aber gleichsam noch leer, abstrakt und ohne Inhalt.[29] Gleichzeitig sind dies keine apokalyptischen Visionen oder Ausgeburten einer Untergangsphantasie. Hier handelt es sich um ziemlich realistische Szenarien, auf die hin und gegen deren Konsequenzen politisch, militärisch, zivilgesellschaftlich bereits geplant und (soweit überhaupt möglich) in unterschiedlichen Arenen – bei durchaus strenger Kostenkalkulation – heute bereits gehandelt wird.[30]

decades is unequivocal, as is now evident from observations of increases in global average air and ocean temperatures, widespread melting of snow and ice, and rising global sea level.« (Bates (Hg.) 2008: 15). »Continued greenhouse gas emissions at or above current rates under SRES non-mitigation scenarios would cause further warming and induce many chances in the global climate system during the 21st century, with these changes very likely to be larger than those observed during the 20th century« (ebd.: 24). Zum Wasserkreislauf vgl. etwa UNESCO 2009: 166–180. Natürlich ist das El Niño Phänomen mit seinen massiven Auswirkungen auf den Wasserhaushalt ein Ergebnis der Erderwärmung.

27 Vgl. WBGU 2007: 172–178 sowie den von der Deutschen Gesellschaft für die Vereinten Nationen (DGVN) herausgegebenen ausführlichen *Bericht über die menschliche Entwicklung 2006*.

28 Der WBGU zögert nicht, davon zu sprechen, dass »die 6. Auslöschung von Arten in der Erdgeschichte [droht], die irreversibel ist und diesmal von der Menschheit verursacht wird (...) Die Fähigkeit des Planeten, die Lebensgrundlage für künftige Generationen bereitzustellen, kann also nicht länger als selbstverständlich gelten« (WBGU 2011: 42).

29 Die deutsche Gesellschaft für die Vereinten Nationen e.V. geht (auf Grundlage der World Development Zahlen der UN) davon aus, dass allein die Zahl der Menschen, die von dem Anstieg des Meerwassers um einen Meter betroffen sind, weltweit bei 145 Millionen liegt (vgl. klimawandel-bekämpfen.de; 22. Februar.2012).

30 Vgl. pars pro toto dazu etwa Giddens 2009, sowie natürlich alle UNESCO-, IPCC-, UNFCCC-, Beirats-Berichte, die alle einen (mehr oder weniger großen) Abschnitt »Was dagegen getan wird und getan werden muss« enthalten. Zu den möglichen Kosten des Klimawandels vgl. Stern 2007; FitzRoy/Papyrakis 2010: 129–158.

Um dennoch so etwas wie ein vielleicht vorstellbares Beispiel eines durch Wasser maßgeblich induzierten Umweltkonfliktes oder (wahrscheinlichen) Umweltkrieges zu geben, greife ich ein vielerorts zumindest angedeutetes Szenario auf: den Konflikt um Gletscherwasser zwischen Indien und Pakistan. Diese mögliche Zukunft hat zudem auch die Erfahrung einer bereits eingetretenen Katastrophe für sich: die durch sintflutartige Regenfälle im Sommer 2010 über Pakistan hereingebrochene Überschwemmung aus dem nördlichen Teil des Landes, also dem Himalaya-Fluss.

Beide Ereignisse hängen natürlich zusammen. Sowohl die gestiegenen Niederschlagsmengen als auch das Schmelzen der Himalaya-Gletscher können mit großer Wahrscheinlichkeit dem anthropogenen Klimawandel zugeschrieben werden. Das trifft auch auf den Rückgang des Gangtori-Gletschers im indischen Bundesstaat Uttarakhand zu, der seit 1780 etwa ein Drittel seiner Länge eingebüßt hat[31] und den Ganges speist, und auf den Kailash-Gletscher in Westtibet, der sein Schmelzwasser in den Indus ergießt. Der Indus fließt als Grenzfluss zwischen Indien und Pakistan durch das trockene Punjab und mündet nach 3000 km ins Arabische Meer. Zusammen mit seinen Nebenflüssen, vor allem dem Sutlej, führt der Indus etwa dreimal so viel Wasser wie der Nil. Seit etwa 4500 Jahren wird das Indus-Tal landwirtschaftlich genutzt, verfügt über komplexe Bewässerungsanlagen und beherbergt auf indischer und pakistanischer Seite gemeinsam gegenwärtig eines der größten (wenn nicht gar das größte) Bewässerungssystem der Welt (Angaben nach McNeill 2005: 175). Auf einer (wie gesagt: ursprünglich trockenen) Fläche so groß wie Griechenland werden in beiden Ländern seit der Zeit britischer Kolonialherrschaft durch künstliche Bewässerung Weizen und andere Getreidesorten angebaut. Allerdings versalzen die Böden mehr und mehr, sinkt der Grundwasserspiegel durch immer tiefere Brunnen und die Ernteerträge nehmen zusehends ab. Das ist bei steigender Bevölkerungszahl etwa in Pakistan von 34 Mio. Menschen im Jahre 1951 auf 170 Mio. Men-

---

[31] Vgl. dazu sowie zum Zusammenhang Niederschlagsmenge/Gletscherschmelze IPCC 2008: 85–87.

schen im Jahre 2008 keine wirklich gute Entwicklung. Eine der Folgen davon ist, dass nicht nur die pro Kopf Versorgung mit Wasser pro Jahr um vier Fünftel auf nun 1000 m³ gefallen ist, sondern dass der Indus im Sommer wenig Wasser führt.

Der rapide gestiegene landwirtschaftliche (und zum Teil industrielle) Wasserbedarf und -verbrauch wird nun in absehbarer Zukunft in Richtung Wasserknappheit verschärft durch das Abschmelzen der Gletscher. Denn Gletscher fungieren als Wasserspeicher, die ihre im Winter als Schnee eingelagerten riesigen Vorräte im Sommer abgeben. Die Klimaerwärmung reduziert nicht nur das Wiederauffüllen der Gletscher, da ein Teil des Schnees als Regen fällt, sondern wird auch dazu führen, dass die Menge des im Sommer abfließenden Wassers in Zukunft dramatisch abnehmen wird. In etwa 20 Jahren werden sehr wahrscheinlich 90% des Kailash-Gletschers abgeschmolzen sein, und der Indus, der Jhelum und der Chenab werden nur noch 40% ihrer ursprünglichen Wassermenge transportieren. Das bedeutet, dass nur ein Viertel derjenigen Wassermenge pro Kopf und Jahr in Pakistan zur Verfügung stehen wird, die die UN als kritisch einstuft, also nur noch 250 m³.[32]

Diese Entwicklung wird schon deutlich vorher die sozialen Spannungen erhöhen. Wie der Wissenschaftliche Beirat der Bundesregierung am Beispiel des Zusammenbruchs der Wasserversorgung durch das Schmelzen der Anden-Gletscher in Lima durchspielt, werden sich ärmere oder arme Bevölkerungsgruppen das Wasser nicht mehr leisten können, während sich gut situierte den Zugang kaufen.[33] In dieser Situation werden informelle Wassermärkte entstehen, die durch Gewalt, Geld, Korruption, Kriminalität organisiert und (fragil) geschützt sind. Demonstrationen wie Hungeraufstände (mitgetragen von entlassenen ArbeiterInnen der Landwirtschaft und Industrie) werden den politischen Druck er-

---

32 Vgl. mit entsprechenden Verweisen Dyer 2010: 167–169. Durch das Abschmelzen der Gletscher wird zunächst und zwischenzeitlich reichlich Wasser vorhanden sein, das unter Umständen durch jene Extremniederschläge weiter erhöht, aber auch verunreinigt werden wird. Dann aber wird ziemlich abrupt die Wasserversorgung im Sommer einbrechen. Zu Vorschlägen zur notwendigen Reform der Wasserverwaltung in Indien vgl. die Beiträge in Crase/Gandhi 2009.
33 Vgl. dazu wie zum Folgenden WBGU 2007: 92–94.

höhen und das Militär wird zur Unterstützung der völlig überforderten Polizei massiv einschreiten. Die politischen und sozialen Institutionen (etwa Schulen, Krankenhäuser, Stadtverwaltungen, Lebensmittelmärkte) werden zu diesem Zeitpunkt schon größtenteils zusammengebrochen sein.

In der historisch lange schon verfestigten Konfliktsituation zwischen Pakistan und Indien wird spätestens dann, so vermutet Gwynne Dyer, der politische Mechanismus des »blame your neighbour« wirken, und Pakistan und Indien werden sich wechselseitig für die katastrophale Lage verantwortlich machen. Bekommen die staatlichen Institutionen die Lage im eigenen Land nicht unter Kontrolle und hat das Militär jeweils die Macht übernommen oder zumindest massiven politischen Einfluss, wird zunächst die pakistanische Regierung (da Pakistan sehr viel stärker betroffen sein wird als sein Nachbar) ihre Truppen mobilisieren, um Indien konventionell anzugreifen. Den atomaren (Präventiv-)Schlag wird Pakistan seinerseits mit Atomraketen beantworten. »Am sechsten Tag erschöpfte sich der Atomkrieg gewissermaßen, da es keine Fernwaffen mehr gab (...) Die Zahl der Toten in Indien und Pakistan belief sich inklusive der Strahlenopfer (...) auf ungefähr 400–500 Mio. (...) Die Menge der detonierten Sprengkörper reichte nicht aus, um einen ›nuklearen Winter‹ herbeizuführen, doch es wurde genug Staub in die Atmosphäre geschleudert, dass die Temperatur in der nördlichen Hemisphäre im Sommer des Jahres 2036 um durchschnittlich 1 °C zurückging« (Dyer 2010: 176).

Wer vielleicht denkt, das sei ein doch recht dramatisch gezeichnetes Szenario, dessen Wahrscheinlichkeit ziemlich gering sei, sollte sich den Report ansehen, den das Institute for Environmental Security im Auftrag der European Space Agency (ESA) im Dezember 2011 vorgelegt hat. Dort heißt es unter der Überschrift »Water stress between India & Pakistan and the threat of glacial melt«: »The case for increased civil-military cooperation in space assets can be illustrated by the challenges posed by India and Pakistan: the two nuclear powers with a history of armed conflicts are facing growing water competition in a context of diminishing water supplies threatened by on-going climate change. The international community

cannot ignore that there is an objective risk of nuclear war, in part trig-
gered by climate-induced tensions over water between the two countries, adding to existing tensions over territory (Kashmir) and historical
ethnic and religious differences.« (De Ville/Kingham 2011: 13) Die Vergiftung
der Atmosphäre kann mit nicht geringer Wahrscheinlichkeit, und
nachdem massiver Staatszerfall schon zu Tausenden von Opfern
geführt hat, einen furchtbaren atomaren Krieg mit Millionen von
Toten verursachen, dessen fall out die Vergiftung weiter erhöht.
Indem wir die Atmosphäre vergiften, vergiften wir uns selbst und
andere – von uns EuropäerInnen aus gesehen immer wieder mit zu
denken: zuerst die Anderen.

Spätestens hier wird deutlich, dass es sich bei der Vergiftung
der Atmosphäre um eine Intervention in einen permanenten Aus-
tausch- und vor allem Gestaltungsprozess zwischen Natur und Gesellschaft handelt, den man schlicht Geschichte nennt. Wie nämlich eine Gesellschaft über die Zeit die Natur gestaltet, so gestaltet
die (gestaltete) Natur die Gesellschaften. Überschaubare lokale
Akteure, die über Jahrhunderte in einem semi-ariden Gebiet von
niederschwelliger Landwirtschaft lebten, werden aufgrund der Kolonisation durch ein Empire in eine Bevölkerung verwandelt, die in
immer größerem Stil die zunächst nicht sehr günstige Landschaft
in eine Kornkammer verwandelt. Wie sich die politischen Verhältnisse ändern, so ändern sich dadurch und durch die transformierte
Natur auch die gesellschaftlichen Handlungsoptionen. So gibt es
nun etwa Arbeitsteilung, gestiegene Mobilität, beginnende Terti-
alisierung und Industrialisierung. Die Menschen vor Ort können
jetzt anderes tun als ihre Großeltern. Diese neuen Handlungsweisen
prägen ihrerseits die Landschaft, zum Beispiel durch Großgrund-
besitz und riesige Bewässerungsanlagen, die zunehmend versalzen.
Das wiederum verändert die Gesellschaft, etwa durch Aufstände,
Abwanderung oder neue Sicherheitskonzepte. In diesen langsamen
wechselseitigen Wandel greift die andernorts verursachte anthropogene Erderwärmung ein, lässt Gletscher schmelzen und riesige
Wassermassen nach Starkregen zu Tal stürzen. Dadurch wird die
(angeschlagene) Kornkammer massiv geschädigt, unter Wasser
gesetzt oder ausgetrocknet. Gesellschaftliche Lebensverhältnis-

se verwandeln sich ebenso extrem, etwa Pauperisierung, Verelendung, Radikalisierung, Massenflucht, Epidemien, massive Gewalt greifen Raum, Bandenbildung und der Zusammenbruch sozialer Infrastruktur. Bis dann (hoffentlich nie) die bisherige Landschaft und die regionalen Ökosysteme im Atomblitz radikal umgestaltet, das heißt einer Nutzung auf sehr lange Zeit entzogen werden. Aber Menschen, die von dieser Landschaft leben könnten, gibt es dann ja ohnehin nicht mehr.

Sowohl dieses Beispiel als auch die Zerstörung der Riffe führen vor, dass es wenig Sinn hat, Gesellschaft und Natur jeweils als Entitäten zu betrachten, die sehr locker miteinander verknüpft sind, nur spezifische Kontaktzonen haben (Ressourcenaustausch) und (vor allem) in keinerlei Konstituierungsverhältnis zueinander stehen. Das genaue Gegenteil ist der Fall. Die Form der Gesellschaft, ihre Strukturen, Entwicklungschancen und die Weite wie Breite der Optionen und Lebensmöglichkeiten ihrer Mitglieder werden unhintergehbar mit konstituiert durch die Natur, in der diese Gesellschaft lebt und agiert, genauer gesagt: *mit* der sie lebt und *mit* der sie interagiert. Ja eigentlich gilt: Nicht nur durch die Natur *dieser* Gesellschaft, sondern durch eine globale Natur, deren Verschmutzung – also: Veränderung – durch Gesellschaften geschieht, die (auf banale Weise) weit weg sind oder sich weit entfernt wähnen. Denn natürlich wirkt die global verschmutzte und umgestaltete Natur (unterschiedlich, wie wir wissen) konstituierend auf alle Gesellschaften dieser Erde zurück – und wird sie unweigerlich verändern, sie etwa zu hart kontrollierten ökologischen Zwangsmaßnahmen, Grenzkontrollsystemen, Naturverbrauchskonten pro Person, riesigen Schutzinvestitionen zwingen, Versicherungszusammenbrüche provozieren, vielleicht auch zum Tode führen. Gesellschaft und Natur sind folglich nur zwei Relationspunkte, die sich in komplexen, vielschichtigen wie unterschiedlich dauernden reziproken Austauschprozessen konstituieren, gestalten, formen, transformieren, verändern.[34] Wie also muss vor diesem Hintergrund eine WeltNaturGesellschaftsPolitik aussehen? Was also tun?

V.   DIE »GROSSE TRANSFORMATION« UND IHRE SCHWÄCHEN

Ich gestehe gerne, dass mich die selbstgestellte Frage »Was tun?« einigermaßen überfordert. Es gibt eine schier unübersehbare Literatur in den Bibliotheksregalen und natürlich im Internet, verfasst von einer unglaublichen Zahl an ExpertInnen, die für eine Vielzahl hoch renommierter Institute und Institutionen arbeiten. Diese befassen sich alle mit den Möglichkeiten, die wir als Gesellschaften haben, um auf den Klimawandel nachhaltig zu reagieren (vgl. den sehr guten Überblick in Bulkeley/Newell 2010). In all diesen (erfolgreichen und weniger erfolgreichen) Anstrengungen geht es um das, was man De-Karbonisierung der Gesellschaft genannt hat, auch vor dem Hintergrund, dass all diese Maßnahmen an unterschiedliche Akteure nach Maßstäben internationaler Gerechtigkeit unterschiedlich verteilt und erbracht werden sollten oder müssten (vgl. etwa Aden 2012). Diese De-Karbonisierung impliziert eine andere Wirtschaftsweise, andere Produktionsverhältnisse, anderen Konsum, eine andere Form des Transportes, eine andere Verteilung, eine andere Kultur und Lebensweise, eine andere Politik: kurz eine andere Gesellschaft – zumindest in den Industrienationen und den BRICS-Staaten.

Der Wissenschaftliche Beirat der Bundesregierung hat jüngst in seinem Hauptgutachten »Welt im Wandel« diesen Umbau der Gesellschaft als »Große Transformation« bezeichnet und sie in eine Reihe gestellt mit den zwei anderen epochalen Revolutionen der Menschheitsgeschichte: der neolithischen Revolution und der industriellen Revolution. Diese dritte Revolution sei allerdings »die erste große Transformation in der Menschheitsgeschichte, die bewusst politisch herbeigeführt werden muss.« (WBGU 2011: 97) Mit Weitsicht hat der Wissenschaftliche Beirat dann betont, dass die Große Transformation eines anderen Narrativs bedarf, also eingebaut sein muss in eine »radikal« andere (kulturelle) Deutung

---

34 Das würde dann eher für Braudel (1992) denn für Radkau (2011) sprechen. Radkaus ohne Zweifel lesenswerte(n) Geschichte(n) der Ökologie sind/ist zwar als »Eine Weltgeschichte« angekündigt, tatsächlich aber nur eine Gesellschaftsgeschichte der Umweltbewegungen. Eine Welt kommt darin gar nicht vor. Der Grund dafür ist simpel. Die Geschichtswissenschaft befasst sich eben zumeist – wie die Soziologie – nur mit der Gesellschaft unabhängig von der Natur.

der Welt.[35] Es sind die (im weitesten Sinne) emotional mit besetzten, sozial geteilten Ideen, Interpretationsnetze, gewohnten Denk- und Handlungsmuster, eingeübten Bilder, die unser alltägliches Interagieren bestimmen, und die nun umgeschrieben, überschrieben, transformiert werden müssen. Diesem sozial-konstruktivistischen Verständnis stimme ich aus voller Überzeugung zu. Ich fürchte jedoch, dass es in der Version des Beirats nicht weit genug geht, nicht »radikal« genug ist und damit zu sehr (und vielleicht zum Schaden) einem bisherigen Grundmuster verhaftet bleibt.

Zu einer näheren Bestimmung des Leitbildes heißt es: Das neue und politisch zu entwickelnde Narrativ »kann einerseits zwar an Kernideen der Aufklärung anknüpfen, wie die Aufforderung zu vernünftigem, verantwortlichem Handeln, das auch stets die Interessen anderer Menschen berücksichtigt. Andererseits müssen die Grenzen des Erdsystems als Ausgangspunkt gesellschaftlicher Entwicklung und von Wohlstandssteigerung akzeptiert werden (re-embedding), während das Hauptmotiv des Zeitalters der Industrialisierung darin bestand, sich von den Begrenzungen der Natur zu emanzipieren (dis-embedding) (...) Die Menschheit (...) muss ein zukunftsfähiges, legitimiertes Narrativ für Wohlstand, Sicherheit, Freiheit und Fairness in einer Weltgesellschaft von bald 9 Mrd. Menschen erfinden, das die Begrenzungen der Ökosysteme akzeptiert.« (WBGU 2011: 98)

Was auf den ersten Blick ganz einleuchtend klingt, ist es auf den zweiten nicht mehr. Denn in diesem Text wird die *Trennung* von Natur und Kultur, Natur und Menschen, Natur und Gesellschaft fort- und weitergeschrieben. Da gibt es das Erdsystem, dessen Endlichkeit wir bisher nicht bedacht haben. Jetzt und in Zukunft müssen wir seine Grenzen anerkennen und einkalkulieren. Dieses »Wir« steht jeweils außerhalb der Natur, steht ihr gegenüber, auch wenn es natürlich mitten in der Welt ist. Wir sind nicht Natur und die Natur ist nicht »Wir«. Deshalb können »Wir« auch weiterhin die Geschichte von menschlichem Wohlstand, humaner

---

35 So »muss sich das Narrativ, das Leitbild gesellschaftlicher Entwicklung, radikal verändern.« WBGU 2011: 98. Ganz ähnlich formulieren Welzer und Wiegandt (2011: 12): »Deshalb hängt die Zukunftsfähigkeit unserer Welt von der Geschichte ab, die wir über sie erzählen können.«

Sicherheit, personaler Freiheit und sozialer Gerechtigkeit erzählen – nur halt jetzt irgendwie anders, damit sie in die kleine Erde passt. *Mit* dieser Natur erzählen wir nichts, es gibt keine menschliche Erzählung, die die Natur *in* ihre Geschichte mit einbezieht und berichtet, wie der soziale Mensch *durch* die Natur geformt, gemacht, gestaltet und verändert wird. In der »Großen Transformation« kommt die Natur nicht vor (außer und bezeichnend eben als äußere Begrenzung).

Diese Sicht ist so unangemessen wie verbreitet. Die *Encyclopedia of Global Environmental Change* etwa liefert in ihrem dritten Band unter anderem »tools for the integrated view of environment and society«. (Douglas 2002: 3) In einem erkenntnisleitenden Modell sind graphisch ganz wunderbar die »Geobiosphäre« (links) und (bezeichnend) die »Urban Society« (rechts) durch eine wechselseitige, also doppelte Grenze (mit einem Abgrund dazwischen) separiert. Lediglich zwei Austauschzonen gibt es, nämlich erstens den Zufluss von »food / raw materials« von »Lands« (linke Seite) zu »Economy« (rechte Seite), und zweitens den Abfluss von – Achtung – »Heavy metal pollution in the *atmosphere* / Emissions and releases to environment« aus »Wastes« (rechte Seite) zu »Wetlands / Oceans and sediments« (linke Seite). (Douglas 2002: 5)[36] Das heißt dann ganz klar: beide Systeme prozessieren in Eigenregie und radikal unabhängig voneinander. In den Augen einer wohlüberlegten Analyse der tatsächlichen Vergiftung der Atmosphäre ist dieses Modell bestenfalls naiv, schlimmstenfalls katastrophal. Wir sollten also eine andere Alternativgeschichte erzählen oder erfinden, eine radikalere, eine realistischere. Dabei könnten uns Philippe Descola und Bruno Latour helfen.

VI. POLITISCHE ÖKOLOGIE UND EINE TRANSDISZIPLINÄRE POLITIK

Diese andere Geschichte überschreitet notwendig die Disziplinengrenzen und die in diesen Disziplinen gezogenen Linien zwischen dem, was legitim erforscht werden kann, und dem, was

---

36 Die Hervorhebung stammt von mir. Das Modell selber geht auf H.T. Odum u. a. aus dem Jahre 2000 zurück.

nicht Teil dieser Disziplin ist.[37] Außerdem ist sie keine schöne und freundlich endende Geschichte. Sie fußt auf einer konsequenten Provokation, die aus der Wissenschaftsgeschichte und einer Lektüre der Texte von Alfred N. Whitehead stammt (vgl. hierzu Latour 1996). Paradigmatisch dafür ist die Milchsäuregärung. Louis Pasteur verhilft in seinem Labor in Lille 1862 nicht nur dem Milchsäurebakterium zur Existenz, sondern das Milchsäurebakterium macht aus dem jungen und hoffnungsvollen Forscher zugleich auch *den* Pasteur, den später hoch geehrten und unangefochtenen Professor der Biochemie in Paris. Wenn wir das relationale Geflecht wechselseitiger Konstituierung ernst nehmen, müssen wir bereit sein, diese Folgerung zu ziehen. Das heißt nicht, dass einzig und allein das Milchsäurebakterium *den* Pasteur geschaffen hat. Natürlich waren es mit Menschen besetzte Gremien, Akademien, politische Konstellationen, Interessen, Verfahren und gesellschaftliche Umstände (und Zufälle), die Pasteur in diese herausragende Position gebracht haben. Bakterien überreichen keine Urkunden. Aber ebenso gilt: Ohne die Entschlüsselung der Milchsäuregärung wäre Pasteur eben nicht zum *dem* Pasteur geworden. Ein nicht-menschliches Wesen hat ein menschliches Wesen mit konstituiert.

Das ist die kleine Variante dessen, was uns die große Verschmutzung der Atmosphäre ebenso erzählt. Die anthropogene Umgestaltung der Welt »da draußen« wird die Gesellschaft(en) ebenso mitgestalten und tut das bereits. Wie und mit welchem Ergebnis das geschehen wird, wissen wir noch nicht vollständig und ganz eindeutig. Das heißt zunächst und *erstens*: wir brauchen sehr viel mehr Forschung, um ein besseres, gesättigteres Verständnis zu generieren, was mit den unzähligen menschlichen sozialen Interaktionen in und mit der Natur geschieht, wenn sich die konkrete Umwelt auf unzählige Weisen (dramatisch) ändert.

Daraus ergibt sich *zweitens*, dass wir die Ungewissheit, also das Risiko benennen müssen, das die wechselseitige Umgestaltung

---

37 Deshalb kann ich Urrys Aussage nur unterstützen: »In asserting the importance of ›society‹ to climate change, I am making a rather unfamiliar argument. The social sciences mostly operate on the clear separation between nature and society between what is natural and what is social and hence studied by the social sciences (...) This book seeks to undermine these chasms«. (Urry 2011: 7–8).

unweigerlich mit sich bringt. Es wird ganz bestimmt nicht so weiter gehen wie bisher. *Drittens* folgt aus der bisherigen Geschichte nicht, dass man die Flinte ins Korn werfen darf oder muss, wie das einer der Umwelt-Pioniere, James Lovelock, mittlerweile tut.[38] Aber mit sehr großer Wahrscheinlichkeit werden die (Myriaden) Veränderungen für die Gesellschaften (und die jeweiligen Umwelten) sehr gravierend und insgesamt bedrohlich sein. Für spezifische Gesellschaften – wie etwa die pakistanische, die angolanische, die brasilianische, die indonesische und die Menschen in Tuvalu (und die nicht-menschlichen Wesen dort) – wird die Zukunft katastrophal werden. Wir dürfen deshalb nicht so tun, als könnten wir mit einer anderen Geschichte »Wohlstand, Sicherheit, Freiheit« schaffen, also das fortschreiben, was wir haben. Das, was wir haben, wird deutlich anders und schlimmer werden – und wir wissen nicht, wie anders und wie schlimmer.[39] Hören wir auf, solchen Träumereien nachzulaufen, also »greenwashing« zu betreiben.

Weil wir nicht wissen, was genau wie schlimm kommen wird, müssen wir *viertens* die politischen Entscheidungsverfahren umgestalten. Hier wird es natürlich kompliziert. Latour hat bei der Formulierung seiner neuen Politik, so vermute ich, gar nicht an so etwas wie Nachhaltigkeitspolitik gedacht. *Insofern ist dies hier ein Versuch, die Politikvorstellung Latours unter der Perspektive einer Politik des Klimawandels zu betrachten/anzuwenden.* Die Leitfrage, unter der diese politischen Verfahren aber stehen werden, ist die: Wie können wir (menschliche und nicht-menschliche Wesen) alle zusammenleben?[40] Politik befasst sich deshalb nicht nur mit der Herstellung und Durchsetzung allgemein verbindlicher Regelungen für gesellschaftliche Probleme. Politik bezieht sich auf

---

38 In einem Interview im *Guardian* sagte James Lovelock, Erfinder der Gaia-Theorie, 2008: »Genießt das Leben, solange ihr könnt. Denn wenn wir Glück haben, dauert es noch 20 Jahre, bis die Karre (sic!) gegen die Wand fährt«; zitiert nach Radkau 2011: 34–35.

39 »Die politische Ökologie verschiebt nicht die Aufmerksamkeit vom menschlichen Pol zum Pol der Natur; sie gleitet vielmehr von der *Gewißheit* bei der Produktion von Objekten ohne Risiko (mit einer klaren Trennung zwischen Mensch und Dingen) zu einer *Ungewißheit* über die jeweiligen Beziehungen, deren unerwartete Folgen alle Steuerungen, Pläne oder Effekte beeinträchtigen können.« Latour 2001: 40.

40 Wir werden diese Latoursche Frage für eine Politik des Klimawandels allerdings etwas re-formulieren müssen.

das Relationsgeflecht Gesellschaft – Natur gleichermaßen und besteht dann in der »Versammlung eines Kollektivs«.[41] Menschliche wie nicht-menschliche Wesen müssen *gleichermaßen versammelt* werden, um dann gemeinsam über die Ordnung des Kollektivs zu beraten und zu entscheiden.

Diesen Prozess um die Zusammensetzung des Kollektivs nennt Latour die »politische Ökologie« und unterteilt ihn in vier große Phasen, in denen jeweils vier idealtypische Großgruppen agieren: die Wissenschaftler, die Politiker, die Ökonomen und die Moralisten (vgl. zum Folgenden Latour 2001: 127–232.) Wir beginnen beim Zeitpunkt t_1 eines Kollektivs, etwa unserer westlichen Gesellschaft. Das allermeiste ist Routine. Plötzlich melden sich neue Aktanten und lösen die Phase der Perplexität aus. In Haifa beobachtet etwa 1982 der spätere Nobelpreisträger für Chemie von 2011, Daniel Shechtman, undenkbare Quasikristalle, was damals prompt fast zur Auflösung seiner Forschergruppe geführt hätte.[42] Die Politik greift ein mit dem Sinn für das Risiko und dem für neue Stimmen, ebenso die Ökonomen, die eine gewinnbringende Verbindung zwischen Gütern und Leuten vermuten. Hinzukommen die Moralisten, die die Frage von Verboten thematisieren. Da ist was, lasst uns das verfolgen, aufgreifen und beobachten, sagt (hoffentlich) dieses Quartett. Das kann mehr oder weniger schnell gehen, zäh sein, vielleicht auch scheitern.

Es folgt die Phase der Konsultation. Die Wissenschaftlerinnen entwerfen Verfahren, um die neuen Akteure zu verifizieren; die Politik erzeugt (parlamentarische) Verbündete, Unterstützer, Stimmgeber; die Ökonomen organisieren und artikulieren Gewinnchan-

---

41 »Während die Tradition das gemeinsame Gut (ein moralisches Anliegen) und die gemeinsame Welt (natürlich gegeben) unterschied, habe ich [i.e. Bruno Latour, A.T.] vorgeschlagen, die ›Naturpolitik‹ durch die *schrittweise Zusammensetzung einer gemeinsamen Welt zu* ersetzen (...) Somit muß die Neudefinition der Politik – als schrittweise Zusammensetzung der gemeinsamen Welt – auf die früheren Versammlungen der Gesellschaft genauso angewandt werden wie auf die früheren Versammlungen der Natur.« (Latour 2007: 436–437, Hervorhebung im Text).

42 Vor allem der renommierte Chemiker Linus Pauling, immerhin Vorsitzender der American Chemical Society, wetterte vehement gegen Shechtman. In einer Rede, bei der Shechtman mit im Publikum saß, meinte Pauling: »Danny Shechtman redet Nonsens, es existieren keine Quasi-Kristalle, nur Quasi-Wissenschaftler«. (Zitiert in Lewitan 2011: 78)

cen und Vermarktbarkeitserwartungen; die Moralisten nehmen die Position des neuen Aktanten ein, um von dieser Warte aus die neue Welt zu betrachten, etwa eine revolutionäre Chemie und ein neues Verständnis des Universums mit ungeahnten Möglichkeiten.

Die Frage der Hierarchie stellt den nächsten Schritt dar. Die Wissenschaftler verbinden das neue Ding mit anderen, schon bekannten Dingen, lokalisieren es, modifizieren existente Wissens- und Dingordnungen; die Politik organisiert die Foren, in denen die Öffentlichkeit über das neue Ding und die mögliche neue Ordnung samt ihren Konsequenzen diskutiert, Enquete-Kommissionen, Ethik-Kommissionen, geförderte Forschungsinstitute und Governance-Strukturen entstehen, während die Ökonomen die wirtschaftliche Vergleichbarkeit der neuen Dinge herstellen, etwa durch Berechnung der Einsparpotenziale des Neuen oder durch Erschließung ungeahnter Märkte etc. Die Moralisten denken über Alternativen nach und halten den Prozess prinzipiell offen (vgl. Latour 1987; Berger 2009).[43]

Anschließend geht es um die Institution, die Schließung des Prozesses. Es gibt wissenschaftlich eine mehr oder weniger veränderte neue Wissens- und Dingordnung; nichts ist nun natürlicher als Quasi-Kristalle und dazu passende Labore; im politischen Prozess sind die Frage der Mitgliedschaft im Kollektiv mit Mehrheit geklärt, das neue Kollektiv ist abgesichert, die Kosten-Nutzen-Rechnungen sind klar und erwartbar, während die Moralisten die Möglichkeit der Revision betonen.

Wir haben nun ein neues Kollektiv – mit neuen Bewohnern und neuen Wohnverhältnissen – zum Zeitpunkt t_2, neue Routinen und neue Selbstverständlichkeiten. An deren Zustandekommen waren nicht nur die Wissenschaften beteiligt, sondern auch die Politik, verschiedene Öffentlichkeiten und Akteure (Interessengruppen, NGOs, IPCC, aber auch Viren, Quasi-Kristalle und sterbende Korallen), die Ökonomie und Fischgründe und schließlich die wertgebundenen Selbstreflexionsinstanzen der Gesellschaft und die

---

43 Beispiele für eine Rekonstruktion wissenschaftlicher Forschung unter dieser komplexen Heuristik finden sich in Latour 1987 und Berger 2009.

Goldene Regel. Keine Großgruppe verfügt über ein Monopol oder übt Dominanz aus. Vielmehr müssen wir alle vier Sphären in Betracht ziehen und das Gewimmel ihrer Interaktionen. Diese ökologische Wissenschaft beschreibt das, was tagtäglich geschieht (oder scheitert oder abbricht oder versucht wird und gelingt): die permanente Selbsttransformation und Selbstproduktion des Kollektivs.

Wenn wir dies jetzt auf die Frage einer Politik der Vergiftung des Klimas anwenden, gilt es zunächst, zwei Dinge festzuhalten: das beschriebene Prozessmodell setzt auf Öffentlichkeit und Demokratie. Keine Beteiligte, kein Sprecher ist prinzipiell ausgegrenzt, alle dürfen sich hörbar öffentlich äußern. Als SprecherInnen treten auf etwa die UNEP, die EU, Greenpeace, ASEAN, China, Tuvalu, Ärzte ohne Grenzen, die Bundesregierung der Bundesrepublik Deutschland, eine Guerilla-Truppe in der politischen Sphäre, das IPCC, das Wuppertal-Institut, die UNESCO, Fraunhofer-Institute, aber auch die Versauerung der Meere, die Gletscherschmelze, die Kriegsursachenforschung, Zahlen von Ermordeten, Zukunftsszenarien in der Sphäre der Wissenschaft; die Pharmaindustrie, die Solar-Hersteller, Kleinkredite, Genossenschaften, alternative Wirtschaftsinstitute in der ökonomischen Sphäre, und schließlich die Konsum-KritikerInnen, die PhilosophInnen, die TheologInnen und wir alle in der moralischen Sphäre (vgl. mit (natürlich) anderen, strukturell aber analogen Beispielen Latour 2001: 214–218).

Die Sache, über die entschieden wird, ist gruselig (und reformuliert die Leitfrage etwas): *Können wir es akzeptieren, dass Wesen nicht mehr Teil des Kollektivs sind?* Auch wenn die Frage in der Tat gruselig ist, ist es dennoch die Antwort auf exakt jene Frage, die tagtäglich von Millionen von Menschen de facto und ohne Rechtfertigungspflicht gegeben wird. Unser größtenteils in den westlichen Industriegesellschaften lokalisiertes Handeln – genauer: die Vergiftung der Atmosphäre – entscheidet tagtäglich mit darüber, wer weiterhin noch Teil dieses Kollektivs Erde ist – und wer ausstirbt oder auf dem Weg zur Vernichtung ist. Und dieses »Wer« umfasst die menschlichen und die nicht-menschlichen Wesen, wie wir gesehen haben, gleichermaßen. Diesen Prozess, der seit langem passiert, müssen wir in den Griff bekommen und so weit als möglich revidieren. Denn Willkür und Verderben dürfen nicht der normative Maßstab des Handelns des Kollektivs sein (obwohl er es momentan de facto ist).[44] Latours Modell bietet einen Ansatz, dass und wie wir diesen gruseligen, zynischen und brutalen Prozess der Entscheidung darüber, wer bleiben darf, und wer gehen muss, in die Öffentlichkeit bringen, zur Partizipation hin öffnen und versuchen können, immer mehr von jenen zu beteiligen, über die einfach so jeden Tag entschieden wird, ohne dass sie gehört werden. Natürlich kann neben Willkürreduktion das doppelte normative Ziel dieser politischen Ökologie nur darin bestehen, einerseits nicht weitere Produkte in die Welt zu setzen, mit denen immer mehr Wesen nicht leben können, und andererseits die Zahl derjenigen Wesen, die vom Ausschluss (d. h. Tod) bedroht sind, zu reduzieren.[45]

Das könnte etwa darin bestehen, dass direkt von der Vergiftung der Atmosphäre Betroffene (menschliche wie nicht-menschliche Wesen) ein Veto-Recht bekommen gegenüber Beschlüssen nationaler oder internationaler politischer Gremien *und* ökonomischer Konsortien; dass ihre Stimmen bei Abstimmungen, die direkte/indirekte negative Auswirkungen auf sie haben, gewichtiger sind; dass sie besondere Aufmerksamkeit, Förderung und Unterstützung erfahren; dass NGOs bzw. Repräsentanten der nicht-menschlichen Wesen (zum Beispiel VertreterInnen der Wissenschaft) über Veto-Positionen auch gegenüber nationaler politischer Souveränität verfügen; dass ihre Anliegen prioritär behandelt werden; dass schädigende technische Verfahren verboten, gestoppt oder mit horrenden Strafen belegt werden; alternative und nicht-schädigende Verfahren gefördert werden; dass es einen internationalen Kollektiv-Gerichtshof gibt (nationale Souveränität also durch globale Verschmutzung massiv eingeschränkt wird); Sanktionsmöglichkeiten

---

44 Latour verweist mehrmals darauf, dass dieses Kollektiv mit seinem Verfahren der politischen Ökologie eigentlich eine »Republik« sei. Klassischerweise ist die Republik das Gegenbild der Tyrannei, also der Willkürherrschaft, und Willkürfreiheit deshalb republikanische Handlungsnorm (Pettit 1999: 80–109). Latour geht darauf allerdings nicht ein.

45 Diese Entscheidung trifft in gewisser Weise jede Industriepolitik. Sie darf aber nicht – egal in welche Richtung sie geht – von der Politik allein getroffen werden.

bis hin zur Enteignung vergrößert werden; Zugang zu mehr Öffentlichkeit, Bildung (und damit auch Kritik) bekommen etc.[46]

Wie unmittelbar zu sehen (und oben schon erwähnt), beschreibt der Prozess der politischen Ökonomie eine permanente Transformation des Kollektivs, also des Interdependenzgeflechts von Gesellschaft und Natur. Er ist deshalb nicht nur kompatibel mit der Großen Transformation des Wissenschaftlichen Beirats, sondern kann sogar an dessen Stelle treten. Denn in diesem, von Latour geborgten Modell ist die Natur nicht ausgeklammert. Ganz im Gegenteil: In dieser Großen Transformation kommen menschliche und nicht-menschliche Wesen im problematischen singulare tantum: Natur gleichermaßen vor. Eine schöne Zukunft wird diese *WeltNaturGesellschaftsPolitik* nicht versprechen, immerhin aber doch eine möglicherweise erträgliche für die MitteleuropäerInnen. Aber vielleicht gelingt es noch, die Zahl der Opfer der Vergiftung der Atmosphäre zumindest zu begrenzen.

---

46 Natürlich müssen wir die Frage der Durchsetzung stellen. Trina Ng (2010) tut das; allerdings scheint mir der Security Council in der momentanen Form nicht der richtige Ort für die Durchsetzung von Umweltsicherheit zu sein.

LITERATUR

Aden, Hartmut (2012): *Umweltpolitik*, Wiesbaden: VS-Verlag.

Archer, David/Stefan Rahmstorf (2010): *The Climate Crisis. An Introductory Guide to Climate Change*, Cambridge: Cambridge University Press.

Arendt, Hannah (2000): »Freiheit und Politik«, in: *Zwischen Vergangenheit und Zukunft. Übungen im politischen Denken I*, hg. v. Ursula Ludz, München/Zürich: Piper, S. 201–226.

Aristoteles (1984): *Politik*. Übersetzt und hg. v. Olof Gigon, München: Piper.

Barnett, Jon/Richard A. Matthew/Karen O'Brien (2010): »Global Environmental Change and Human Security: An Introduction«, in: Matthew, Richard A. u. a. (Hg.): *Global Environmental Change and Human Security*, Cambridge, Mass./London: MIT Press, S. 3–32.

Bates, Bryson u. a. (Hg. 2008): *Climate Change and Water. Technical Paper IV for the IPCC*, Genf, http://www.ipcc.ch/publications_and_data/publications_and_data_technical_papers.shtml#.T_ljdpHhe7l (8. Juli 2012).

Berger, Silvia (2009): *Bakterien in Krieg und Frieden. Eine Geschichte der medizinischen Bakteriologie in Deutschland 1890–1933*, Göttingen: Wallstein.

Bigg, Grant (2003): *The Oceans and the Climate*, 2nd ed., Cambridge: Cambridge University Press.

Bovet, Philippe u. a. (Hg. 2007): *Atlas der Globalisierung spezial: Klima*, Berlin: Le Monde Diplomatique.

Braudel, Fernand (1992): *Das Mittelmeer und die mediterrane Welt in der Epoche Philipps II*, 3 Bde., Frankfurt a. M./Wien: Büchergilde Gutenberg.

Bulkeley, Harriet/Peter Newell (2010*): Governing Climate Change*, Abingdon/New York: Routledge.

Carbon Dioxide Information Analysis Center, www.cdiac.orni.gov (World Data Center for Atmospheric Trace Gases) (8. Juli 2012).

Crase, Lin/Vasant P. Gandhi (Hg. 2009), *Reforming Institutions in Water Resource Management. Policy and Performance for Sustainable Development*, London: Earthscan.

Crutzen, Paul J. (2011): »Die Geologie der Menschheit«, in: Ders. u. a.: *Das Raumschiff Erde hat keinen Notausgang*, Berlin: Suhrkamp, S. 7–10.

Davis, Mike (2010): »Who will build the Ark?«, in: *New Left Review*, 61, S. 10–25.

Debiel, Tobias/ Messner, Dirk/Nuscheler, Franz (Hg. 2006): *Globale Trends 2007*, Frankfurt a. M.: S. Fischer.

Descola, Philippe (2011): *Jenseits von Natur und Kultur*, Berlin: Suhrkamp.

Deutsche Gesellschaft für die Vereinten Nationen (2006): *Bericht über die menschliche Entwicklung 2006: Nicht nur eine Frage der Knappheit. Macht, Armut und globale Wasserkrise*, Berlin: UNO.

Deutsche Gesellschaft für die Vereinten Nationen (2011): *Bericht über die menschliche Entwicklung 2011. Nachhaltigkeit und Gerechtigkeit. Eine bessere Zukunft für alle*, Berlin: UNO.

De Ville, Géraud/ Kingham, Ronald A. (2011): *Recent Trends in EU External Action in the Fields of Climate, Environment, Development and Security*, The Hague: Institute for Environmental Security, http://www.envirosecurity.org/resa/RESA.pdf (6. Juli 2012).

Devitt, Conor/ Tol, Richard SJ (2012): »Civil war, climate change, and development: A scenario study for sub-Saharan Africa«, in: *Journal of Peace Research*, 49(1), S. 129–145.

Diamond, Jared (2005): *Kollaps. Warum Gesellschaften überleben oder untergehen*, Frankfurt a. M.: S. Fischer.

Dobner, Petra (2010): *Wasserpolitik. Zur politischen Theorie, Praxis und Kritik globaler Governance*, Frankfurt a. M.: Suhrkamp.

Douglas, Ian (2002): »Human Disturbances of the Earth System: Dynamics and Complexities«, in: Ders. (Hg.): *Encyclopedia of Global Environmental Change. Vol. 3: Causes and Consequences of Global Environmental Change*, London u. a.: John Wiley & Sons, S. 1–11.

Dyer, Gwynne (2010): *Schlachtfeld Erde. Klimakriege im 21. Jahrhundert*, Stuttgart: Klett-Cotta.

FitzRoy, Felix R./ Papyrakis, Elissaios (2010): *An Introduction to Climate Change Economics and Policy*, London: Earthscan.

Giddens, Anthony (2009): *The Politics of Climate Change*, New York: Wiley.

Harding, Simon u. a. (2010): »Coral Reefs, Biodiversity, Ecosystem Services and Climate Change«, in: Secretariat of the Convention on Biological Diversity (Hg.): *Biodiversity and Climate Change: Achieving the 2020 Targets*, www.cbd.int/GBO3 (8. Juli 2012), S. 47–49.

Hill, Marquita K. (2004): *Understanding Environmental Pollution*, Cambridge: Cambridge University Press.

IPCC (2007a): *Climate Chance 2007: Synthesis Report*, Genf, http://www.ipcc.ch/publications_and_data/publications_ipcc_fourth_assessment_report_synthesis_report.htm (8. Juli 2012).

IPCC (2007b): »Summary for Policy Makers«, in: *Climate Change 2007: The Physical Science Basis.* Contribution of Working Group I to the Forth Assessment Report of the Intergovernmental Panel on Climate Change, Genf, http://www.ipcc.ch/pdf/assessment-report/ar4/syr/ar4_syr_spm.pdf (8. Juli 2012).

IPCC (2012): »Summary for Policymakers«, in: *Managing the Risks of Extreme Weather Events and Desasters to Advance Climate Change Adaptation*, Cambridge/New York: Cambridge University Press, http://www.ipcc-wg2.gov/SREX/images/uploads/SREX-All_FINAL.pdf (8. Juli 2012), S. 1–19.

Latour, Bruno (1987): *Science in Action. How to follow scientists and engineers through society*, Cambridge, Mass.: Harvard University Press.

Latour, Bruno (1996): *Der Berliner Schlüssel. Erkundigungen eines Liebhabers der Wissenschaften*, Berlin: Akademie Verlag.

Latour, Bruno (2001): *Das Parlament der Dinge. Für eine politische Ökologie*, Frankfurt a. M.: Suhrkamp.

Latour, Bruno (2007): *Eine neue Soziologie für eine neue Gesellschaft. Einführung in die Akteur-Netzwerk-Theorie*, Frankfurt a. M.: Suhrkamp.

Leggewie, Claus/Harald Welzer (2009*): Das Ende der Welt, wie wir sie kannten. Klima, Zukunft und die Chancen der Demokratie*, Frankfurt a. M.: S. Fischer.

Lewitan, Louis (2011): »Meine Stärke rührt aus der Kindheit«. *Ein Gespräch mit Daniel Shechtman*, in: Zeit Magazin 50, S. 78.

Matthew, Richard A. u. a. (Hg. 2010): *Global Environmental Change and Human Security*, Cambridge, Mass./London: MIT Press.

McNeill, John R. (2005): *Blue Planet. Die Geschichte der Umwelt im 20. Jahrhundert*, Frankfurt a. M.: Campus.

Ng, Trina (2010): »Safeguarding Peace and Security in Our Warming World: A Role for the Security Council«, in: *Journal of Conflict & Security Law*, 2/2010, S. 275–300.

Ocean Acidification. A Summary for Policymakers from the Second Symposium on the Ocean in a High-CO_2 World, www.ocean-acidification.net (8. Juli 2012).

Paech, Nico (2011): »Vom grünen Wachstumsmythos zur Postwachstumsökonomie«, in: Welzer, Harald/ Wiegandt, Klaus (Hg.): *Perspektiven einer nachhaltigen Entwicklung*, Frankfurt a. M.: S. Fischer, S. 131–151.

Pettit, Philip (1999): *Republicanism. A Theory of Freedom and Government*, Oxford: Oxford University Press.

Radkau, Joachim (2011): *Die Ära der Ökologie. Eine Weltgeschichte*, München: C. H. Beck.

Roberts, J. Timmons/ Bradley C. Parks (2007): *A Climate of Injustice. Global Inequality, North-South Politics, and Climate Policy*, Cambridge, Mass./ London: MIT Press.

Schrader, Christoph (2012): »Die Geldquellen der Klimaskeptiker«, in: *Süddeutsche Zeitung*, 18./19. Februar, S. 22.

Schubert, Renate (2006): *Die Zukunft der Meere – zu warm, zu hoch, zu sauer*, Sondergutachten, Berlin: WBGU.

Secretariat of the Convention on Biological Diversity (Hg. 2010): *Biodiversity and Climate Change: Achieving the 2020 Targets*, www.cbd.int/GBO3 (8. Juli 2012).

Sloterdijk, Peter (2005): »Atmospheric Politics«, in: Latour, Bruno/Weibel, Peter (Hg.): *Making Things Public. Atmospheres of Democracy*, Karlsruhe/ Cambridge, Mass.: MIT Press, S. 944–951.

Smith, Dan/Vivekananda, Janani (2007): *A Climate of Conflict. The Links Between Climate Change, Peace and War*, London: International Alert, http://www.international-alert.org/sites/default/files/publications/A_climate_of_conflict.pdf (8. Juli 2012).

Smith, Dan/Vivekananda, Janani (2009): *Climate Change, Conflict and Fragility. Understanding the Linkage, Shaping Effective Responses*, London: International Alert, http://www.ifp-ew.eu/pdf/Climate_change_conflict_and_fragility.pdf (8. Juli 2012).

Sterk, Wolfgang (2010): »Auf dem Weg zu einem neuen globalen Klimaabkommen?«, in: APuZ 32–33, S. 22–28.

Stern, Nicholas (2007): *The Economics of Climate Change: The Stern Review*, Cambridge: Cambridge University Press, http://webarchive.national-archives.gov.uk/+/http://www.hm-treasury.gov.uk/stern_review_report.htm (8. Juli 2012)

UNESCO, (2003): *Wasser für Menschen, Wasser für Leben. Weltwasserentwicklungsbericht der Vereinten Nationen: Zusammenfassung*, Paris, http://www.unesco.de/fileadmin/medien/Dokumente/Wissenschaft/WWDR_1_exsum_ger.pdf (8. Juli 2012).

UNESCO (2009): *Water in a Changing World*, London: Earhtscan, http://www.unesco.org/new/en/natural-sciences/environment/water/wwap/wwdr/wwdr3-2009/downloads-wwdr3/ (26. August 2012).

United Nations Environment Programme (2007): *Sudan. Post Conflict Environmental Assessment*, Nairobi, http://postconflict.unep.ch/publications/UNEP_Sudan.pdf (8. Juli 2012).

United Nations Environmental Programme (2009): *From Conflict to Peacebuilding. The Role of Natural Resources and the Environment*, Nairobi, http://www.unep.org/pdf/pcdmb_policy_01.pdf (8. Juli 2012).

United Nations Environmental Programme (2011): *Livelihood Security. Climate Change, Migration and Conflict in the Sahel*, Genf, http://postconflict.unep.ch/publications/UNEP_Sahel_EN.pdf (8. Juli 2012).

Urry, John (2011): *Climate Change & Society*, New York: Wiley.

Weltbank (Hg. 2010): *Weltentwicklungsbericht 2010. Entwicklung und Klimawandel*, Düsseldorf: Droste.

Welzer, Harald (2008): *Klimakriege. Wofür im 21. Jahrhundert getötet wird*, Frankfurt a. M.: Fischer.

Welzer, Harald/Wiegandt, Klaus (2011): »Perspektiven nachhaltiger Entwicklung – Wie die Welt im Jahr 2050 aussieht – und warum man darüber reden muss«, in: Dies. (Hg.): *Perspektiven einer nachhaltigen Entwicklung*, Frankfurt a. M.: S. Fischer, S. 7–13.

Wilkinson, C. (Hg. 2008): *Status of Coral Reefs of the World*, Townsville, http://unesdoc.unesco.org/ages/0017/001792/179244e.pdf (8. Juli 2012).

WBGU – Wissenschaftlicher Beirat der Bundesregierung Globale Umweltveränderungen (2007): *Sicherheitsrisiko Klimawandel*, Berlin/Heidelberg: Springer, http://www.wbgu.de/fileadmin/templates/dateien/veroeffentlichungen/hauptgutachten/jg2007/wbgu_jg2007.pdf (8. Juli 2012).

WBGU – Wissenschaftlicher Beirat der Bundesregierung Globale Umweltveränderungen (2011): *Welt im Wandel. Gesellschaftsvertrag für eine Große Transformation*, Berlin/Heidelberg: Springer, http://www.wbgu.de/fileadmin/templates/dateien/veroeffentlichungen/hauptgutachten/jg2011/wbgu_jg2011.pdf (8. Juli 2012).

World Bank (Hg. 2008): *World Development Indicators*, Washington DC, http://data.worldbank.org/sites/default/files/wdi08.pdf (8. Juli 2012).

World Meteorological Organization (2011): *Greenhouse Gas Bulletin*, Genf, http://www.wmo.int/pages/prog/arep/gaw/ghg/documents/GHGbulletin_7_en.pdf (8. Juli 2012).

Zentrum für Transformation der Bundeswehr (Hg. 2010): *Streitkräfte, Fähigkeiten und Technologien im 21. Jahrhundert: Teilstudie 1: Peak Oil. Sicherheitspolitische Implikationen knapper Ressourcen*, Strausberg, Download unter: www.zentrum-transformation.bundeswehr.de (> Service > Download > Dokumente > Peak Oil) (8. Juli 2012).

Peter Weibel wurde 1944 in Odessa geboren, studierte Literatur, Medizin, Logik, Philosophie und Film in Paris und Wien. Durch seine vielfältigen Aktivitäten wurde er eine zentrale Figur in der europäischen Medienkunst. Seit 1984 ist er Professor an der Universität für Angewandte Kunst in Wien und war seit den 8oer Jahren in zahlreichen Funktionen an Unversitäten und in Kunstinstitutionen tätig. Seit 1999 ist er Vorstand des ZKM|Zentrum für Kunst und Medientechnologie Karlsruhe. Peter Weibel ist in der ganzen Welt kuratorisch tätig und erhielt zahlreiche Auszeichnungen, so wurde ihm 2007 die Ehrendoktorwürde der University of Art and Design Helsinki verliehen; 2009 erhielt er den »Europäischen Kultur-Projektpreis« der Europäischen Kulturstiftung. Ebenfalls 2009 wurde Peter Weibel zum ordentlichen Mitglied der Bayerischen Akademie der Schönen Künste München gewählt. Publikationen u. a.: (Hg.): *Heinz Hollein* (2012); (Hg.): *Car Culture: Medien der Mobilität* Karlsruhe: ZKM (2011).

I. KLIMASPHÄREN

Seit Millionen von Jahren erzeugen Algen und Pflanzen die blaue Erdatmosphäre. Die Algen und Pflanzen leisten die Arbeit der Photosynthese, die Erzeugung von energiereichen Stoffen aus energieärmeren Stoffen mit Hilfe der Lichtenergie der Sonne. Bei der oxygenen Photosynthese wird Sauerstoff O_2 freigesetzt. Die Lufthülle um die Erde als Ergebnis der oxygenen Photosynthese ist sicherlich die lebensnotwendigste Atmosphäre. Daher ist die Photosynthese der bedeutendste biochemische Prozess für die Entstehung und den Erhalt von Leben. Aus der Perspektive der Raumstationen erscheint der Planet Erde bekanntlich blau. Die blaue Farbe entsteht durch das Gemisch von Ozon und Sauerstoff, das die Erde als ein Gürtel oder Mantel umhüllt. Spuren von Ozon-Gas in der Luft zerfallen nämlich innerhalb einiger Tage zu Sauerstoff. Andererseits schützt das Treibhausgas in der Erdatmosphäre die Lebewesen vor der Schädigung durch die ultraviolette Strahlung der Sonne.

Nicht nur der Mensch, sondern die meisten aller Lebewesen brauchen die gasförmige Hülle der Erde zum Atmen. Insofern ist jede Anthropologie pneumatisch fundiert, da sie von der Luft, dem Wind und dem Atem ausgeht, der für jedes Leben Grundbedingung ist (griech. *pneuma*: Hauch, Luft, Wind, Atem). Die Atmosphäre (griech. *atmós*: Dampf, Dunst, Hauch; *sphaira*: Kugel) ist in der Tat eine Lebenssphäre. Das Leben auf der Erdkugel ist nur möglich durch den Atem des Windes, durch die Hülle der Luft. Ohne die Lufthülle würde die Form des Lebens auf der Erde zumindest eine andere sein. Erst nachdem in Jahrmillionen durch die photosynthetische Arbeit gigantischer Algen- und Pflanzenmassen die luftgesättigte Hülle um die Erde entstanden war, konnte das Leben entstehen, wie wir es kennen. Die Lungen der Lebewesen sind offensichtlich die Antwort der Evolution auf die Atmosphäre, jene die Erde umhüllende Luft. So wie die Augen eine evolutionäre Reaktion auf die Lichtstrahlen der Sonne sind. Die pneumatische Atmosphäre liefert die Voraussetzung der Entstehung des menschlichen Lebens im Verlauf der Evolution.

In seinem dreibändigen *Sphären-Projekt* (Sloterdijk 1998, 1999 und 2004) demonstriert Peter Sloterdijk, dass: »der Mensch (...) das Genie der Nachbarschaft [ist].« (Sloterdijk 2004: 14) Angefangen von seiner mikrosphärologischen pränatalen Position im Mutterinnenraum bis zum makrosphärologischen Raum des Globus, besitzt »der Humanraum (...) die Struktur und Dynamik eines (...) beseelenden Ineinandergreifens von Lebewesen, die auf Nähe und Teilhabe aneinander angelegt sind« (ebd.: 14). Die Lebewesen folgen also einer Logik der Sphärenerweiterung, der gemäß sie eine immunisierte Sphäre gemeinsam bewohnen. Eine solche Sphäre ist beispielsweise der Luftraum, weil ohne Luft und atembare Atmosphäre menschliches Leben nicht möglich wäre. »Air Design ist die technische Antwort auf die verspätet hingeschriebene phänomenologische Einsicht, dass menschliches In-der-Welt-Sein sich immer und ohne Ausnahme als Modifikation von In-der-Luft-Sein darstellt.« (Ebd.: 177) Die Luft als Existenzbedingung, das Klima als Sphäre, ohne die »kein Leben auf unserem Planeten möglich geworden wäre. Wenn die Erde als Parasit der Sonne die Geburtsstätte von Leben wurde – sie zieht nicht ganz ein Milliardstel der von der Sonne abgestrahlten Energie auf sich –, dann deswegen, weil Wasserdampf und Treibhausgase in der Erdatmosphäre die Rückstrahlung der von der Sonne aufgenommenen kurzwelligen Energie in Form von langwelligen Infrarotstrahlungen behindern, wodurch eine mit Leben kompatible Erwärmung der Erdoberfläche auf eine mittlere Temperatur plus 15 °C entstehen konnte. Fiele die Wärmefalle aus, durch welche die solare Energie in der Atmosphäre festgehalten wird, würde die Oberflächentemperatur der Erde im Durchschnitt nicht mehr als minus 18° betragen: ›Ohne Treibhauseffekt wäre die Erde eine ausgedehnte Eiswüste.‹ (Joussaume 1996: 62) Was wir als Leben kennen, ist durch den Umstand mitbedingt, dass die Erdoberfläche dank ihres Atmosphäre-Filters um dreiunddreißig Grad über ihren Verhältnissen lebt. Sind Menschen, um noch einmal Herder zu zitieren, Zöglinge der Luft, so waren die Wolken ihre Tutoren. Le-

ben ist ein Nebeneffekt klimatischer Verwöhnung.« (Sloterdijk 2004: 174 f.)
Sloterdijk entwirft also eine Theorie des atmosphärischen Raumes
als anthropologische Grundkonstante.

II.   ELEKTRISCHE SPHÄREN

Um die Atmosphärenforschung weiter zu entwickeln, schlage ich vor, über die pneumatische Anthropologie hinauszugehen, die sich auf die gasförmige Hülle eines Himmelskörpers bezieht (beispielsweise die Erdatmosphäre), und sich mit jener Sphäre zu beschäftigen, welche die Erde als elektromagnetische Wellen umhüllt und die ich »elektrische« oder »orbitale« Sphäre nenne. Die elektromagnetischen Wellen umhüllen die Erde auf Grund des Erdmagnetismus seit ebenso vielen Jahrmillionen wie die Ozonschicht. Sie wurden aber erst vor einiger Zeit entdeckt: Die Magnetfeldforschung existiert seit ca. 400 Jahren.

Die Erde wird von einem Magnetfeld umgeben, das, wie der englische Arzt und Naturphilosoph William Gilbert erkannte, die Ursache für die Ausrichtung der Kompassnadel ist.[1] Gilbert beschrieb nicht nur die tägliche magnetische Rotation der Erdkugel, sondern studierte auch die statische Elektrizität, die durch Bernstein produziert wurde. Der gelbe Schmuckstein aus fossilem Harz, Bernstein, hieß auf altgriechisch *elektron*, auf lateinisch *electrum*. Daher gab Gilbert dem beobachteten Phänomen das Adjektiv *electricus*, der Ursprung des Begriffs *Elektrizität*. Carl Friedrich Gauß konnte 1839 nachweisen, dass der Hauptteil des Erdmagnetfeldes aus dem Erdinneren stammt. Das Erdmagnetfeld kann als magnetischer Dipol, als ein magnetisches Feld zwischen zwei Magnetpolen, beschrieben werden. Die magnetischen Feldlinien treten auf der Südhalbkugel aus der Erde aus und durch die Nordhalbkugel wieder in die Erde ein.

1852 fasste Michael Faraday seine Ansichten über magnetische Kraftlinien und Felder im Artikel *On the physical character*

---

1   Dies führte er in seinem Werk *De Magnete, Magneticisque Corporibus, et de Magno Magnete Tellure* aus, auf Englisch: *On the Magnet and Magnetic Bodies, and on That Great Magnet the Earth*, geschrieben 1600 gemeinsam mit Aaron Dowling.

of the lines of magnetic force (Über den physikalischen Charakter der magnetischen Kraftlinien) zusammen. Den Begriff *Magnetfeld* hatte Michael Faraday 1845 erstmals in einem Labortagebuch verwendet. Seit 1822 war Faraday vom Magnetismus fasziniert. Zwischen 1839 und 1855 erschienen drei Bände zu seinen Forschungen über Elektromagnetismus (*Experimental Researches in Electricity*), denn Faraday war von der Idee besessen, aus Magnetismus Elektrizität zu erzeugen (bereits 1822 merkte Faraday in seinem Notizbuch an: »Convert magnetism into electricity«, also: »Magnetismus in Elektrizität umwandeln«, was ihm auch gelang. Deswegen gilt er als Vater der Elektroindustrie. Darüber hinaus erbrachte Faraday in seinem Werk *Über die Magnetisierung des Lichts und die Belichtung der Magnetkraftlinien* von 1846 auch den Nachweis, dass Licht und Magnetismus zwei miteinander verbundene physikalische Phänomene sind. Er skizzierte die Möglichkeit, dass Licht durch transversale Schwingungen von Kraftlinien entstehen könnte.

Somit war die Entdeckung des Magnetismus von Anfang an vom Phänomen der Elektrizität begleitet. Dabei war die entscheidende Idee, die magnetische Kraft in eine elektrische Kraft zu verwandeln bzw. das Magnetfeld als Feld von elektrischen Schwingungen zu benutzen. Danach konnte der nächste gedankliche Schritt erfolgen und die These formuliert werden, dass das Licht selbst eine Form von elektromagnetischen Schwingungen ist.

Faradays Spekulation war eine Anregung für J. C. Maxwell bei der Entwicklung seiner elektromagnetischen Theorie des Lichtes. »Faraday sah im Geiste die den ganzen Raum durchdringenden Kraftlinien, wo die Mathematiker fernwirkende Kraftzentren sahen; Faraday sah ein Medium, wo sie nichts als Abstände sahen; Faraday suchte das Wesen der Vorgänge in den reellen Wirkungen, die sich in dem Medium abspielten, jene waren aber damit zufrieden, es in den fernwirkenden Kräften der elektrischen Fluida gefunden zu haben (...)« (Maxwell 1873, zit. n. Simonyi 1995: 343).

Der junge Maxwell stellte sich daher die Aufgabe, Faradays experimentelle Befunde und ihre Beschreibung mittels Kraftlinien und Felder in eine mathematische Darstellung zu überführen.

In seinem ersten größeren Aufsatz über Elektrizität *On Faraday's Lines of Force* (1856) stellte Maxwell eine erste Theorie des Elektromagnetismus auf, indem er die Vektorgrößen elektrische Feldstärke, magnetische Feldstärke, Stromdichte und magnetische Flussdichte einführte und mit Hilfe des Vektorpotentials zueinander in Beziehung setzte. Nach einigen anderen Überlegungen formulierte Maxwell 1864 die sogenannten Maxwellschen Gleichungen – diese bilden auch heute die Grundlage der Elektrodynamik, und es lassen sich mit ihnen alle von Faraday gefundenen elektromagnetischen Entdeckungen erklären (vgl. Simpson 1997: 10–16 sowie Segré 1997: 259–264). In Karlsruhe erbrachte Heinrich Hertz 1886 mit seinen Experimenten den empirischen Nachweis und die experimentelle Bestätigung von Maxwells elektromagnetischer Theorie. Mit dem Hertzschen Oszillator stellte er die Existenz der elektromagnetischen Wellen fest und wies nach, dass sie sich auf die gleiche Art und mit der gleichen Geschwindigkeit ausbreiten wie Lichtwellen. In seinem Forschungsbericht *Über Strahlen elektrischer Kraft* gab Hertz 1888 die Ergebnisse seines bereits 1886 aufgeführten Funken-Experiments, die elektromagnetischen Wellen von einem Sender zu einem Empfänger zu übertragen, bekannt (vgl. Fölsing 1997: 275). Das Kapitel der drahtlosen Nachrichtenübertragung mit Hilfe elektromagnetischer Wellen wurde aufgeschlagen. Das Zeitalter von Rundfunk und Fernsehen begann.

Die Entdeckung und Erklärung der Phänomene des Magnetismus, des Elektromagnetismus und des Lichts: dass also Lichtwellen elektromagnetische Wellen sind und elektromagnetische Wellen Lichtwellen sind und dass aus Magnetismus tatsächlich Elektrizität werden kann, legten die Fundamente zur Konstruktion einer ganz neuen Welt des drahtlosen Funkverkehrs, von Telegraphie bis Fernsehen: Die Ära des elektromagnetischen Mediums als Fernwirkung hatte begonnen. Die ganze Tele-Technologie (griech. *tele*: Ferne) von Telegraf, Telefax, Telefon, Television, etc. ist die technische Anwendung der Grundlagenforschung, die vor 400 Jahren begann und welche die elektrische Sphäre der Erde für den Menschen nutzbar machte.

Die Erkenntnis, dass die Erde von einem Kraftfeld umgeben ist, das magnetisch ist, und somit auch elektrisch, legt verständlicherweise die verführerische Vermutung nahe, dass dieses magnetische Kraftfeld überall auf der Erde als elektrische Quelle ohne Transmission angezapft werden kann. Die Fernwirkung des magnetischen Kraftzentrums könnte sich nicht nur auf Signale beschränken, sondern auch für Energieübertragung gelten. Nikola Tesla, einer der Erfinder des Wechselstromsystems (1888), das auf einem rotierenden magnetischen Feld aufbaut, das aus zwei um 90 Grad phasenversetzten Wechselströmen besteht, verfolgte zeitlebens die Idee, mittels hochfrequenter Wechselströme eine drahtlose Energieübertragung zu ermöglichen. Sein Patent über die kabellose Energieübertragung (20. März 1900) war allerdings nur das erste Patent der Funktechnik, das der drahtlosen Telegraphie meldete Marconi am 26. April 1900 an. Faradays Anweisung »convert magnetism into electricity« wurde bei Tesla zum parawissenschaftlichen Traum, aus der Strahlungsenergie und damit aus dem Magnetfeld der Erde ein »Welt-Energie-System« zu entwickeln: das Magnetfeld der Erde als Medium einer weltweiten kabellosen Energieübertragung für die gesamte Menschheit.

Durch die technischen Entwicklungen der letzen 150 Jahre ist die Erde nicht nur umgeben von einer Luftsphäre, der pneumatischen Sphäre, sondern – das ist meine These – von einer Hülle elektromagnetischer Wellen, die für die Menschheit lebenswichtig geworden ist. Diese Sphäre elektromagnetischer Wellen hat es immer schon gegeben, aber erst durch die wissenschaftlichen Entdeckungen und technischen Entwicklungen ist sie für den Menschen sichtbar, hörbar und nutzbar geworden. In dieser elektromagnetischen Atmosphäre bewegen sich die Zeichen, die Symbole, die audiovisuellen Daten, die von Radio- und Fernsehstationen, von Satelliten, von Smartphones usw. gesendet und empfangen werden. Mit diesen Daten organisieren die Menschen ihre Ökonomie, ihr politisches und ihr soziales Leben. Das Leben wird also organisiert durch Botschaften, die aufgrund der elektromagnetischen Felder ohne Boten reisen können. Ein Netzwerk von Computerterminals, Telefonen, Telesystemen und Satelliten errichtet ein orbitales

Informationsenvironment aus analogen und digitalen Daten: die elektronische Sphäre.

III.   SOZIALE SPHÄREN

Diese elektronische Sphäre ist für die Menschheit wesentlich, genauso wesentlich für das Funktionieren des Lebens auf dieser Erde wie die bloße Atmosphäre. Die Menschen leben als biologische Organismen von der Natur. Der Natur verdanken sie die Schaffung einer sauerstoffgesättigten Atmosphäre, welche die Menschen als biologische Organismen überleben lässt, allerdings nicht als soziale Wesen. Die pneumatische Sphäre, die Atmosphäre, schuf die Grundlage für das biologische Leben. Die Elektrosphäre schafft die Grundlagen für das soziale Leben.

Bei der wachsenden Zahl der Weltbevölkerung (7 Milliarden), die sich in den letzten 200 Jahren, seit der industriellen Revolution, versiebenfacht hat, bedarf es einer komplexen Organisation von Daten, welche das Funktionieren der Landwirtschaft, des Transports der Güter und Menschen, der Finanzen, der menschlichen Interessen, der privaten und sozialen Handlungen usw. garantiert. Es genügt nicht mehr, nur über Sauerstoff zu verfügen. Damit die Milliarden Menschen auf dieser Erde leben können, braucht es einen so genannten »Tronwald« – ein modernes Wort, das ich später näher erläutern werde. Für die ökologische und vor allem ökonomische Organisation, das Verteilen von Nahrungsmitteln, das Verteilen von Menschen auf dem Globus, diese enormen Bewegungen von Gütern, Informationen und Menschen, zu Luft, zu Wasser und zu Lande, für dieses komplexe Netzwerk der sozialen Organisation, die Grundlage unserer Ökonomie, die zurückgeht auf eine wahnsinnige Bevölkerungsexplosion, leisten der Wald und die pneumatische Atmosphäre nicht den geringsten Beitrag. Die Bewältigung der Bevölkerungsexplosion wird allein durch den »Tronwald« geleistet, die Elektrosphäre. Das heißt, der Wald bleibt weiterhin die Grundlage des Lebens, der natürliche Wald ist hierfür aber nicht mehr ausreichend. Die Menschen werden die Atmosphäre nicht beschützen können durch natürliche Maßnahmen, sondern man wird technische Maßnahmen heranziehen müssen, die auf den »Tron-

wald« zurückgehen, um den eigentlichen, den grünen Wald auf-
rechtzuerhalten. Wir brauchen eine elektronische Hülle, jene aus
einem Netzwerk von Informationsmedien bestehende elektronische Atmosphäre, der wir es verdanken, dass die soziale Sphäre im
heutigen Ausmaß überhaupt existieren kann.

IV. ORBITALE SPHÄREN

Die Voraussetzungen hierfür sind merkwürdigerweise schon
lange in der Kunst zu beobachten: als der Aufstieg des Blicks von
der horizontalen Lokalisation des Malers in die Vertikale des Fotografen. Der Fotograf konnte mit seinem leichten Handwerks-
zeug auf die Dächer und Türme steigen und dann zum ersten Mal
von oben hinunter fotografieren. Dadurch entstand in den 1920er
Jahren die bekannte beschleunigte Perspektive von unten wie von
oben. Von diesem handwerklichen Vorteil beflügelt, begannen die
Fotografen mehr und mehr, immer höher zu steigen und entdeck-
ten dabei die sogenannte Perspektive aus der Luft. Dies führte wiederum zu der berühmten Aufnahme des bekannten Fotografen Na-
dar, der mit der *photographie aérostatique* (1858) eine Aufnahme
von Paris präsentierte, die er aus der Höhe von 520 Metern aus
einem Heißluftballon aufgenommen hatte. Es kommt in der Bezeichnung »aérostatique« das Wort »Luft« schon vor, in Zusammenhang mit dem System der Statik.

Heute hat sich dieses vertikale Bild weiterentwickelt. Wir
kennen das berühmte Auge von Odilon Redon, das ins Unendli-
che schwebt, die Graphik mit dem Titel: *Das Auge strebt wie ein
seltsamer Ballon zum Unendlichen hin* (1882), gewissermaßen ein
Vorgriff auf das elektronische Satellitenauge. Heute umschweben
unseren Globus abertausende von solchen elektronischen Satelliten-
augen als Teil der elektronischen Atmosphäre. Die Bewegung des
Blicks von der malerischen Horizontalität in die fotografische Ver-
tikalität hat die Position eines orbitalen Auges erreicht: Satelliten,
die die Erdbahn umkreisen. Das ist das Ergebnis dieses orbitalen
Aufbruchs, der mit der Fotografie begonnen hat. Allerdings muss
man bedenken, dass in diesem orbitalen Blick einer Satellitenka-
mera die Dinge kleiner werden: Es schrumpft der Raum, es werden

die natürlichen Skalierungen zerstört. Ein Beispiel aus der Kunst ist die Sensibilität, mit der Giorgio de Chirico die natürlichen Skalierungen in seinen Bildern durcheinander brachte. Denn im orbitalen Blick werden Kontinente zu Klecksen, Landschaften zu Briefmarken, der Globus zu einem winzigen Punkt, eine Stadt schaut in der Luftaufnahme wie ein Microchip aus, und in der Tat leistet ein Microchip die Arbeit einer Stadt. Der Microchip kann eine Stadt ersetzen und ist sogar eine Stadt. Wenn es früher als reine Utopie galt, dass es möglich sei, in 80 Tagen um die Welt zu reisen, so reisen diese Satelliten heute in nur 92 Minuten um die gesamte Erde.

Kasimir Malewitsch hat durch seine Bekanntschaft mit dem russischen Raumfahrt-Pionier Konstantin Ziolkowski (1857–1935) als erster Künstler darauf aufmerksam gemacht, dass sein Bezugssystem nicht die Erde ist, sondern das Planetensystem. Malewitsch schuf seine architektonischen Konstruktionen für die Bewohner im All, nicht für die Bewohner der Erde. In seiner berühmten Schrift *Suprematismus. 34 Zeichnungen* schreibt Malewitsch 1920: »Jeder konstruierte suprematistische Körper wird in eine natürliche Organisation eingebaut und in neue Satellitenformen.« (zit. n. Néret 2003: 65) Schon 1920 also schreibt der Künstler von Satelliten. Alles, was er braucht, ist die Interrelation zwischen zwei im Raum schwebenden, schwerelosen Körpern zu entdecken. Die Erde und der Mond – zwischen ihnen kann ein neuer suprematistischer Satellit konstruiert werden, der sich entlang einer orbitalen Bahn bewegt. »Alle technischen Organismen sind nichts anderes als kleine Satelliten. Eine ganze lebende Welt ist bereit, in den Raum davon zu fliegen und eine bestimmte Position einzunehmen. In der Tat, jeder dieser Satelliten wird von uns dazu versehen und darauf vorbereitet, sein eigenes Leben zu führen. Der Suprematismus wird in einem irdischen Kontext definiert und bezieht sich auf den Raum. Aber er enthält auch die Idee einer neuen Maschine, nämlich des Planetensystems, ohne Räder, ohne Kraft abgeleitet vom Dampf oder Benzin.« (Malewitsch 1974/1920: 2/3, zit. n. Weibel 1990: 56) Schon damals gab es die Abkehr vom Dampfzeitalter, vom Benzinzeitalter. Der russische Raumvisionär Ziolkowski veröffentlichte Arbeiten über den Gebrauch von Raketen, die von flüssigem Hydrogen und Oxygen angetrieben werden. Ziolkowski beschrieb bereits 1903 eine rotierende Raumstation, ein Raumhabitat, das mit künstlicher Gravitation mit Hilfe der Zentripetalkraft rotieren würde. Von ihm stammt auch der Vorschlag, den ersten Satelliten, der am 4. Oktober 1957 in die Umlaufbahn geschossen wurde – das erste erkennbare Datum der orbitalen Sphäre –, Sputnik zu nennen, auf deutsch »Reisebegleiter«. Normalerweise ist der berühmteste Begleiter seit der Romantik der Mond, heute aber haben die Menschen andere Begleiter, eben Sputniks.

Um die Voraussetzungen für die orbitale Sphäre zu verstehen, sind drei Namen notwendig: Kopernikus, Kepler und Newton. Kopernikus entdeckte 1543, dass die Erde nur einer von mehreren Planeten ist, die die Sonne umkreisen, und damit nicht in der Mitte des Universums steht. 1618 formulierte Kepler die grundlegenden Gesetze der Planetenbewegung und zeigte, dass die Planeten in elliptischen Bahnen um die Sonne kreisen. Allerdings konnte er den Grund dafür nicht angeben. Newton lieferte hierfür 1687 die Erklärung durch den Hinweis, dass die elliptischen Bahnen durch die Gesetze der Schwerkraft definiert werden. Sein Gesetz, dass die Anziehung zwischen zwei Körpern proportional dem Produkt ihrer Massen und invers proportional dem Quadrat ihrer Entfernung ist, erklärt, warum die Sonne und die Planeten nicht aufeinander zustürzen. Durch Kopernikus, Kepler und Newton wurden die Gesetze formuliert, mit deren Hilfe wir von der Astronomie zur Astronautik gelangen. Es ist daher kein Wunder, dass bereits Newton selber in Kenntnis dieser Gesetze zum Pionier der Astronautik wurde. Schon er formulierte den Gedanken, dass es möglich sei, einen künstlichen Satelliten in die Umlaufbahn um die Sonne zu schicken.

Grundlage hierfür ist das folgende Gedankenexperiment: Man stelle sich vor, man hätte einen immens hohen Turm, und dort oben einen Steinwerfer. Wenn man von dort einen Stein horizontal in den Raum werfen würde, gäbe es nach Newton keine atmosphärische Reibung, der Stein würde dann in die Unendlichkeit des Universums mit abnehmender Geschwindigkeit fliegen. Durch die Schwerkraft der Erde wird aber gemäß dem Gravitationsgesetz die Flugbahn des Steins gebeugt und der Stein würde weit entfernt vom Turm auf der Erde landen.

Wenn jedoch der Stein mit einer bestimmten maschinellen Kraft auf eine bestimmte Höhe geschleudert werden würde, dann – so Newton – könnte es passieren, dass die Kurve des Niederfalls des Steins gleich der Kurve der Erdkugel selbst ist. Dann würde der Stein immer in der Kurve der Erdkugel bleiben und nie die Erde erreichen, denn jedes Mal, wenn sich die Bahn des Steins nach unten krümmt, würde sich die Oberfläche der Erde um denselben Betrag krümmen. Wenn also durch die ursprüngliche Initialkraft der Stein eine bestimmte Höhe und Geschwindigkeit erreicht hat, wodurch die Krümmungskurve des Falls des Steines gleich der Krümmungskurve der Erdkugel ist, dann würde er die Erde nie erreichen, sondern sie als Satellit umkreisen. Damit wird die Idee geboren, dass der Mensch selber einen Satellit in die Welt schicken kann.

In der Nachfolge gab es eine Reihe von Physikern, die sich mit diesem Themenfeld beschäftigt haben, beispielsweise in Deutschland Hermann Oberth (1894–1989) in seinem Buch *Die Rakete zu den Planetenräumen* (1923). Einer der Begründer der heute so wichtigen modernen Kristallographie, John Desmond Bernal (1901–1971) propagierte in seinem Buch *The World, the Flesh and the Devil* (1929, dt. *Die Welt, das Fleisch und der Teufel*) die Kolonisation des Raumes im Sinne von Malewitsch: Er imaginierte die Restauration der Erde durch die Emigration ins All, um dort ein gewichtsloses, schwerkraftloses Leben zu führen.

In seinem Projekt »The Princeton Prospectus« griff Sheldon O'Neal, ein Physikprofessor aus Princeton, auf Bernal zurück, indem er eine atmosphärische Siedlung für circa 500.000 Menschen im All entwarf, die er dann die »Bernal-Sphäre« nannte. Die »Bernal-Sphäre« wäre gewissermaßen ein Raumsatellit, eine Art Aerospace Vehicle, in dem die Menschen mit ihren Füßen nach außen stehen und sich gewissermaßen gegenseitig vom Kopf auf den Kopf schauen würden. Das wäre beispielsweise so, als ob man in Deutschland nach oben blicken und nicht den freien Himmel, sondern Australien sehen würde.

Einer der berühmtesten Physiker, Freeman Dyson (dessen Tochter die Netzphilosophin Esther Dyson ist), formulierte in seinem Text »The Greening of the Galaxies« (in: *Disturbing the Uni-*

verse, 1979) die Idee, das Begrünen von Amerika aufzugeben und stattdessen in grüne Galaxien auszuwandern. Er entwickelte die so genannte »Dyson-Sphäre«, die Idee, eine Art Box um die Sonne zu bauen, eine Art sphärische Schale um den Mutterstern. Die Schale bestünde aus einer großen Zahl künstlicher Raumstätten, die alle eine eigene Umlaufbahn hätten, also alle Satelliten wären. Man wäre in der Lage, eine eigene künstliche Biosphäre zu schaffen, die die Menschheit braucht, weil sie über keine eigenen Energiequellen mehr verfügt. Dann würde die gesamte Strahlungsenergie des Muttersterns endlich komplett genutzt. Bisher geht uns die gesamte Strahlungsenergie der Sonne bis auf ein Prozent verloren. Dyson hatte zum ersten Mal die Idee, eben diese Sphäre zu bauen, mit der man Energieprobleme für Millionen von Jahren lösen könnte. Das ständige Ausbeuten des Mutterleibs der Erde, Materialien wie Öl oder Kohle aus der Tiefe der Erde zu holen, hätte dann endlich ein Ende, denn man würde Energiequellen in der Tiefe des Alls suchen. All diese Beispiele zeigen: Nach der Atmosphäre und der Technosphäre taucht die Idee einer künstlichen Biosphäre auf.

V. ELEKTRONISCHE SPHÄRE

Um ein Verständnis dafür zu entwickeln, wie diese möglich sein könnte, wird nun eine Erklärung des anfangs erwähnten Begriffs »Tronwald« nötig. Das Wort »Tron« wurde abgeleitet vom Wort »Elektron«. Bei Experimenten mit Kathodenstrahlen in Vakuumröhren entdeckte John Joseph Thomson 1897 ein Teilchen, das kleiner war als ein Atom. Zu diesem Zeitpunkt war dies eine unvorstellbare Entdeckung, die zunächst ignoriert wurde, weil die bedeutendsten Wissenschaftler der Zeit (wie beispielsweise Ernst Mach) allesamt keine Anhänger der Atomlehre waren: Niemand – bis auf wenige Ausnahmen wie der Gegenspieler von Ernst Mach, Ludwig Boltzmann in Wien – glaubte damals an die Existenz der Atome.[2] Thomson entdeckte also ein Teilchen, das noch kleiner

---

2 Heute ist Boltzmann für seine Gesetze berühmt, aber seinerzeit war die Position von Mach ungleich bedeutender und wichtiger als die Boltzmanns. Machs Attacke trug dazu bei, dass Boltzmann in eine tiefe Depression stürzte und 1906 Selbstmord beging.

war als ein Atom – und dies zu einer Zeit, als noch keiner an die Existenz von Atomen glaubte. Er gab ihm den Namen »Corpusculum«, also »kleiner Körper«, um zu betonen, dass dieses Teilchen die traditionelle Vorstellung von Materie vernichtet: »I can see no escape from the conclusion that they are charges of negative electricity carried by particles of matter (...) What are these particles? Are they atoms, or molecules, or matter in a still finer state of subdivision?« (zit. n. Buchwald/Warwick (Hg.) 2001: 415). Dieses negative Teilchen wurde erst später in Elektron »umgetauft«, eine Bezeichnung, die von George J. Stoney und Hermann von Helmholtz 1874 für ein potentiell existierendes, mit Atomen verbundenes Ladungsträgerteilchen vorgeschlagen worden war (vgl. Simonyi 1995: 380).

Die Entdeckung des Atoms der Elektrizität markierte den Beginn einer ganzen Serie an »tron«-Entdeckungen und damit die Grundlage des »Tronwalds«. Das Wort »tron« ist nur eine Art Suffix, das eine Verstärkung des vorigen Wortes darstellt. Das Wort *Elek-tron* bezeichnet somit einzig eine Verstärkung des Elektrischen. Hier ist es wichtig zu bedenken, was genau verstärkt wird, denn die Tron-Riege besteht aus nichts anderem als Verstärker-Instrumenten, *Powertubes*, die ein Mehr an Kraft, an Reichweite und an Raum, an Zeit und Geschwindigkeit ermöglichen als alles bisher Dagewesene.

Der Nobelpreisträger Irving Langmuir entdeckte 1912/13 die elektronische Röhre »pliotron« (das griechische Wort *pleion* meint »mehr«) und erhielt dafür den Nobelpreis. Mit seiner Röhre konnte er kleine Wellen und kleine Teilchen verstärken. In *Phenomena, Atoms and Molecules* aus dem Jahr 1950 schrieb er, dass sein Elektron nichts anderes sei als eine Verbesserung der Triode von Lee de Forest. Nach dessen Entdeckung der Triode 1907 – Triode, weil sie aus drei Elektroden besteht, die wir heute im Fernsehen und auch im Radio verwenden – entwickelte sich diese weiter in die Tetrode, Pentode, Hexode, Heptode, Oktode, usw. Langmuir schrieb in seiner Publikation: »Indem Lee de Forest entdeckte, dass ein elektrischer Strom in einer Vakuumröhre mit Hilfe eines dazwischen gestellten Gitters kontrolliert werden kann, legte er die Grundlagen für eine Ausdehnung der menschlichen Sinne und für ein Anwachsen der Geschwindigkeit und der Sensitivität um ein Millionenfaches.« Mit Thomson hat also nicht nur das Zeitalter des Elektrons begonnen, sondern auch das ganze globale Zeitalter für Strahlen und Röhren – denn gäbe es keine Vakuumröhren und keine Technik der Kathodenstrahlung, hätte man auch das Elektron nicht entdecken können.

Die Entdeckung des Elektrons und des »Pliotrons« hatte die Entstehung einer ganzen »Tron-Riege« von Verstärkerinstrumenten zur Folge: 1921 entwickelte Albert W. Hull das erste funktionierende Magnetron, eine weitere Form des Hochfrequenzverstärkers, ohne den es kein Radar geben würde. Das Zyklotron wurde 1930 erfunden. Dann wurde 1937 das Klystron generiert, eine Röhre, die für die Geschwindigkeitsmodulation wichtig ist. Hinzu kamen weitere Teilchenbeschleuniger, wie man sie heute im CERN baut. Dass durch immer mehr Beschleunigung von Teilchen immer noch mehr Teilchen aus einem Atom zertrümmert werden, um neue Teilchen zu generieren, wie Protonen und Neutronen, ist das Ergebnis des »Tronwalds«.

Der durch den Keim des Elektrons gesäte Tronwald besteht also aus einer inzwischen bemerkenswert angewachsenen Riege von Tronteilchen und deren Verstärkern: Elektron, Proton, Neutron, Magnetron, Axiotron, Vapotron, Klystron, Zyklotron: Die Kleinstpartikel und ihre mikroelektronischen Systeme, Verstärkerröhren, Transistoren, Semikonduktoren, Mikrochips formen die Technologie, von der wir heute umhüllt sind, und ohne die auf der Welt nichts mehr funktionieren würde. Diese hochkomplexen Systeme erlauben es uns, unsere Sensibilität, die Geschwindigkeit, die Ausdehnung aller menschlichen Sinne jenseits der Atmosphäre zu beschleunigen. Der Tronwald schafft damit die Voraussetzung für diese elektronische Atmosphäre im Jenseits der sogenannten Atmosphäre.

Erst dieses technologische Wachstum ermöglicht das Anwachsen der Bevölkerung auf das heutige Maß, trotz aller politischen Krisen und Hungerkrisen. Thomas Robert Malthus meinte in seiner 1789 publizierten Bevölkerungstheorie *Essay on the Principle of Population*, dass es in Zukunft nicht genug Nahrungsraum geben werde und damit Bevölkerung und Nahrungsraum auseinander driften. Die Bevölkerungsexplosion werde dazu führen, dass die Menschheit zu wenig zu essen haben wird.

Die fortgeschrittene Kommunikationstechnik und Transporttechnik verhindert nun, dass die Bevölkerung über den Nahrungsspielraum hinauswächst und es dadurch zu größeren sozialen Explosionen kommt. Diese orbitale Hülle, diese Elektro-Sphäre, liefert die Voraussetzung für ein neues Informationsenvironment, das die Menschen brauchen, um überhaupt in einer natürlichen Umgebung zu überleben.

Der Entmaterialisierung der Information (die 1886 in Karlsruhe mit den elektromagnetischen Experimenten von Heinrich Hertz ihren deutlichsten Ursprung hatte) und der daraus folgenden Trennung der Botschaft vom Boten ist es gelungen, ein Netzwerk von Computerterminals, Telefonen, Satellitsystemen einzurichten, das ein orbitales, elektronisches Environment schafft: die Elektrosphäre, die eine Voraussetzung dafür bildet, dass ein Leben in einer natürlichen Umgebung heute noch möglich ist.

Wir brauchen den natürlichen »grünen« Wald zum biologischen Leben und den menschengemachten künstlichen Tron-Wald zum sozialen Leben, aber auch dafür, dass humanes soziales Leben noch in einer natürlichen Umgebung möglich ist. Angesichts der sieben Milliarden Bewohner auf dem Planeten Erde bedürfen wir Menschen nicht nur der Atmo-Sphäre, sondern auch der Tron-Sphäre, um in der Bio-Sphäre überleben zu können.

LITERATUR

Buchwald, J.Z./Warwick A. (Hg. 2001): *Histories of the Electron. The Birth of Microphysics*, Cambridge, Mass.: MIT Press.

Fölsing, Albrecht (1997): *Heinrich Hertz*, Hamburg: Hoffmann und Campe.

Joussaume, Sylvie (1996): *Klima. Gestern, heute, morgen*, Berlin/Heidelberg: Springer.

Langmuir, Irving (1950): *Phenomena, Atoms and Molecules*, New York: Philosophical Library.

Malewitsch, Kasimir (1974/1920): *Suprematismus. 34 Zeichnungen*, Tübingen: Wasmuth (Nachdr. d. Ausgabe von 1920).

Maxwell, James Clerk (1873): *A Treatise on Electricity and Magnetism*, Oxford: Clarendon Press.

Néret, Gilles (2003): *Malewitsch*, Köln: Taschen Verlag.

Segré, Emilio (1997): *Die großen Physiker und ihre Entdeckungen*, München: Piper.

Simonyi, Károly (1995): *Kulturgeschichte der Physik: Von den Anfängen bis 1990*, Thun u.a.: Harri Deutsch.

Simpson, Thomas K. (1997): *Maxwell on the electromagnetic field: a guided study*, New Brunswick: Rutgers University Press.

Sloterdijk, Peter (1998): *Sphären I: Blasen. Mikrosphärologie*, Frankfurt a.M.: Suhrkamp.

Sloterdijk, Peter (1999): *Sphären II: Globen. Makrosphärologie*, Frankfurt a. M.: Suhrkamp.

Sloterdijk, Peter (2004): *Sphären III: Schäume. Plurale Sphärologie*, Frankfurt a. M.: Suhrkamp.

Weibel, Peter (1990): »Vom Verschwinden der Ferne«. in: Weibel, Peter/Decker, Edith (Hg.): *Vom Verschwinden der Ferne*, Köln: Dumont.

III. ATMOSPHÄREN ZWEITER ORDNUNG: DIE SOZIALEN DIMENSIONEN

Uwe Hochmuth, Prof. Dr., studierte Volkswirt-
schaftslehre, Soziologie und Philosophie in
Marburg und Heidelberg, bevor er als wissenschaftlicher Mitarbeiter und zuletzt Geschäftsführer des Sonderforschungsbereichs 3 der DFG
sowie als Wissenschaftlicher Geschäftsführer
des Instituts für Angewandte Wirtschaftsforschung Tübingen (IAW) arbeitete.
Neben seiner Lehrtätigkeit für verschiedene
akademische Einrichtungen und Hochschulen ist
er in der wissenschaftlichen Politikberatung für
das Land Baden-Württemberg und den Bund
aktiv. Seit 2006 ist er Prorektor für Forschung
an der Staatlichen Hochschule für Gestaltung in
Karlsruhe. Dort hat er seit November 2010 die
Professur für Kulturökonomie inne.
Im Mittelpunkt der methodischen Fragestellungen
von Uwe Hochmuth steht die Verbindung von
soziologischer Handlungstheorie, insbesondere
der Einbezug normativer Handlungsgrundlagen,
mit formalisierbaren Modellen sowie deren
Eignung für empirische Untersuchungen.

UWE HOCHMUTH

HANDELN IN KRISEN DER WIRTSCHAFT – AUF DEM WEG ZU EINEM NEUEN MODELL

Krisen sind immer schon Gegenstand ökonomischer Modelle gewesen, gleichermaßen aber auch immer wieder Anlass zu deren Neu- oder Weiterentwicklung. Sie sind jedoch auch – dies haben die letzten Jahre mehr als deutlich gezeigt – Phänomene, in denen Faktoren eine Rolle spielen, die in der traditionellen ökonomischen Modellbildung bisher nicht beachtet wurden. Der folgende Beitrag beschäftigt sich kritisch mit den Prämissen der existierenden ökonomischen Krisenmodelle und plädiert für Modellbildungen, die Faktoren wie Präferenzveränderungen der handelnden Personen, externe Beeinflussungen wie Milieu oder mediale Vermittlungen, emotionale Faktoren und letztlich auch solche diffusen Phänomene wie Atmosphären berücksichtigen. Dies – so die These – ist inhärent notwendig, um erfolgreich gegen die Realitätsferne und das prognostische Versagen der bisherigen Modelle anzugehen und zukunftstaugliche Gegenkonzepte vorlegen zu können.

I.   KRISENWAHRNEHMUNG

In den Wirtschaftswissenschaften spricht man dann von Krisen, wenn bei Wachstum, Preisentwicklung, Beschäftigung, Export oder anderen wichtigen Indikatoren der Wohlfahrt über einen mehrmonatigen Zeitraum hinweg negative Entwicklungen sichtbar werden. In der Folge werden von einer diffusen Öffentlichkeit vor dem Hintergrund bedrohlich gewordener Wirkungen auf private Haushalte, Unternehmen und gesellschaftliche Institutionen nachdrücklich Reaktionen zur Verbesserung der wirtschaftlichen Lage eingefordert. Krisen treten in den unterschiedlichsten Zusammenhängen wirtschaftlichen Handelns auf. In diesem Beitrag geht der Blick zwar zunächst auf Themen nationaler sowie internationaler Volkswirtschaften oder zumindest bestimmter Branchen und Segmente. Verstärkt berücksichtigt werden danach jedoch auch die Auswirkungen von Krisen auf private Haushalte und Unternehmen. Diese Schwerpunktsetzung wird vor allem deshalb gewählt, weil Aussagen darüber getroffen werden sollen, wie sich die Wahrnehmungen nicht unmittelbar in formalisierbare Kalküle überführbarer, gleichwohl aber handlungsbestimmender Momente in der ökonomischen Mikro-Modellbildung beschreiben lassen.

Spätestens beim Durchschlagen von Gütermarkt- oder Finanzmarktproblemen auf die Beschäftigungslage, die Lohnentwicklung und die Vermögensbestände breiterer Bevölkerungsschichten sowie auf die Wettbewerbssituation von Unternehmen werden unmittelbar gesellschaftlich handlungsmächtige Fragen aufgeworfen und in den Medien mit unterschiedlichster Bewertung dargestellt. Auf persönlicher oder unternehmensbezogener Ebene lassen die empfundenen Bedrohungen durch Krisen ein Gefühl der kollektiven Labilität und der eigenen Verletzbarkeit aufkommen. Sie führen zur Problematisierung des eigenen Handlungsbedarfs, weil die alltäglichen Situationsbewältigungsformen keine Erfolge mehr versprechen können und aktuell passende Krisenreaktionen nicht als gefestigtes Handlungsrepertoire vorliegen. Da der Handlungsbedarf extern verursacht wurde und die notwendigen eigenen Reaktionen i.d.R. nur zu Schadensbegrenzungen führen können, erfordert die Lösung der Krisensituation aus Sicht der Betroffenen zwingend das Tun anderer Akteure. Die dynamische Aggregation der zunächst individuellen Ansprüche tritt als öffentliche Meinung auf und trifft, stark mitbestimmt durch die mediale Präsentation, auf zivilgesellschaftliche, teilweise damit verwobene politische sowie staatliche Einrichtungen. Diese sind nicht nur Forum inhaltlicher Auseinandersetzungen über die Probleme, sondern in zahlreichen Fällen auch Anbieter der notwendigen praktischen Lösungen und als staatliche Akteure zudem für die Steuerfinanzierung der Maßnahmen verantwortlich (vgl. u. a. Buchanan 1975). Dies zeigt sich für private Haushalte zum Beispiel in raschen Änderungen von kompensatorischen Leistungsanforderungen an ehrenamtlich geführte Organisationen (u. a. Betreuung demenzerkrankter Personen, Armenhilfe, Integrationsförderung). Die sind kaum noch in der Lage, die Vielfältigkeit der Lebensentwürfe ihrer Mitglieder mit den professionalisierten Ansprüchen an die Aufgabenerfüllung in Einklang zu bringen und verzeichnen folglich ein abnehmendes Engagement. Die politisch institutionellen Akteure müssen deshalb umfangreicher und intensiver auf die entsprechenden Problemnennungen zivilgesellschaftlicher Diskurse reagieren und die damit verbundenen wirtschaftlichen Probleme auf einer weit ausdifferenzierten politischen Ebene zu lösen versuchen. Eine ähnliche Situation zeigt sich bei Verbänden im Unternehmenssektor und deren Reaktionserfordernissen.

Aus Sicht der Haushalte und Unternehmen sind die öffentlichen Krisenbewältigungsstrategien dabei so auszurichten, dass sie mit möglichst geringen, dabei aber gleichmäßig verteilten Wohlfahrtsverlusten verbunden sind. Die Beurteilung, ob oder inwieweit es den öffentlichen Akteuren gelingt, Probleme wie die Gefährdung des aktuellen Einkommensbezugs, die Finanzierung der Ausbildung der Kinder, des Spar- und Wohneigentums sowie der Sicherung der Alterseinkommen privater Haushalte einerseits und die Bedrohung der Wettbewerbsfähigkeit von Unternehmen andererseits angemessen zu bewältigen, ist jedoch stark abhängig von Eigeninteressen und persönlichen Bewertungen. In den hieraus entstehenden komplexen Gemengelagen von umstrittenen Interventionsbegründungen und schwer abzuschätzenden Interventionsfolgen können die politischen Entscheidungsträger nur noch mit der Hilfe von wissenschaftlicher Beratung reagieren, die zum einen die Sachverhalte aufklärt und zum anderen die Legitimation von Eingriffen schafft.

II.   TRADITIONELLE KRISENERKLÄRUNG UND BEWÄLTIGUNGSVERSUCHE

Ein wesentlicher Aspekt traditioneller wirtschaftswissenschaftlicher Erklärungsmodelle liegt in der Annahme, dass sich die Wirtschaft in Konjunkturverläufen entwickelt und damit eine Rezession oder ein Konjunkturtief notwendigerweise immer wieder auftritt. Trotz der systembedingten Erwartbarkeit werden diese Situationen als prinzipiell vermeidbare Krisen interpretiert und behandelt. In dieser Hinsicht haben sie eine strukturelle Ähnlichkeit mit den unregelmäßig auftretenden und anderweitig ausgelösten wirtschaftlichen Krisensituationen, die sich dem Konjunkturschema entziehen: beispielsweise die Ölpreiskrise, der Zusammenbruch des dot.com-Marktes, die subprime-Krise, die Euro-Krise, die Asienkrise der sogenannten Tigerstaaten oder die Argentinien-Krise. Sie alle übten starken und nachhaltigen Einfluss auf die gesellschaftlichen Ordnungsmuster aus.

Aus den wiederkehrenden Krisenbewältigungen im Konjunkturzyklus entstanden je nach theoretischer und weltanschaulicher Grundhaltung wissenschaftlich sehr unterschiedliche Erklärungen und ihnen entsprechende Krisenbewältigungskonzepte. Die Klassiker der Ökonomie (zum Beispiel Smith, Mill, Ricardo) behandeln Krisen als unsystematische exogene Störungen, auf die strikt an den Einzelfall geknüpfte Reaktionen erforderlich sind. Andere – wie beispielsweise Karl Marx – klassifizieren Krisen als systembedingt unausweichlich und deshalb nur durch eine Veränderung des Wirtschaftssystems heilbar. Neoklassiker wie Marshall, Walras, Say, aber auch Keynes sehen in ihnen eine Folge mengengestörter Produktion und Investition, die gegebenenfalls wirtschaftspolitisch gemildert werden kann, während beispielsweise die Repräsentanten der Österreichischen Schule (wie Böhm-Bawerk, von Mises, von Hayek) oder Vertreter des Monetarismus (wie Friedman, Phelps oder Brunner) die Ursache von Krisen in geldpolitischen Fehlleistungen verorten und den Rückzug des Staates aus der Wirtschaft als Lösung propagieren.

Spätestens mit den Nobel-Preisen für Herbert Simon (1978), James M. Buchanan (1986) und Gary S. Becker (1992) gewannen Rational-Choice-Konzeptionen immer stärker an Gewicht. Ihre im Wesentlichen aus den Wirtschaftswissenschaften stammenden mikrotheoretischen Modelle wenden sie auch auf andere Politikfelder und deren Krisenphänomene an. Gegenüber den enger gefassten neoklassischen Entwürfen sind die Modelle der Rationalwahl durch die Integration von Konzepten der Soziologie, wie beispielsweise dem von Hartmut Esser (vgl. Esser 1990), an Erklärungsumfang bzw. -kraft deutlich stärker – dennoch bleiben sie letztlich einem Programm verpflichtet, das »eine von den Akteuren unabhängige eigene Realität« (Esser 1990: 245) nicht in Betracht ziehen will.

Nahezu allen Konzepten seit den 50er-Jahren des 20. Jahrhunderts ist gemeinsam, dass sie mit strikt theoriegestützten und formalisierten Rezepten auf die jeweilige Krise reagieren und der handlungsbefugten Politik modellhafte Lösungen anbieten. Aus Sicht der beratenen Politiker besteht gerade in der ausweislich analytischen Exaktheit ein wichtiges Qualitätskriterium für diese Lösungen. In der Unübersichtlichkeit der Krise erscheint ein klar strukturiertes Konzept als ein beruhigender Kontrapunkt. Dabei darf jedoch nicht übersehen werden, dass Exaktheit in solchen Modellen zugleich auch immer das Ergebnis von starken Vereinfachungen ist. Zum einen sind wirtschaftswissenschaftliche Modelle strikt darauf fokussiert, Knappheitsprobleme zu lösen und deshalb gezwungen, jede andere Problematik in eine der Knappheit von Gütern zu transformieren. Darauf beruhende Handlungsempfehlungen folgen einer Grundstruktur, die jedes Handeln als Vorgang zur optimalen Zuteilung von nicht für alle Zwecke ausreichenden Ressourcen auf alternative Verwendungsformen unterstellt. Zum anderen werden nur ausgesuchte Sachverhalte des jeweils betrachteten Phänomens im Modell abgebildet. Zudem gilt innerhalb des Modells nur eine handhabbare Zahl widerspruchsfreier Regeln und klar definierter Beziehungen, zu denen meist auch eine rigide Präferenzstruktur gehört. Sie gehen davon aus, dass Akteure bei konstanten Präferenzen und sich ändernden Restriktionen ihren aus Handeln resultierenden Nutzen zu maximieren versuchen. Dieser Bezug gilt im Normal- wie im Krisenfall; das Modell bleibt das gleiche in Krisensituationen, nur die einfließenden Rahmenbedingungen ändern sich.

Erst diese Beschränkungen schaffen die pragmatischen Voraussetzungen für die Möglichkeit öffentlich präsentabler, modellgestützter Aussagen, anhand derer politische Handlungsempfehlungen und passende gesellschaftlich wirksame Legitimationsbegründungen angeboten werden können. Dies wäre weniger problematisch, wenn daraus nicht weitreichende praktische Schlussfolgerungen gezogen würden und wenn nicht spätestens beim Verlassen des wissenschaftlichen Innenraums in Richtung medialer Verbreitung und politischer Entscheidungssphäre die mit dem Modell verbundenen

Restriktionen vernachlässigt würden. Handlungserklärungen, die auf der Grundlage gleich bleibender Präferenzen jederzeit rationale Maximierungs- oder Optimierungsentscheidungen annehmen und bei denen diese stets in Prozessen stattfinden, die auf Gleichgewichte oder definiert davon abweichende Situationen hinauslaufen, lassen keinen Raum für Differenzierungen, die den Besonderheiten kulturell aufgeladener Akteure Rechnung tragen. »To approach schooling as an investment rather than a cultural experience was considered unfeeling and extremely narrow« (Becker 1992: 43). Aus dem Beklagen dieser Kritik an seinem für die aktuellen Wirtschaftswissenschaften prägenden Modell, auf dessen Basis noch immer einflussreiche Politikberatung geschieht, zieht Becker nicht den Schluss einer thematischen Erweiterung handlungsbestimmender Einflüsse. Vielmehr unterwirft er solche über das ursprüngliche Modell hinausgehenden Einflüsse einer Transformation, an deren Ende sie funktional mit den schon vorher erfassten Komponenten identisch sind. Sie werden in rechenbare Kosten und Nutzenmengen überführt; interpersonelle Beziehungen oder kulturelle Phänomene erscheinen nur noch als Tausch von Gütern bzw. Symbolen. Beckers Modellierung von Bildungsinvestitionen steht prototypisch für weit ausdifferenzierte Rational-Choice-Modelle (vgl. Raub/Voss 1981, Kunz 2004), die für viele Lebensbereiche den Anspruch erheben, Verhaltenserklärungen zu liefern, auf die sich Politikberatung beziehen solle. Selbst durchaus noch modellkonforme Erweiterungen (z. B. Esser) werden jedoch nicht mehr politisch handlungsmächtig, wenn sie die öffentlich darzustellende Komplexität erhöhen.

III.   UNTERKOMPLEXITÄT DER SITUATIONSBESCHREIBUNG

In Beckers Stellungnahme zur Bedeutung des Investitionscharakters von Bildung, in der implizit die Behauptung aufgestellt wird, dass investive Gründe für die Erklärung von Bildungsbemühungen ausreichen und die kulturellen Gründe vernachlässigbar sind, kommt beispielhaft für andere Modelle zum Ausdruck, dass ihm die im Begriff der kulturellen Erfahrung umschriebenen Sachverhalte nicht exakt genug sind, um Teil des Modells werden zu können. Ihre Herausnahme macht sein Konzept scheinbar erst zum scharfen analytischen Instrument. Das wäre für sich genommen nicht problematisch, wenn man sich dieser Beschränkung bewusst bliebe. Leitet man daraus jedoch unmittelbar politische Handlungsempfehlungen ab, die in vielen Fällen nachhaltigen Einfluss auf die Entwicklung der Wirtschaft und der sie tragenden Gesellschaft nehmen, dann verdient die nicht weiter erläuterte und formalisierte Residualgröße mehr Beachtung. Die traditionelle Wirtschaftstheorie und die darauf aufbauende Beratung zur Krisenbewältigung glauben sich zu verbessern, wenn sie auf reine Fakten zielen, die weitestgehend von qualitativen oder funktionell nicht eindeutig bestimmten Komponenten gereinigt sind. Handlungsgenerierte Wirklichkeit soll durch stark simplifizierte Modelle rekonstruiert werden. Gesellschaftsgestaltende soziale und wirtschaftliche Phänomene, die ihre Struktur nicht offen zeigen, sondern in tieferen, nicht unmittelbar erkennbaren Schichten verbergen und die erst freigelegt werden müssten, bleiben dort, wenn sie nicht mess- und rechenbar sind. Letztlich wird eine hohe zu bewältigende Komplexität auf ein überschaubares Maß an formalisierbaren Regeln sowie die ihnen entsprechenden messbaren Daten reduziert. Was davon nicht erfasst ist, wird einer kaum oder nicht zugänglichen Innenwelt der Subjekte zugeordnet.

Diese der besseren Anwendbarkeit geschuldete Nichtbeachtung wichtiger gesellschaftlicher und kultureller Einflüsse bei den in den Modellen abgebildeten Sachverhalten wäre aber nur dann eine analytische Schärfung bzw. Qualitätssteigerung des Modells und der daraus abgeleiteten Politikempfehlungen, wenn man die Vielschichtigkeit des Abzubildenden nicht zu stark oder strukturell zu unausgewogen vereinfacht. Überzieht man jedoch die prinzipiell sinnvolle Vorstellung, dass die Reduktion von Komplexität den Blick auf das Wesentliche schärfen sowie grundlegende Zusammenhänge von politisch relevanten Sachverhalten offen legen kann, und simplifiziert die realen Wirkungszusammenhänge auf dem Weg zur Modellkonstruktion auf unangemessene Weise, dann gehen zentrale Faktoren für das theoretische Erfassen der betrachteten Phänomene verloren. Diese inhaltliche Verarmung wird dabei oftmals von mathematischen Verkomplizierungen überdeckt,

die durch formale Ausdifferenzierungen wissenschaftlichen Fort-
schritt suggerieren.

Gerade in den aktuellen und den jüngst vergangenen wirtschaftlichen Krisen der entwickelten Industrienationen zeigte sich
jedoch, dass die zur Politikberatung eingesetzten Modelle die gesellschaftliche Wirklichkeit nicht hinlänglich erklären konnten und
die darauf beruhenden Politikempfehlungen oftmals nicht zu den
erwünschten Wirkungen führten. Dies liegt nicht zuletzt daran,
dass in der praktischen Umsetzungsphase neben der wissenschaftlichen Beratung sowohl die weltanschaulichen Differenzen der politischen Akteure und des Publikums als auch die medialen Bre-
chungen des Themas zum Tragen kommen. Die Gesamtheit dieser
Komponenten wird durch eine wirtschaftswissenschaftlich vorge-
tragene Problemmodellierung geprägt, auf deren Basis politische
und mediale Appelle an die notwendige gesellschaftliche Konsens-
sicherung ergehen, die sich dann wieder auf wirtschaftliche Kalküle berufen. Insbesondere durch die mediale Dauerpräsenz von (Kri-
sen-)Themen entwickeln sich so die öffentlichen Meinungen zu den
Positionen, die die Legitimationsgrundlage für das staatliche und
institutionelle Handeln bieten. Die Medienvertreter, die zwischen
wissenschaftlichen Ratgebern und beratenen Politikern einerseits
sowie adressiertem Publikum andererseits auftreten, formen die
gesellschaftliche Wahrnehmung der problematisierten Sachverhalte wesentlich mit. Sie sind je nach Thema oder Sichtweise Teil einer
Ideologieproduktion oder Teil der Aufklärung über sie.

Die Unterkomplexität der genutzten wirtschaftswissenschaftlichen Modelle erlaubt es eigentlich nicht, ihre Schlussfolgerungen
umstandslos auf reale Sachverhalte anzuwenden. So finden beispielsweise weder gesellschaftliche Normengefüge und ihnen zu-
grundeliegende Wertsysteme noch Gewohnheiten, Traditionen
oder Konventionen ausreichend Berücksichtigung in den erwähnten reduzierten Rational-Choice-Modellen. Sie treten allenfalls als
Randbedingungen der Entscheidungsfindung oder implizit in Ziel-
funktionen in Erscheinung. Trotz ihres kaum zu leugnenden Ein-
flusses auf Handlungen finden in der Modellbildung Phänomene
wie zum Beispiel Milieu, Gruppenzugehörigkeit oder die media-

le Vermittlung und deren Interessengeprägtheit keine ausreichende
Berücksichtigung. Aber nicht nur diese analytisch aufschlüsselbaren Komponenten sind nicht oder nur sehr verkürzt berücksichtigt,
sondern auch die Vorstellungen von strukturellen inneren Zusammenhängen einer Gesellschaft und damit auch ihrer Krisenbewältigungsfähigkeiten fehlen. Der Hintergrund wechselseitiger Abhängigkeiten sozialer Phänomene in einem strukturbestimmenden
Gesamtsystem wird nicht erklärend mit einbezogen.

Um die Differenz zwischen Abbildung und Abgebildetem auf
angemessene Art zu verringern, bedarf es einer Repräsentationsmöglichkeit für die sinnvollerweise zu erfassenden Teile der Realität, die sich dem bisherigen analytischen Instrumentarium entziehen. Wirtschaftswissenschaftliche Modelle können zwar je nach
Fragestellung um zusätzliche analytische Komponenten erweitert werden, oder es können begründete Ad-hoc-Annahmen eingeführt werden, aber beides ändert nichts am bereits limitierten
Grundcharakter eines solchen Modells. Aus diesem Grund bietet
sich eher eine Lösung an, die jenseits der weiteren Ausdifferenzierung vorhandener Konzepte liegt und die Komplexität der jeweiligen Handlungssituation, insbesondere in Krisen, die schnelle Interventionen benötigen, einfangen kann.

Die beschriebene Problematik unangemessener Komplexitätsreduktion lässt sich nur lösen, indem man das bisher nicht Erfasste in modellkonforme Komponenten verwandelt oder indem
man ein gehaltvolleres, den Erklärungsumfang der bisherigen Modelle überschreitendes neues Modell entwirft. Zumindest aber
sollte man bei Beibehaltung der ursprünglichen Modelle deren Ergebnisse und die daraus entwickelten Handlungsempfehlungen im
Hinblick auf die unbeachtet gebliebenen Sachverhalte relativieren.

IV.   SITUATION UND KONVENTION

Für ein noch abschließend zu entwickelndes Alternativkonzept sollten die Annahmen, dass jede Handlung das Resultat eines identifizierbaren Kalküls bei gegebenen Präferenzen sei und
dass das Handeln der Interaktionspartner dabei fast nur unter eigenen strategischen Aspekten berücksichtigt wird, aufgegeben

werden. Sie wären damit zwar nicht mehr konstituierend für den im Modell abzubildenden Normalfall, blieben jedoch als Darstellung einer möglichen Randlösung erhalten. Als neuer Normalfall könnte ein zunächst an Konventionen ausgerichtetes Handeln abgebildet werden, also ein Handeln, das sich in wiederholt auftretenden ähnlichen Situationen erfolgreich eingespielt hat und dessen zugehörige Wissensbestände nicht laufend hinsichtlich ihrer Gültigkeit problematisiert werden müssen (vgl. Hochmuth 2009: 237 ff.). Gesetzt den Fall, dass in einem solchen Konzept die konventionellen Handlungssequenzen nicht mehr zu befriedigenden Ergebnissen führen, gingen die Akteure zu Rationalisierungsstrategien und pragmatisch begrenztem analytischem Zerlegen der Sachverhaltszusammenhänge über. Man würde diese Anpassung aber nicht als das Ergebnis eines für neoklassische und Rational-Choice-Modelle typischen Kalkulierens abbilden. Im Mittelpunkt stünde vielmehr das sukzessive Offenlegen der komplexen Beziehungen, in denen sich Handeln vollzieht. Komplexitätsreduktion wäre dabei nicht durch die Absicht geprägt, rechenbare Größen zu identifizieren, sondern durch die situationsbedingte bzw. pragmatisch begründete Beschreibung der zur Debatte stehenden kulturellen, gesellschaftlichen und individuellen Sachverhalte. Im Gegensatz zu traditionellen Modellen, die aufgrund des Maximierungs- oder Optimierungsgebots einen idealen Entscheidungsfindungsprozess abbilden und zumindest intern keine ausdifferenzierten, suboptimalen, falschen oder präferenzändernden Entscheidungen beschreiben, sollte ein alternatives Modell diese zu handlungsbestimmenden Faktoren erklären können. Man sollte die Differenz zwischen empirischen Befunden und Modellergebnissen nicht als »Abweichungen« von kalkulierbaren Referenzsituationen abbilden. Zum einen, weil es diesen Bezugspunkt in der Realität im Normalfall nicht gibt und die Handelnden sich deshalb nicht daran orientieren können (vgl. u. a. Leibenstein 1984: 126 f.), zum anderen, weil die errechneten Bezugswerte unter der Hand zu normativen Vorgaben werden (vgl. die Diskussion um das Lohnabstandsgebot; u. a. Breyer 2003: 83 f.) und das politische Handeln auf deren Durchsetzung hin ausgerichtet wird. Das Modell sollte

vielmehr auf eine schrittweise Reduktion der begrifflichen Unbestimmtheit von Situationen oder auf eine schrittweise Enthüllung
von Regelmäßigkeiten im sozialen Handeln zielen (ohne den Anspruch, dies in Gänze leisten zu müssen oder zu können).

Um von unterschiedlich weit rationalisierten wieder zu un-
problematisierten Koordinationsleistungen zurückkommen zu
können, muss das für ein pragmatisches Abgleichen von Handlungsalternativen notwendige Wissen (einschließlich systematisch bedingter Fehleinschätzungen) deutlich vielschichtiger aus
dem lebensweltlichen Hintergrund nach vorne geholt und reflektiert werden, als es in den bisherigen wirtschaftswissenschaftlichen Modellen derzeit der Fall ist. Die modellhafte Darstellung
solch komplexer Rationalisierungsprozesse lässt sich (wenngleich
nicht vollständig, so doch in wesentlichen Teilen) von Weber übernehmen (vgl. Weber 1980: 12 f.). Sie kann dann ergänzt werden
durch den Begriff des Habitus, der bei Bourdieu neben der Norm-
befolgung sowie der Nutzenkalkulation als dritter Handlungsmo-
dus auftritt (vgl. Hochmuth 2009: 222 ff.). Dieser kann anschließend mit Habermas weiterentwickelt werden, so dass   »(...) die
Handlungspläne der beteiligten Aktoren nicht über egozentrische Er-
folgskalküle, sondern über Akte der Verständigung koordiniert werden.
Im kommunikativen Handeln sind die Beteiligten nicht primär am eigenen Erfolg orientiert; sie verfolgen ihre individuellen Ziele unter der
Bedingung, dass sie ihre Handlungspläne auf der Grundlage gemeinsa-
mer Situationsdefinitionen aufeinander abstimmen können. Insofern ist
das Aushandeln von Situationsdefinitionen ein wesentlicher Bestandteil der für kommunikatives Handeln erforderlichen Interpretationsleis-
tungen.« **(Habermas 1982: 385)** Dies ergäbe bei der Modellkonstruktion
auch einen Ansatzpunkt für eine Beschreibung von Intersubjektivi-
tät als konstitutivem Element von Handlung, die deutlich über das
hinausgeht, was in den Reziprozitätsannahmen der traditionellen
Modelle zugelassen ist (vgl. u. a. Falk/Fischbacher 1999).

Erreicht man nach der rationalisierenden Reaktion auf die
defizitären Zustände wiederholt zufriedenstellende Resultate und
kann die damit verbundenen Prozesse deuten bzw. ihnen Sinn zuordnen, spielt sich erneut ein nicht ausdrücklich thematisierter sta-

biler Zustand konventionellen Handelns ein, in dem das lebens-
weltliche, vorprädikative Wissen dem Akteur bis zur nächsten
ähnlichen situationsbedingten Reflexion nicht aktuell bewusst ist.
Handeln vollzieht sich in einem komplexen Geflecht anhaltend aufeinander verweisender Beziehungen, das durch Sozialisations- und
Enkulturationsprozesse darstellbar ist. In der Beschreibung dieses
Gefüges werden persönliche, soziale und kulturelle Vorstellungen
über die objektiv gegebene Welt – einschließlich der dort geltenden
normativen Regularien – als unterschiedlich tief in das Denken der
Akteure eingeschrieben interpretiert. Diese Einschreibungen bilden
ein sedimentiertes Hintergrundwissen, das den Handelnden einen
meist unproblematisiert bleibenden und dennoch ausreichend ge-
festigten Umgang miteinander erlaubt. Dabei sind sie im Regelfall
in der Lage, die berechtigten Bedürfnisse der anderen Beteiligten
in situationsrelevantem Umfang zu verstehen, anzuerkennen und
im eigenen Agieren zu berücksichtigen. In Alltagssituationen entfaltet sich das Handeln also nicht in Form einer bewussten analytischen Zerlegung der umfänglich angesprochenen Situationsbedin-
gungen und einer daraus abgeleiteten Wahl zwischen Alternativen.
Vielmehr sind die Konventionen ein Teil des aktuell nicht explizit
gewordenen Wissens über eine bestimmte Situation, in der auch deren Deutung und die Folgewirkungen zunächst unreflektiert bleiben. In der konventionellen Phase werden nicht störende Wahrnehmungen ohne Schwierigkeit in den mitgegebenen Wissensbestand,
also ein relativ konsistentes und robustes System von Vorstellungen über die Welt, eingereiht. Lernen geschieht hier subkutan. Die
subjektive Interpretation eines Akteurs hinsichtlich seiner Einbin-
dung in die Sachzusammenhänge der Umwelt würde für diesen eine
jeweils konkrete Situation schaffen, in der er aufgrund vorgängig
erworbener Deutungs- und Handlungskompetenz einerseits den
alltäglich zu bewältigenden Handlungsanforderungen gerecht werden könnte, in denen er andererseits aber auch die Fähigkeiten entwickeln könnte, die er braucht, um in ungewöhnlichen (also auch
in krisenhaften) Situationen vernünftig agieren zu können.

Die über die jeweils präsenten Vorgänge hinaus vorhandenen
Überschüsse an Erfahrungen aus momentan weniger relevanten

Sachzusammenhängen sowie das vorprädikative Wissen, welches identitätsstabilisierend die Wahrnehmungen unbewusst strukturiert und dabei dem aktuellen Handlungsablauf unhinterfragt Sinn verleiht, ließen sich in den inneren Bereich eines am Begriff der Konvention orientierten Modells aufnehmen. Sie wären damit nicht mehr von außen an den Entscheidungsalgorithmus herangetragene, als Nebenbedingungsvarianten auftretende Parameter, sondern intern erklärende Variablen des Handelns. Dies würde auch erlauben, eine gleichzeitige Veränderung der Präferenzen (gegebenenfalls sogar von mehrdeutigen Präferenzen) und des Handlungsrepertoires als Anpassung an unterschiedliche Situationen abzubilden – und zwar vor dem Hintergrund spezifischer Wahrnehmungen und deren Deutung.

Dies gälte sowohl für den Alltag als auch für Situationen der dynamischen Anpassungen der Akteure in Haushalten und Unternehmen an die unterschiedlich dramatisch wahrgenommenen Entwicklungen von Krisensituationen, in denen die üblich gewordenen Handlungsweisen die Bedrohungen nicht mehr entkräften können. Zu stark vereinfachende wirtschaftswissenschaftliche Handlungsmodelle und die daraus resultierenden unterkomplexen Situationsbeschreibungen sind schon für die Darstellung von alltäglicher Lebenspraxis konzeptionell problematisch und funktional fragwürdig. Noch mehr gilt dies bei der Abbildung von Handlungen in Krisensituationen, in denen verunsichernde Sachzusammenhänge in handhabbare Teilprobleme zu zerlegen, zu analysieren und rationalen Abwägungen zugänglich zu machen wären. Eine diesen Anforderungen entsprechende Beschreibung der jeweiligen Handlungsumstände geschieht in den traditionellen Modellen nur sehr eingeschränkt, obwohl die Beschaffenheit und Dynamik der Situation sowie deren Wahrnehmung durch die Akteure in der Realität wesentlich darüber mitbestimmen, wie sie reagieren und mit welchen Interventionen die gesellschaftlichen und politischen Entscheidungsträger wiederum daran anknüpfen können.

Ohne Bestimmung sinnvoll geordneter Problemabgrenzungen und der zugehörigen Sicht auf jeweils umfangreichere Kontexte lassen sich die einzelnen Erscheinungsformen von Krisenphänomenen

nicht als in sich strukturiertes Handlungsgefüge, das letztlich sogar weit über die konkrete Krise hinausgeht, identifizieren. Obwohl sich diese Gesamtsituation – zumindest in pragmatischer
Hinsicht – nicht erschöpfend analytisch ausbuchstabieren lässt und
das System der Handlungsbedingungen nicht vollständig erkenn-
und beherrschbar ist, wird in der Realität gehandelt. Dieses dichte
und analytisch kaum auflösbare Gesamtgebilde aus Umgebungseigenschaften, Eigeninteressen, Befindlichkeiten, etc. erfassen die
Akteure voranalytisch als ein Ganzes, in das sich die Einzelkomponenten subjektiv sinnvoll einpassen. Ihre so gebündelte Weltsicht richtet sich auf eine Umwelt, die sich als eine gering spezifizierte Ansammlung von unterschiedlich intransparenten Bereichen
darbietet. Diese werden weniger in ihren kausalen Beziehungen
durchschaut als vielmehr in ihren Wirkungen erinnerungsgestützt
erahnt. Aufgrund der Prägnanz von Situationen, d. h. der ihnen eigenen Sachverhalte und der vom Betrachter unmittelbar damit verbundenen Konnotationen wirken sie dennoch handlungsorientierend. Die Akteure sind im Rahmen solcher Orientierungen in der
Lage, mit unterschiedlich gewissen Sachverhalten umzugehen, und
auf der Basis beispielsweise von organisatorischen Absicherungen,
sozialen Normgewährleistungen oder früherem Kompetenzerwerb
durch das Aneignen von Überblickswissen bis weit in die Krisensituationen erstaunlich sicher zu handeln. Mit zunehmenden negativen Auswirkungen auf die eigene Lage und damit einhergehenden
Verunsicherungen setzt jedoch Rationalisierungsdruck ein. In Rational-Choice-Modellen wird dies so beschrieben: »Demnach ist
bei der ersten Phase des Entscheidungsprozesses – der Kognition – von
einer Art Filter auszugehen. Nach Identifikation des ›Typs‹ der Situation
wird zunächst entschieden, ob man – nach Maßgabe der erkennbaren Situationsmerkmale und Signale – den bisherigen set an Handlungsalternativen für die gegebene Situation beibehalten kann oder nicht. Fällt die
Entscheidung zugunsten der Beibehaltung aus, dann erfolgt die – ›automatische‹ – Wahl der für vergleichbare Fälle vorgesehenen Routine. Nur
wenn die Entscheidung bei diesem Filter anders ausfällt, werden weitere Aktivitäten entfaltet: Suche nach weiteren Informationen, sorgfältige
Kalkulation der Folgen, abwägende Selektion einer (neuen) Handlung«

(Esser 1990: 236). Dabei bleibt unklar, warum der sorgfältigen Kalkulation schon eine ausdrückliche Filterung vorgeschaltet ist bzw. jede Handlungserklärung durch Intentionalität geprägt sein soll, und warum es keinen Erklärungsversuch für den Vorgang der Vergegenwärtigung der individuellen Situation gibt.

V. ANKNÜPFUNGSPUNKT ATMOSPHÄRE

In dem noch grob skizzierten Alternativmodell wird anhand von Rationalisierungen der pragmatisch erforderliche Wechsel zwischen vorbewusst mitgedachter und bewusst strukturierter Verhaltensregularität beschrieben. Abzubilden ist dabei, wie die komplexen situationsbezogenen Zusammenhänge aus Tatsachen, sozialen Sachverhalten und Sinnstrukturen, zu denen der Handelnde selbst auch gehört, von den Akteuren als Sachgesamtheit mit bildanalogem Charakter empfunden werden und welche Auswirkungen diese auf deren Handeln hat. Bildanalog deshalb, weil diese Situation in ihren wesentlichen Komponenten von den Akteuren zunächst nicht sequentiell, sondern simultan wahrgenommen wird. Sie wird ganzheitlich erfasst und in dieser Form auch in die Kodierung bzw. Speicherung überführt. Je nach Handlungsnotwendigkeit und dazu verfügbaren Handlungsmöglichkeiten erfolgt die sequentielle Aufschlüsselung bis hin zum konkreten Handeln. Dieses jeweils konkrete Handeln von Personen, Haushalten und Unternehmen ist in wirtschaftlichen Normalsituationen anders ausgeprägt als in krisenhaften. Man muss situationsabhängig die Besonderheiten herausarbeiten, um erkennen zu können, ob, und gegebenenfalls wie, interveniert werden sollte. Eine standardisierte Beschreibung von Krisensituationen muss wegen der Vielfältigkeit der Erscheinungsformen von Krisen, die wiederum an weit ausdifferenzierte normale Prozesse anknüpfen, auf einem sehr abstrakten Niveau verbleiben. Kulturelle, gesellschaftliche und persönliche Faktoren überschneiden sich in sehr heterogenen Strukturen so unterschiedlich, dass die theoretische Konzeption ihrer Erklärung zwar notwendig ist, aber bei weitem nicht hinreichend sein kann. Fundierte Aussagen über wirtschaftliche Lagen und eventuelle krisenhafte Verläufe erfordern neben der logischen Rekonstruktion der Wirklichkeit in Modellen immer auch empirische Untersuchungen, anhand derer ausgelotet werden kann, welche der theoretisch möglichen Konstellationen praktisch relevant werden.

Um sich an das für eine entsprechende Modellentwicklung zentrale Themenbündel aus ganzheitlicher Situationswahrnehmung, deren pragmatisch bedingter Auflösung und den daran anschließenden Handlungen anzunähern, eignet sich vielleicht der Begriff der »Atmosphäre«. »Man sieht Dinge in ihrem Arrangement, Dinge, die aufeinander verweisen, man sieht Situationen. Auch diese (...) sind eingebettet in Bewandnisgegebenheiten. Situationen konkretisieren sich nur je von Fall zu Fall auf dem Hintergrund einer Welt. Allerdings die Welt sieht man nicht. Was ist aber dann dieses Ganze, in das alles Einzelne, das man je nach Aufmerksamkeit und Analyse daraus hervorheben kann, eingebettet ist? Wir nennen diesen primären und in gewisser Weise grundlegenden Gegenstand der Wahrnehmung die Atmosphäre« (Böhme 1998: 94 f.).

Atmosphäre ist zum einen ganzheitlich und zum anderen nicht mit unmittelbar erkennbaren Umrissen von Teilkomponenten versehen, ist vage und zugleich unstrittig vorhanden, vermittelt Sinn und erscheint konkret. Sie geht weder im Subjekt noch im Objekt ganz auf, sondern vermittelt zwischen beiden. Weite Bereiche der Alltagswelt, in der wir uns bewegen und für deren Analyse das Modell wirtschaftlichen Handelns (einschließlich der darauf beruhenden Interventionsbegründungen) entwickelt werden soll, sind durch solche Atmosphären geprägt. Sie werden entsprechend der auf sie gerichteten Aufmerksamkeit wahrnehmend erschlossen, indem jeweils das Perzept einer kontextuell zwar bestimmten, aber noch nicht scharf abgegrenzten Situation durch kognitive Prozesse mit Erinnerungen an ähnliche Situationen in Zusammenhang gebracht und mit damit verbundenen Empfindungen assoziiert wird. Atmosphären versehen das dem Handelnden noch nicht ganz Bewusste der sich darstellenden Sachverhalte und ihrer Umgebung mit einer Stimmung, werden Teil der Situationsbeschreibung und stehen damit auch in Wechselwirkung mit dem Handeln. Sie bieten Anknüpfungspunkte an die in der jeweiligen Handlungssituation nicht oder noch nicht rational aufgelöste Wahrnehmung der Welt.

Sie erlauben eine Erklärung für kompetentes Handeln, ohne dieses schon in den ersten Theoriestadien als vom Kalkül festgelegt ausweisen zu müssen. Da die Situationserfassung im Normalfall nicht das Resultat eines Abwägungsprozesses ist, sondern eher eine vorbewusste Einordnung und diese in einer Zone zwischen einzelner Anschauung und begrifflich gefasster Kategorisierung liegt, strukturiert sie unthematisiert die folgenden Wahrnehmungen – gegebenenfalls auch die während der Handlungssequenz erst auftretenden – und bestimmt die auf sie zurückwirkenden Erinnerungen mit. Das Neue, auf das handelnd reagiert werden muss, wird immer durch das bisher schon Erfahrene und Bekannte gebrochen gesehen, aber im Normalfall auch mit selbstverständlich erscheinenden Optionen versorgt. Auf diese Weise ist das praktische Handeln atmosphärisch hinterlegt und selbst wieder an der Erzeugung von Atmosphären beteiligt. Damit ergibt sich aber in der Weiterentwicklung eines an den Begriffen Konvention und Lebenswelt orientierten wirtschaftswissenschaftlichen Modells die Möglichkeit, diesen Übergang von weitgehend unproblematischen Handlungssequenzen in zunehmend problematischer werdende anders zu lösen als bei den (als prototypisch herangezogenen) kalkulationsbasierten Rational-Choice-Modellen.

Das Modell und damit die Grundlage für daran anschließende Politikberatung muss im Rahmen der Übergangserklärungen von vorbewusstem zu bewusstem Handeln und der Entscheidungsregeln für zweiteren Zustand eine Erklärung dessen beinhalten, was die Situation ausmacht und wodurch deren Wahrnehmung bestimmt ist. Dies geht deutlich über die Rational-Choice-Modelle hinaus, weil kognitive Prozesse, einschließlich ihrer kontingenten Verläufe, integraler Modellbestandteil werden und nicht durch die Annahme jederzeitigen Kalkulierens per se aus der Betrachtung ausgeschlossen oder nur in stark restringierter Form zugelassen sind. Es geht aber auch über die neueren Ansätze der Verhaltensökonomik hinaus, weil dort zwar Verhaltensannahmen getroffen werden, die deutlich realitätsnäher sind als in traditionellen Modellen (beispielsweise systematische Fehler oder Fehleinschätzungen, Entscheidungsheuristiken, Verlustaversionen, Framing), die aber dennoch am dominanten Kalkulationsgebot festhalten (vgl. Kahneman/Tversky 2000a, 2000b).

An dieser Stelle kann das angekündigte neue Modell nicht umfänglich vorgestellt werden. Zum einen ist die Ausformulierung noch nicht abgeschlossen und zum anderen fehlt noch die Schärfung anhand konkreter empirischer Forschung. Ersichtlich ist jedoch schon, dass sich das mit Atmosphäre Umschriebene zusammen mit dem Begriff der Konvention zur Beschreibung des Normalfalls von Handlung deshalb als Ansatzpunkt für wirtschaftswissenschaftliche Modelle eignet, weil damit handlungsrelevante Faktoren, die in den traditionellen Modellen artbedingt ausgespart werden mussten, in eine nicht nur benennbare, sondern auch wissenschaftlich erforschbare und in wichtigen Facetten empirisch untersuchbare Form gebracht werden können. Kategoriell so unterschiedliche Phänomene wie zum Beispiel Präferenzbildungsprozesse, Wirkungen sozialer Milieus auf das Verhalten der ihnen zuzurechnenden Personen oder übereinstimmende Stimmungslagen als Teil von gemeinsamen Situationseinschätzungen verlangen in der Realität, dass die Akteure in ihrer Handlungsgestaltung zeitlich und sachlich komplex miteinander verwobene Sachverhalte berücksichtigen können. Insbesondere die situationsspezifische »Verarbeitung« von Wahrnehmungen in verschachtelten Handlungsabläufen ist nicht, wie in den traditionellen Modellen angenommen, durch objektiv erfassbare Informationsbestandteile dominiert (vgl. die Aussagen zu Bildungsinvestitionen bei Becker 1992), sondern ist sehr stark abhängig von der Erreichbarkeit von Informationen sowie der innerhalb definierbarer Gruppen ähnlichen assoziativen Ausdeutbarkeit und der kognitiven Verwendbarkeit des Materials für den jeweiligen Akteur (vgl. Konzepte der Milieu-Forschung bei Bremer 2006, die jedoch nicht mit »Atmosphäre« arbeiten). Die auf theoretischer Ebene modellierten Fähigkeiten der Akteure, mit Situationen und deren Atmosphären kompetent umzugehen, sowie die Abbildung der sich daraus ergebenden Interventionsmöglichkeiten müssen ausreichend komplex sein, um die empirisch feststellbaren Sachverhalte jeweils konkret zu beschreiben, der Reflexion zugänglich zu machen und erforderliche Handlungsanschlüsse zu begründen.

LITERATUR

Becker, Gary S. (1992): *The Economic Way of Looking at Life* (Nobel Lecture, December 9, 1992), http://home.uchicago.edu/~gbecker/Nobel/nobellecture.pdf (12. Juli 2012).

Böhme, Gernot (1998): *Anmutungen. Über das Atmosphärische*, Ostfildern: edition tertium.

Bremer, Helmut (2006): »Die Transformation sozialer Selektivität«, in: Bremer, Helmut/Lange-Vester, Andrea (Hg.): *Soziale Milieus und Wandel der Sozialstruktur*, Wiesbaden: VS Verlag für Sozialwissenschaften, S. 186–210.

Breyer, Friedrich (2003): »Lohnabstandsgebot und Anspruchslohn – Zu den Vorschlägen einer Sozialhilfereform«, in: *Vierteljahreshefte zur Wirtschaftsforschung* 1, S. 83–93.

Buchanan, James M. (1975): *The Limits of Liberty. Between Anarchy and Leviathan*, Chicago u. a.: Chicago University Press, deutsch: Buchanan, James M. (1984): *Die Grenzen der Freiheit. Zwischen Anarchie und Leviathan*, Tübingen: Mohr.

Esser, Hartmut (1990): »›Habits‹, ›Frames‹ und ›Rational Choice‹«, in:

Zeitschrift für Soziologie, Jg. 19, Heft 4 (August 1990), S. 231–247.

Falk, Armin/Fischbacher, Urs (1999): *A Theory of Reciprocity*, Working Paper No. 6, Institut für Empirische Wirtschaftsforschung, Universität Zürich.

Habermas, Jürgen (1982): *Theorie des kommunikativen Handelns, Bd. I und II*, Frankfurt a. M.: Suhrkamp.

Hochmuth, Uwe (2009): *Konvention als Normalmodus von Handlung*, Dissertation Karlsruhe (Karlsruher Institut für Technologie).

Kahneman, Daniel/Tversky, Amos (2000a): »Choices, Values, and Frames«, in: Dies. (Hg.): *Choices, Values, and Frames*, New York: Russel Sage Foundation, S. 1–16.

Kahneman, Daniel/Tversky, Amos (2000b): »Experienced Utility and Objective Happiness. A Moment-Based Approach«, in: Dies. (Hg.): *Choices, Values, and Frames*, New York: Russel Sage Foundation, S. 673–692.

Kroeber-Riel, Werner/Weinberg, Peter/Gröppel-Klein, Andrea (2011): *Konsumentenverhalten*, München: Vahlen.

Kunz, Volker (2004): *Rational Choice*, Frankfurt a. M.: Campus.

Leibenstein, Harvey (1984): »Mikroökonomie und X-Effizienztheorie: Wenn es keine Krise gibt, dann sollte es eine geben«, in: Daniel Bell/Irving Kristol (Hg): *Die Krise in der Wirtschaftstheorie*, Berlin u. a.: Springer, S. 123–139.

Luhmann, Niklas (1994): *Soziale Systeme. Grundriss einer allgemeinen Theorie*, Frankfurt a. M.: Suhrkamp.

Olson, Mancur (2004): *Die Logik des kollektiven Handelns: Kollektivgüter und die Theorie der Gruppen*, Tübingen: Mohr-Siebeck.

Raub, Werner/Voss, Thomas (1981): *Individuelles Handeln und gesellschaftliche Folgen*, Darmstadt/Neuwied: Luchterhand.

Weber, Max (1980): *Wirtschaft und Gesellschaft. Grundriss der verstehenden Soziologie*, Tübingen: Mohr.

Zapf, Wolfgang (1977): *Lebensbedingungen in der Bundesrepublik. Sozialer Wandel und Wohlfahrtsentwicklung*, Frankfurt a. M./New York: Campus.

Hinderk M. Emrich, Prof. Dr., ist Arzt und Profes-
sor für Neurologie und Psychiatrie/Klinische
Pharmakologie, außerdem Psychotherapeut und
Psychoanalytiker. Er habilitierte sich 1972 an der
TU Berlin für Molekulare Neurobiologie und 1987
für Psychiatrie an der LMU München. Von 1992
bis 2008 war er Leiter der Klinik für Psychiatrie,
Sozialpsychiatrie und Psychotherapie der Medizinischen Hochschule Hannover. 1999 wurde er in
Philosophie promoviert und erhielt 2002 die venia
legendi für Philosophie von der Universität
Hannover. Forschungsschwerpunkte sind Psycho-
pharmakologie; Wahrnehmungspsychologie;
Synästhesie; Analytische Philosophie des Geistes;
Psychoanalyse nach C.G. Jung; Medientheorie;
Tiefenpsychologie des Films. Publikationen u. a.:
mit Michael Roes: *Engel und Avatar. Ein Dialog über
reale und virtuelle Welten* (2011); *Über die Verwand-
lung von Zeit in Gegenwart im Film. Zur philosophischen Psychologie von Realität und Traum im Kino*
(2010).

HINDERK M. EMRICH

SYNÄSTHESIE UND SUCHBEWEGUNGEN DES GEISTES IM KONTEXTUELLEN RAUM: HEILENDE ATMOSPHÄREN[1]

I. EINLEITUNG:
WIE ERKENNEN WIR ATMOSPHÄREN? WAS SIND SIE? WIE SIND SIE?

Warum sind Atmosphären so wichtig für uns Menschen? Atmosphären als »Atem-Sphären«[2] bedeuten den Austausch zwischen dem Innen, unserer Innerlichkeit, und dem Außen, das heißt es geht um das Selbst-, Welt- und Wirklichkeitsverhältnis. Jenseits der individuellen Erfahrung ist die solchermaßen verstandene Atmosphäre ein wesentliches Konstituens für Literatur und Kunst. Man könnte sogar sagen, dass sie dort ihre zentrale Manifestation erfährt – sei es als explizites Thema, als gestalterisches Resultat oder als Grundlage für die künstlerische Tätigkeit.

So spricht Franz Kafka von der »kaum mehr atembar[en]« Luft in den Gerichtskanzleien (Kafka 1960: 61), und Peter Szondi entdeckt in Rilkes *Duineser Elegien* das sich Verströmen des Menschen und die Fähigkeit der Engel, sich aus sich selbst heraus wieder aufzuladen. Rainer Maria Rilke wiederum wendet sich in einer schweren seelischen Krise der Atmosphäre in den Engels-Gemälden El Grecos zu, um sich zu retten, und findet so die Inspiration für die *Duineser Elegien*, indem er vor diesen Bildern wochenlang bei dem Maler Ignatio Zuolaga meditiert.

Umgekehrt lässt sich der Pionier des Gesamtkunstwerkes, Philipp Otto Runge, von Herders und Klopstocks lyrischen Wer-

1   Herzliche Danksagung: Das vorliegende Manuskript konnte von mir aus gesundheitlichen Gründen nicht rechtzeitig zum Druck vorbereitet und bearbeitet werden. Frau PD Dr. Christiane Heibach hat in einer überragenden Form von wissenschaftlicher Durchdringung, Übersicht und Genauigkeit sehr wichtige Vorschläge gemacht und Korrekturen ermöglicht, durch die die vorliegende Gestalt des Textes entstanden ist.
2   Atmosphäre: griech.: atmós – Dampf, Dunst, Hauch; sphaira – Kugel.

Abb. 1: Philipp Otto Runge: *Ruhe auf der Flucht nach Ägypten* (1805–1808)

ken anregen, um atmosphärisch besonders stark aufgeladene Ge-
mälde zu schaffen. So verweist in Runges Gemälden beispielsweise
die tiefstehende, im Auf- oder Untergang begriffene Sonne am Horizont auf atmosphärische Grenzzustände, die eine besondere Wirkung hervorrufen können. (Abb. 1)

Was passiert hier? Die Psyche macht gewissermaßen »Such-
Bewegungen«, wodurch ganz unterschiedliche Atmosphären aufge-
spürt und charakterisiert werden können. Diesen hier aufgezählten
Beispielen liegt ein komplexer Empfindungs- und Erfahrensprozess
zugrunde, der im Folgenden betrachtet und analysiert werden soll.
Dabei liegt der Fokus auf dem Phänomen der »Synaisthesis« als
Grundlage für die Erkundung und Generierung von Atmosphären.
Die sich hierbei abspielenden neuropsychologischen Prozesse werden im Hinblick auf die Erfahrung atmosphärischer Gegebenheiten und deren Veränderungen beschrieben, andererseits soll aber
auch der Frage nachgegangen werden, inwiefern Atmosphären einen heilenden (»salutogenetischen«) Einfluss haben können. Dabei
wird davon ausgegangen, dass das atmosphärische Geschehen sehr
stark durch kognitiv/emotionale »Suchbewegungen« des Mentalen
bestimmt wird, die letztlich darauf abzielen, Situationen genau-

er charakterisieren und analysieren zu können, was sowohl absichernden als auch – beim intentionalen Handeln – erfolgserhöhenden Charakter hat.

II. NEUROPSYCHOLOGIE DER AISTHESIS

> Der Atmosphären verstehende Geist –
> in seinen Suchbewegungen –
> ist ein Künstler seines eigenen limbischen Systems.

Vor dem Hintergrund, Suchbewegungen des Geistes in der Bestimmung von Atmosphären zu identifizieren, möchte ich zunächst die Frage nach der Vollständigkeit unserer neurobiologisch-neuropsychologischen Wahrnehmungstheorie stellen und dabei Themen wieder aufwerfen, die schon zur Ruhe gekommen zu sein schienen. Die Frage nach Sensualismus und Konstruktivismus in der Wahrnehmung hat uns seit John Locke, David Hume, Immanuel Kant und nicht zuletzt seit den Untersuchungen der Neurobiologen David Hubel und Torsten Wiesel einerseits und Richard Gregory andererseits immer wieder beschäftigt.[3] Schließlich hat man sich einigermaßen damit »beruhigt«, dass sowohl konzeptualisierende als auch perzeptive Elemente der Wahrnehmungs-Systeme einander quasi »dialogisch« überlagern, um zu einer Perzeption und Interpretation in einem Wahrnehmungsakt zu kommen.

Immanuel Kant hatte mit seiner *Kritik der reinen Vernunft* (Kant 1974/1787) die Grundlagen für eine moderne Theorie der Subjektivität gelegt, woraufhin Friedrich Heinrich Jacobi (als Kant-Kritiker) das Vernehmen, die »vernehmende Vernunft«, als Gegenkonzept heraus stellte (Jacobi 1980/1812). Mit der kantischen Konzeption, die – wie Dieter Henrich formuliert – eine

---

3 David Hubel und Torsten Wiesel erhielten 1981 den Nobelpreis für Medizin für ihre Erkenntnisse über das visuelle System. Sie wiesen unter anderem nach, dass bei Dysfunktion eines Auges die Nervenaktivitäten sich so verändern, dass das verbliebene Auge Funktionen des anderen übernehmen kann. Richard Gregory ist einer der Pioniere der Erforschung des Sehens und Autor des Klassikers *Eye and Brain* (1966). Er untersuchte die Funktionsweise optischer Täuschungen und die Entwicklung visueller Fähigkeiten am Beispiel eines Blinden, der im Alter von 52 Jahren seine Sehfähigkeit wieder erlangte.

»konstruktionistische« Theorie der Wahrnehmung enthält,[4] ist eine Fundamentalkonzeption etabliert, deren Gültigkeit bis heute nicht in Frage steht. Gleichwohl ist es der Neuropsychologie der letzten Jahrzehnte gelungen – insbesondere durch subtile Analysen von Wahrnehmungsillusionen mit Hilfe von funktionellen bildgebenden Verfahren – die Wechselwirkung zwischen sogenannten »top-down«- und »bottom-up«-Komponenten der Wahrnehmung genauer analysieren zu können.

Immanuel Kant hat in der *Kritik der reinen Vernunft* zur Konstruktivität der Wahrnehmung einen sehr bezeichnenden Satz geschrieben: »Daß die Einbildungskraft ein nothwendiges Ingrediens der Wahrnehmung selbst sei, daran hat wohl noch kein Psychologe gedacht.« (Kant 1974/1787: 135) Und Carl Friedrich von Weizsäcker sagt hierzu in seiner geschichtlichen Anthropologie unter dem Titel *Zur Biologie des Subjekts*: »Der Empirismus hält Sinnesdaten als solche für gegeben (...) er sieht nicht, daß Sinnesdaten schon unserer biologischen Ausstattung wegen gar nicht anders als unter einem mit-wahrgenommenen Begriff gegeben sein können.« (von Weizsäcker 1982: 314)

Das Cartoon von Abb. 2 zeigt, in welcher Weise die Dynamik der Wahrnehmung und Wirklichkeitskonstruktion in sich zirkulär und durch interne Wechselwirkungen bestimmt ist: auf der einen Seite der »naive Realismus«, der davon ausgeht, die Wirklichkeit werde lediglich durch Sinnesorgane wie Kamera und Mikrofon in einer Computermetapher »abgebildet« und mit Hilfe eines Computers »berechnet«, und auf der anderen Seite das Kantische Konzept der Wirklichkeitshypothese. (Abb. 2)

Bei der Frage nach den »Suchbewegungen«, die vom Subjekt ausgehen, um eine Situation, eine Atmosphäre zu erfassen, geht es nun um folgendes großes Thema: Wovon hängt es eigentlich ab, auf welche Teilbereiche und Aspekte, auf welche semantischen Gehalte sich das neuronale System des Subjekts innerhalb einer konstruierbaren/erfassbaren Gesamtwirklichkeit »fokussiert«?

---

4 Diesen Begriff hat Dieter Henrich immer wieder in seinen faszinierenden Oberseminaren über Immanuel Kant und Thomas Nagel verwendet, an denen ich teilgenommen habe.

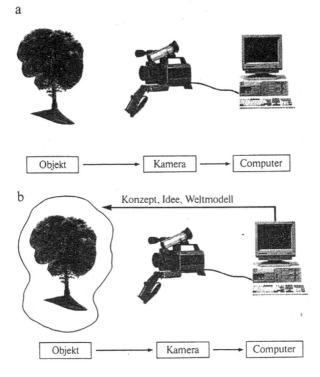

Abb. 2: a) Darstellung des »naiven Realismus«, in dem Wirklichkeit lediglich Abbildung und Datenauswertung repräsentiert; **b)** Konzeption von Wahrnehmung aufgrund vorgängiger Konzeptualisierung.

Hierfür soll zunächst auf die Rolle von Aisthesis und »Synaisthesis« (der Synästhesie) eingegangen werden, die – wie sich zeigen wird – von entscheidender Bedeutung für die Erklärung von Wahrnehmungsprozessen und, darüber hinaus, für die Frage nach der Entstehung eines einheitlichen Bewusstseins ist.

III. WAHRNEHMUNG UND »REALITÄTSGLÄTTUNG«: INTERNE »ZENSUR«

In der Neurobiologie geht man derzeit davon aus, dass das mentale System »modular« organisiert ist, dass also den mentalen Operationen funktionell und zum Teil topographisch zuzuordnende »Module« mit unterschiedlichen Eigenschaften entsprechen. Dabei wird angenommen, dass die verschiedenen Module »interaktiv« miteinander wechselwirken, wofür – nach Damasio – bestimmte sogenannte »Konvergenzzonen« von Bedeutung sind (Damasio 1999). Nach Arbeiten von David Mumford ist ein für die Konzeptualisierung besonders wichtiges Modul die thalamokortikale Rückkopplungsschleife, die er in folgender Weise charakterisiert:»Indem sie [jede kortikale Zone, H.E.] das tut [Wissen verwalten und aktualisieren, H.E.], greift sie auf eine vielfache Quelle von Erfahrungswissen auf der Grundlage von Wahrnehmungen zurück, die ihrerseits vielfältige, oft widersprüchliche Hypothesen generieren, die in den neuronalen Systemen des Thalamus integriert und in die kortikalen Eingangsstrukturen zurückprojiziert werden.«[5] Nach Mumford bilden diese Rückkopplungsschleifen in dem Kern des Thalamus sogenannte »active blackboards« (Mumford 1991: 135), aktive Repräsentationen, auf denen die jeweils besten Rekonstruktionen bestimmter Aspekte der Außenwirklichkeit dargestellt werden; insofern können thalamische Strukturen im oben beschriebenen Sinne als »Konvergenzzonen« interpretiert werden. Auf der Seite der Wahrnehmungspsychologie kann man auf Grund der hier dargestellten Zusammenhänge eine gewissermaßen »konstruktivistisch fundierte« Illusions-Forschung betreiben, denn das Besondere an Illusionen ist ja gerade, daß sie den fiktionalen Charakter subjektiver Wirklichkeiten entlarven. Das dabei verfolgte Konzept besagt, dass Wahrnehmung keinen in sich einheitlichen Vorgang darstellt, sondern einen interaktiven komplexen Prozess, d.h. ein Geschehen, das man als »internen Dialog« verschiedener System-Teilkomponenten darzustellen versuchen kann. Bei der Drei-Komponenten-Hypothese der Wahrnehmung wird angenommen, dass Wahrnehmung grundsätzlich aus dem Zusammenwirken folgender drei Faktoren resultiert (Abb. 3):

1. Eingehende Sinnesdaten (»sensualistische Komponente«);
2. Interne Konzeptualisierung (»konstruktivistische Komponente«);
3. Interne Kontrolle (»Zensur«- bzw. »Korrektur-Komponente«).

---

5 »In doing this, it will draw on multiple sources of expertise, learned from experience, creating multiple, often conflicting, hypotheses which are integrated by the action of the thalamic neurons and then sent back to the standard input layer of the cortex.« (Mumford 1991: 135), Übersetzung H.E.

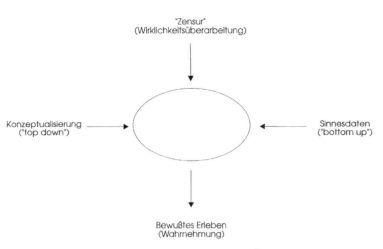

Abb. 3: Darstellung der 3-Komponenten-Hypothese durch Überlagerung von »Konzeptualisierung«, »Sinnesdaten« und »Zensur«

Bei dieser Konzeption wird vermutet, dass sich bei der Wahrnehmung »bottom-up«-Strategien (Komponente 1) mit »top-down« Strategien (Komponente 2) überlagern. Da die von den Sinnesdaten hervorgerufene Datenlage mit den internen Konzepten in Konflikt geraten kann, ist eine dritte Komponente, eine Kontroll- bzw. Korrektur-Komponente, anzunehmen, die eine biologisch sinnvolle Wirklichkeitsfiktion im Sinne von Watzlawick (1981) garantiert. Wirklichkeit wird also nicht nur formiert, produziert und generiert; sie wird auch überarbeitet, modifiziert und »geglättet«.

Zur näheren Erläuterung von Wahrnehmungsprozessen und deren Komplexität eignet sich besonders ein Sonderfall der Wahrnehmung, die Synästhesie.

IV. »GENUINE« SYNÄSTHESIE

Synästhesie ist für alle Menschen, die erstmals damit konfrontiert werden, eine frappierende, ungewöhnliche und beeindruckende Erscheinung der Vermischung von Sinnesqualitäten; beeindruckend deshalb, weil – in ähnlicher Weise wie bei der Wahrnehmung von Illusionen – man sich hierbei des eigenweltlichen, subjektiven Charakters der Wahrnehmung, in gewissem Sinne sogar des hermetischen Charakters von subjektiver Wahrnehmung deutlich bewusst wird. Synästhesie wird auch als »Vermischung der Sinne« bezeichnet. Darunter versteht man, dass bei der Stimulation einer Sinnesqualität, beispielsweise des Hörens oder des Riechens, es in einer anderen Sinnesqualität wie dem Sehen von Farben oder von geometrischen Figuren ebenfalls zu *einer* Sinneswahrnehmung kommt. Am häufigsten ist dabei das sogenannte farbige Hören – auch als Farbenhören, als »Audition coloreé«, »coloured hearing« bezeichnet – wobei typischerweise Geräusche, Musik, Stimmen und ausgesprochene Buchstaben und Zahlen zur Wahrnehmung bewegter Farben und Formen führen, die in die Außenwelt bzw. auch in das Kopfinnere projiziert werden. Auf einem »inneren Monitor«, der allerdings keine räumliche Begrenzung aufweist, erscheinen dann häufig vorbeilaufende farbige Strukturen, Kugeln bzw. langgestreckte vorüberziehende dreidimensionale Gebilde mit charakteristischen, beispielsweise samtigen, glitzernden oder auch gläsernen bzw. metallischen Oberflächen, deren Charakter bei den sogenannten »genuinen Synästhetikern« in einem direkten korrelativen Verhältnis zu den akustisch wahrgenommenen Sinneseindrücken steht.

Berühmt geworden ist ein Proband des amerikanischen Neuropsychologen Richard Cytowic, der anlässlich einer Party dadurch auffiel, dass er einen geschmacklichen Sinneseindruck in geometrischen Strukturen beschrieb. Die Nachfrage des interessiert aufhorchenden Neuropsychologen ergab, dass dieser Proband eine sehr differenzierte geometrische Geschmacks/Geruchs-Synästhesie aufwies. Er konnte reproduzierbar sehr präzise geometrische Figuren beschreiben, die bestimmte Geschmacksstoffe wie Hähnchengeschmack, und andere komplexe Geschmacks-Geruchs-Kombinationen darstellten (vgl. Cytowic 1998: 4 ff.).

Besonders selten sind Probanden, bei denen Gerüche als Farben wahrgenommen werden oder Wörter zu Geschmacksempfindungen führen. Zweifellos am häufigsten ist die Ton-Farbe-Synästhesie, wobei aber auch das gelesene oder sogar das nur gedachte Wort bzw. der Buchstabe oder die Zahl, das damit quasi fest verbundene synästhetische Farberlebnis bzw. das Erlebnis geformter Farbe auslöst. Charakteristisch hierbei ist in der Biographie der

Synästhetiker ein frühes Erlebnis von so etwas wie »Einsamkeit«, nämlich die Entdeckung, dass es eine private Wahrnehmungswelt gibt, die andere Menschen nicht haben, andere Menschen nicht kennen und über die man sich nicht verständigen kann, ja über die man am besten nicht spricht, sie geheim hält.

Synästhesie hat offensichtlich einen konstitutionellen Hintergrund, denn einerseits ist das Geschlechterverhältnis etwa 7:1 zugunsten der Frauen, zum anderen gibt es familiäre Häufungen von bis zu drei Synästhesieprobanden in einer Familie über drei Generationen hinweg, weshalb vermutet wird, dass es sich um eine X-Geschlechtschromosomen-bezogene Vererbung bei der Auslösung des Phänomens handeln könnte.

V.   »GEFÜHLS«-SYNÄSTHESIE

Bei der Untersuchung einer großen Anzahl von Synästhetikern – vorwiegend Synästhetikerinnen – die sich aufgrund von Presseberichten gemeldet hatten, stellte meine Arbeitsgruppe in Hannover nun fest, dass es offenbar eine Randgruppe von Probanden gibt, die nicht das charakteristische feste Verhältnis zwischen Farbwahrnehmungen bzw. geformten Farbwahrnehmungen und dem semantischen Gehalt des Gehörten, bzw. auch Gelesenen, aufwiesen, sondern bei denen vielmehr ein lockeres, eher assoziatives Verhältnis zwischen den inneren Bildern und musikalischen und anderen akustischen Erlebnissen vorhanden war. Während diese Probanden üblicherweise von der weiteren Untersuchung ausgeschlossen werden, wurden sie hier als eine Art zweite Kontrollgruppe bzw. Referenzgruppe mit untersucht. Dabei zeigte gerade die Gruppe der als »Randgruppen-Synästhetiker« – auch als »metaphorische Synästhetiker« – zu bezeichnenden Personen besonders interessante Eigenschaften. Diese gaben Anlass zu der Hypothese, dass diese sogenannten »Gefühls-Synästhetiker« möglicherweise auf dem zweiten inneren Bildschirm nicht den semantischen Gehalt aus einem anderen Sinneskanal abbildeten, sondern vielmehr die dabei mitlaufenden emotionellen Gefühlszustände, deren Variabilität und mangelnde Reproduzierbarkeit aber die Untersuchung erheblich erschwerte. Eine – zumindest partielle – Legitimation, die metaphorischen Synästhetiker nicht völlig aus der Untersuchung auszuschließen, ergab sich dann insbesondere dadurch, dass eine Subgruppe von Probanden gefunden wurde, die eindeutig beiden Kategorien zuzuordnen war, die also sowohl genuin-synästhetische Eigenschaften als auch gefühls-synästhetische Eigenschaften zeigten. Die Fähigkeit zur Synästhesie ist grundsätzlich nicht pathologisch. Eher scheint es so zu sein, dass Menschen, die zur Synästhesie fähig sind, hieraus kognitive und emotionale Vorteile ziehen können, wie beispielsweise besondere mnemotechnische Fähigkeiten, die bei nicht wenigen Synästhetikern vorkommen (vgl. Lurija 1991: 147 ff.).

VI. IMAGINATION UND SYNÄSTHESIE

Wesentlich für ein Verständnis imaginativer Phänomene ist das Konzept, dass Sinneswahrnehmung als solche konstruktiv ist, einen wirklichkeitserzeugenden Aspekt hat, also *nicht* darin aufgeht, »Abbildung« von Außenrealität zu sein. In der Verdeutlichung dieses Aspekts – gegen den vor allem angloamerikanischen traditionellen Sensualismus – liegt die Bedeutung des Konstruktivismus, beispielsweise bei Maturana, Varela, Luhmann, von Glasersfeld und anderen.

Dabei – beim konstruktivistischen Generieren von momentaner »Wirklichkeit« – werden nun aber nicht nur je neue Aspekte erzeugt, um komplexe Sinnesdaten-Lagen (Konstellationen von sensualistischen »patterns«) auszudeuten; es werden vielmehr im Sinne einer Theorie der Kreativität auch überhaupt *neue* Wirklichkeitsmodelle erzeugt, es werden neue Wirklichkeiten *erfunden*; Watzlawick spricht in diesem Zusammenhang von der »erfundenen Wirklichkeit«. Wie schon in den beiden Schemata der Abb. 2 dargelegt, gibt es zwei unterschiedliche Auffassungen von Wirklichkeit: eine »realistische« – die Wirklichkeit ist etwas von außen auf den Wahrnehmenden Einwirkendes – und eine »konstruktivistische« – die Wirklichkeit ist ein Ergebnis der Adaption von Daten an das Gehirn. Diese Deutung der Sinneswahrnehmung wird im schon erläuterten Drei-Komponenten-Schema der Wahrnehmung repräsentiert (vgl. Abb. 3).

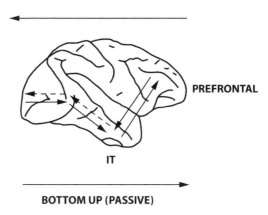

Abb. 4: Schema der Richtungen in Top-down-Prozessen und Bottom-up-Prozessen im Zentralnervensystem (nach Desimone u. a. 1995)

Im Hinblick auf die Synästhesieforschungen drängen sich vor dem Hintergrund der existierenden Wahrnehmungskonzepte nun insbesondere zwei Fragen auf **(Abb. 4)**:

1. Wie entsteht die innere Einheitlichkeit des Bewusstseins? Hier sind Probleme der sogenannten »intermodalen und intramodalen Integration« zu bewältigen.
2. Wie wird das Wahrnehmen eines Objekts mit dem stets mitlaufenden Gefühlston korreliert?

Diese beiden Fragen lassen sich anhand eines Hirnmodells schematisch erläutern:

Neueste Untersuchungen mit modernen neuropsychologischen Forschungsmethoden (fMRT, EEG) zeigen, dass die wahrscheinlichste Erklärung für das Synästhesie-Phänomen darin besteht, dass bei dem internen neuronalen Abgleich zwischen top-down-Komponente (Wirklichkeits-Hypothese) und bottom-up-Komponente (Sinnesdaten) durch verstärkte Konnektivitäten bedingte komplexe – synästhetische – Wirklichkeits-Hypothesen entstehen, die die wahrgenommenen transmodalen Koppelungen beinhalten, die die Synästheten an sich beobachten. Diese führen (als Kompensationsleistungen) zu einer Steigerung kognitiver Leistungen wie Merkfähigkeit und/oder Aufmerksamkeit. Doch nun zu den beiden oben gestellten Fragen nach der Einheit des Bewusstseins und der Koppelung von Wahrnehmung und Gefühl.

VII. SYNÄSTHESIE UND DAS RÄTSEL DER EINHEIT DES BEWUSSTSEINS

Die Synästhesie ist nicht zuletzt deshalb so interessant, weil – wie Synästhetiker berichten – trotz der Koppelung zweier Sinnesqualitäten die Einheit des Bewusstseins, die Einheitlichkeit des Objektes, hierdurch nicht verletzt wird, also die beiden Sinnesqualitäten intermodal vollständig integriert werden.

Das Synästhesiephänomen hat somit möglicherweise eine wesentliche Bedeutung für das Verständnis der Entstehung von so etwas wie »Einheitlichkeit von Bewusstsein« und der Behandlung der Frage nach der intermodalen Integration. Dass Menschen sich aus den vielfältigen, gelegentlich sogar in sich widersprüchlichen Sinneseindrücken ein einheitliches Wirklichkeitsbild und Objektbild erzeugen können, ist bereits in Immanuel Kants Forderung in der *Kritik der reinen Vernunft* angesprochen, wo es heißt: »Das: *ich denke,* muß alle meine Vorstellungen begleiten können.« (Kant 1974/1787: 136) Die einheitsstiftende Macht des subjektiven cogito generiert, in moderner psychologischer Sprache gesprochen, ein internes »mitlaufendes Wirklichkeitsmodell«, innerhalb dessen das Objekt unter Einschluss widersprüchlicher Aspekte zu einem geschlossenen Ganzen als synthetischer Einheit verschmolzen wird, wozu auch der »mitlaufende Gefühlston« gehört. Dabei werden alle Teilaspekte der Wahrnehmung des Fühlens und des Denkens in der Weise integriert, dass der Eindruck der Einheitlichkeit entsteht: Wenn ich ein Kind mit einem roten Schal sehe, dann muss ich mir nicht vergegenwärtigen, dass da ein Kind mit einem Schal ist, der zudem auch noch rot ist. Statt dessen sieht man alles als »synthetische Einheit«.

Über die Neurobiologie der Entstehung dieser intermodalen Integration gibt es derzeit eine Reihe spannender Thesen, deren Überprüfung sich aber als außerordentlich schwierig erweist. Hier könnte nun die Synästhesie insofern ein aufregendes neues

Forschungsfeld darstellen, als Synästhetiker offenbar an einer, üblicherweise nicht auftretenden und nicht von der Wahrnehmung vorgesehenen, Stelle der »Sinnesverschmelzung« eine intermodale Integration erzeugen. Sie berichten nämlich einheitlich, dass das Farberlebnis bzw. das Erlebnis der geformten Farbe sowohl von dem Wahrnehmungsakt als auch von dem semantischen Gehalt des im Primärkanal angestoßenen Sinneswahrnehmungserlebnisses völlig unabtrennbar sei; mit anderen Worten: Das Farberlebnis bei der Wahrnehmung der Zahl »4« und das Denken, Lesen oder Hören der Zahl »4« sind inhärent miteinander im Sinne einer intermodalen Integration bzw. intermodalen Synthesis verbunden. Demzufolge könnte eine Aufklärung des Mechanismus von synästhetischer Wahrnehmung zugleich ein Paradigma für die Aufklärung des neurobiologischen Mechanismus der intermodalen Integration liefern.

In diesem Sinne ist auch die weitere genannte Besonderheit bei der Synästhesieforschung bedeutungsvoll: das Phänomen, dass sich interne Gefühlszustände in Form von Sinneswahrnehmungen auf dem zusätzlichen inneren Monitor darstellen lassen. Mit anderen Worten: Auch die zweite Frage, diejenige nach der Integration von Wahrnehmungsgehalten mit dem mitlaufenden Gefühlston, lässt sich in der Synästhesieforschung thematisieren. Dies betrifft vor allem die »Gefühlssynästhetiker«, die – wie schon erwähnt – bisher aus der Synästhesie-Forschung ausgeschlossen waren. Ein mögliches Konzept zur Klärung dieser Frage ist ein Begriff, der neuerdings in der angloamerikanischen Psychologie eine große Rolle spielt, nämlich der des »metamood«. Hierunter ist die Fähigkeit von Subjekten zu verstehen, Gefühle nicht einfach nur zu haben, sondern sie in einem inneren Gefühlsschema noch einmal zu repräsentieren, sie sich vergegenwärtigen zu können und damit sich noch einmal zu ihnen zu verhalten, sie zu modifizieren, abzulehnen, abzuwandeln, zu verstärken und den Kontakt zu ihnen zu intensivieren. In der Tat zeigen die von uns bisher untersuchten Probandinnen mit Randgruppen-Synästhesie-Eigenschaften erstaunliche psychologische Besonderheiten: Sie weisen eine besondere innere Festigkeit, Angstfreiheit und geradezu imposante Konsistenz und innere Verankerung der Persönlichkeit auf, verbunden mit einem offensichtlich intensiven Selbstverhältnis, einer hochentwickelten Fähigkeit zum Kontakt mit dem eigenen Selbst. Gefühlssynästhesie wäre damit eine Form der Generierung von »metamood«. So sagte eine derartige Synästhetikerin:»Das normale Leben ist eine Ablenkung von dem, was ich eigentlich lebe.« Anders gesprochen: Ihr eigentliches Seinsverhältnis ist ein Innenverhältnis. Auffallend häufig findet man bei Gefühls-Synästhetikerinnen mediale Eigenschaften, Fähigkeit zum Wahrtraum bis hin zur Telepathie und Hellseherei. Dies sind Eigenschaften, wie sie C.G. Jung in seinen Arbeiten über akausale Zusammenhänge beschrieben hat. Bei üblichen naturwissenschaftlichen Betrachtungen können derartige Phänomene nicht erforscht werden, da sie Einmaligkeitscharakter haben: Denn niemals ist ein Gefühlszustand genau derselbe wie vorher oder nachher. Wenn also die Hypothese richtig ist, dass ein Teil der bildhaften Erscheinungen auf dem inneren Monitor Abbildungen von Gefühlszuständen darstellen, so ist die mangelnde Reproduzierbarkeit gerade das Charakteristikum dieser inneren Wahrnehmungen. Die Forschungsmöglichkeiten über einmalige Prozesse sind äußerst eingeschränkt. Dennoch hat sich in den letzten Jahren auf dem Gebiet der Physik nicht-linear-dynamischer Prozesse auch ein Bereich herausgebildet, innerhalb dessen Singularität zu einem Forschungsgegenstand werden könnte. Im Dialog zwischen dem Physiker und Nobelpreisträger Wolfgang Pauli und dem Tiefenpsychologen und Psychoanalytiker C.G. Jung sind Prinzipien der Singularitätsforschung skizziert (Pauli/Jung 1992). Nicht etwa zufällig: Denn das psychische Leben ist in der Tat eine vorwärts schreitende Sammlung von Singularitäten, von ineinander übergehenden Einzelfällen.

Um dem gerecht zu werden, sei die Skizze einer systemtheoretischen Deutung des Phänomens der Gefühls-Synästhesie dargestellt. Diese Konzeption geht davon aus, dass Denken nie darin aufgeht, pures Denken zu sein, Wahrnehmen nie darin aufgeht, pures Wahrnehmen zu sein; vielmehr wird angenommen, dass Denken und Wahrnehmen immer nur sind, was sie sind, indem sie auf eine einheitsstiftende Emotionssphäre bezogen werden, und zwar unter Vermittlung der neurobiologischen Mechanismen der Wahrnehmungs/Kognitions-Emotions-Kopplung. Intermodale Integration würde dann wesentlich dadurch zustande kommen, dass kognitive- und Wahrnehmungsgehalte grundsätzlich auf ein einheitsstiftendes Bewertungsprinzip bezogen werden, dessen neurobiologische Basis in limbischen Strukturen angesiedelt ist.

VIII. SYNÄSTHESIE ALS LEBENSFORM

Synästhesie im eigentlichen »neurobiologischen« Sinne ist sicherlich nicht erlernbar. Es handelt sich um eine Variante der neuronalen Organisation bei der kortikalen Repräsentation semantischer Gehalte. Synästhesie im weiteren Sinne als eine Form innerer Wachheit im Hinblick auf die wechselseitigen Bezüge zwischen Wahrnehmungssystemen und insbesondere die Fähigkeit bildhafter Wahrnehmung eigener Gefühlszustände kann man sich aber sicherlich aneignen. Synästhesie wird damit zur Metapher für eine Lebensform, in der es eine Steigerung von Kreativität, mentaler innerer Absicherung und innerer Stabilität im Rahmen des Erreichten gibt. Synästhesie als Lebensform beinhaltet dann, den Gegenständen (und sich selbst) eine neue Form von Multidimensionalität, von Uneindeutigkeit, von Komplexität und Bedeutungshaltigkeit zuzubilligen – eine Art von Enttrivialisierung – und damit auch uns selbst einen dem Reduktionismus heilsam entgegenwirkenden Aspekt innerer Vielfalt: Denn Menschen gehen nicht darin auf, biologische Maschinen zu sein, die, wie der Darwin karikierende Essayist Samuel Butler schrieb, sich so erklären lassen: »Es ist, glaube ich, oft angemerkt worden, dass eine Henne nur die Art und Weise ist, wie ein Ei ein anderes Ei hervorbringt.«[6] Was es heißt, ein Mensch zu sein, lässt sich vielmehr häufig eben gerade nicht dadurch erklären, dass gesagt wird: »Wir sind nichts anderes als ...«. Das Phänomen der Synästhesie kann uns lehren, diese »Hyper-Reduktionismen« zu vermeiden; und Synästhesie als Lebensform kann Angst reduzieren, weil sie eine neue Dimension innerer Sicherheit, eine neue Form von Selbstvergewisserung und Absicherung im eigenen Selbst ermöglicht.

---

6 »It has, I believe, been often remarked, that a hen is only an egg's way of making another egg.« (Butler 1878: 134, Übersetzung H.E.)

Aus der Gefühls-Synästhesie kann man somit ableiten, dass unser auf Wiederholbarkeit ausgerichtetes Selbstbild in bestimmten Hinsichten keine geeignete Metapher ist für unser Selbstsein, weil nämlich das, was wir sind, eine Reihung, eine Summe von Einmaligkeiten und Nicht-Wiederholbarkeiten enthält, für das unsere Maschinenmetapher kein Modell darstellt. Synästhesie als Lebensform erweist sich als Paradigma eines Selbstverständnisses des Menschen jenseits der Maschinerie, jenseits einer Physik der Reversibilität, als Paradigma eines Selbstverhältnisses im Sinne einer Physik der Singularität: Die nicht-lineare Dynamik ist somit in gewissem Sinne eine Physik der Einmaligkeit, des Singulären, des Nicht-Wiederholbaren.

IX. WELCHE BEDEUTUNGEN HABEN SUCHBEWEGUNGEN DES GEISTES FÜR
SYNAISTHESIS UND ATMOSPHÄREN?

Künstlerische Ansätze, wie sie beispielsweise von Philipp Otto Runge in der Konzeption eines »Gesamtkunstwerkes« als Repräsentation eines geistig-seelischen Holismus entwickelt wurden, führen zur Repräsentation atmosphärischer Gehalte im Sinne einer situativen Wahrnehmungs-Integration. Man könnte dies auch auf die Konzeption des romantischen Pioniers der »Erfahrungsseelenkunde«, Carl Philipp Moritz, beziehen, und zwar im Sinne einer »Physiognomik des Psychischen« (Emrich 1996).

Atmosphären, wie sie in solchen Kunstwerken dargestellt sind, haben dann den Charakter einer situativen Integration. Eine extreme Form einer solchen Integration findet sich beispielsweise in den Werken eines seit Kindheit blinden Malers, der sich eine Farbwirklichkeit in seinen Gemälden synästhetisch konstruktiv erschaffen hat, die für uns als »Außenstehende« ans Wunderbare grenzt: Es handelt sich um den Maler Esref Armagan. Die Augen des 57jährigen türkischen Malers sind durch einen Geburtsfehler kaum entwickelt, er hat aber ein Gespür für Farben und vor allem für Perspektive entwickelt, offensichtlich durch iterative Lernvorgänge aus den Wahrnehmungen anderer, die ihm in nicht visuellen Sinneskanälen vermittelt werden. Es handelt sich hier um eine extreme Form von Synaisthesis im Bereich der »top-down« Konzeptbildung. Hier sind also durch den blinden Maler noch ganz andere, hochstufige Suchbewegungen des Geistes erforderlich, um seine spezifische Eigenwelt und seine Atmosphäre zu generieren, in welcher er lebt.

Vom Standpunkt der kognitiven Theorie der Wahrnehmungs-Evolution aus spielt die Neurobiologie der Situationserkennung eine entscheidende Rolle: Wahrnehmung fällt gewissermaßen nicht isoliert »vom Himmel«, sondern sie ist jeweils eingebettet in einen Lebenszusammenhang des »Survivals of the fittest«, in welchem der Überlebensvorteil darin besteht, nicht einfach Gegenstände wahrzunehmen und zu interpretieren, sondern Situationen, Situiertheiten, Gefahrenquellen und Vorteilschancen möglichst schnell und genau zu erkennen und hierauf zu reagieren.

Um eine Situation zu erfassen, bedarf es einer vorgängigen Intention, neugierig einen »Fokus« der Aufmerksamkeit zu generieren: Was soll überhaupt in den Blick geraten? Worauf soll sich Perzeptivität überhaupt richten? Es geht um die Wechselwirkung in der Beachtung von Sehen, Hören, Riechen, Schmecken, Tasten, etc. Hier spielt der Begriff der »Intentionalität« eine entscheidende Rolle; einmal im Sinne der Brentanoschen, von Husserl weiterentwickelten Bedeutung des »etwas Meinens«, zum anderen aber auch im Sinne der »intentions« (G.F.M. Anscombe) des »etwas Wollens«. Bei der Frage nach dem Fokus der Aufmerksamkeit steht allerdings die Intentionalität in ihrer Doppelbedeutung im Mittelpunkt.

X.   ATMOSPHÄREN: DIE ROLLE DER INTUITION ALS »BRÜCKE«

Bei den »Suchbewegungen« des Geistes, Neugier, Interesse, Angstbewältigung, etc. geht es um zugleich Integration (Synthesis, Synaisthesis) des aktuell Wahrgenommenen und um die Hereinnahme des »Subliminalen«. Um dies zu ermöglichen, kann nicht nur das reine kognitive Wachbewusstsein aufmerksamkeitsleitend sein, sondern es muss auch das intuitive (gefühlshafte) Wissen, auch halb- und unbewusstes (symbolisches, »archetypisches«) Wissen, integriert werden: eine Ahnung, worum es »eigentlich« geht.

Um diese komplexe Integration in den »Suchbewegungen« zu ermöglichen, bedarf es einer mentalen Situiertheit, in der drei Komponenten des mentalen Systems zusammenwirken (»Tripelpunkt«).

Hier geht es im Sinne einer »Philosophie des Erwachens« (Emrich 1990) um die Überlagerung von Wachbewusstsein, Traumbewusstsein und Tiefschlafbewusstsein, was bedeutet, dass in diesem »Tripelpunkt« auch über »dissoziative Zustände« entschieden wird. Ein Bespiel ist hier der Beginn von Franz Kafkas Roman *Der Prozess*: Josef K. befindet sich im Tripelpunkt des Erwachens, und es wird über ihn gesagt: »Viel wichtiger war es für ihn, Klarheit über seine Lage zu bekommen« (Kafka 1960: 9). Hier wird die Konstituierung einer »Atmosphäre« vollzogen, indem scheinbar Inkohärentes zusammengebracht wird: die Wächter, die Schreie, es werden Brötchen in Honig getaucht, eine alte Frau mit greisenhafter Neugierde wird beschrieben und im Sinne der Analyse des Kafka-Experten, meines Vaters, Wilhelm Emrich, wird die Bilderwelt des Innen im Außen repräsentiert (vgl. u. a. Emrich 1986).

In den weiteren Stadien der »Suchbewegungen des Geistes« kommt dann noch das Proustsche »Er-innern« ins Spiel, die Integration von subliminaler Vergangenheit, an der das bewusste Leben letztlich vorbeiging; bzw. auch der Traum, in dem unverstandene Atmosphären »wieder-holt« und neu bearbeitet werden. Dieses kann im Sinne von Sigmund Freud als Prozess des Erinnerns, Wiederholens, Durcharbeitens verstanden werden. In diesem Sinne gibt es für das Verstehen von Atmosphären auch die »Suchbewegungen des Traumes«.

Was hier versucht wird darzustellen, ist der Vorgang einer Enträtselung, der Enträtselung einer undurchschaubaren Situation, in die beispielsweise Kafkas Protagonist im *Prozess*, Josef K., an seinem 30. Geburtstag geraten ist: der Enträtselung einer primär verrätselten Wirklichkeit, einer Atmosphäre des Unbegreiflichen.

XI.   AUF WELCHE WEISE KÖNNEN ATMOSPHÄREN »HEILEN«?

Dieser Aspekt kann hier nur angedeutet werden, er umfasst den gesamten Komplex der Psychosomatik und der Bedeutung von ganzheitlichen Erlebensstrukturen, die Thema dieses Beitrags waren und in engem Bezug zur Modellierung von Atmosphären als einem komplexen, multisensoriellen Phänomen stehen, das die Subjekt/Objekt-Differenz, den Ratio/Emotio-Antagonismus sowie den Gegensatz zwischen Bewusst und Unbewusst transzendiert. In der Medizin werden wir heutzutage in Atmosphären entführt, die vom atmosphärischen her eher kämpferische Möglichkeiten beinhalten. Es ist dies die glatte und anonyme Atmosphäre moderner technischer Apparate-Medizin, die die Krankheit zum Feind außerhalb unserer selbst erklärt. Der großartige Gegenwartsfilmemacher aus Thailand, Apichatpong Weerasethakul, hat in seinem Film *Syndromes and a Century* (2006) eine derartige Atmosphäre meisterhaft geschildert. Sie ist so anonymisiert und entfremdet, dass wir das Gefühl haben, selber zu einem Teil der Maschinenwelt zu werden, die diese Atmosphäre auszeichnet. Man rettet sich, indem man selbst Teil des Kampfes wird.

Im Gegenzug hierzu könnte man als »heilende Atmosphäre« eine solche bezeichnen, die nicht primär-konflikthaft, abgründig, undurchsichtig sowie für den Betroffenen letztlich unvorstellbar ist und die durch ihre haltgebenden Eigenschaften insofern dann auch »salutogenetisch« wirkt. Das psychosomatische Konzept der »Salutogenese« nach Antonovsky besagt, dass wir den Krankheiten nicht den Krieg erklären sollen, sondern eine Therapie erschaffen, die die gesunden Anteile des Patienten stärkt (Antonovsky 1997). Basis hierfür ist ein starkes »Kohärenzgefühl«, »(...) eine globale Orientierung, die ausdrückt, in welchem Ausmaß man ein durchdringendes, andauerndes und dennoch dynamisches Gefühl des Vertrauens hat, dass

1. die Stimuli, die sich im Verlauf des Lebens aus der inneren und äußeren Umgebung ergeben, strukturiert, vorhersehbar und erklärbar sind;

2. einem die Ressourcen zur Verfügung stehen, um den Anforderungen, die diese Stimuli stellen, zu begegnen;

3. diese Anforderungen Herausforderungen sind, die Anstrengung und Engagement lohnen.« (Antonovsky 1997: 36)

Eine solche positive ganzheitliche Herangehensweise an die Krankheit resultiert nicht zuletzt auch aus dem Bewusstsein von

Einheit und Integration (Punkt 1), Bewältigung der Herausforderung (Punkt 2) und emotionalem Engagement (Punkt 3) – Faktoren, die für die Suchbewegungen des Geistes von entscheidender
Bedeutung sind. Die heilenden Atmosphären – wo auch immer sie
anzusiedeln sind – sind damit generell nicht »kriegerisch«, nicht
konfrontativ, sondern sie erschaffen aus sich heraus Frieden durch
Integration und Kohärenzherstellung.

LITERATUR

Antonovsky, Aaron (1997): *Salutogenese. Zur Entmystifizierung der Gesundheit*, Tübingen: DGVT-Verlag.

Butler, Samuel (1878): *Life and Habit*, London: Trübner & Co.

Cytowic, Richard (1998): *The Man Who Tasted Shapes*, Cambridge, Mass.: MIT Press.

Damasio, Antonio R. (1999): *Descartes' Irrtum. Fühlen, Denken und das menschliche Gehirn*, München: dtv.

Desimone, Robert u. a. (1995): »Multiple Memory Systems in the Visual Cortex«, in: Gazzaniga, Michael S. (Hg.): *The Cognitive Neurosciences*. Cambridge, Mass.: MIT Press, S. 475–486.

Emrich, Hinderk M. (1990): *Psychiatrische Anthropologie. Therapeutische Bedeutung von Phantasiesystemen*, München: Pfeiffer.

Emrich, Hinderk M. (1996): »Physiognomik des Psychischen«, in: Schmölders, Claudia (Hg.): *Der exzentrische Blick*, Berlin: Akademie Verlag, S. 227–246.

Emrich, Wilhelm (1986): »Franz Kafka. Jenseits von Allegorie, Parabel und Symbol«, in: Elm, Theo (Hg.): *Die Parabel. Parabolische Formen in der deutschen Dichtung des 20. Jahrhunderts*, Frankfurt a. M.: Suhrkamp, S. 211–218.

Jacobi, Friedrich Heinrich (1980/1812): »David Hume über den Glauben oder Idealismus und Realismus«, in: Ders.: *Werke Bd. 2*, hg. v. Friedrich Roth und Friedrich Köppen, Darmstadt: Wissenschaftliche Buchgesellschaft, S. 3–288.

Kafka, Franz (1960): *Der Prozess*, Frankfurt a. M.: S. Fischer.

Kant, Immanuel (1974/1787): *Kritik der reinen Vernunft*, Frankfurt a. M.: Suhrkamp.

Lurija, Alexander (1991): *Der Mann, dessen Welt in Scherben ging*, Reinbek b. Hamburg.

Mumford D. (1991) »On the computational architecture of the neocortex«, in: *Biological Cybernetics*, 65, S. 135–145, http://www.stanford.edu/class/cs379c/suggested_reading_list/supplements/documents/MumfordBC-91.pdf (25. Juli 2012).

Pauli, Wolfgang/Jung, C.G. (1992): *Ein Briefwechsel 1932–1958*, hg. v. C. A. Meier, Berlin u. a.: Springer.

Rilke, Rainer Maria (1998): »Duineser Elegien«, in: *Die Gedichte*. Frankfurt a. M.: Insel, S. 627–670.

Watzlawick, Paul (1981): *Wie wirklich ist die Wirklichkeit?* München: Piper.

Weizsäcker, Carl Friedrich v. (1982): »Zur Biologie des Subjekts«, in: Ders.: *Der Garten des Menschlichen. Beiträge zur geschichtlichen Anthropologie*, München/Wien: Hanser, S. 169–292.

Andreas Rauh, Dr. phil., Jahrgang 1980, studierte
Kunstpädagogik, Pädagogik und Philosophie und
promovierte an der Graduiertenschule für die
Geisteswissenschaften der Universität Würzburg (GSH), gefördert durch ein Promotionssti-
pendium der Hanns-Seidel-Stiftung, zum Thema
*Die besondere Atmosphäre – Ästhetische Feldfor-
schungen* (Bielefeld: transcript 2012). Er ist
wissenschaftlicher Mitarbeiter am ZfM (Zentrum
für Mediendidaktik) sowie Mitarbeiter am ZiLS
(Zentrum innovatives Lehren und Studieren) der
Universität Würzburg und seit 2008 Mitglied im
Réseau International Ambiances. Weitere Informationen auf *www.andreasrauh.eu.*

BEWÄHRUNGSPROBEN –
PÄDAGOGISCHE ATMOSPHÄRE UND AISTHETISCHE
FELDFORSCHUNG

»Die klare Trennung von Schulsphäre und Privatsphäre existiert nur in den dumpfen Köpfen der Eltern meiner Schüler.« (Burger 2009: 7) Schulwelt und Lebenswelt wirken auf- und spielen ineinander. In einem äußerst detaillierten Rechtfertigungsbericht antwortet der Lehrer Armin Schildknecht auf die Androhung der Schulbehörde, ihn aufgrund seiner eigentümlichen Didaktik aus dem Dienst an der Schiltener Dorfschule zu entheben. Der 1976 erschienene Roman ›Schilten‹ von Hermann Burger zitiert mit viel sprachlicher Virtuosität eine recht eigentümliche Atmosphäre herbei: Das Schulhaus von Schilten liegt direkt neben dem Friedhof, Schulhausmeister und Totengräber sind dieselbe Person, Pausenklingel und Totenglocke vermischen ihren Klang, die Schulturnhalle dient als Aufbahrungsraum bei Begräbnisfeiern. Schildknecht ist den Absonderlichkeiten des Schulhauses ausgeliefert und erklärt mit ihnen die Absonderlichkeiten des Unterrichts: Die Heimatkunde ist – schleichend, aber bewusst – zur Todeskunde mutiert.

Der metaphorischen und neologistischen Sprache des Romans gelingt, worum sich die wissenschaftliche Sprache bislang wenig, aber in zunehmenden Maße bemüht: Die vorherrschende pädagogische Atmosphäre wird prägnant geschildert, sie wird herbeizitiert und wirkt auf den Leser beklemmend, selbst wenn er sich etwa im gemütlichen Wohnzimmersessel woanders und ganz anders befindet.

Die *pädagogische Atmosphäre* bildet den Ausgangspunkt des folgenden Beitrags. Aus unterrichtspragmatischen und begriffshistorischen Gründen scheint sie ein nur marginal behandeltes Forschungsthema zu sein. Als Grundphänomen der Wahrnehmung ist Atmosphäre jedoch trotz ihrer Vagheit ein relevanter Faktor in

Bildungskontexten. Das muss nicht erst der Lehrer Schildknecht veranschaulichen: Kluge Pädagogen wussten schon immer, dass Atmosphären die Wahrnehmung, also die Auffassung von Welt, entscheidend mitbestimmen – und folglich das Lernen. Dabei heißt Atmosphären wahrzunehmen, die Bedeutung leiblicher Anwesenheit sowie ihre Verflechtung in die emotionalen Qualitäten der räumlichen Umgebung kennen und schätzen zu lernen, und berücksichtigen zu wissen.

Zur Bewährungsprobe qualitativ empirischer Forschung wird es nun, über Atmosphäre zu sprechen und sie trotz ihres ontologischen Zwischenstatus adäquat zu thematisieren. Die vorzustellende Methode der *Aisthetischen Feldforschung* ist die Anleitung für die vielen Bewährungsproben, die im Fokus des empirischen Zugangs zu Atmosphären zu bestehen sind und die einen methodischen Diskurs eröffnen.

I. DIE PÄDAGOGISCHE ATMOSPHÄRE

Atmosphärische Räume in der und für die Pädagogik sind bislang kaum Themen für die (Hoch-)Schule gewesen: »Die pädagogischen landschaftlichen Topologien sind noch nicht vermessen.« (Gieseke 2010: 60) Das Unverständnis gegenüber Atmosphären mag damit zusammenhängen, dass das atmosphärische Beziehungsgeflecht aus leiblichem Befinden in kontingenten Umgebungsqualitäten noch weniger messbar ist, als es die jeweiligen Relata wären. Auch scheinen die Einflüsse und Auswirkungen von Atmosphären nicht einmal begrifflich erfassbar zu sein, verweigern sich damit rationaler Planbarkeit – ein Umstand mit psychodynamischen, ontologischen und metaphysischen Hintergründen (vgl. Böhme 1985: 199 f.). Dadurch fehlt es am Wagnis, die Vagheit von Atmosphären pädagogisch einzukalkulieren oder auf charakteristische, lernförderliche Atmosphären hinzuwirken. Das pädagogische Setting muss sich »formalrechtliche[n] Absicherungszwänge[n]« fügen und hängt zudem »am intentionalen Tropf des pädagogischen Kalküls« (Hasse 2010: 37). Pädagogische Stile verkümmern zur praktikablen, zweckbestimmten Interaktionsform (vgl. Friebel 1980: 32).

Dabei tritt der Begriff der pädagogischen Atmosphäre recht verheißungsvoll auf: Atmosphäre als spezifisches Beziehungsgeschehen, das gefühlsmäßige Bedingungen und zwischenmenschliche Haltungen beeinflusst, spielt für Bollnow und Friebel eine Rolle bei der Bestimmung des pädagogischen Verhältnisses zwischen Erzieher und Kind (vgl. Bollnow/Flitner 2001: 11, Friebel 1980: 119 f.). Die pädagogische Atmosphäre wird gar als »Prinzip der Erziehung« bezeichnet (Schaller 1985: 79), oder soll die Geltung des gesellschaftlichen Ideenzusammenhangs verbürgen (vgl. Luttringer 1985: 66). Das Atmosphärische geht dabei dem Erziehungsprozess nicht zeitlich, sondern systematisch voraus. Vordringlich wird die Doppelseitigkeit im pädagogischen Bezug zum Thema: Die emotionale Haltung des Erziehers und die emotionale Einstellung des Kindes werden als zwei verschiedene Aspekte behandelt, die in dasselbe gefühlsmäßige Medium, in dieselbe ursprüngliche, undifferenzierte und umfassende Wahrnehmungseinheit eingefasst sind. Als begriffliche Verlegenheitslösung fasst Bollnow unter die pädagogische Atmosphäre »die pädagogische Situation im ganzen und insbesondre die Kind und Erzieher gemeinsam übergreifende Gestimmtheit und Abgestimmtheit des einen auf den andern« (Bollnow, Flitner 2001: 12). Die Atmosphäre erlangt pädagogische Qualität »in dem Maße, in dem es gelingt, einen Raum zu schaffen, in dem die Grundstimmungen des kindlichen oder jugendlichen ›In-der-Welt-Seins‹ möglichst ungehindert in Erscheinung treten können, indem diese sich gleichsam wie von selbst mit den Aufgaben und Anforderungen verknüpfen, die ihnen ein entsprechend, aber nicht gleich gestimmter Erzieher präsentiert.« (Schubert 2004: 116)

Friebel versucht, die Bollnow'sche Errungenschaft einer Untersuchung der vorinhaltlichen Gefühlsräume und -beziehungen inhaltlich zu füllen und zu erweitern, fährt diese Anstrengungen jedoch wieder zurück mit Fokus auf einen atmosphärischen *modus vivendi*. Das ›Umgreifen von‹ und das ›Zwischen‹ zwischen Wahrnehmungssubjekt und -objekt machen das Eigentümliche der Atmosphäre aus. Als *Und* in der Wahrnehmung – und nicht als *Oder* – verweigert sie sich einer je definitorischen Abgrenz- und Verhandelbarkeit, weshalb sie nicht ohne weiteres zum Inhalt werden kann.

Zumindest reicht das wissenschaftliche Spotlight auf das bipolare Lehrer-Schüler-Verhältnis nicht hin, eine pädagogische Atmosphäre zu bestimmen. Der duale Bezug ließe sich mit Blick auf das eine pädagogische Atmosphäre anstrebende Lehrerkollegium als Ort und Hort pädagogischer Vielfalt und Atmosphärekompetenz weiten. Auch die Schulhausarchitektur, die Lerngegenstände und Aufgaben, die Unterrichtsmaterialien und -formen erweitern den atmosphärischen Aufmerksamkeitsbereich ebenso wie die soziale Atmosphäre und die je aisthetischen Hintergrunderfahrungen der beteiligten Personen (vgl. Schubert 2004: 127, Rauh 2012: 154). Der solchermaßen vielfältig bestimmte atmosphärische Entfaltungsraum für Unterricht, Erziehung und Lernen ermöglicht Mentalitätsräume für Interessensentwicklungen (vgl. Goetz 2007: 239 ff.), spezifische Interaktions- und Beziehungsstrukturen der Anwesenden (vgl. Gieseke 2010: 62) und eine je persönliche Affektkommunikation im Interaktionsraum der Gruppenatmosphäre, also Spannungsregulation, Affektansteckung und -abstimmung (vgl. Vom Hövel, Schüßler 2005: 64, dazu auch Schouten 2007: 205–208), so dass auch eine neu- oder andersartige Kommunikation – etwa durch kreisprozessuale Mitteilungsformen (vgl. Ortmann 1997: 191) – stattfinden kann. Dabei wird nicht nur die jeweilige Lehr- oder Lernmotivation geprägt, sondern auch der Grundstein für lebenslanges Lernen gelegt. Die Weite des potentiellen Untersuchungsfeldes wird erkennbar: Die pädagogische Atmosphäre ist nicht nur relevant für die Regel- oder Hochschule, sondern für alle Räume, die emotional getönt und erfüllt werden, und in denen versucht wird, pädagogisch zu arbeiten (vgl. Wagner 2009: 93). Diese Orte können alle als Bewährungsproben für atmosphärische Feldforschung herhalten.

II.   DIE AISTHETISCHE FELDFORSCHUNG

So wenig leicht es fallen muss, die Beschreibung einer Atmosphäre adäquat erschließen und auf einen Atmosphärebegriff hin interpretieren zu können – etwa aufgrund sprachlicher Verknappung der Wahrnehmung –, so wenig leicht fällt es, die Beschreibung einer Atmosphäre adäquat erstellen zu können. Mit welchem

Medium soll man auf etwas zugreifen, das selbst wiederum als Medium verstanden wird? Ebenso entspricht ein empirisches Erfassen einiger atmosphärischer Elemente einer Dokumentation nur von Bestandteilen einer Atmosphäre. Auch mag es einen Beeinflussungszusammenhang zwischen dem Feldforschungsbericht eines atmosphärisch involvierten Forschers und der Wahrnehmung einer einer Atmosphäre geben.

Im Folgenden soll eine Methode des qualitativ-empirischen Zugriffs auf Atmosphären skizziert werden, die sprachlich orientiert ist: die Aisthetische Feldforschung.[1] Sie basiert auf zwei exemplarischen empirischen Projekten zur Erforschung von Atmosphären und verarbeitet, was man von ihnen vermeiden und verwerten kann. Zwar gibt es noch keine ausgearbeitete und konsensfähige Methode. Die Aisthetische Feldforschung soll aber dabei helfen, das Verhältnis des Atmosphärenphänomens und -begriffs zu seiner Erforschbarkeit und der dafür verwendeten Forschungsmethodik zu beleuchten und im Sinne einer komplexitätsadäquaten Darstellung die begrifflichen Voraussetzungen und theoretischen Annahmen am Phänomen zu bezeugen. Im Spüren mag nämlich oft klar sein, was die Atmosphäre ausmacht oder welchen Charakter sie hat. Im Nachspüren, im Erkenntnisprozess, kann dieses ›Was‹ aber beunruhigend vage sein, weil nicht ganz klar ist, was wie wirkt – zumal Atmosphären variieren, aneinandergrenzen oder ineinander übergehen.

Qualitative Forschung will der Entdeckung von und Sensibilisierung für vielfältige Wahrnehmungszusammenhänge dienen. Dabei ist sie oft weniger der Repräsentativität als vielmehr der Exemplarik verpflichtet: Wenn Atmosphären die Wahrnehmung beeinflussen, dann ist es möglich, sie zu exemplifizieren durch Festhalten auffallender und scheinbar nebensächlicher Eindrücke, erweitert um ein reflexives Einholen ihrer Wahrnehmungsumgebung als deren Konstituenten, Fürsorger oder Unterdrücker. Eine phänomenologische Herangehensweise garantiert dabei das Be-

---

1 Ausführlichere Ausführungen zur Begründung der Methodik, zu den zwei Projekten und zur Auswertung von Feldforschungsberichten finden sich bei Rauh 2012: 203 ff.

mühen, fernab von vorgefertigten Kategorien offene Wahrnehmungen zu machen und diese festzuhalten. Wichtiger Aspekt der Atmosphäreforschung ist das Nachvollziehen und nicht das Nachprüfen von Atmosphären, Aussagen *zu bewähren statt zu beweisen*. Derartige Bewährungsproben nutzt, wer eine Atmosphäre beschreibt und herbeizitiert, und ein Gegenüber ein- und zustimmen kann – wie etwa bei einem Roman über ein Schulhaus neben dem Friedhof. Dieses Herbeizitieren versteht sich also nicht als nachprüfbares Belegen einer bestimmten Atmosphäre, sondern als ein Bezeugen und Herbeirufen eines bestimmten Charakters einer Atmosphäre, das sich durch Nachvollziehbarkeit bewähren muss.

Feldforschung untersucht Phänomene etwa mittels Gedächtnisprotokollen, Teilnehmender Beobachtung und Beschreibungen samt deren Zusammenführen und Verdichten und tritt damit in eine intensive Auseinandersetzung mit den eigenen Beobachtungen, Gefühlen, Gedanken und Sprachgewohnheiten. Besonders im Rahmen der Atmosphäreforschung ist die persönliche Anwesenheit des Forschers im Untersuchungsfeld problemlos und sogar erwünscht, da die affektive Beteiligung an einer Wahrnehmungssituation für Atmosphären konstitutiv ist, und nur so eine Beschreibung des Befindens in einer Atmosphäre möglich wird: Die Spezifizierung der Feldforschung als eine ›aisthetische‹ soll ausdrücklich das Involviertsein des Untersuchenden in sein Wahrnehmungsfeld unterstreichen und auf die phänomenbezogene Ausrichtung der Forschung hinweisen.

Aufgrund des noch vorkonsensuellen Status empirischer Atmosphäreforschung und noch bevor sie für die Atmosphäregestaltung Relevanz beanspruchen kann, will die Aisthetische Feldforschung zunächst der Beschreibung einer vorgefundenen Atmosphäre dienen. Jede Beschreibung einer Atmosphäre stellt einen Medienwechsel dar, schon allein weil es unterschiedlich ist, wie eine Atmosphäre ihren Charakter vermittelt und wie Sprache dies tut. Der Wechsel ins Medium der Sprache entspringt dabei zum einen der Erfahrung, dass sich das leibliche Befinden in Atmosphären mittels Fotografie oder Videoaufzeichnungen schwerlich einfangen oder vermitteln lässt (vgl. Fischer-Lichte 2001: 22). Mag dies zwar auch für die Sprache gelten, so lässt sich doch zum anderen vermuten, dass dieses Medium durch seine Geläufigkeit und Verfügbarkeit eine schnellere und einfachere Dokumentationsmöglichkeit bietet, als es Zeichnung, Fotografie oder Video könnten, die zudem jeweils eigene Atmosphären prägen, medienspezifische Fragestellungen aufwerfen und ästhetische Begründungsnöte verursachen würden.[2]

Wie und in welchem Maße erfasst nun ein Bericht der Aisthetischen Feldforschung eine Atmosphäre? Wie gestaltet sich das Verhältnis zwischen dem Umfassenden atmosphärischer Wahrnehmung und den Aufzeichnungen einzelsinnlicher Wahrnehmungen? Folgende drei Kernpunkte kennzeichnen die Aisthetische Feldforschung: das Notieren aller Wahrnehmung als Gewahrung der Wahrnehmung, die Möglichkeit erinnerungsprotokollarischer Ergänzungen und die Einheit von Datenerhebungs- und Auswertungsperson.

Das *Notieren aller Wahrnehmung* findet im jeweiligen Feld statt und nicht erst im Nachhinein wie bei einem Erinnerungsprotokoll. Dieser wahrnehmungsnahe Zugriff auf die Atmosphäre eröffnet die Chance, Veränderungen atmosphärischer Wirksamkeiten ohne Rückgriff auf ein potentiell trügerisches Gedächtnis festhalten zu können. Sollte vagheitsbedingt die Atmosphäre auch nicht direkt benannt werden können, so kann doch um die Atmosphäre herum beschrieben werden: eine Umschreibung und Umkreisung eines ganzheitlichen Eindrucks mittels einzelsinnlicher Ausdrücke. Deshalb wird im Aisthetischen Feldforschungsbericht ohne Rücksicht auf Stil oder Konsistenz alles festgehalten, was wahrgenommen wird. Die Notizen verstehen sich als nicht abgeschlossene Beschreibungen einer Atmosphäre, als Ausdruck oder Effekt einer Atmosphäre, so dass sie anzeigen können, was eine Atmosphäre (auch sprachlich) bewirkt. Dabei sollte im Untersuchungsfeld nicht unmittelbar mit dem Feldforschungsbericht begonnen werden, was einer fahrlässigen Verkürzung der Wahrneh-

---

2 Im kunstpädagogischen Kontext ist es durchaus reizvoll, diese medienspezifischen Fragestellungen aufzugreifen, im Hinblick auf das Atmosphärethema zu erproben und interessendifferenziert zu entwickeln. Vgl. hierzu Goetz 2007: 263. Zum Anfertigen von Motivserien vgl. auch Seggern/Havemann 2004: 65.

mungszeit um des Berichtes Willen entspräche. Man darf nicht den touristischen Fehler begehen, etwa in einem Museum nur zu fotografieren anstatt wahrzunehmen.

Die *erinnerungsprotokollarischen Ergänzungen* des Feldforschungsberichtes verstehen sich dann als notwendige Folgeforschung noch vor einer Auswertung. Gerade wenn sich die Aufzeichnungen im Feld, das Beschreiben der persönlichen Eindrücke relativ zur und gemeinsam mit der Umgebung als schwer nachvollziehbar im Hinblick auf atmosphärische Wirksamkeiten zeigt, bieten Ergänzungen im Modus der Erinnerung die Chance, in die Untersuchung eine weitere, womöglich etwas distanziertere Beschreibung einfließen zu lassen, die in gesteigertem Bewusstsein bezüglich eigener atmosphärischer Erfahrungen stehen kann. Das für die Atmosphärewahrnehmung wesentliche Involviertsein in die Atmosphäre ist der Grund dafür, die Atmosphäre nicht in ihrer Ganzheit erfassen zu können, und sich deshalb beschreibend auf Teilaspekte einlassen zu müssen. Noch vor der Auswertung sind die erinnerungsprotokollarischen Ergänzungen ein möglicher methodischer Schritt, die im Aisthetischen Feldforschungsbericht sukzessive festgehaltenen Teilaspekte als simultane Wahrnehmung zu verstehen und Beschreibungen der auf die Ganzheit bezogenen Befindlichkeit nachzuliefern. Die Ergänzungen rekonstruieren Wahrnehmung mit Worten und helfen somit die Bedingungen der Atmosphäre reflexiv einzuholen (vgl. Lorenz 1999: 16). Dadurch mildern sie die bei der Vagheit von Atmosphären aufscheinende und für die Beschreibung von Atmosphäre virulente Differenz von Involviertsein und Distanz.

Die *Einheit von Datenerhebungs- und Auswertungsperson* fokussiert schließlich den Wortschatz bei der Auswertung der Notizen gezielt auf eine Person, auf den Feldforschenden selbst. Dadurch soll ein Ausgleich sprachlicher Eigenheiten erreicht werden, eine angemessene Bedeutungszumessung der einzelnen eigenen Aufzeichnungen und damit die angemessene Reflexion der Aufzeichnungen. Die Einheit von Datenerhebungs- und Auswertungsperson entlastet von interpersonell begründeten Fragen zum Verhältnis von Subjektivität und Objektivität der Notizen, ermöglicht eine Ausblendung einer potentiellen Verzweckung des Feldforschungsberichtes und erleichtert die Ausrichtung der Beschreibung auf das eigene Befinden in den Umgebungsqualitäten, also auf die jeweilige Atmosphäre. Dadurch wird der Feldforschende als Kompetenzperson akzeptiert, die am adäquatesten den sprachlichen Diskurszusammenhang auf den atmosphärischen Wahrnehmungszusammenhang hin übersteigen kann.

Das Vorgehen lässt sich gut anhand der Methode des ›Parcours Commenté‹ darstellen.[3] Erstens werden die Umgebungsqualitäten und das Befinden darin ›beobachtet‹ (Spüren, Gewahrung der Wahrnehmung), zweitens wird die Wahrnehmung feldforschend ›begleitet‹ (Notieren aller Wahrnehmung), drittens wird die Atmosphäre ›beschworen‹, sich an sie erinnert (erinnerungsprotokollarische Ergänzungen), und viertens ›bespricht‹ man sich schriftlich mit sich, wertet die Notizen aus (Einheit von Datenerhebungs- und Auswertungsperson). Werden also in den Feldforschungsaufzeichnungen auch Einzelreize erfasst, so können sie auf die atmosphärische Ganzheit hin ausgewertet und interpretiert werden.

Durch das ›Zwischen‹ der Atmosphäre zwischen Subjekt und Objekt, sowie in der Formel des ›Bewährens statt Beweisens‹ in Ausrichtung auf Nachvollziehbarkeit wurde deutlich, dass es nachgerade eine Chance des Atmosphärediskurses darstellt, keine Trennungen zwischen subjektiven und objektiven Wahrnehmungsbestandteilen festschreiben zu müssen. Die Aisthetischen Feldforschung ist als offene Methode der Anfang und Anlass von Methodenvariationen und weiterführender -reflexionen auf dem Weg zur phänomenadäquaten Atmosphäreerforschung. Die Variationen betreffen zunächst eine Erweiterung der Anzahl der Feldforschenden in einer bestimmten Atmosphäre, dann die Frage des Austauschs unter den Forschenden. So sollen sich etwa bei den ›descriptions synchrones‹ die Feldforschenden im Feld nicht austau-

---

3 Der ›Parcours Commenté‹ ist eine Untersuchungstechnik in situ, die das Involviertsein in eine Atmosphäre durch ein gemeinsames Gehen und Gespräch im Untersuchungsfeld erforscht. Vergleichspunkte bieten hier dessen vier Phasen: Grosjean u. a. 2001: 219 f., dazu auch Rauh 2012: 224.

schen, bei den ›descriptions concertées‹ sollen sich die Berichte der Feldforschenden wechselseitig unterfüttern, und bei den ›descriptions modalisées‹ werden Passanten eingebunden und spezifische Einzelaspekte der Atmosphäre beleuchtet (vgl. Thibaud 2001: 98). Auch könnten Feldforschungswege beschritten werden, die vom Sprachlichen weg und zum Multimedialen hinführen – was aber in keinem Fall heißen soll, dass »der sprachliche Ausdruck unsinnig wäre; er ermöglicht eine distanzierte und verstetigende Bezugnahme auf die Gefühlskomponente« (Müller 2004: 101). Vielmehr könnte neben die schriftliche und verbale Sprache auch eine bildliche, musikalische, theatralische Sprache treten, die einen atmosphärischen Charakter im Sinne des Herbeizitierens neu erzeugt und ausgestaltet.

Armin Schildknecht verfährt ähnlich. Den Schiltener Schülern und Begräbnisgästen erteilt er musikalisch kodierte (Stimmungs-)Lektionen mittels seines Harmoniums (vgl. Burger 2009: 34 ff., 53 f.). Auch wandelt sich der Unterricht in Schilten aufgrund der atmosphärischen Bedingungen: Im sogenannten ›Nebelunterricht‹ wird etwa das Thema ›Verschollenheit‹ anschaulich gemacht, das die Schüler »draußen im Nebel atmosphärisch begreifen« sollen, wobei der Lehrer den »atmosphärischen Geisterpfuhl des Hochnebels« nutzt (Burger 2009: 278, 263).

Sollen die Bewährungsproben atmosphärischer Feldforschung im pädagogischen Kontext nicht nur der Propädeutik der Atmosphäretheorie dienen, so finden sich zwei weiterführende Blick- und Fragerichtungen in Hinsicht auf die pädagogische Atmosphäre:

Denn einerseits kann man der Atmosphäre *im* Raum Aufmerksamkeit schenken: Man will das *Atmosphärische wahrnehmen*. Dabei wird der Versuch einer Erfassung und Beschreibung der Atmosphäre im Klassenzimmer nicht nur im deskriptiven Sinne einer Diagnostik pädagogischer Situationen und Settings genutzt, bezogen auf den Lehrer und seine Strategien der Vermittlung oder/und bezogen auf den Schüler und seine Voraussetzungen für Konzentration und Kreativität. Vielmehr geht es um das formale, nicht formale und auch informelle Herausbilden von Atmosphärekompetenz durch Achtsamkeits- und Wahrnehmungsübungen, durch das Sprechen über Atmosphären, über das eigene leibliche Befinden in den schulischen Umgebungsqualitäten. Die Atmosphäre wird zu einem Gegenstand der Ästhetischen Bildung, der sich durch seine Diffusität und Vagheit auszeichnet, insofern er das ›Und‹ thematisiert, das ›Und‹ zwischen Subjekt und Objekt, zwischen Rezeption und Produktion, zwischen Lehrer und Schüler und Schulhaus – abseits davon, dass das Reflektieren und Aneignen von Inszenierungsverfahren ohnehin schon Inhalte etwa des Kunst-, Musik- oder Deutschunterrichtes sind.

Andererseits muss man der Atmosphäre *als* Raum Aufmerksamkeit schenken: Man will das *atmosphärische Wahrnehmen*. In einer aufgewühlten Atmosphäre ist kaum ein konzentriertes Wahrnehmen möglich. Das Erzeugen, Begünstigen und Aufrechterhalten von leistungs- und lernfördernder Atmosphären ist darum ein grundlegendes Anliegen pädagogischer Ambitionen. Die Bestimmung der pädagogischen Atmosphäre von Bollnow endet mit dem bereits zu Anfang zitierten Nebensatz: Sie sei die »gemeinsam übergreifende Gestimmtheit und Abgestimmtheit des einen auf den andern, die für das Gelingen der Erziehung erforderlich ist.« **(Bollnow, Flitner 2001:12)** Im maßgeblichen Sinn zielt die Atmosphäre in der Schule also auf das Gelingen der Institution ›Schule‹, und nicht nur auf das Gelingen einer Unterrichtsstunde. Gerade im Hinblick auf die Grundsteinlegung für Lehr- und Lernsituationen im lebenslangen Lernen muss das Thema der pädagogischen Atmosphäre in einen Diskurs auf Augenhöhe zwischen Pädagogen, Architekten, Hirnforscher und anderen eingehen, um Zugänge und Beeinflussungsmöglichkeiten atmosphärischer Bedingungen vor Ort zu sondieren und zu sortieren. Welche atmosphärischen Voraussetzungen braucht die Schule, welche Atmosphären erzeugt die Schule, welche Atmosphären lassen sich wie beeinflussen, was lässt sich aus anderen atmosphärischen Räumen in pädagogische Räume transponieren?

Stimmungen des Raumes lassen das Unterrichtsgeschehen nicht unberührt. Schildknechts ›Nebelunterricht‹ dient also über den Lehrinhalt hinaus als Atmosphäreschulung. Denn Schulwelt und Lebenswelt wirken auf- und spielen ineinander, so dass eine deutliche Trennung von Schulsphäre und Privatsphäre nur dumpfen Köpfen vorbehalten bleibt.

LITERATUR

Böhme, Gernot (1985): *Anthropologie in pragmatischer Hinsicht. Darmstädter Vorlesungen*, Frankfurt a. M.: Suhrkamp.

Bollnow, Otto Friedrich/ Flitner, Wilhelm (2001): *Die pädagogische Atmosphäre. Untersuchungen über die gefühlsmäßigen zwischenmenschlichen Voraussetzungen der Erziehung*, Essen: Verlag Die Blaue Eule.

Burger, Hermann/Strässle, Thomas (2009): *Schilten. Schulbericht zuhanden der Inspektorenkonferenz*, München: Nagel & Kimche.

Fischer-Lichte, Erika (2001): »Wahrnehmung und Medialität«, in: Dies. u. a. (Hg.): *Wahrnehmung und Medialität*, Tübingen/ Basel: Francke, S. 11–28.

Friebel, Horst (1980): *Atmosphäre im Umgang mit Menschen – besonders in der Erziehung. Neuer Versuch zu einem alten pädagogischen Thema*, Wuppertal: Verlag der Gesamthochschule.

Gieseke, Wiltrud (2010): »Atmosphäre in Bildungskontexten – Beziehungstheoretische Überlegungen«, in: Egger, Rudolf/ Hackl, Bernd (Hg.): *Sinnliche Bildung? Pädagogische Prozesse zwischen vorprädikativer Situierung und reflexivem Anspruch*, Wiesbaden: VS Verlag (Lernweltforschung, 4), S. 57–70.

Goetz, Rainer (2007): »Atmosphäre und ästhetisches Interesse«, in: Goetz, Rainer/Graupner, Stefan (Hg.): *Atmosphäre(n). Interdisziplinäre Annäherungen an einen unscharfen Begriff*, München: Kopaed, S. 239–271.

Grosjean, Michèle/ Thibaud, Jean-Paul (Hg. 2001): *L'espace urbain en méthodes*, Marseille: Éditions Parenthèses.

Hasse, Jürgen (2010): »Ästhetische Bildung. ›Lernen mit allen Sinnen‹ und vollem Verstand. Mit einem Exkurs zur geographischen Exkursionsdidaktik«, in: Egger, Rudolf/Hackl, Bernd (Hg.): *Sinnliche Bildung? Pädagogische Prozesse zwischen vorprädikativer Situierung und reflexivem Anspruch*, Wiesbaden: VS Verlag, S. 37–56.

Lorenz, Claudia (1999): »Atmosphäre. Eine praktische Annäherung an den ästhetischen Begriff Gernot Böhmes am Beispiel des Museums für Moderne Kunst Frankfurt am Main«, in: *Mitteilungen & Materialien, Zeitschrift für Museum und Bildung* (51), S. 16–33.

Luttringer, Klaus (1985): »Pädagogische Atmosphäre in der Schule?«, in: Ruhloff, Jörg (Hg.): *Die pädagogische Atmosphäre. Ein akademisches Colloquium zum Gedenken an Horst Friebel*, Wuppertal: Verlag der Gesamthochschule, S. 56–76.

Müller, Hans-Rüdiger (2004): »Auf undurchsichtigem Gelände – Über Bildung und Gefühl aus ästhesiologischer Sicht«, in: Klika, Dorle/Schubert, Volker (Hg.): *Bildung und Gefühl*, Baltmannsweiler: Schneider-Verlag Hohengehren, S. 94–106.

Ortmann, Hedwig (1997): »Lernatmosphären. Vorüberlegungen zu einer hochschuldidaktischen Raumtheorie – Ein Bericht«, in: Bürmann, Jörg/ Dauber, Heinrich/Holzapfel, Günther (Hg.): *Humanistische Pädagogik in Schule, Hochschule und Weiterbildung. Lehren und Lernen in neuer Sicht*, Bad Heilbrunn: Klinkhardt, S.179–198.

Rauh, Andreas (2012): *Die besondere Atmosphäre. Ästhetische Feldforschungen*, Bielefeld: transcript.

Schaller, Klaus (1985): »Die pädagogische Atmosphäre in einer Pädagogik der Kommunikation«, in: Ruhloff, Jörg (Hg.): *Die pädagogische Atmosphäre. Ein akademisches Colloquium zum Gedenken an Horst Friebel*, Wuppertal: Verlag der Gesamthochschule, S.77–112.

Schouten, Sabine (2007): *Sinnliches Spüren. Wahrnehmung und Erzeugung von Atmosphären im Theater*, Berlin: Theater der Zeit.

Schubert, Volker (2004): »Die pädagogische Atmosphäre revisited«, in: Klika, Dorle/Schubert, Volker (Hg.): *Bildung und Gefühl*, Baltmannsweiler: Schneider-Verlag Hohengehren, S.107–149.

Seggern, Hille von/ Havemann, Antje (2004): *Die Atmosphäre des Ernst-August-Platzes in Hannover. Beobachtungen und Experimente im öffentlichen Raum*, Hannover: Institut f. Freiraumentwicklung u. Planungsbezogene Soziologie.

Thibaud, Jean-Paul (2001): »La méthode des parcours commentés«, in: Grosjean, Michèle/ Thibaud, Jean-Paul (Hg.): *L'espace urbain en méthodes*, Marseille: Éditions Parenthèses, S.79–99.

Vom Hövel, Erik/Schüßler, Ingeborg (2005): »Die erwachsenenpädagogische Atmosphäre. (Wieder-)Entdeckung einer zentralen didaktischen Kategorie«, in: *REPORT. Zeitschrift für Weiterbildungsforschung 28 (4)*, S.59–68.

Wagner, Stefan Felix (2009): *Der aisthetische Modus menschlicher Selbst- und Welterschließung in seiner Bedeutung für die Heilpädagogik. Reflexionen auf der Basis anthropologischer und kulturwissenschaftlicher Erkenntnisse*, Rimpar: edition von freisleben.

Heinz Paetzold (1941–2012) war bis 2007 Professor für Kommunikationstheorie und Kulturphilosophie an der Hochschule für Angewandte Wissenschaften in Hamburg. Bis zu seinem Tod im Juni 2012 lehrte er Philosophie an der Universität Kassel. Während seiner wissenschaftlichen Laufbahn hatte er zudem Gastprofessuren an der Universität von Tokio (Gedai) (1993–1994), an der Universität von Amsterdam (1995) und an der Universität von Krakow (1998) inne und war 1992–1997 Head des Departments of Social Philosophy and Cultural Studies an der Jan van Eyck Academie in Maastricht. Von 2004–2007 war er Präsident der *International Association for Aesthetics*. Jüngste Veröffentlichungen u. a.: mit Helmut Schneider (Hg.): *Schellings Denken der Freiheit* (2010); mit Wolfdietrich Schmied-Kowarzik (Hg.): *Interkulturelle Philosophie* (2007); (Hg.): *Integrale Stadtkultur* (2006).

HEINZ PAETZOLD

THEORIE DER ERFAHRUNG VON ATMOSPHÄREN OFFENER STÄDTISCHER RÄUME

In zeitgenössischen Architektur-Diskursen und in urbanistischen Analysen spielt der Begriff der *Atmosphäre* zunehmend eine wichtige Rolle. Der finnische Architekt Juhani Pallasmaa, der amerikanische Architekt Steven Holl und der Schweizer Architekt Peter Zumpthor sind hier vorrangig zu nennen. Für Zumpthor ist die Frage relevant, wie Bauwerke die Menschen affektiv berühren. »Atmosphäre spricht die emotionale Wahrnehmung an«, sagt er. Die Erfahrung von Atmosphären sei unmittelbar (Zumthor 2010: 11, 13). Sie ist keine reflexive Erfahrung.

In meinem Beitrag geht es mir darum, einen konsistenten Ansatz zur Theorie der Erfahrung von atmosphärischen Räumen zu entwickeln. Dazu werde ich im ersten Teil die Definitionen von Atmosphäre durch Hermann Schmitz, Gernot Böhme und Jürgen Hasse rekapitulieren (I). Indessen wird die mich beschäftigende Frage, wer das Subjekt der spezifisch städtischen Atmosphären ist, in diesen Theorien nicht oder doch nur ansatzweise gestellt und beantwortet. Das erklärt meine Hinwendung zum Flanieren und zu der Flânerie als derjenigen Fortbewegungsart, welche die Atmosphäre von städtischen Sites – Plätzen, Straßen, Passagen und Shopping Malls – erfahrbar und zugänglich macht. Ich werde an charakteristischen poetischen Beschreibungen von städtischen Atmosphären die Vielfalt deutlich machen, wie sie im Flanieren aufscheint (II). Sodann will ich mit wenigen Strichen das Flanieren als eine typische, zur modernen Stadtkultur gehörende Fortbewegungsart charakterisieren (III), ehe ich die symboltheoretische Seite des Begriffs der Atmosphäre andeute. Meine These ist, dass Atmosphären dem zuzuordnen sind, was Ernst Cassirer *Ausdrucksverstehen* genannt hat (IV). Nach der Klärung dieses Begriffes weise ich in einem kurzen Exkurs auf einen Aspekt der Erfahrung von städtischen Räumen als Atmosphären hin, der meist unerwähnt bleibt: Die Avantgarde Künstler der *Situationistischen Internationale* gaben dem Flanieren nämlich eine neue Wendung. Sie praktizierten das *dérive*, um die Atmosphäre und das Psychogramm von städtischen Lokalitäten zu erforschen und zu protokollieren (V). Zum Schluss bleibt mir nur noch kurz darauf hinzuweisen, dass Atmosphären im Kontext der Stadt nicht nur an leeren Räumen zugänglich werden. Zu denken ist an Brachflächen, an Plätze, Uferlandschaften. Aber städtische Räume sind immer auch mit Menschen gefüllt, mit Bäumen umstanden, am Wasser gelegen, mit Straßenmobiliar, wie Lampen, Verkehrsschildern, Reklametafeln bestückt und an Cafés oder Kaufhäuser angrenzend. Der Begriff der Atmosphäre muss demzufolge auch den Aspekt der Atmosphären von Dingen einschließen. Diesen Aspekt will ich mit Baudrillard deutlich machen (VI), ehe ich zum Schluss meine Überlegungen pointiert zusammenfasse (VII).

I.

Zunächst möchte ich betonen, dass ich bei der Definition des Begriffs der Atmosphäre von der Phänomenologie des Leibes ausgehe. Diese Phänomenologie wurde – nach Husserl – von Maurice Merleau-Ponty und Hermann Schmitz entwickelt.[1] Ich werde mich bei meinem Beitrag hier auf die von Hermann Schmitz initiierte Denkrichtung beziehen, sehe aber die Differenz zu Merleau-Ponty, wenigstens vom philosophischen Ansatzpunkt her, als nicht allzu groß an. Atmosphären haben die gnoseologische Eigenschaft von Gefühlen. »Atmosphären« werden von Hermann Schmitz als »ganzheitlich in die Ferne ergossene Gefühle« (Schmitz 2005: 106) definiert. Atmosphären werden erspürt. Sie werden in affektivem Betroffensein erlitten und mit den Sinnen erfasst. Das Gefühl darf Schmitz zufolge nicht in der psychischen Innenwelt lokalisiert werden. »Gefühle« sind »nicht private Zustände seelischer Innenwelten, sondern räumlich ausgedehnte Atmosphären.« (Schmitz 1993: 33)

---

1 Vgl. auch den Beitrag von Hermann Schmitz in diesem Band.

Schmitz betont, dass Atmosphären »überpersönlich« und »zugleich (...) trans- oder besser prae-objektiv« sind (Schmitz 2005: 102). An anderer Stelle wird die Qualität des »atmosphärischen Gefühls« als eine »Subjekt und Objekt umgreifende Ganzheit« (ebd.: 103) bestimmt. Atmosphären sind also ihrem ontologischen Status nach *jenseits* bzw. *vor* der Spaltung von Subjekt und Objekt. Das Gefühl schließt Schmitz zufolge beides ein, das Gefühl im Sinne der Atmosphäre wie auch das affektive Betroffensein durch die Atmosphäre.[2]

Andere Bestimmungen sind ebenso relevant. Jürgen Hasse zufolge müssen Atmosphäre und Stimmung unterschieden werden. Der gestimmte Raum, etwa auch im Sinne von Elisabeth Strökers *Philosophische Untersuchungen zum Raum* (1965), ist ohne Thema, Orientierung und Adressat. Er hat kein *Aboutness* im Sinne von Arthur C. Danto. Die Atmosphäre dagegen ist auf eine bestimmte Person, ein bestimmtes Objekt, ein bestimmtes Ereignis oder eine Gruppe von Ereignissen bezogen. Schmitz spricht von »Zentrierung«, um die Intentionalität von Gefühlen und Atmosphären anzudeuten (Schmitz 2005: 311/312). Die Stimmung tritt dann in den Vordergrund, wenn das Atmosphärische gewissermaßen im individuellen Bewusstsein und Zumute-Sein verkörpert worden ist. Dann akzentuiert die Gestimmtheit mein »In-der-Welt-Sein« im Sinne Heideggers und auch Merleau-Pontys (vgl. Hasse 2008: 107/108).

Atmosphären können nicht geteilt werden. Sie bleiben ständig anwesend, wie schon Hubertus Tellenbach in seinem Buch *Geschmack und Atmosphäre* (1968) bemerkt hat. Atmosphären lassen sich nicht lokalisieren wie Dinge. Sie besetzen keinen abgeschlossenen Raum. Gernot Böhme zufolge ist die Atmosphäre ontologisch lokalisiert in dem Zwischenraum zwischen Subjekt und Objekt. Atmosphären sind nicht etwas »Relationales«, sondern die »Relation selbst.« (Böhme 2001: 54) Hermann Schmitz' Begriff der »Konkurrenz zweier Atmosphären«, die auftritt, sofern jemand etwa in eigener Trauer befangen ist, und auf die »strahlende

---

2 Vgl. Hasse 2008: 106 mit Bezug auf Schmitz 1993: 48.

Heiterkeit«, sagen wir, einer Gesellschaft in einem geschlossenen Raum oder auf einem städtischen Platz trifft (vgl. Schmitz 2005: 105), wird von Gernot Böhme terminologisch als *Diskrepanz* gefasst – in Abgrenzung zum Begriff der *Ingression*. Bei der Ingression werden die Erlebenden durch die Atmosphäre gleichsam angesteckt und mitgerissen (vgl. Böhme 2001: 46–50).

Bei allen Verdiensten von Schmitz, Böhme und Hasse bei der Klärung des Begriffes der Atmosphäre, auch der für die Architektur und die Stadtkultur relevanten Atmosphäre, vermisse ich eine Reflexion darüber, *wie* die Atmosphäre einer städtischen Umgebung zugänglich wird. Soviel ist jedenfalls von vornherein deutlich, dass Atmosphären nicht im Modus des bloßen visuellen Anschauens erfahren werden. Daher muss der nächste Schritt meiner Analyse folgen.

II.

Meine These ist nun, dass städtische Atmosphären – Plätze, Straßenzüge, Passagen, Malls, Flussboulevards – sich insbesondere den *Flanierenden* erschließen. Das absichtslose Sich-Treiben-Lassen im Labyrinth der Großstadt, das im 19. Jahrhundert in den Pariser Passagen seinen Ursprung hatte, aber auch heute noch in den meisten Großstädten praktiziert wird, ist vorzüglich geeignet, die spezifische Atmosphäre eines Ortes zu erfahren. Die Atmosphäre eines städtischen Ambientes nimmt die Flanierenden auf eine sanfte Weise gefangen, überfällt sie nicht, sondern stellt sich ein. So betonte Virginia Woolf in der Schilderung ihrer Flânerie in London das Friedfertige und Anheimelnde der Londoner Straßenzüge und Plätze, das sich insbesondere am frühen Abend im Winter einstellt.

Sie schrieb: »Die Stunde sollte der frühe Abend sein und die Jahreszeit Winter, denn im Winter sind die Champagnerklarheit der Luft und die Geselligkeit der Straßen wohltuend. Wir werden dann nicht wie im Sommer verhöhnt von der Sehnsucht nach Schatten und Einsamkeit und süßen Lüften (...) Die Abendstunde gibt uns auch die Verantwortungslosigkeit, die Dunkelheit und Lampenlicht gewähren. Wie schön eine Londoner Straße dann ist mit ihren Lichtinseln und ihren langen Hainen der Dunkelheit (...) Punkte hellen Glanzes brennen stetig wie niedrige Sterne – Lampen; dieser leere Boden, der das Land in sich trägt und seinen Frieden, ist nur ein Londoner Platz, umstanden von Büros und Häusern, wo um diese Stunde grelle Lichter über Karten, über Dokumenten brennen, über Schreibtischen, an denen Angestellte sitzen und mit befeuchtetem Zeigefinger die Bündel endloser Korrespondenzen durchblättern, oder gedämpfter flackert der Feuerschein und das Lampenlicht fällt auf die Abgeschiedenheit eines Salons, seine Sessel, seine Zeitungen, sein Porzellan, seinen Tisch mit Einlegearbeit und die Gestalt einer Frau, die sorgfältig die genaue Anzahl von Löffeln Tee abmisst.« **(Woolf 1997: 22–24)**

Dieser Text ist bemerkenswert mit Blick auf die Atmosphäre; denn Woolf beschwört die Atmosphäre des anheimelnd Friedfertigen von Londons Straßen und Plätzen am frühen Abend im Winter herauf. Es gibt keine Angst vor den Mitpassanten. Woolf fühlt sich inmitten der »republic army of anonymous trampers«, inmitten der Fußgänger also, geborgen. Dies ist sicher auch eine Spitze gegen die Kutsche der Royals. Die Autorin lässt sich allerdings nicht anstecken von der Geselligkeit der Passanten, sondern taucht ein in den Frieden des Winterabends, und dieser hat auch eine klimatologische Komponente. Das übliche Londoner »foggy wheather«, ist vorbei. Die klare Luft des Winters ist da. Hermann Schmitz hat ja immer wieder das Atmosphärische mit dem Klima in Verbindung gebracht.

Und noch ein letzter Punkt. In dem Text *Street Haunting* – so der Titel von Woolfs Essay – ist auch die Rede davon, dass durch das Flanieren auf den Straßen Londons »der feste Panzer der Identität« aufgebrochen wird. Das bezieht sich auf die personale Identität. Das »Ich« lässt seine starre häusliche Identität hinter sich, reiht sich ein in die »große Armee der Fußgänger« und realisiert die Freuden des schweifenden und schwebenden Blicks. Dieser nicht thetisch fokussierende Blick ergibt sich unwillkürlich beim gemächlichen oder doch rhythmisch gleichförmigen Ausschreiten.

Während Woolf die Freuden der Metamorphose der Identität des »Ich« schildert, so preist der spanische Dichter Vicente Aleixandre die Wonnen des sich Hinausbegebens in das städtische Gewühl, das sich auf dem Platz zentriert. Nur im Spiegel der mich umringenden Anderen erfahre ich, wer ich selbst bin. Aleixandres Gedicht *En la plaza* schildert nicht die Distinguiertheit und Reserviertheit von Plätzen in Londons Greenwich Village, sondern das pralle Leben und das Geschiebe der Menschen auf einem sonnenüberfluteten Platz Spaniens.

Bei Aleixandre lesen wir:

»Schön ist es, wunderschön schlicht und traulich, belebend und tief,
Sich unter der Sonne zu fühlen, inmitten der anderen, gestoßen,
Im Gewühl mitgenommen, mitgezogen, vermengt, geräuschvoll mitgerissen.«

An anderer Stelle heißt es:

»Dort kann jeder sich anschauen, kann sich freuen, kann sich erkennen.
Wenn Du am heißen Nachmittag, allein in deinem Zimmer
Mit befremdeten Augen und fragendem Mund
Von deinem Bild etwas erfahren möchtest,
So suche dich nicht im Spiegel,
In tonloser Zwiesprache, in der du dich nicht hörst.
Geh hinunter, geh langsam hinunter, suche dich bei den anderen.
Da sind sie alle, und du mitten unter ihnen.
Oh, entblöße dich und löse dich auf und erkenne dich selbst.«
(zit. n. Garbrecht 1981: 65)

Die Atmosphäre eines Platzes kann festlich, melancholisch, anheimelnd, elegant oder aber einschnürend und beklemmend sein. Das Gedicht von Aleixandre exemplifiziert eine andere Atmosphäre – es ist die Atmosphäre der Wonne. Der Platz in der Stadt verströmt die Atmosphäre des Wohligen. Die Geräuschkulisse trägt ebenso zum Wohligen bei wie die schon beinahe körperliche Nähe mit den Anderen und das Aufgehen in dem Geschiebe der Menschen. Man könnte von einer ausgestellten Berührung sprechen. Ich meine, hier von einer Atmosphäre der Wonne sprechen zu können; denn Hermann Schmitz charakterisiert die Wonne so: »Unter den personengebundenen Gefühlen, die sich phänomenologischer Untersuchung als weit ergossene, einbettende Atmosphären erweisen, ist die Wonne dadurch ausgezeichnet, daß die Einbettung auch zu ihrer spezifischen Qualität – zum besonderen Charakter des Wonnevollen – und nicht nur zu ihrem Gattungsmerkmal, Gefühl zu sein, gehört.« **(Schmitz 2005: 122)**

Auf dem Platz der spanischen Großstadt fühlt sich der Autor sozusagen wie in Watte gelegt und wohlig eingebettet. Die Atmosphäre der Wonne nimmt uns auf. Sie lässt uns unbeschwert uns unseres Daseins erfreuen. Wichtig ist hier, dass alle Sinne involviert sind, nicht bloß das Sehen. Denn, wie Mădălina Diaconu richtig bemerkt: »This living city that engages all the senses is the very opposite of the panoptic urban ideal which achieves the highest level of visual order at the price of desolation. In spite of appearances, the ›tactile‹ city does not succumb of chaos, but its order is complex and includes the dimension of time: rhythm.« **(Diaconu 2011: 23)**

Während Aleixandre das Wonnevolle des Flanierens auf dem Platz einer spanischen Stadt beschreibt, lobt Franz Hessel am Flanieren das Bad in der Menge. Er schreibt: »Flanieren ist eine Art Lektüre der Straße, wobei Menschengesichter, Auslagen, Schaufenster, Café-Terrassen, Bahnen, Autos, Bäume zu lauter gleichberechtigten Buchstaben werden, die zusammen Worte, Sätze und Seiten eines immer neuen Buches ergeben... *Langsam durch belebte Straßen* zu gehen, ist ein besonderes Vergnügen. Man wird überspielt von der Eile der anderen. Es ist ein Bad in der Brandung.« **(Hessel 1984/1929: 145, 7)**

Hessel genießt es, sich in der Menge zu bewegen, aber als ein Beobachtender, ein Lesender der Vielfalt und Eigentümlichkeiten des Städtischen. Diese Art von Atmosphäre, die Hessel beschreibt, kommt bei Schmitz nicht vor. Es ist weder das Exaltierende der Freude (vgl. Schmitz 2005: 114–120) noch das Springen und Hüpfen, das die Hesselsche Flânerie kennzeichnet, sondern die Atmosphäre der untersuchenden Bedachtsamkeit und der Ruhe.

Meine Beispiele können unter den Begriff der glücklichen Stimmung und der damit verbundenen Atmosphäre gebracht werden: Gelöstheit bei Woolf, Baden in der Menge bei Hessel und das Wonnevolle bei Aleixandre. Gefühle von Weite und Weitung sind hier dominant. Zweifellos ist nicht zu bestreiten, dass es auch die dazu konträre, d. h. abstoßende, düstere und »hoffnungslose« Atmosphäre städtischer Lokalitäten gibt. In diesem Falle geht es um die Enge, welche ihren Grund in der monotonen Wiederholung architektonischer Gebilde, etwa von Häuserreihen, hat. Hinzukommen muss freilich das Kriterium von als öde und trostlos erfahrenen Bauwerken (vgl. auch Schmitz 2011: 65, 72–73).

III.

Nun zur spezifischen Fortbewegungsform des Flanierens. Was ist Flanieren? Es ist weder das Stehen bleiben vor jedem Schaufenster noch der rastlose Marsch. Flanieren ist leibliches Vorwärts, ohne Hast. »Gehen ist ausdrucksvolles Verhalten« (Garbrecht 1981: 63). Der gleichmäßige Rhythmus der Füße ist wichtig. Er führt dazu, dass wir in der Atmosphäre eines Platzes, eines Kanalufers, einer Straßenführung, einer Passage aufgehen können. Das leicht Stilisierte im Schreiten ist ganz angemessen, denn Flanieren ist weder ein Trippeln noch ein bloßes Schlendern. Beide Bewegungsformen ermöglichen nicht die angemessene Haltung, um ein städtisches Ambiente in seiner Atmosphäre zu erspüren und zu erfassen. Flanieren ist etwas anderes als Spazieren gehen.

Der ästhetisch leicht stilisierten Fortbewegungsform des Flanierens ist es wohl geschuldet, dass es in die Nähe der *Ästhetik der Existenz* des späten Foucault zu rücken ist. In Foucaults eigener Genealogie der Ästhetik der Existenz spielte der Dandy eine wichtige Rolle. Foucault dachte an die vielen Masken und Stilisierungen eines Charles Baudelaire, der ja, wie jeder weiß, das große flanierende Vorbild für die Analysen Walter Benjamins gewesen ist (vgl. Foucault 2007: 201, 210, 216, 280–286).

Die Art des Flanierens hängt vom jeweiligen Terrain, der Straße, des Platzes oder der Mall ab: »Monotonous broad and straight avenues with long vistas invite you to adopt a nimble walking pace, whereas crooked streets and small spaces slow down your pace and invite you to bend, sit or squat.« **(Diaconu 1986: 23, vgl. auch Kiwitz 1986)** Es versteht sich beinahe von selbst, dass Stufen oder Treppen dem Flanieren feindlich sind. Man muss sich zu stark auf das Terrain konzentrieren, statt in der Atmosphäre der Umgebung aufge-

hen zu können. Flanieren ist weder ein Joggen noch ein Spazieren
gehen noch ein Rennen, sondern ein gemächliches Ausschreiten.
Das Pendel kann jedoch, wie Benjamin meinte, gleichwohl bis zum
Getriebensein ausschlagen. Dann wird das Flanieren rastlos.

IV.

Das Erspüren von Atmosphären beim Flanieren motiviert
meines Erachtens dazu, das Empfundene als *Ausdruck* zu fassen.
Das städtische Ambiente wird im Flanieren als Ausdruck erfahren.
Für Ernst Cassirer hat das *Ausdrucksverstehen*, bei dem das Sym-
bolisierende und das Symbolisierte noch nicht thetisch geschieden
sind, seinen Ursprung in der Leib-Seele-Relation. Das leibliche Gewahrwerden erhält eine seelische Grundierung. Das *Ausdrucksverstehen* liegt beim physiognomischen Verstehen vor, beim Gewahrwerden der Stimmung, bei der Synästhesie und beim Erfassen
einer Atmosphäre (vgl. Cassirer 1975/1929: 114, 117, 40–41, 80 f.,
84 f., 177, 526). Das Verstehen von Ausdruck geht dem »Wissen der
Dinge« genetisch voraus. Das *Ausdrucksverstehen* ist ein »Urphä-
nomen« im Sinne Goethes. Diese elementare Grundschicht allen
Symbolverstehens deutet Cassirer mit Ludwig Klages als physiognomischen Charakter und verortet ihn mit Max Scheler in der In-
timsphäre zwischen Menschen (vgl. ebd.: 94, 100 ff. und Cassirer
1990/1944: 123–126). Auch das Gewahrwerden von Atmosphären
gehört zu den elementaren Schichten des symbolischen Verstehens.
Denn für Cassirer steht fest, dass »alles *Erleben*« von »Ausdruck«
»zunächst nichts anderes als ein *Erleiden*« ist. Ausdruck ist »weit
mehr ein Ergriffenwerden als ein Ergreifen« (Cassirer 1975/1929:
88). Zu den ursprünglichen Ausdruckcharakteren zählt Cassirer
»den Charakter des Lockenden oder Drohenden, des Vertrauten
oder Unheimlichen, des Besänftigenden oder Furchterregenden«
(ebd.: 78). Beim Ausdruckserlebnis bleiben alle räumlichen Unterschiede noch eine »Verschiedenheit von Ausdruckszügen«. Die
Raumansicht ist wie »eingetaucht« in die »Farbe des Gefühls«
(ebd.: 177).

Meines Erachtens ist der *symbolic turn* geeignet, um die Abkehr von der Introjektionstheorie des Psychischen, die Schmitz und

Böhme fordern, zu verstärken und zu bekräftigen. Mit Susan K. Langer könnte man das Ausdrucksverstehen als einen »präsentativen Symbolismus« verstehen. Zum präsentativen Symbolismus gehören »Ausdruckshandlung« und »Geste«. Das Ziel ist eine »*Artikulation* von Gefühlen«, wodurch eine »komplexe, permanente innere *Haltung*« möglich wird (Langner 1965: 155). Diese Haltung strahlt dann aus auf das alltägliche Leben.

Mit Nelson Goodman kann man *Ausdruck* symboltheoretisch neu interpretieren als *metaphorische Exemplifikation*. Das kann man strikt terminologisch wie folgt erläutern: Die Metapher ist eine Verschiebung der Referenzklassen eines Symbols und bewegt sich in der Dimension der Denotation, d. h. in der Dimension der Beziehung des Zeichens zu seinem Bezeichneten. Die Exemplifikation dagegen ist eine dazu diametral anders gerichtete Weise der Referenz. Sie ist das Besitzen von Eigenschaften der als Symbole fungierenden Phänomene und zugleich das Fokussieren einiger davon. Der Ausdruck fasst also zwei Operationen zusammen. Eine selbstreferentielle Operation schiebt sich über ein Referenzschema, dieses selbst in seinem Geltungsbereich dynamisch verändernd und modifizierend (vgl. Goodman 1995: 88–96). Die Exemplifikation darf keineswegs mit dem wittgensteinschen *Zeigen* als entgegengesetzt zu dem *Sagen* identifiziert werden, wie Günter Abel und auch Dieter Mersch behaupten. Denn das Zeigen ist nicht genau die Konverse des Sagens.[3]

Wäre dies der Fall, liefe das auf die vorbestimmte Weise des vollständigen Fokussierens auf alle Eigenschaften der Symbole hinaus. Da jedoch die Exemplifikation *sowohl* das Haben der Eigenschaften von Symbolen *als auch* das Fokussieren auf eine nicht bestimmte Anzahl von ihnen benennt, ist die Atmosphäre der Freude nicht identisch mit der Freude selbst, sondern mit der Einbettung von Freude in einen räumlich weiteren Kontext.

---

3 Vgl. Abel 1993: 300–302, Mersch 2000: 262–281. Abel schreibt:»[W]enn Exemplifikation vorliegt, [muß] bereits auch eine Kenntnis davon vorliegen, welches sprachliche Prädikat oder nicht-sprachliche Kennzeichen (...) exemplifiziert wird. Wäre dies nicht der Fall, dann würde man gar nicht bemerken, daß ein Exemplifizieren (...) vorliegt.« (Abel 1993: 301, 302; zit. n. Mersch 200: 271; vgl. dagegen Nelson Goodman 1981: 11–22).

V

Mit Walter Benjamin, Franz Hessel und Virginia Woolf ist die Spezies der Flaneure nicht untergegangen. Das Flanieren wurde in den 1960er und 1970er Jahren von den Mitgliedern der Avantgarde Gruppe der *Situationistischen Internationale* (SI) um Guy Debord wieder entdeckt. Es war das Konzept des *Dérive*, das Umherschweifen in der Großstadt, durch das einige Mitglieder der SI das Flanieren neu belebten. Wurzelnd im *Surrealismus* (etwa Louis Aragon und André Breton) war das *Dérive* der Situationisten gekennzeichnet durch das Erschließen der Psychografie einer bestimmten Region der Großstadt. Das *Dérive* konnte sich über Tage hinziehen und sollte dazu führen, ein methodisch reflektiertes Bild einer Stadt in ihren verschiedenen Regionen und Stadtteilen zu erstellen. Guy Debord selbst, aber auch Constant Nieuwenhuis, Gilles Ivain, Gil J. Wolman sowie Michèle Bernstein praktizierten das *Dérive* (vgl. Debord 2006: 62–66, ebenso Sadler 1998).

Die Mitglieder der *Situationistischen Internationale*, die 1968 Einfluss auf die Studentenbewegung in Frankreich gewannen, wollten *dem* Widerstand leisten, was Guy Debord selbst 1967 als die *Gesellschaft des Spektakels* analysiert und herausgestellt hat (vgl. Debord 1996/1967). Diese ist nicht zu verwechseln mit der von dem Soziologen Gerhard Schulze so genannten *Erlebnisgesellschaft* (vgl. Schulze 1992). Die Gruppe um Debord wollte die Passivität, zu der uns die zeitgenössische Gesellschaft auf Grund ihrer bürokratischen Struktur verurteilt, durchbrechen. Sie suchte eine demokratische Alternative sowohl zum bürokratisierten Spätkapitalismus des Westens als auch zum repressiven Sowjet-Sozialismus. Zweifellos bestanden starke Berührungspunkte mit der Kritischen Theorie um Theodor W. Adorno und Max Horkheimer (vgl. Jappe 1999).

VI.

Bleibt noch ein letzter Punkt. Jean Baudrillard hat zu Recht darauf hingewiesen, dass das Konzept der Atmosphäre nicht nur auf städtische Räume angewendet werden kann, sondern auch auf Gegenstände des alltäglichen Gebrauchs. Baudrillard geht es darum zu zeigen, dass Atmosphären, welche Dinge und Gegenstände umgeben – die Möbelstücke im Zimmer zu Hause, das Auto, die Tische und Stühle in ihren Farben und in ihrer Materialität – heute erzeugt werden, wodurch die Frage nach der *Authentizität* entweder unsinnig oder aber selbst eine Frage des Erzeugens durch das Design wird (vgl. Baudrillard 2005/1968). Aber die Dinge werden nicht mehr ausschließlich in ihrem Materialwert und in ihrer Funktion wahrgenommen, wodurch sich früher der Gebrauch in den Gegenständen gespiegelt hatte.

Die These von Baudrillard, die ich hier aufgreife, besagt, dass die Atmosphäre der Dinge und Gegenstände über Zeichen vermittelt wird. Wir preisen und schätzen den Niederschlag von Zeit und Geschichte in Gebrauchsgegenständen, weil die Geschichtlichkeit als Marke oder Logo produziert wird. Dies geschieht etwa, indem Spuren des Gebrauchs als spektakuläre Konnotationen an den Dingen produziert und eingesetzt werden (vgl. Baudrillard 2005/1968: 77–83). Die Perzeption der Benutzer von Gebrauchsdingen wird gesteuert, indem die Atmosphäre an ihnen überpointiert und verstärkt wird.

Mir geht es hier weder um eine Verteidigung noch um eine Kritik an der Position Baudrillards, etwa seine Konzeption des Simulacrums. Ich greife lediglich seinen Gedanken auf, dass die Atmosphäre eines Gesamtzusammenhanges durch Hervorhebung des Designs von Einzelphänomenen hergestellt wird. Dieser Aspekt ist wichtig – etwa für die Erfahrung der Atmosphäre eines städtischen Platzes. Hier kann nämlich zum Beispiel das Design der Lampen und des übrigen Straßenmeublements die atmosphärische Wahrnehmung steuern und zentrieren. Als perzipierende und handelnde Nutzer eines städtischen Platzes kommen wir nicht darum herum, uns auf das Spiel der Zeichen einzulassen.

Denn die Erfahrung des Ambientes eines städtischen Platzes verläuft doch so, dass wir im ersten Zugriff seine atmosphärische Anmutung erfassen und diese durch analytische Vertiefung in die Details ausdifferenzieren. In der Terminologie Cassirers ist uns die Atmosphäre des Ausdrucks in symbolischer Prägnanz gegeben. Das heißt: Die Atmosphäre ist in ihrem Sosein erfasst. In der Folge beziehen wir das Atmosphärische auf die symbolische Form der Architektur und des Städtebaus.

Michel de Certeaus *Rhetorik des Gehens* reicht nicht weit genug, wenn er meint, dass nur die linguistischen Namen von Vierteln und Straßen uns dazu motivieren, das Modell des funktionalistischen, am Panoptismus orientierten Städtebaus zu überschreiten. Diese Überschreitung findet vielmehr schon bei der nicht nur visuellen, sondern auch taktilen und olfaktorischen Wahrnehmung der Gebäude und der Materialien statt (vgl. Bischoff 2007).

Mădălina Diaconu ist Recht zu geben, wenn sie mit Blick auf de Certeaus Modell eines postfunktionalistischen Urbanismus schreibt: »...not only names, but also building materials are able to create atmospheres, to evoke history, to enhance the habitability of a city and even to reinforce the residents' self-identification with the city. Patina stands for the ongoing process of the production of lived space through the physical interaction between people and architecture... By that, patina converts time into a positive aesthetic agent. Historical buildings and places emanate a certain flair or atmosphere.« **(Diaconu 2011: 29, vgl. auch Kiwitz 1986)** Die Nötigung dazu, die spezifische Symbolik eines städtischen Ambientes zu beachten, lässt sich auch an der politischen Symbolik von großen Plätzen verdeutlichen. So ist der Tahrir Platz in Kairo in jüngster Zeit die Bühne gewesen, auf der sich ein Freiheitskampf abspielte. Ich schlage vor, in diesem Falle von einer *Atmosphäre des Aufbruchs*, dem Beginn einer neuen Epoche zu sprechen. Der Aufbruch kontrastiert scharf mit dem *Zerschlagen einer Hoffnung*. Eine solche einschnürende Atmosphäre hat für viele der Tienan'men Platz in Beijing im Juni 1989 erhalten. Hier konnte man in kurzer Abfolge die Atmosphäre des befreienden Aufbruchs sowie deren Umkippen in Hoffnungslosigkeit beobachten. Der Schmitzsche Gegensatz von »Weitung« (im Falle des Aufbruchs) und von »Engung« (Hoffnungslosigkeit) ist hier hilfreich beim theoretischen Verstehen. Wer je selbst an politischen Demonstrationen teilgenommen hat, wird dieses Schema wieder erkennen.

<u>VII.</u>

Damit komme ich zum Schluss meiner Ausführungen. Es ging mir darum, vielleicht noch eher andeutend als durchgeführt, Argumente für eine Theorie der Erfahrung von städtischen Atmosphären zu finden. Eine solche Theorie muss sowohl der Phänomenologie des Leibes gerecht werden, wie auch einer symboltheoretischen bzw. einer poststrukturalistischen Perspektive. Hinter dem *linguistic turn* bzw. dem *symbolic turn* kann man nicht mehr zurück bleiben.

Ich habe versucht, deutlich zu machen, dass die Theorie der Atmosphären nicht dabei stehen bleiben darf, lediglich eine Definition der Atmosphäre zu geben. Die Reichweite der Theorie muss erweitert werden, indem danach gefragt wird, welche die Bedingungen der Möglichkeit der Erfahrung von Atmosphären sind. Meine Antwort war, dass das Flanieren in der großen Stadt ein Testfeld für die leibesphänomenologische Theorie ist. Es handelt sich nicht nur um ein Problem der Anwendung der Theorie auf praktische Fälle und Gegenstände, sondern es geht um Fragen der Konstitution. Freilich müssen neben den als Weitung erfahrenen Atmosphären urbaner Orte auch die ihnen diametral gegenüber stehenden, als Enge erspürten Atmosphären schärfer analysiert werden. Was die Historizität des Flanierens angeht, so meine ich, dass es keineswegs ausgestorben ist, wenn wir an Beschreibungen aus der Feder des rumänisch-deutschen Autors Richard Wagner weiter zu Cees Nooteboom bis zu Christa Moog denken.[4] Die Phänomenologie des Leibes ist kein ahistorisches oder gar metaphysisches Unterfangen.

Ein weiterer zentraler Punkt meiner Überlegungen war, dass der phänomenologische Ansatz um eine semiotische oder symboltheoretische Dimension erweitert werden muss. Dies ist schon deshalb notwendig, weil ja die Quellen, auf die sich die Phänomenologie des Leibes stützt, literarische Zeugnisse neben psychologischen, medizinischen und anderen wissenschaftlichen Theorien sind.

---

4 Vgl. u. a. das Themenheft von *die horen* von 2000: »Der Flaneur und die Memoiren der Augenblicke« sowie die Anthologie *Flaneure. Begegnungen auf dem Trottoir* (2010) und Whitehead 2001.

Ein letzter Punkt: Städtische Räume sind nicht einfach leer, sondern architektonisch gestaltet und städtebaulich entworfen. Daher muss der Begriff der Atmosphäre so gefasst werden, dass er auch für die städtische Umgebung im Ganzen mit allen ihren Elementen passend ist, wie Straßenpflaster, Bäume, Reklameschilder, Geschäftsauslagen usw., wenn wir es mit Plätzen oder Straßenzügen zu tun haben.[5] Die Erfahrung der Atmosphäre eines städtischen Ortes wird durch die Atmosphäre der konkreten Dinge beeinflusst und stimuliert.

---

5 Vgl. auch den Beitrag von Gernot Böhme in diesem Band.

LITERATUR

Abel, Günter (1993):
Interpretationswelten,
Frankfurt a. M.: Suhr-
kamp.

Baudrillard, Jean
(2005/1968): *The System
of Objects*, London/New
York: Verso.

Bischoff, Werner (2007):
*Nicht-visuelle Dimensionen
des Städtischen. Olfaktori-
sche Wahrnehmung in
Frankfurt am Main, darge-
stellt an zwei Einzelstudien
zum Frankfurter Westend
und Ostend*, Oldenburg:
BIS-Verlag der Carl von
Ossietzky Universität
Oldenburg [= Wahrneh-
mungsgeographische
Studien, hg. v. R. Krüger/J.
Hasse, Band 23].

Böhme, Gernot (2001):
*Aisthetik. Vorlesungen
über Ästhetik als allge-
meine Wahrnehmungsleh-
re*, München: Fink.

Cassirer, Ernst
(1975/1929): *Philosophie
der symbolischen Formen.
Dritter Teil. Phänomenologie der Erkenntnis*, Darmstadt: Wissenschaftliche
Buchgesellschaft.

Cassirer, Ernst (1990/
1944): *Versuch über den
Menschen. Einführung in
eine Philosophie der Kultur.*
Aus dem Englischen von
Reinhard Kaiser. Frankfurt
a. M.: Fischer

Debord, Guy (1996/1967):
*Die Gesellschaft des
Spektakels*, Berlin: Edition
Tiamat.

Debord, Guy (1998):
»Theory of the Dérive«, in:
Knabb, Ken (Hg.): *Situ-
ationist International
Anthology*. Berkeley:
Bureau of Public Secrets
2006, S. 62–66.

Diaconu, Mădălina (2011):
»Matter, Movement,
Memory. Footnotes to an
Urban Tactile Design«, in:
Dies. u. a. (Hg.): *The
Senses and the City. An
Interdisciplinary Approach
to the Urban Sensescapes*, .
Wien: Lit, S. 13–31

Edition Büchergilde (Hg.
2010): *Flaneure. Begeg-
nungen auf dem Trottoir*,
Frankfurt a. M./Zürich.

Foucault, Michel (2007):
*Ästhetik der Existenz.
Schriften zur Lebenskunst*,
hg. v. Daniel Defert und
François Ewald unter
Mitarbeit von Jacques
Lagrange, Frankfurt a. M.:
Suhrkamp.

Garbrecht, Dietrich (1981):
*Gehen. Plädoyer für das
Leben in der Stadt*,
Weinheim/Basel: Beltz.

Goodman, Nelson (1995):
*Sprachen der Kunst. Ein
Ansatz zu einer Symbolthe-
orie*, Frankfurt a. M.:
Suhrkamp.

Goodman, Nelson (1981):
»Wege der Referenz«, in:
Zeitschrift für Semiotik 3,
S. 11–22.

Hasse, Jürgen (2008):
»Die Stadt als Raum der
Atmosphären. Zur
Differenzierung von
Atmosphären und Stim-
mungen«, in: Ders. (Hg.):
Stadt und Atmosphäre,
Remshalden: BAG [= Die
alte Stadt, Jg. 35, Bd. 2],
S. 103–116.

Hessel, Franz (1984/1929):
Ein Flaneur in Berlin.
Berlin: Arsenal.

*die horen. Zeitschrift für
Literatur, Kunst und Kritik*
Nr. 200 (2000): Themen-
heft »Der Flaneur und die
Memoiren der Augenbli-
cke«, zusammengestellt
von Herbert Wiesner und
Ernest Wichner.

Jappe, Anselm (1999): *Guy
Debord*, Berkeley/Los
Angeles/London: Univer-
sity of California Press.

Kiwitz, Peter (1986): *Lebenswelt und Lebenskunst. Perspektiven einer kritischen Theorie des sozialen Lebens*, München: Fink [= Übergänge. Texte und Studien zu Handlung, Sprache und Lebenswelt, hg. v. R. Grathoff und B. Waldenfels, Band 9].

Langer, Susanne K. (1965): *Philosophie auf neuem Wege. Das Symbol im Denken, im Ritus und in der Kunst*, Frankfurt a. M.: S. Fischer Verlag.

Mersch, Dieter (2000): *Was sich zeigt. Materialität, Präsenz, Ereignis*, München: Fink.

Sadler, Simon (1998): *The Situationist City*, Cambridge, Mass.: MIT Press.

Schmitz, Hermann (1993): »Gefühle als Atmosphären und das affektive Betroffensein von ihnen«, in: Fink-Eitel, Hinrich/ Lohmann, Georg (Hg.): *Zur Philosophie der Gefühle*, Frankfurt a. M.: Suhrkamp, S. 33–56.

Schmitz, Hermann (2005): *Der Gefühlsraum. System der Philosophie III, Teil 2*, Bonn: Bouvier.

Schmitz, Hermann (2011): »Die Stimmung einer Stadt«, in: Gisbertz, Anna-Katharina (Hg.): *Stimmung. Zur Wiederkehr einer ästhetischen Kategorie*, München: Fink, S. 63–74.

Schulze, Gerhard (1992): *Die Erlebnisgesellschaft. Kultursoziologie der Gegenwart*, Frankfurt a. M./New York: Campus.

Tellenbach, Hubertus (1968): *Geschmack und Atmosphäre*, Salzburg: O. Müller.

Whitehead, Colson (2001): *The Colossus of New York. A City in Thirteen Parts*. London: Harper Collins.

Woolf, Virginia (1997): *Der Tod des Falters*, Frankfurt a. M.: Fischer.

Zumpthor, Peter (2010): *Atmosphären. Architektonische Umgebungen. Die Dinge um mich herum*, Basel: Birkhäuser.

IV. ATMOSPHÄREN DRITTER ORDNUNG: DIE MEDIALEN DIMENSIONEN

Gernot Böhme, Prof. Dr., geb. 1937, studierte
Mathematik, Physik, Philosophie und war von
1970–77 wissenschaftlicher Mitarbeiter des
Max-Planck-Instituts zur Erforschung der
Lebensbedingungen der wissenschaftlich-tech-
nischen Welt in Starnberg. Von 1977 bis zu seiner
Emeritierung 2002 war er Professor für Philoso-
phie an der TU Darmstadt, dabei von 1997–2001
Sprecher des Graduiertenkollegs *Technisierung
und Gesellschaft*. Seit 2005 ist er Direktor des
Instituts für Praxis der Philosophie e. V. (IPPh) in
Darmstadt und Vorsitzender der Darmstädter
Goethegesellschaft. Gernot Böhme erhielt 2003
den Denkbar-Preis für obliques Denken. Seine
Forschungsschwerpunkte umfassen unter
anderem die klassische Philosophie (besonders
Platon und Kant), Naturphilosophie, sowie die
Philosophische Anthropologie, Ästhetik und
Ethik, Theorie der Zeit. Jüngste Veröffentlichun-
gen u. a.: *Architektur und Atmosphäre* (2006) und
Die sanfte Kunst des Ephemeren, (2008).

GERNOT BÖHME

FLANIEREN IN DER SHOPPINGMALL:
DAS NORD-WEST-ZENTRUM IN FRANKFURT

I.   PARIS, HAUPTSTADT DES XIX. JAHRHUNDERTS

Die Shoppingmalls unserer Tage sind späte Abkömmlinge der Passagen, wie sie ab 1840 in Paris entstanden. Es handelt sich um überdachte Straßen, in der Regel Querverbindungen zwischen den von Haussmann geschaffenen großen Boulevards. Sie waren im modernen Sinne Fußgängerzonen und dienten im Parterre und im 1. Stock – höher waren sie in der Regel nicht – dem Einzelhandel und der Gastronomie. Der Chronist der Pariser Passagen ist Walter Benjamin bzw. hätte es sein können, wenn nicht sein großes Passagenwerk Fragment geblieben wäre (Benjamin 1991a, 1991b).[1] Gleichwohl hat er den mentalitäts- und kulturgeschichtlichen Blick auf die Passagen geprägt. Benjamin bringt wirtschaftsgeschichtlich die Passagen mit der ersten Hochblüte des Kapitalismus in Verbindung und sieht in ihnen den Geburtsort des Flaneurs. Allerdings ist er sich auch bewusst, dass dessen Erscheinung keineswegs auf Paris beschränkt war. Insbesondere ist Edgar Allan Poes Erzählung *Der Mann in der Menge* (Poe 2008/1840) zu erwähnen, in der gewissermaßen ein Doppelportrait des Flaneurs gegeben wird – ein Mann, der ziellos durch die Stadt streift und ein zweiter, der ihm folgt – aus purem Interesse an seiner Erscheinung, wenngleich mit einem gewissen kriminalistischen Impetus. Benjamins historische Analysen sowie die daran anknüpfenden aktuellen Untersuchungen von Heinz Paetzold[2] und Zygmunt Bauman (Bauman 2007) arbeiten folgende Grundzüge des klassischen Flanierens heraus:

Das wichtigste Merkmal ist, dass es sich bei den Flaneuren um Angehörige der *leisure class* handelt. Es sind Menschen, die Zeit ha-

---

1   »Paris, Hauptstadt des XIX. Jahrhunderts« ist der Titel des ersten Textes im *Passagen-Werk*.

2   Vgl. auch den Beitrag von Heinz Paetzold in diesem Band sowie Paetzold 2006.

ben, die nicht oder nur wenig zu arbeiten brauchen und die in diesem Sinne nicht zur arbeitenden und konsumierenden Bevölkerung gehören, wie sie sonst die Straßen füllt. Ihre Teilnahme am Leben ist distanziert, gleichwohl nicht uninteressiert und emotionslos. Es ist die Teilnahme theoretischer Neugier und ästhetischer Faszination. Benjamin sieht deshalb im Flaneur eine Verwandtschaft zum Journalisten und weist eine Beziehung des flanierenden Hinschauens zur belletristischen Mode der *Physiologie* – von Personen, von Tieren, von Gebäuden, von Straßen – nach. Wie bei dieser, ist der Blick des Flaneurs eine physiologische oder besser physiognomische Teilnahme, die weder durch politisches noch wirtschaftliches Interesse bestimmt ist. Paetzold nennt diese Teilnahme in Anschluss an Benjamin *entspannte Aufmerksamkeit* (Paetzold 2006). Sie ist quasi ein virtueller Konsum. Der Flaneur kauft nicht, dafür ist seine ästhetische Teilnahme nicht auf die Waren beschränkt, sondern umfasst die ganze Szenerie der Passagen, Architektur und Besucher eingeschlossen. Man könnte den Flaneur deshalb auch als den Prototyp des modernen Stadtmenschen ansehen, wie er ursprünglich von Georg Simmel beschrieben wurde, und heute bei Zygmunt Bauman quasi eine postmoderne Auferstehung erlebt. Auf dieser Linie ist jedoch das Hauptcharakteristikum des Flaneurs sein Fremdsein, denn er ist ein Fremder unter Fremden. Georg Simmel hatte dieses Fremdsein des Flaneurs, nämlich dass er nicht traditional in eine Gemeinschaft integriert ist, als Basis moderner Individualität identifiziert, einer Freiheit von Beobachtung und Kontrolle, die die Erfahrung des Fremdseins zur Quelle der Lust werden lässt (Simmel 2006/1903). Freilich ist dies eher die ethische Seite der Lebensform eines Flaneurs, während bei Benjamin die ästhetische im Vordergrund steht. Bemerkenswerterweise kann man diesen Aspekt am deutlichsten in den Romanen des Japaners Natsume Soseki studieren, der freilich durch einen frühen England-Aufenthalt gegen Ende des Jahrhunderts noch die Ausläufer des englischen Flaneur- und Dandytums erleben konnte. In seinem Roman *Ich der Kater* (Soseki 1996/1905) wird die Einheit von Fremdheit und ästhetischem Interesse quasi in Reinkultur dargestellt: Ein Kater flaniert durch sein Viertel und gibt in seinen Erzählungen ein sozialkritisches Bild des japanischen Bürgertums um 1900.

Für das Flanieren ist ferner seine Abkunft aus der Kultur des Spazierganges, wie sie sich im 18. Jahrhundert von Rousseau bis Schiller entwickelt hat, wichtig. Während im 18. Jahrhundert der Spaziergang der Weg des Städters nach *draußen* ist, nämlich ins *Freie*, wo die Natur ästhetisch entdeckt wird, ist der Flaneur der Erfinder des Stadtspazierganges. Die Natur spielt im klassischen Flanieren praktisch keine Rolle mehr, und der Flaneur ist auch nicht *draußen*, vielmehr hält er sich an einem Ort auf, in dem selbst die *Straßen zum Intérieur* werden, wie Benjamin feststellt. Auch der Flaneur fühlt sich frei, aber er findet die Freiheit nicht mehr im Draußen, sondern (quasi) im Drinnen, nämlich in der ästhetischen Reflexion des Ortes und der Verhältnisse, in denen und von denen der Flaneur lebt.

II.   DIE DEMOKRATISIERUNG DES FLANIERENS

Charakteristisch für das Flanieren unserer Tage ist die Schichtunabhängigkeit der Flaneure: Sie können jeder Klasse und jedem Alter angehören. Insbesondere müssen sie nicht notwendig Mitglied der *leisure class* sein. Ein Grund dafür ist die Entstehung der Freizeit infolge der Steigerung der Arbeitsproduktivität. Der moderne Flaneur ist nicht mehr der Rentier, der nicht zu arbeiten braucht, sondern der Durchschnittsbürger, der durch Ausweitung der Urlaubszeiten und der Arbeitszeitverkürzung in den Genuss von Freizeit gekommen ist. Als zweiter Grund für die Entstehung des modernen Flaneurs, des flanierenden Jedermann, ist sicher auch der für andere Dimensionen von Norbert Elias beschriebene *trickle down*-Effekt (Elias 1997) zu nennen: Lebensformen der höheren Klasse werden von den niederen nachgeahmt und transformiert, bis sie schließlich Bestandteil des Verhaltens der Gesamtbevölkerung werden.

Das postmoderne Flanieren ist deshalb auch keine umfassende Lebensform mehr, sondern vielmehr ein Freizeitverhalten, jedoch ein bestimmtes. Es tritt zum Fernsehen, zum allgemeinen Kulturkonsum, zu Urlaubsreisen, Sport und Jogging als eine besondere Form des Freizeitverhaltens hinzu. Das Bemerkenswerte dabei ist, dass der quasi ästhetische Genuss der Shoppingmalls, nämlich der virtuelle Konsum des Marktes und der Warenwelt überhaupt als

besonderes und inzwischen habitualisiertes Freizeitverhalten auftritt. Man macht einen Ausflug in die Shoppingmall, man trifft sich
in der Shoppingmall, man feiert in der Shoppingmall. Man besucht
die Shoppingmall nicht, weil man dort zu tun hat oder etwas kaufen will bzw. wenn man etwas kauft, dann ist das Kaufen selbst
der Konsum, nicht der spätere Gebrauch des Erworbenen. Insofern
ist das Flanieren in der Shoppingmall ein charakteristisches Phänomen der *ästhetischen Ökonomie* (Böhme 2001). Wenn hier der
Tauschwert der Waren zum Gebrauchswert wird, wenn die Waren
als bloße Statussymbole oder zur Ausstattung des Lebens dienen,
nicht aber materiell konsumiert werden, dann entspricht dem der
Genuss, der im Kaufen selbst sich erfüllt.

III.   DIE ATMOSPHÄRE DES NORD-WEST-ZENTRUMS IN FRANKFURT AM MAIN[3]

Das *Nord-West-Zentrum* in Frankfurt am Main ist ein rie-
siger Gebäudekomplex, der im Oval vom Erich-Ollenhauer-Ring
umfahren und zusammengehalten wird. Mehrere Fußgängerbrü-
cken binden das Zentrum in den benachbarten Stadtteil ein. Heute fasst es mit 90.000 qm Verkaufsfläche 150 Geschäfte, 24 Gast-
ronomie-Betriebe und 28 Arztpraxen. Außerdem gehören zu dem
Komplex etwa 200 Wohneinheiten, ein Spa- und Wellnessbad (die
Titus-Thermen), das Courtyard Marriott Hotel und ferner öffentliche Einrichtungen wie die Stadtbücherei, das Bürgeramt, das So-
zial-Rathaus, eine Sporthalle, das Nachbarschaftsbüro und eine
Tagungsstätte. Es gibt 3.500 Parkplätze, und außerdem ist das
Nord-West-Zentrum vielfach mit dem städtischen Nahverkehrsnetz
verbunden, und zwar durch zwei U-Bahnlinien und sechs Buslinien.
Für die Architektur und Baugeschichte des Zentrums ist es wichtig zu erwähnen, dass es durch den ursprünglichen Plan von 1965
bis zur Erweiterung 2004 die Entwicklung von der ökonomisch orientierten Moderne bis hin zur Postmoderne mitgemacht hat.[4] Sei-

---

3 Ich danke Herrn Georg Lackner von der Nord-West-Zentrum Verwaltungsgesellschaft
   und Herrn Prof. Wolfgang Christ von der Bauhaus-Universität Weimar für wertvolle
   Gespräche und Hinweise, die in den folgenden Abschnitt eingeflossen sind.
4 Siehe zu dieser Entwicklung: Wolfgang Christ (2003). Sie wird auch bestätigt
   durch das Heft 01/2011 von *puls. Zeitschrift für Bewegung in der Architektur*. Unter
   dem Titel »Shopping Mall im Wandel« werden hier neueste Projekte vorgestellt.

ne ursprüngliche Konzeption durch das Büro ABB (Otto Apel, Hans-Georg Beckert und Gilbert Beckert) gehörte zum Bau der Frankfurter Nord-West-Stadt, einer typischen Trabantenstadt der späten 6oer-Jahre. Was dieses Einkaufszentrum auch von vielen anderen, die auf der grünen Wiese entstanden, unterscheidet, ist, dass das Nord-West-Zentrum von vornherein als ein Stadtzentrum für die neue Trabantenstadt geplant war. Diese Funktion erfüllt es auch heute noch durch die Kombination von Geschäften und Gastronomie mit kommunal-medizinischen Einrichtungen auf's Beste. Zwar hat es auch, wie andere Shoppingmalls auf der grünen Wiese, durch die gute Erreichbarkeit mit dem Auto und die Integration ins Nahverkehrsnetz einen Inselcharakter, und die meisten Besucher stammen nicht aus der unmittelbaren Umgebung, d.h. sie erreichen das Zentrum nicht zu Fuß. Doch bedroht es nicht, wie die nach der Wiedervereinigung vor allem im Osten Deutschlands entstandenen Shoppingcenter, die Innenstadt, eine Gefahr, gegen die sich 1999 die Leipziger Erklärung der Architekten richtete und die schließlich zu dem deutschlandweiten Beschluss führte, keine Center auf der »grünen Wiese« mehr zu genehmigen. Das Nord-West-Zentrum gehörte somit von vornherein zum Typ der Innenstadt-Center, die sich in Deutschland sonst erst mit der Postmoderne aufgrund der genannten Beschlüsse entwickelten. Charakteristisch für diesen Typ ist die 1999 in San Diego von dem weltweit führenden Shoppingcenter-Architekten Jon Jerde geschaffene Horton Plaza (Christ 2003: 120 f.). Er bezeichnete sie als *city village* und deutet mit diesem Titel nicht nur auf die Anregung hin, die er von norditalienischen Kleinstädten erhalten hat, sondern auf die Absicht, Einkaufszentren so zu konzipieren, dass sie nicht nur für den Zweck des Einkaufs funktional sind, sondern einen Ort darstellen, in dem sich kommunales Leben entfalten kann. Die postmoderne Architektur unterscheidet sich auch hier von einer funktionsorientierten Moderne dadurch, dass es ihr um die Schaffung von Atmosphären geht, um Räume für Aufenthalt und Kommunikation, um markante Orte (Böhme 2006).

Um die Atmosphäre des Nord-West-Zentrums zu erfassen, wurden folgende Methoden angewandt: Von Seiten der Rezepti-

Abb. 1   Abb. 2

onsästhetik durch Sound-Bilder (Fotos mit zugehörigen Tonauf-
nahmen des Ortes) und Publikumsgespräche; von Seiten der Pro-
duktionsästhetik Gespräche mit der Leitung des Zentrums, speziell
dem Marketingchef G. H. Lackner. Dies erwies sich als besonders
fruchtbar, weil nach wie vor das Nord-West-Zentrum in einer Hand
ist und es deshalb ein globales Marketingkonzept gibt, eine Organisation für Ausstellungen und Veranstaltungen und einen zentralen
Ordnungsdienst. Das heißt, es gibt einen durchdachten Auftritt des
Nord-West-Zentrums als Ganzem. Die Methode der Sound-Bilder
dürfte eine Innovation darstellen, weil in der Regel Berichte über
Produkte der Architektur und Städteplanung ausschließlich an der
Optik orientiert sind.[5] Für die Frage, wie man sich an einem Ort befindet, wie das dort stattfindende Leben *getönt* ist, und was akustisch sich in den entsprechenden Gebäuden und an den beschriebe-
nen Plätzen abspielt, ist jedoch der Sound außerordentlich wichtig.
Er bestimmt gewissermaßen die Grundtönung des Lebensgefühls.

[5] Aus naheliegenden Gründen musste hier leider auf die Akustik verzichtet
     werden. Die folgenden Abbildungen zeigen verschiedene Ansichten des Nord-
     West-Zentrums, alle Bilder stammen vom Autor des Beitrags.

Abb. 3

Für die Atmosphäre des Nord-West-Zentrums ist nun vor allem die Helle und Weite charakteristisch. Die beiden Ladenstraßen wurden 1987 durch tonnenförmige Glasdächer überwölbt. Diese können bei gutem Wetter zum Teil geöffnet werden. (Abb. 1)

Aber auch sonst hat man an den Tischen der Cafés und Restaurants, die sich in die Gänge und Plätze hineinschieben, das Gefühl, *draußen* zu sitzen. Dazu tragen auch die schlanken, sich baumartig nach oben verzweigenden Träger des Daches bei, vor allem aber die großen Bäume, die im Innenraum wachsen, wie auch die Begrünung der Wände. (Abb. 2)

Hier muss auch das Vogelgezwitscher erwähnt werden, gerade weil Vögel im Innenraum von der Zentrumsleitung allenfalls geduldet, keinesfalls aber gewünscht sind. Orte, um sich zu treffen und um zu verweilen, sind ferner die zahlreichen Brunnen. Sie tragen auch ganz wesentlich zur Sound-Kulisse des Zentrums bei und sind vor allem für Kinder ein beliebter Aufenthaltsort. (Abb. 3)

Was die Sound-Atmosphäre des Zentrums angeht, so gibt es natürlich eine Grundtonalität aus den zahlreichen menschlichen Lauten: Gespräche, Rufe, Kindergeschrei. Dabei ist für dieses Zen-

Abb. 4

trum ganz besonders charakteristisch die Multikulturalität, die sich durch die unterschiedlichen Idiome dem Sound einschreibt, wie auch der vielfältige Anblick der Besucher. Der Shopping-stroll wird akustisch zu einem Kaleidoskop im Stil der Popmusik. Es ist ganz auffällig, dass die einzelnen Boutiquen sich jeweils einem charakteristischen Musikstil verschrieben haben.

Diese Mannigfaltigkeit, die sich einem auf dem Weg durch die Geschäfte erschließt, wird aber aus den öffentlichen Räumen von der Geschäftsleitung ferngehalten. Straßenmusiker sind zwar nicht ausdrücklich verboten, werden aber, wenn sie auftreten, auf die Bühne der zentralen Halle komplimentiert, um dort in endlicher Zeit und bezahlt, ihr Programm darzubieten. Sonst ist der Sound in den Hallengängen und -plätzen durch die Grundtonalität menschlicher Geräusche, durch die heranschwappenden Gesprächsfetzen der Passanten in der Nähe, durch Kinder- und Vogelstimmen und schließlich durch das Plätschern und Rauschen der Brunnen bestimmt.

Das Nord-West-Zentrum in Frankfurt ist wie ein Ensemble von Passagen. Dabei erinnert es jedoch weniger an die Pariser Passagen, die – zumindest heute – einen eher engen und düsteren Eindruck machen, als vielmehr beispielsweise an die Galleria Vittorio Emanuele in Mailand. Anders aber als diese Passage, ist das Nord-

West-Zentrum kein Ort des Luxus oder auch nur des gehobenen Konsums. Die Geschäfte der Haute-Couture, der internationalen Juweliere und Ausstatter wird man hier ebenso wie Nobelrestaurants vergeblich suchen. Geschäfte und Gastronomie entsprechen eher einem mittleren Konsumniveau. **(Abb. 4)**

Das liegt sicher daran, dass dieses Einkaufszentrum die Funktion eines Stadtzentrums für die Trabantenstadt Nord-West-Stadt erfüllt. Hier wohnen nicht die Reichen, sondern vielmehr die Erwerbsbevölkerung, der Anteil von Migranten ist überdurchschnittlich hoch. Gerade aber diese Bevölkerungsschichten sind es, die sich in ihrer Freizeit das Verhalten des Flaneurs angeeignet haben. Sie haben das Shoppingcenter zu ihrer *urban village* gemacht, zu einem Ort, an dem man entlastet seine Zeit verbringt, sich mit Freunden trifft, hörend und sehend am Leben teilnimmt – und gelegentlich auch einmal etwas kauft.

LITERATUR

Bauman, Zygmunt (2007):
*Flaneure, Spieler und
Touristen. Essays zu
postmodernen Lebensfor-
men*, Hamburg: Hamburger
Edition.

Benjamin, Walter (1991a):
*Das Passagen-Werk,
Gesammelte Schriften Bd.
V.*, Frankfurt a. M.:
Suhrkamp.

Benjamin, Walter (1991b):
»Der Flaneur« (Teil II von
»Charles Baudelaire, Ein
Lyriker im Zeitalter des
Hochkapitalismus«), in:
Gesammelte Werke Bd. I.2,
Frankfurt a. M.: Suhrkamp,
S. 537–569.

Böhme, Gernot (2001):
»Zur Kritik der ästheti-
schen Ökonomie«, in:
*Zeitschrift für kritische
Theorie* 12/2001, S. 69–82.

Böhme, Gernot (2006):
*Architektur und Atmos-
phäre*, München: Fink.

Christ, Wolfgang (Hg.
2003): *Shopping_Center_
Stadt. Urbane Strategien für
eine nachhaltige Entwick-
lung*, Gelsenkirchen.
Europäisches Haus der
Stadtkultur e.V.

Elias, Nobert (1997): *Über
den Prozeß der Zivilisation*,
Frankfurt a. M.: Suhr-
kamp.

Paetzold, Heinz (2006):
»Phänomenologie der
Kultur des Flanierens«, in:
Ders. (Hg.): *Integrale
Stadtkultur*, Weimar:
Verlag der Bauhaus-
Universität, S. 48–77.

Poe, Edgar Allan (2008):
»Der Mann in der Menge«,
in: Ders.: *Sämtliche
Erzählungen* Bd. 1, hg. v.
Günter Gentsch, Frankfurt
a. M.: Suhrkamp.

*puls. Zeitschrift für
Bewegung in der Architek-
tur* 01/2011: »Shopping
Mall im Wandel«, http://
www.busch-jaeger.de/
download_brochures/de/
puls/Architektenbroschu-
ere_puls_1_2011.pdf
(8. Juli 2012).

Simmel, Georg
(2006/1903): *Die Großstädte und das Geistesleben*,
Frankfurt a. M.: Suhr-
kamp.

Soseki, Natsume (1996):
Ich der Kater, Frankfurt
a. M.: Insel.

Christiane Heibach, PD Dr. phil., ist Literatur-
und Medienwissenschaftlerin. Sie studierte
Germanistik, Geschichte und Philosophie in
Bamberg, Heidelberg und Paris und wurde 2000
mit einer der ersten wissenschaftlichen Studien
über Internetliteratur an der Universität Heidelberg promoviert. 2007 habilitierte sie sich an
der Universität Erfurt mit einer Arbeit über das
Verhältnis von ästhetischer Theorie und multi-
medialer Aufführung seit 1800. Im Rahmen ihres
DFG-geförderten Projekts »Epistemologie der
Multimedialität« forscht sie an der Staatlichen
Hochschule für Gestaltung in Karlsruhe und ist
Visiting Research Fellow am dortigen For-
schungsinstitut. Forschungsschwerpunkte sind
Medienepistemologie, Medienkulturgeschichte
und -theorie, Ästhetik multi- und intermedialer
Kunstformen, Geschichte und Theorie der neuen
Medien.
Publikationen u. a.: *Multimediale Aufführungs-
kunst. Medienästhetische Studien zur Entstehung
einer neuen Kunstform* (2010); *Literatur im elekt-
ronischen Raum* (2003).

CHRISTIANE HEIBACH

MANIPULATIVE ATMOSPHÄREN.
ZWISCHEN UNMITTELBAREM ERLEBEN UND
MEDIALER KONSTRUKTION

Leni Riefenstahls Propaganda-Film *Triumph des Willens* über den Parteitag der nationalsozialistischen Partei 1934 in Nürnberg beginnt mit einem berühmten Vorspann, der – das erste und einzige Mal in dem fast zweistündigen Film – mittels Texttafeln folgende Botschaft übermittelt:

»Am 5. September 1934

20 Jahre nach dem Ausbruch des Weltkrieges

16 Jahre nach dem Anfang deutschen Leidens

19 Monate nach dem Beginn der deutschen Wiedergeburt

flog Adolf Hitler wiederum nach Nürnberg, um Heerschau abzuhalten über seine Getreuen.« **(Riefenstahl 2004/1935: 00.00.03 – 00.00.50)**[1]

Die anschließende Bildsequenz ist sowohl metaphorisch wie »wörtlich« zu lesen: Gezeigt wird der Blick aus dem Pilotenfenster eines Flugzeugs, das sich dynamisch durch gigantische Wolkenformationen pflügt: der Führer auf dem Weg nach Nürnberg.

Schließlich lichten sich die Wolken und der Blick kann frei über das mittelalterliche Stadtbild Nürnbergs schweifen, in dessen Straßen sich, aufgenommen aus der Vogelperspektive des herabschwebenden Fliegers, schon die ersten Marschkolonnen formieren. **(Abb. 1)**

Insgesamt lassen sich in dieser Anfangssequenz drei Bedeutungsebenen differenzieren: Die Wolken sind überwunden, und Deutschland sieht dank seines Führers einer strahlenden Zukunft entgegen (metaphorisch); Hitler schwebt als »pseudosakrale Erlösergestalt« (Lenssen 2000: 200) vom Himmel herab (symbolisch); Hitler landet in Nürnberg, um dem Parteitag beizuwohnen (real-informativ). Darüber hinaus gibt es einen weiteren, nicht so deut-

---

1 Im Folgenden erfolgt der Nachweis von Zitaten und Screenshots aus dem Film durch die Angabe der Timecodes der DVD.

Abb. 1: Die
Vogelperspektive
aus dem Flugzeug
aufgenommen
(00:02:52)

lichen Subtext: Der Führer erstreckt seinen (und damit Deutschlands) Herrschaftsanspruch nicht nur auf den Land-, sondern auch auf den Luftraum. Die mediale Inszenierung verbindet somit die Eroberung der physikalischen Atmosphäre mit der Konstituierung einer entsprechenden sozialen Atmosphäre im Volk, das sich diesen Herrschaftsanspruch zueigen machen soll.

Damit wird filmisch manifest, was Peter Sloterdijk als Kennzeichen des 20. Jahrhunderts identifiziert: Das Explizitwerden der Atmosphäre in ihrer physikalischen Dimension als relevanter Lebensraum. Im dritten Band seiner Sphärologie fächert Sloterdijk ihre Bedeutung an den Beispielen der kriegerischen, aber auch zivilen Vernichtungsmechanismen durch die Vergiftung der Atemluft auf, ebenso aber auch an der Entwicklung des inneren und äußeren Klimadesigns, sprich: dem Airconditioning und dem Umweltschutz (Sloterdijk 2004: 89 ff.). Was mit dem Einsatz von Gas als Waffe im ersten Weltkrieg begann, sollte im zweiten Weltkrieg dann tatsächlich als Luftkrieg zur gezielten Zerstörung der Lebensumwelt des Feindes durch Bomben führen – bis hin zu den Katastrophen von Nagasaki und Hiroshima, bei denen das Ausmaß der ›materiellen‹ Zerstörung vom Grauen der sofortigen und langfristigen Wirkung der unsichtbaren Strahlung weit übertroffen wurde. Die Atombombenabwürfe leiten eine neue Ära der Atmosphären-Kriegsführung ein und markieren den Übergang von der »thermoterroristische[n] Dimension« des bisherigen Bombenkrieges in die »strahlenterroristische Dimension« (ebd.: 139). Mit dem Beginn von *Triumph des Willens* wird somit ein atmosphärischer Herrschaftsanspruch formuliert, der zwar vorerst noch nicht auf kriegerische Absichten hinweist, den der heutige Zuschauer in seinem Pathos allerdings nur mit größtem Unbehagen zur Kenntnis nehmen kann.

I.   MANIPULATION UND ATMOSPHÄRE – EIN GEGENSATZ?

Sich im Zusammenhang mit Riefenstahls Parteitagsfilm dem Thema »manipulative Atmosphären« zu nähern, liegt auf den ersten Blick nahe – man könnte sich sogar fragen, wozu eigentlich ein solches häufig analysiertes und letztlich plakatives Beispiel auswählen, wo es doch viel subtilere Manifestationen für Manipulation gibt. Der Grund dafür liegt im ambivalenten Charakter des Prozesses der Manipulation:

– Zunächst referiert der Begriff auf klassische Dualismen, weil ein Akteur vorausgesetzt wird, der manipuliert, und eine Person, die manipuliert wird – es gibt also ein Subjekt und ein Objekt, einen aktiven und einen passiven Part in dieser Konstruktion. Manipulation wird zumindest in den westlichen Kulturen negativ bewertet, weil sie der Maxime der Selbstbestimmung und Autonomie des Individuums entgegensteht.[2] Sie referiert auf ein Machtverhältnis, bei dem die eine Seite, zumeist ohne es zu bemerken, die Kontrolle über ihr Verhalten abgibt. Damit erhält der Manipulierte eine Art Opferstatus, während der Manipulator der Handelnde und damit moralisch Verantwortliche ist.

2 Allerdings gibt es durchaus auch Positiv-Konnotationen, die sich vor allem im Bereich der betrieblichen Kommunikation in entsprechender Ratgeberliteratur niederschlagen. Der fragwürdige moralische Impetus der Manipulation wird dabei durchaus thematisiert, deren Techniken aber mit einem lustvollen Schauder am Balancieren auf der Grenze zwischen Lauterkeit und Boshaftigkeit expliziert. Vgl. beispielsweise Beck 2005; Nöllke 2010; Erdmüller/ Wilhelm 2010. Manipulation wird diesen Kontexten allerdings als eine individuelle, zwischenmenschliche Strategie aufgefasst und nicht als Mittel der politischen Massenbeeinflussung.

– Weiterhin zeichnet sich Manipulation dadurch aus, dass sie zunächst als solche nicht erkannt wird, d. h. etwas als manipulativ zu bezeichnen, bedarf eines gewissen Abstandes zeitlicher, örtlicher oder auch ideeller Art, in jedem Fall einer distanzierten Position. Eine manipulative Atmosphäre zu erkennen ist daher entweder nur aus einer externen Beobachterposition möglich oder als retrospektive Diagnose – und in beiden Fällen somit auf ein Werteraster angewiesen, das ein solches Urteil ermöglicht.

Will man Manipulation und Atmosphäre zusammen denken, so ergeben sich vor diesem Hintergrund zunächst strukturelle Diskrepanzen zu den philosophisch-phänomenologischen Konzeptionen von »Atmosphäre«, insbesondere bei Hermann Schmitz und Gernot Böhme:

– Der Dualismus von Subjekt und Objekt ist genau das, was in den Atmosphären-Konzeptionen sowohl bei Schmitz als auch bei Böhme transzendiert wird. So stellt sich die Frage nach den Verursachern manipulativer Atmosphären: Gibt es hier tatsächlich *einen* Gestalter, der für die Manipulation alleine verantwortlich ist? Oder ist es nicht doch vielmehr so, dass eine manipulative Atmosphäre ein zwischenmenschliches Phänomen ist, dass also auch die Manipulierten an ihrer Genese Anteil haben?

– Das Entstehen von Atmosphären wird sowohl bei Schmitz als auch bei Böhme meist situativ und daher auch vielmehr als Raum- und nicht als Zeitstruktur verstanden. Manipulative Atmosphären müssen aber, um ihre Wirkung zu entfalten, Räume transzendieren – und zwar alle Arten von Räumen, seien sie geometrisch, seien sie individuelle bzw. soziale Leibempfindung oder Gefühlsräume,[3] wie Schmitz sie versteht (vgl. Schmitz 1998: 51). Zudem müssen sie sich über einen längeren Zeitraum entfalten können, denn die Manipulier-

---

3 Vgl. hierzu auch den Beitrag von Hermann Schmitz in diesem Band.

ten bewegen sich nicht nur in direkter Interaktion mit dem Manipulator, sondern zwischenzeitlich auch in anderen Lebensbereichen und atmosphärischen Räumen. Man hat es demnach mit einem Phänomen der Interferenz verschiedener Atmosphären zu tun, deren Verhältnis zueinander in den Fokus rückt und das ein Nachdenken nicht nur über die Möglichkeit einer Differenzierung von Atmosphärentypen, sondern auch von atmosphärischen Prozessen notwendig macht.

– Die phänomenologischen Atmosphären-Konzepte arbeiten weitgehend ohne Medienbegriff, auch wenn das Gestalten von Atmosphären durch den Einsatz bestimmter Strategien durchaus berücksichtigt wird (vgl. vor allem Böhme 1995 und 2006). Doch damit wird wiederum eine Subjekt-Objekt-Struktur eingeführt, die schon überwunden zu sein schien. Es ist fraglich, ob ein solches Vorgehen den spezifischen Charakteristika der Atmosphäre nicht entgegensteht.

– Wir kommen nicht umhin, im Zusammenhang mit manipulativen Atmosphären auch die Frage nach der Medienwirkung zu stellen – dann aber nicht so sehr in der Tradition der quantitativen Medienwirkungsforschung, sondern mehr im Hinblick auf die McLuhan'sche Medienanthropologie, die im Grunde genommen schon eine Vorformulierung medialer Atmosphären leistet: Medien umgeben und formen unsere Wahrnehmung und unser Verhalten, genauso wie wir sie umgekehrt gestalten. Es handelt sich hierbei um einen Prozess der Koevolution von Mensch und Technologie bzw. Artefakten. In diesem Zusammenhang bedarf es einer Differenzierung in verschiedene mediale Strukturen, die sich in diesem Kontext insbesondere im Verhältnis von Präsenz und Absenz niederschlagen, das entscheidend für das Erleben von Atmosphären ist. Atmosphären, die in und von Massenmedien erzeugt werden, unterliegen anderen Gesetzen als diejenigen, die in einer zeitlichen und örtlichen Präsenzsituation entstehen, wobei diese durchaus ebenso techno-medial konstruiert sein können. Auch vor diesem Hintergrund erweist es sich als notwendig, die zeitliche Struktur von Atmosphären und deren Überlagerungen zu berücksichtigen und theoretisch weiter auszuformulieren.

Diese vorerst nur skizzenhaften Überlegungen zeigen schon, dass die Frage nach manipulativen Atmosphären in theoretischer Hinsicht sehr voraussetzungsreich ist. Es empfiehlt sich daher, die angesprochenen Dimensionen anhand eines markanten Beispiels zu vertiefen. Am Propagandafilm *Triumph des Willens* werden die Überlagerungen von sozialen und medialen Atmosphären besonders manifest, ebenso zeigen sich verschiedene Dimensionen des räumlich wie zeitlich strukturierten Absenz-Präsenz-Verhältnisses medialer Atmosphären: So handelt Riefenstahls Werk von der sozialen Atmosphäre des Reichsparteitags, der auf der zeitlichen und räumlichen Präsenz der Akteure aufbaut und damit »unmittelbares Erleben« erzeugen will. Gleichzeitig steht der Film selber für die Absenz dieses unmittelbaren Erlebens: Das Publikum, das den Film sieht, bekommt einen Eindruck von einer vergangenen Atmosphäre und ordnet diese in eine gegenwärtige Atmosphäre ein. Das Erleben des Filmpublikums differiert daher signifikant vom Erleben der gezeigten Menschengruppen, deren Erleben höchstens nacherlebt werden kann.[4] Nacherleben und eigenes Erleben sind ein Interferenzphänomen, das eine logische Konsequenz aus der Überlagerung verschiedener Atmosphären und Atmosphärentypen ist.

II. ZEIT UND ATMOSPHÄRE

Bei einer solchen Konstellation stehen wir vor einem weiteren theoretischen Problem: Wie lassen sich vergangene Atmosphären erfassen?[5] Dies kann nur durch die Untersuchung medialer Ma-

---

4 Der Film war damals noch kein Live-Medium. Diese Qualität wies zunächst nur das Radio auf, dessen Reportagen individuell zu Hause – und nicht kollektiv im Kino – erlebt werden konnten. Seine Suggestiv-Qualitäten zeigen sich beispielsweise im berühmten Fall von Orson Welles' Hörspiel *War of the Worlds* von 1938, dessen fiktive Live-Reportage über die Landung von Marsmenschen in den USA trotz individueller Rezeptionssituation eine kollektive Panik verursachte. Und nur am Rande für den Atmosphären-Diskurs bemerkt: Die Vernichtungswaffe der Marsianer ist Giftgas; sie selber aber sterben an Bakterien, die ihre Körper zerfressen – damit wird die nächste Stufe des von Sloterdijk geschilderten Atmosphärenkrieges antizipiert, in Gestalt der Biowaffen.

5 Vgl. dazu auch den Beitrag von Anke Finger in diesem Band.

nifestationen erfolgen, so dass aus der Perspektive einer Atmosphären-Rekonstruktion die mediale Struktur des Überlieferten eine entscheidende Rolle spielt. Dies hat seine Tücken: Tatsächlich besteht die Gefahr, dass gerade im Falle von »toxischen Atmosphären«, wie Peter Sloterdijk das Zusammenspiel von »Luft- und Zeichenraum« zu einem geschlossenen totalitären Denkraum nennt (Sloterdijk 2004: 189) durch den Rückgriff auf die medialen Inszenierungen der Zeit der Eindruck einer homogenen Denk- und Lebenssphäre entsteht, der womöglich gar nicht gegeben war.

Verschiedentlich wurde betont, dass der Nationalsozialismus weder eine einheitliche Ideologie noch eine durchorganisierte, lokal wie imperial gleichermaßen gut funktionierende und die individuelle Lebenswelt des einzelnen durchdringende Präsenz aufwies (vgl. beispielsweise die Referenzen in Brockhaus 1997: 47 ff.). Der Lebensalltag war – zumindest vor Kriegsbeginn – nicht völlig durchdrungen von Propaganda und nationalsozialistischen Parolen, sondern bewegte sich auch in »normalen« Bahnen von Routinen und Gewohnheiten, die sich in sozialen Gruppen unterschiedlichster Art auszuprägen pflegen.[6] Bei der folgenden Betrachtung muss demnach im Hinterkopf behalten werden, dass der Film den Eindruck einer ideologischen und gesellschaftlichen Homogenität erzeugt, die weder in der Bewegung selber noch in der Bevölkerung auf diese Weise vorhanden war.[7]

Idealerweise sind im Falle der Rekonstruktion von medial erzeugten Atmosphären folgende Ebenen zu differenzieren: die Atmosphäre(n) des medialen Produkts, die Atmosphäre(n), in denen der Film von den Zeitgenossen rezipiert wurde sowie die Atmosphäre(n), in denen es von den Nicht-Zeitgenossen, also den späteren Rezipienten wahrgenommen wird. Dass man dabei wie-

6 Brockhaus führt in ihrer Untersuchung *Schauder und Idylle* über die Frage nach der Faszination des Nationalsozialismus an, dass weniger die politischen Ziele der Blut- und Boden-Politik und des Genozids bei der Bevölkerung wirkten, sondern vielmehr die Betonung von Eigenschaften, die ohnehin schon im deutschen Selbstverständnis verankert waren (und es in vielen Fällen bis heute sind): Disziplin, Ordnung, aber auch Gemeinschaft – sowohl in der Organisation des Berufs- wie auch des Freizeitlebens (Brockhaus 1997: 67).
7 Canetti betont in *Masse und Macht*, dass der Einzelne als Teil der Masse immer auch wieder in seinen individuellen Lebensraum zurückkehrt, also zwischen verschiedenen Atmosphären oszilliert (vgl. Canetti 2011/1960: 17).

derum weitgehend auf massenmediale sowie individuelle (zumeist sprachlich vermittelte) Zeugnisse angewiesen ist, macht ebenfalls deutlich, wie eng verflochten Atmosphären mit medialen Strukturen sind.[8]

III. DIE KAMERA ALS ATMOSPHÄRENERZEUGENDES ELEMENT

Triumph des Willens zeigt in seinen nahezu zwei Stunden Dauer die auf dreieinhalb Tage verdichteten Ereignisse des eigentlich eine Woche dauernden Parteitages (vgl. Loiperdinger 1987: 61). Riefenstahl wählt dabei gezielt aus und entwirft eine Choreographie der Massen, die sich nicht an die Chronologie der Ereignisse hält, sondern im Sinne Walter Benjamins das Musterbeispiel einer »Ästhetisierung der Politik« anstrebt (Benjamin 2007/1939: 48). Hauptthema des Filmes ist zwar die Masse, aber nicht die chaotische und beeinflussbare Masse der frühen Massenpsychologien, sondern die dank des neuen führergeleiteten Deutschlands gezähmte und geordnete Masse. Tatsächlich verweist der Film damit auf einen Masse-Begriff, der sich auf ambivalente Weise auf die von den Nationalsozialisten nachweislich rezipierte Massenpsychologie des frühen 20. Jahrhunderts bezieht: Gabriel Tarde, Gustave Le Bon und Scipio Sighele entwarfen ihre Massentheorien noch Ende des 19. Jahrhunderts als expliziten Gegenpol zum aufklärerischen Konzept des autonomen Individuums und als »Warnung« vor den zunehmenden demokratischen Tendenzen. Dagegen wird bei Riefenstahl zunächst scheinbar eine Positiv-Vision der Masse präsentiert, die allerdings ohne die Führerpersönlichkeit undenkbar ist. Die klassische massenpsychologische Charakteristik der Masse als

---

8 Man könnte nun einwenden, dass eine solche Vorgehensweise auf klassische hermeneutische Auslegungsstrategien zurückführt, doch dies ist nicht der Fall. Tatsächlich wäre im einzelnen zu klären, welche Interpretationsstrategien angewendet werden – zum Beispiel geht es im Falle von Atmosphären immer auch um emotionale Elemente, die berücksichtigt werden müssen; um das Lesen/ Interpretieren zwischen den Zeilen und um die Reflexion der eigenen Position bei der Rekonstruktionsarbeit. Im Falle von *Triumph des Willens* beispielsweise ist die Rezeption des Filmes in den Nachkriegsgenerationen nahezu unterbunden – der Film darf öffentlich nur mit entsprechender Kommentierung gezeigt werden; zu kaufen gibt es ihn nur im Ausland. Im Folgenden wird daher auch das Hauptaugenmerk auf die erste Form der Atmosphäre gelegt; eine weitere Vertiefung und Differenzierung muss zukünftigen Arbeiten vorbehalten bleiben.

Abb. 2–7: Screenshots aus *Triumph des Willens*[9]

einem gefühlsgeleiteten und von gemeinschaftserzeugenden psy-
chophysischen »Erlebnisangeboten« (Brockhaus) manipulierbaren
Kollektiv schwingt dabei dann doch implizit mit.

Vor allem Gustave Le Bons recht plakative *Psychologie der
Massen*, 1895 erschienen, wirkte bis in nationalsozialistische Kreise und dürfte ihre Spuren in den Massenmobilisierungsstrategien
hinterlassen haben: Ihm zufolge ist die Masse unberechenbar, sie

---

9 Abb.2: 00:45:40; Abb. 3: 00:45:12; Abb. 4: 00:13:21; Abb. 5: 00:13:43; Abb. 6:
00:47:36; Abb. 7: 01:03:18.

agiert gefühlsbetont und unlogisch, einseitig und unintelligent.[10] Das Individuum wird von ihr absorbiert und zu Handlungen verführt, die es als einzelnes niemals vollbringen würde. Die Massenseele ist demnach mehr als die Summe ihrer Bestandteile, weil aus ihr spezifische Handlungen und -überzeugungen emergieren, die unabhängig von den die Masse formenden Individuen sind.

Riefenstahls Film begegnet Le Bons Begriff von Masse als eines ungeformten Affektkonglomerats mit einer auffälligen ›Ästhetik der geordneten rhythmischen Reihe‹: Von einer optische Pedanterie sondergleichen getrieben, werden zwar Massen dargestellt, aber niemals als unübersichtlicher Haufen, sondern immer strukturiert: Reihen von erhobenen Armen, Reihen von Fenstern, Reihen von Fahnen, Reihen von Zeltunterkünften, Reihen von Marschierenden, Reihen von Aufgereihten. (Abb. 2–7)

Die Reihenordnung entsteht entweder unter den »Augen« der Kamera oder produziert sich schon als formierte Reihe im rhythmischen Marsch vor dem Führer – implizit könnte dies als Antwort auf le Bons Kritik der Masse verstanden werden und als Untermauerung des Führerprinzips. Denn der Führer schafft die Strukturen, in die sich die Individuen buchstäblich einreihen und die die Kamera eindrucksvoll abbildet. Walter Benjamin betont, dass es dank der filmischen Vogelperspektive erstmals überhaupt möglich sei, Massen für den Zuschauer sichtbar zu machen (vgl. Benjamin 2007/1939: 47 f.). Die Inszenierung der Reichsparteitags-Massen ist so zwar keine Konstruktion der Kamera, aber sie ist ein explizit-filmischer Appell an die Zuschauer, die ja anstreben sollen, Teil der realen Masse zu werden. Dieser Impetus geht über Siegfried Kracauers frühere Zeitdiagnose zum *Ornament der Masse* hinaus:

---

10 Hier nur einige Zitatbeispiele: »Je weniger die Masse vernünftiger Überlegung
fähig ist, um so mehr ist sie zur Tat geneigt.« (Le Bon 2009/1895: 23)
»Bisher wurden die Kulturen von einer kleinen, intellektuellen Aristokratie geschaffen und geleitet, niemals von den Massen. Die Massen haben nur Kraft zur
Zerstörung. Ihre Herrschaft bedeutet stets eine Stufe der Auflösung.« (Ebd.: 25)
»Die Masse nimmt nicht den Geist, sondern nur die Mittelmäßigkeit in sich
auf.« (Ebd.: 35)
»Alle Gefühle, gute und schlechte, die eine Masse äußert, haben zwei Eigentümlichkeiten; sie sind sehr einfach und sehr überschwenglich. Wie in so
vielen andern, nähert sich auch in dieser Beziehung der einzelne, der einer
Masse angehört, den primitiven Wesen.« (Ebd.: 53)

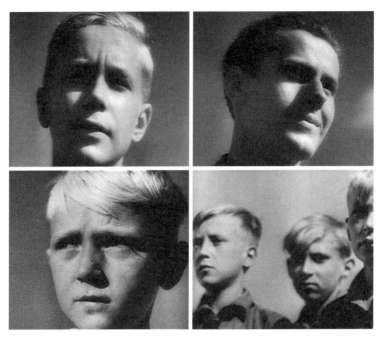

Abb. 8–11: Screenshots aus *Triumph des Willens*[11]

Die von diesem konstatierte Selbstgenügsamkeit des Massenornaments (vgl. Kracauer 1977/1927: 52) ist hier nicht mehr gegeben –
die ›völkischen Massenornamente‹ sind politische Substanz.

Der spezifische Einsatz der Kameraperspektive wird ergänzt
durch eine ›Rhetorik der Montage‹, die im Falle von *Triumph des
Willens* – anders als beispielsweise bei Sergej Eisensteins Montage-Meisterwerk *Panzerkreuzer Potemkin* zehn Jahre zuvor – nicht
assoziativ-kontrastiv, sondern zur Erzeugung von Verbindungen
eingesetzt wird: Auf die Massenaufmärsche folgt das fröhlich-
diszipliniert Massenspiel der Jugend; darauf Reden in kernigen
Ausschnitten, dann – wesentlich länger – Fackel- und Waffenaufmärsche. Auch in einzelnen Themensequenzen werden Verbindungen erzeugt: so beispielsweise zwischen Masse und Individuum, indem Totale und Halbtotale auf die marschierenden oder
aufgestellten Reihen mit ausdrucksstarken Nahaufnahmen von
Gesichtern wechseln. **(Abb. 8–11)**

11 Abb. 8–10: 00: 47:36–00:47:42; Abb. 11: 00:47:22.

Mit dieser geschickten Koppelung konterkariert Riefenstahl durch ihre filmische Bildsprache den Gegensatz von Individuum und Masse, den nahezu alle Massentheorien übernehmen, auch die späteren (vgl. Canetti 2011/1960: 17/18). Gleichermaßen suggeriert die optische Ordnung eine glückliche Harmonie von Verstand und Emotion – ein Dualismus, den die Massenpsychologie als Antagonismus konstituiert und der als solcher bis heute in den entsprechenden Diskursen wirksam ist.[12] Zwar ist der Film zu nahezu zwei Dritteln mit der Kombination von visuellem und akustischem (musikalischem) Pathos non-verbal,[13] aber gerade auch der Ton weist Dimensionen auf, die nicht nur emotionale Appelle transportieren: Der Rhythmus von im Gleichschritt auftretenden Füßen und dazugehöriger Marschmusik sowie die »Heil« skandierenden Stimmen schaffen gemeinsam mit den Synchronbewegungen der Körper zwar eine primär physisch konstituierte rhythmische Einheit, die wesentlich für die Erzeugung von Gemeinschaftsgefühlen ist, aber auch – gerade beim Marsch – eine bewusste Einordnung in den »Marschkörper« verlangen.

IV.   RHYTHMUS ALS PSYCHOPHYSISCHES RAUSCH- UND ORDNUNGSPRINZIP

Rhythmus gilt generell als wesentliches Element der Erzeugung psychophysischer Massenerregung. Als solcher wurde er mit der Wiederentdeckung des Körpers zu Beginn des 20. Jahrhunderts zu einem wesentlichen Bestandteil verschiedenster Bewegungs- und Leibtheorien von der Pädagogik über die Kunst bis hin zur Philosophie. Georg Fuchs spricht in seiner 1905 erschienenen einflussreichen Schrift *Die Schaubühne der Zukunft* – Ähnlichkeiten mit Wagners *Das Kunstwerk der Zukunft* (1849) sind beabsichtigt – vom Rhythmus als Wesen der dramatischen Kunst, »ausgeübt in der Absicht, andere Menschen in dieselbe Bewegung zu versetzen, hinzureißen, zu berauschen.« (Fuchs 1905: 36) Der Rhythmus ist

---

12   Vgl. beispielsweise einen Klassiker der Massenmedienkritik, Neil Postman, der in Bezug auf das Fernsehen das (geschriebene und gesprochene) Wort und dessen intellektuellen Anspruch den Fernsehbildern gegenüber stellt, die »minimale Anforderungen an das Auffassungsvermögen« stellen und »vor allem Gefühle wecken und befriedigen« wollen (Postman 1988: 109).

13   Vgl. auch die Aufstellung der Szenenstrukturen bei Loiperdinger 1987: 66 f.

Abb. 12: *Oedipus* von Sophokles, Inszenierung: Max Reinhardt, Aufführung in Budapest 1911[14]

in nahezu allen zeitgenössischen Texten über das Theater und dessen gemeinschaftliches Erleben ein eine heterogene Menge einigendes Element. Dass er dabei janusköpfig sowohl Rausch hervorrufen als auch Ordnung schaffen kann, betont die Komplementarität von Apollinisch-Gestaltendem und Dionysisch-Ekstatischem, die die Basis der späteren totalitären Masseninszenierungen bildet und den geistig-emotionalen Nährboden für die Reichsparteitage darstellt. Das Theater hatte sich im Zuge dieser entstehenden Festästhetik schon in den 10er und 20er-Jahren des 20. Jahrhunderts Massenveranstaltungen zugewandt – wie hier in Max Reinhardts berühmter *Oedipus*-Inszenierung von 1910 mit rund 2.000 Protagonisten auf der Bühne.[15] **(Abb. 12)**

Der Rhythmus ist jedoch auf das Präsenzerleben angewiesen – nur in einer Menschenmenge von signifikanter Größe kann

14 Abb. aus: Reinhardt 1987: 108.
15 Georg Fuchs war später an den inszenatorischen Konzepten der Nationalsozialisten federführend beteiligt – das ist zwar nur eine Randnotiz der Geschichte, sie macht aber deutlich, dass der gedankliche Humus für die Massenaufmärsche schon weit vor der Machtergreifung entsteht und unter anderem auf die ästhetische Theorie und Praxis der performativen Künste des frühen 20. Jahrhunderts zurückgreift.

er seine psychophysische Synchronisationskraft entfalten. Vor allem das Marschieren im Takt und das Skandieren von Parolen sind wesentliche Elemente der nationalsozialistischen Massenästhetik und stellen eine psychologisch-affektive Gemeinschaft her, deren Eigendynamik dann wiederum im Rauschhaften münden kann. Als medial inszeniertes Ereignis jedoch kann sich der Rhythmus in dieser emotionalisierenden Komponente kaum übertragen – in der Rezeptionssituation wirkt er daher mehr als rationalisierendes Ordnungselement. Riefenstahls Dramaturgie präsentiert rhythmische Empfindungen unter gleichzeitiger Betonung des daraus resultierenden Ordnungssystems und bewegt sich damit jenseits des klassischen Ratio-/Emotio-Dualismus.

Der Rhythmus ist ein Element, das sich scheinbar »unmittelbar«, also a-medial, überträgt und daher für die massenpsychologischen Theorien von Le Bon bis Canetti von erheblicher struktureller Bedeutung ist, weil die Massenkommunikation für die Massenpsychologie in erster Linie durch irrational-emotionale Übertragungsstrukturen gekennzeichnet ist: So dominieren bei Le Bon beispielsweise Prozesse des Ansteckens (vgl. Le Bon 2009/1895: 43), des Einflößens (vgl. ebd.: 37) und der »geistige[n] Übertragung« (ebd.: 36), die durch Beeinflussung entsteht.[16] Diese Begriffe referieren auf eine gesamtleibliche Involviertheit, die sich jenseits der Kontrolle und der bewussten Steuerung befindet und dem Physischen sowie dem affektbestimmten Unbewussten zuzuordnen ist. In derartige Prozesse leiblichen Ein- und Ergreifens reihen sich auch die hypnotischen und suggestiven Strategien der von

---

16 Bei Le Bon ist weiterhin von »Ausströmungen« der Masse die Rede (Le Bon 2009/1895: 36); später spricht Canetti von der »Entladung« als Grundprinzip der Massenformation. Bei ihm heißt es: »Der wichtigste Vorgang, der sich innerhalb der Masse abspielt, ist die *Entladung*. Vorher besteht die Masse eigentlich nicht, die Entladung macht sie erst wirklich aus. Sie ist der Augenblick, in dem alle, die zu ihr gehören, ihre Verschiedenheiten loswerten und sich als *gleiche* fühlen.« (Canetti 1994/1960: 16, Hervorhebungen im Text). »Ausströmung« und »Entladung« bewegen sich im semantischen Feld der elektrischen Metaphern, die seit Ende des 18. Jahrhunderts mit einer bis ins 20. Jahrhundert andauernden empirisch-experimentellen Magie ausgestattet waren. Elektrizität und Magnetismus faszinieren als Phänomen die Ästhetik genauso wie die Naturwissenschaften und werden als unmittelbares Übertragungskonzept in die sich gerade wissenschaftlich formierende Soziologie und Psychologie überführt (vgl. dazu Gamper 2009).

der Masse erkorenen Führerfigur ein. Der Kommunikation zwischen Führer und Volk widmet Le Bon besondere Aufmerksamkeit. Dabei ist er weit davon entfernt, eine Kommunikationstheorie zu entwickeln, geschweige denn, von Medien zu sprechen. Und dennoch gilt sein Hauptaugenmerk der suggestiven Wirkung von Zeichensystemen, nämlich Bildern und Worten.

V.   FORMEN »UNMITTELBARER« KOMMUNIKATION

»›Triumph des Willens‹ ist ein Dokumentarfilm von einem Parteitag, mehr nicht. Das hat nichts zu tun mit Politik. Denn ich habe aufgenommen, was sich wirklich abgespielt hat und habe es insofern überhöht, als dass ich keinen Kommentar dazu gemacht habe. Ich habe versucht, die Atmosphäre, die da war, durch Bilder auszudrücken und nicht durch einen gesprochenen Kommentar. Und um das ohne Text verständlich zu machen, musste die Bildsprache sehr gut, sehr deutlich sein. Die Bilder mussten das sagen können, was man sonst spricht. Aber deswegen ist es doch keine Propaganda«.[17]

Dass Bilder primär an Emotionen appellieren (und sich daher auch zur Manipulation einer bilderüberfluteten anästhesierten Masse eignen), während das Wort das Medium der Vernunft und des Intellektes ist, stellt einen traditionsreichen Topos der Ästhetik dar, der seit der Entstehung der technischen Bildmedien immer wieder diskutiert wird. Auch die frühe Filmdebatte in Deutschland um 1912/13 greift diese Zuordnungen auf: In diesem recht bildungsbürgerlichen Diskurs dominiert die Meinung, dass die Suggestionskraft des (Stumm)Films für die ohnehin dem Denken eher abholde Masse des Publikums ausgesprochen gefährlich, weil verdummend bzw. manipulativ wirkend sei.[18] Demnach gilt hier die Auffassung, dass die Masse in Bildern denke und daher – ganz analog zu Riefenstahls Aussage – mit solchen bedient werden muss, wenn man sie denn mobilisieren wolle. Diese Auffassung findet man auch in Le Bons Massen-Kommunikationskonzept (vgl.

17 Leni Riefenstahl über *Triumph des Willens* in einem Interview mit dem Magazin der Frankfurter Rundschau, 27.4.2002, zit. n. http://www.n-tv.de/archiv/Zitate-ueber-101–Jahre-article103045.html (7. August 2012).
18 Zahlreiche Beispiele für derartige Argumente finden sich bei Kaes 1978.

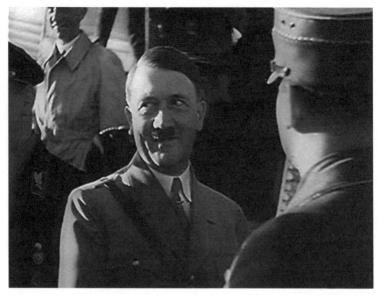

Abb. 13: Screenshot aus *Triumph des Willens* (00:04:09)

Le Bon 2009/1895: 69), allerdings ist es vor allem die spezifische sprachliche Gestaltung, die seiner Meinung nach suggestiv wirkt: Dabei greift die Rhetorik der Manipulation in erster Linie zu einfachen, einprägsamen Parolen und ihrer beständigen Wiederholung. Vor allem müssen Behauptungen dominieren, denn Beweise interessieren die Masse nicht, so Le Bon (vgl. ebd.: 54). Er zeigt damit das verbale Manipulationspotential auf, das aus Simplifizierungen, emotionalen Appellen und direkter Ansprache der Massen zu deren Mobilisierung besteht.

Gegenüber dieser Simplifizierung von Kommunikation erweist sich Leni Riefenstahls Film denn doch als um einiges komplexer: Anstatt die zahlreichen Reden wiederzugeben, arbeitet sie viel mit non-verbalen Kommunikationselementen, bei denen beispielsweise Blicke und Gestik des Führers im Mittelpunkt stehen. Dies beginnt schon mit der Landung, bei der Hitler fast schüchtern und geradezu liebevoll auf die jubelnde Menge schaut. **(Abb. 13)**

In den Szenen, in denen er einzelne der Aufmarschierenden begrüßt, ist er ganz der sich seiner Autorität, aber auch seiner Verantwortung bewusste Führer. Und in den Reden, bei denen nun in der Tat das Gesagte durchaus eine Rolle spielt, ist er der die Gemeinschaft der Deutschen beschwörende Landesvater, der seiner Vision eines starken und mutigen Deutschlands, bestehend aus seinen tatkräftigen Bürgern, mit fester und lautstark-metallischer Stimme Ausdruck verleiht.[19] Von Problemen, von differenzierten Darstellungen, von Begründungen für politische Entscheidungen – kurz: von Politik – ist im Grunde genommen überhaupt nicht die Rede. In dieser Hinsicht folgen sowohl die nationalsozialistische Dramaturgie als auch Leni Riefenstahls Film Le Bons Diagnose einer semantisch schlichten, auf Parolen und Wiederholungen abzielenden Rhetorik und einer bildorientierten Kommunikation im doppelten Sinne – und sind dennoch komplexer: Im Zusammenwirken der einfachen Plastizität des affektorientierten Appellcharakters der Worte mit den filmischen Bildern, die ihre eigene Rhetorik entwickeln, verweigern sie sich den einfachen Dualismen von chaotischer Masse vs. reflektiertem Individuum, von verführbarer Emotionalität vs. klarem Intellekt, von Volksidentität vs. Hierarchie. Tatsächlich entsteht die manipulierbare Masse nicht nur durch das gemeinschaftliche Erleben, sondern durch die in dieser Zeit erfolgende Durchsetzung eines umfassenden kulturellen Symbol-, Zeichen- und Medienrepertoires, das ein sowohl affektgesteuertes als auch jederzeit durch ausgeübte Disziplin kontrolliertes Gemeinschaftsgefühl herstellt, das es dann umso leichter macht, andere auszugrenzen – und an diesem Punkt findet der Übergang zur Handlung statt. Die intentionsgeleitete Herstellung von manipulativen Atmosphären strebt immer auch an, Handlungsmaximen zu konstituieren und zwar in einer Form, die nicht so sehr der Hypnose oder des von Gabriel Tarde konstatierten Somnam-

---

19 Nur einige Beispielzitate aus den verschiedenen Reden Hitlers:
»Nicht der Staat befiehlt uns, sondern wir befehlen dem Staat. Nicht der Staat hat uns geschaffen, sondern wir schaffen uns unseren Staat!« (00:58:33–00:58:57)
»Die Bewegung, sie lebt! Und sie steht felsenfest begründet. Und solange auch nur einer von uns atmen kann, wird er dieser Bewegung seine Kräfte leihen und für sie eintreten.« (00:59:00–00:59:25, an die Parteigenossen)
»Die Partei wird für alle Zukunft die politische Führungsauslese des deutschen Volkes sein. Sie wird in ihrer Lehre unveränderlich, in ihrer Organisation stahlhart, in ihrer Taktik schmiegsam und anpassungsfähig, in ihrem Gesamtbild aber wie ein Orden sein.« (01:41:19–01:41:43, aus der Abschlussrede)

bulismus (vgl. Tarde 2009/1890: 108), also vor- oder unbewussten Zuständen, ähnelt, sondern indem sie gerade nicht dualistisch arbeiten, sondern ein komplexes Gefüge an Affekt- und Verstandessteuerung und an Machtverhältnissen konstituieren: Sie eröffnen dem Einzelnen Handlungsspielräume, die ihm wiederum Macht verleihen – diese Masse ist eben nicht wirklich egalitär, sondern sie konstituiert sich auch durch die scheinbare Zuschreibung von Verantwortlichkeiten für die Gemeinschaft. Spätestens an diesem Punkt wird dann die Subjekt-Objekt-Differenz unterlaufen und die Manipulierten werden zu Schuldigen.

VI.   DIE WIRKUNG DER PRÄSENZ IN DER ABSENZ

Der Film von Leni Riefenstahl tourte im Jahr seiner Fertigstellung 1935 durch die großen Europäischen Filmfestivals und heimste Preise ein. Obwohl die Suggestion eines Präsenzereignisses im Moment der Rezeption des Films nicht mehr wirksam sein konnte, entfaltete der Film anscheinend seine spezifische Atmosphäre, die weniger ideologisch, als vielmehr filmästhetisch war. Und dennoch greifen mediale und soziale Atmosphäre hier ineinander, da sie außerhalb der angesprochenen Gemeinschaft ihre Wirkung letztlich nur im Verbund entfalten. Ohne die hohe ästhetische Qualität wäre ein derartiger Erfolg des Filmes außerhalb Deutschlands kaum denkbar gewesen, und ohne die spezifische politisch-nationale Atmosphäre des Zwischenkriegs-Europas wäre zumindest der Gegenstand des Films und seine Überhöhung sehr viel distanzierter beurteilt worden. Selbst ausländische Beobachter konnten sich der Suggestionskraft nicht erwehren. So schrieb der englische Observer: »It is a pity that Sir John Simon could not stay in Berlin to attend with Chancellor Hitler the gala premiere on Thursday night at a west-end cinema of the film of the Nazi Party Congress, held at Nuremberg last Semptember [sic!], ›The Triumph of the Will‹.

For he would have received from this film ›document‹ convincing proof that the passionate, dynamic, explosive energy displayed by Chancellor Hitler this week in the diplomatic talks is the concentrate personal expression of a national energy, equally passionate and dynamic.« (zit. n. Loiperdinger 1987: 131)

Dass diesem Urteil ein gehöriges Maß an Skepsis gegenüber dem Gezeigten zugrunde liegt, wird schon durch die mit den Anführungszeichen deutlich gemachten Zweifel am Dokumentar-Charakter des Filmes kommuniziert, später im Artikel wird der Korrespondent noch expliziter und nimmt einige der Szenen, unter anderem auch die Anfangssequenz, kritisch unter die Lupe. Er konstatiert dem Film allerdings insofern informative Qualitäten, als dieser es erlaube, die Methoden Hitlers zu beobachten: »Three symbols impose themselves on the spectator: the Prussian eagle used in decorations, Hitler's face, and the Nazi flags.« (ebd.) Diese Auswahl ist bezeichnend – es sind mehr die individuellen Symbole, die das Auge des Observer-Korrespondenten fesseln, weniger die Massenszenen, die im kulturellen Code der Zeit durchaus ihre transnationale Verankerung haben.

VI. FAZIT

Aus der hier versuchten Annäherung an die Funktionsweise manipulativer Atmosphären, die sich vor allem auf die erste Dimension der Erzeugung einer spezifischen medialen Atmosphäre für die zeitgenössischen Zuschauer konzentrierte, können meines Erachtens vorerst folgende Schlussfolgerungen gezogen werden:

Es gibt unterschiedliche Parameter für das Erleben von Atmosphären, die von dem jeweiligen Präsenz/Absenz-Verhältnis abhängen und damit auch vom Verhältnis kollektivem zu individuellem Erleben. Unmittelbares Erleben ist jedoch immer auch mediales Erleben und Medialität verhindert nicht Unmittelbarkeit, die durch eine besondere emotionale Dichte gekennzeichnet ist. Dies bezieht sich nicht nur auf die klassischen physischen Präsenzmedien und -zeichensysteme: Stimme, Körper, Sprache, Musik, optische Gestaltung; sondern auch auf die massenmedial erzeugten Atmosphären. Erleben von Atmosphären ist ein komplexes Konglomerat verschiedener leiblicher, reflexiver, emotionaler und sozialer Komponenten, die zudem kulturell unterschiedlich geprägt sein können.

Dabei erweist es sich meines Erachtens als unerlässlich, nicht nur das gesamtleibliche Spüren als Wahrnehmungsform zu berück-

sichtigen, sondern auch eine sinnestheoretische Differenzierung er-
gänzend zuzulassen. Medien bevorzugen zumeist bestimmte Sinne, wie im Falle eines hier nur angedeuteten Vergleichs zwischen
Film und Radio deutlich wird, und diese wiederum erfüllen bestimmte Funktionen und sind mit kulturell geprägten emotionalen
und sozialen Faktoren gekoppelt. Diese sinnesdifferenzierenden
Prägungen tragen neben dem gesamtleiblichen Spüren zum Erleben einer Atmosphäre bei.

Ein entscheidender Faktor bei manipulativen Prozessen ist die
Anleitung zu einer Handlung, die nicht selbstbestimmt und nach
eigenen moralischen Erwägungen erfolgt. Zusätzlich zu einer materiellen, erlebenstheoretischen sowie medialen Betrachtung von
Atmosphären bedarf es auch einer handlungstheoretischen Fragestellung, inwieweit Atmosphären Handlungen hervorrufen und
beeinflussen – eine schlichte dualistische Gegenüberstellung von
Emotion vs. Intellekt, Bild vs. Wort, unbewusster Suggestion vs.
bewusster Reflexion unterschätzt die Mechanismen der Manipulation, die durchaus auch über den Intellekt und die individuelle
Ansprache gehen.

Dabei interferieren Atmosphären auf zwei unterschiedlichen
Ebenen:

Zum einen können sich physikalische, soziale und mediale Atmosphäre überlagern und gleichzeitig miteinander in Wechselwirkung treten. Darüber hinaus weist jeder Atmosphärentyp
auch Merkmale der anderen auf, was heißt: Soziale Atmosphären können auch unter materiell-physikalischen und medialen
Parametern beschrieben werden, dasselbe gilt für die anderen
Atmosphärentypen gleichermaßen. Damit zeigt sich eine Doppel-
struktur: Atmosphären sind nicht nur mehr oder weniger diffuse, aber beschreibbare Phänomene, sondern sie sind auch diskur-
sive Produkte, je nach eingenommener Perspektive werden andere
Faktoren betont. Damit muss auch berücksichtigt werden, dass
Atmosphären in anderen Kulturen anderen Funktionen und Beschreibungen unterliegen.

Zum zweiten sind manipulative Atmosphären in den meisten Fällen niemals absolut und ausschließlich: sie interferieren mit anderen lebensweltlichen Atmosphären der Individuen. Sie sind damit nicht nur situativ-räumlich zu verstehen und in zeitlich begrenzten Ereignissen zu suchen, sondern sie werden erst dann wirklich gefährlich, wenn sie ihre Wirkung über einen bestimmten Zeitraum hinaus entfalten. Eine nähere Untersuchung von atmosphärischen Interferenzen und Wechselwirkungen über längere Zeiträume hinweg (wie oben vorgeschlagen als Wechselwirkung der filmischen Atmosphäre mit den verschiedenen Rezeptionskontexten) scheint daher unerlässlich.

Um Atmosphären in ihrer Komplexität gerecht werden zu können, bedarf es daher sowohl stärkerer Differenzierungen über die Pionierleistungen der Phänomenologie hinaus als auch einer Oszillation von Perspektiven, die eine Vielfalt an Faktoren berücksichtigt und auch kulturelle Konstruktivität mit einbezieht. Angesichts von manipulativen Atmosphären, die innerhalb unserer demokratischen Gesellschaften und globalisierten gesellschaftspolitischen Prozesse heutzutage sehr viel schwerer zu durchschauen sind als in totalitären Regimen, scheint eine derartige Komplexitätsinduktion bei der wissenschaftlichen Betrachtung von Atmosphären auch von großer ethischer Relevanz.

LITERATUR

Beck, Gloria (2005): *Verbotene Rhetorik. Die Kunst der skrupellosen Manipulation*, Frankfurt a. M.: Eichborn.

Böhme, Gernot (1995): *Atmosphären. Essays zur neuen Ästhetik*, Frankfurt a. M.: Suhrkamp.

Böhme, Gernot (2006): *Architektur und Atmosphäre*, München: Fink.

Brockhaus, Gudrun (1997): *Schauder und Idylle. Faschismus als Erlebnisangebot*, München: Kunstmann.

Canetti, Elias (2011/1960): *Masse und Macht*, Frankfurt a. M.: S. Fischer.

Edmüller, Andreas/ Wilhelm, Thomas (2010): *Manipulationstechniken. So wehren Sie sich*, Freiburg/ Berlin/München: Haufe.

Fuchs, Georg (1905): *Die Schaubühne der Zukunft*, Berlin/Leipzig.

Gamper, Michael (2009): *Elektropoetologie. Fiktionen der Elektrizität 1740–1870*, Göttingen: Wallstein.

Kaes, Anton (Hg. 1978): *Kino-Debatte. Texte zum Verhältnis von Literatur und Film 1909–1929*, München: dtv.

Kracauer, Siegfried (1977/1927): »Das Ornament der Masse«, in: Ders.: *Das Ornament der Masse. Essays*, Frankfurt a. M.: Suhrkamp

Le Bon, Gustave (2009/ 1895): *Psychologie der Massen*, Hamburg: Nikol.

Lenssen, Claudia (2000): »Unterworfene Gefühle. Nationalsozialistische Mobilisierung und emotionale Manipulation der Massen in den Parteitagsfilmen Leni Riefenstahls«, in: Benthien, Claudia/Fleig, Anne/ Kasten, Ingrid (Hg.): *Emotionalität. Zur Geschichte der Gefühle*, Köln u. a.: Böhlau, S. 198–212.

Loiperdinger, Martin (1987): *Rituale der Mobilmachung. Der Parteitagsfilm »Triumph des Willens« von Leni Riefenstahl*, Opladen: Leske + Budrich.

Nöllke, Matthias (2010): *Die Sprache der Macht. Wie man sie durchschaut. Wie man sie nutzt*, Freiburg/ Berlin/München: Haufe.

Postman, Neil (1988): *Wir amüsieren uns zu Tode. Urteilsbildung im Zeitalter der Unterhaltungsindustrie*, Frankfurt a. M.: S. Fischer.

Reinhardt, Max (1987): »*Ein Theater, das den Menschen wieder Freude gibt...*«, hg. v. Edda Fuhrich und Gisela Prossnitz, München/Wien.

Riefenstahl, Leni (2004/1935): *Triumph des Willens*, Relegem: Hot Town Music-Paradiso (DVD).

Schmitz, Hermann (1998): *Der Leib, der Raum und die Gefühle*, Ostfildern: edition tertium.

Sloterdijk, Peter (2004): *Sphären III: Schäume. Plurale Sphärologie*, Frankfurt a. M.: Suhrkamp.

Tarde, Gabriel (2009/1890): *Die Gesetze der Nachahmung*, Frankfurt a. M.: Suhrkamp.

Yana Milev, Dr. phil., MFA, Dipl.-Des., ist Raum-
forscherin, Kulturwissenschaftlerin, Produzen-
tin, Kuratorin und Publizistin. Sie studierte Stage
Design, Freie Kunst und Kulturtheorie in Dres-
den, Kampfkünste in Kyôto und Berlin, sowie
Kulturphilosophie, Medientheorie und Anthropo-
logie der Kunst in Wien und in Karlsruhe. Nach
einer künstlerischen Karriere (1992 bis 2003
Künstlerin der Galerie EIGEN+ART Leipzig/
Berlin), schlug Yana Milev eine wissenschaftliche
Laufbahn ein. Sie absolvierte ein Doktoratsstu-
dium für Philosophie und arbeitete zeitgleich als
Forscherin am Institut für Designforschung
Design2context der ZHdK in Zürich. Seit 2012 ist
sie Habilitandin am Institut für Soziologie der
Universität St. Gallen. Seit 1987 realisierte Yana
Milev Dutzende künstlerische, kuratorische, edu-
kative, publizistische und Forschungsprojekte.
Sie ist Begründerin des Forschungsfeldes der
»Designanthropologie«. Jüngste Publikationen:
*Emergency Design. Anthropotechniken des Über/
Lebens (2011); Emergency Empire. Transformation
des Ausnahmezustands/Souveränität (2009).*

YANA MILEV

DESIGN GOVERNANCE UND BREAKING NEWS:
DAS MEDIENDESIGN DER PERMANENTEN KATASTROPHE

I. EINLEITUNG

Am 17. März 2011 wurde ich vom Deutschlandradio Kultur in das ARD Hauptstadtstudio Berlin zu einem Interview eingeladen. Thematisch sollte auf die aktuelle Katastrophenlage in Fukushima und Japan fokussiert werden. Während ich im Foyer des Gebäudes auf meinen Einsatz im Studio wartete, konnte ich in der Umgebung eine auffällige Aufgeregtheit aufgrund des soeben ausgebrochenen Libyen-Krieges feststellen. Sarkozy hatte seine Kampfjets losgeschickt und war in Libyen eingefallen. Die ersten Bomben fielen, was auf sämtlichen TV-Screens in allen Etagen des Gebäudes zu sehen war. Dann wurde ich zu meinem Interviewplatz geführt, mein Interviewpartner saß beim ZDF in Köln und er sagte mir, angespannt und hektisch, dass er nicht wisse, ob wir gesendet würden, weil der Libyen-Krieg gerade begonnen hätte, was für das Programm priorität sei. Dies bedeutete, dass die geplante Sendung sogleich gestrichen werden könne, so der Redakteur. Es vergingen etwa fünf Minuten der Abklärung. Schließlich konnte ich bleiben und wir vollzogen nun doch das Interview, das allerdings zeitverschoben und gekürzt gesendet wurde. Für mich war die Situation beeindruckend, da ich mitten in ein *Breaking News Management* involviert war. Wie kann der Libyen-Krieg wichtiger sein als die Dreifach-Katastrophe in Japan, die zu diesem Zeitpunkt nur sechs Tage zurück lag? Dieses Live-Time-Event war für mich der Einstieg, über Breaking News weiterhin nachzudenken und diese hier vorliegende Auseinandersetzung zu entwerfen.

Mein Beitrag möchte verschiedene Konnexionen des postpolitischen Regierens diskutieren. Im Zentrum steht hierbei die Verbindung zwischen neoliberalen Globalisierungsprojekten und (der damit zusammenhängenden) Bildproduktion, die sich unter anderem in der Bild- und Designgewalt des globalen Journalismus manifestiert. Mediengeschäfte sind zentraler Bestandteil von *Global Governancen* geworden, daher sollen im Folgenden Regierungstechniken aus einer erweiterten Perspektive betrachtet werden. Weiterhin werden die Effekte von Nachrichtenstrategien in sozialen Feldern besprochen, die sich unter anderem aus den Regierungstechniken der *Breaking News* atmosphärisch herstellen.

Wenn wir heute über Breaking News sprechen wollen, kommen wir nicht umhin, auf die Themen des Krieges, des Ausnahmezustands, der Souveränität und der Rolle der Medien zu fokussieren. Breaking News, überhaupt News, sind nicht nur Propagandamittel, sondern Regierungsmittel in einem Krieg der Governancen.

Wenn wir also über die Kriegsordnungen von Governancen sprechen wollen, sind wir dazu angehalten, zunächst über die Medienordnungen von Governancen nachzudenken, über *Design Governancen*. Mein Exkurs unternimmt den Versuch, die Rolle der Breaking News bei der Herstellung eines permanenten Klimas der Katastrophe und der Verunsicherung einzuordnen, wie auch der Frage nach der ökonomischen Funktion von Design Governancen, dem Herstellungsverfahren von ästhetischen bzw. anästhetischen Masseneffekten auf der Informations-, Daten- und Medienebene nachzugehen. Insgesamt wird der Beitrag den politischen und ökonomischen Charakter von medialer Bildgewalt als Element von Regierungstechniken veranschaulichen.

Einen ersten Quantensprung für die Analyse von Regierungstechniken erreichen wir durch die Theorien Michel Foucaults in *Die Geburt der Biopolitik* (Foucault 2006). Er konstatiert, dass es das Prinzip der Märkte sei, das im Zentrum des Regierens stünde. Foucault nennt diesen Typ des Regierens *Gouvernementalität*. Ein zweiter Quantensprung für die Analyse von Regierungstechniken findet sich in Milton Friedmans Liberalisierungstheorie in *Kapitalismus und Freiheit* (Friedman 2004). Hier kombiniert Friedman, Mentor der »Chicago Boys«, die Grundlagen eines angewandten Katastrophenkapitalismus mit der Umsetzung des ökonomiepolitischen Apparats der *Schock-Therapie*. Den Begriff der Schock-Therapie prägte der US-amerikanische Ökonom Jeffrey Sachs zur

Bezeichnung eines speziellen Typs neoliberaler Wirtschaftsperformance. Der dritte Quantensprung für die Analyse von Regierungstechniken ist etwa in den 80er Jahren des letzten Jahrhunderts zu beobachten, spätestens aber seit 9/11: Zur privatisierten *Terreur* im Zentrum des Regierens gesellt sich prominent das Bild- und Mediendesign. Schock-Doktrinen sind nicht mehr nur wirtschaftpolitische Ereignisse, sondern Bild- und Medienereignisse. Hierbei nehmen Breaking News als Regierungstechniken eine zentrale Rolle ein.

II. DESIGN GOVERNANCE

»Alle prägnanten Begriffe der modernen Staatslehre sind säkularisierte theologische Begriffe«, so Carl Schmitt in seinem Werk *Politische Theologie* (Schmitt 1993/1922: 49), und ich füge dem hinzu: Alle Begriffe der politischen Theorie, der politischen Theologie und der politischen Ökonomie sind strategische Formen der Tarnung, Täuschung und Verherrlichung. Mit *Design Governance* wird ein Paradigma vorgestellt, das Designstrategien als Regierungstechniken thematisiert, die mit zweierlei Kalkül operieren: der Camouflage bzw. dem Ornament nach Außen und der Ausweitung des Ausnahmezustands nach Innen. Beides zusammen wird in diesem Versuch als doppelstrategische Designrhetorik vorgestellt.

Designrhetoriken sind gouvernementale Regierungstechniken und Regierungsversprechen gleichermaßen. Suggestive Designoberflächen, die Sicherheit, Demokratie, Dienstleistung und Emanzipation versprechen sowie Individualität, Freiheit und Autonomie, sind die Fortsetzung der klassischen Euphemismen für die Legitimität und Legalität von *Ausnahmezuständen*, heute mit den Taktiken des Designs realisiert. Wir unterscheiden zwischen Makro- und Mikrotaktiken von Design Governancen. Diese integrieren sämtliche Taktiken des Marketings, des Entertainments, des Tourismus, der IT, des Journalismus, aber auch der Security, des Protektionismus, des Interventionismus, usw. Die Ökonomisierung sämtlicher Lebensbereiche erfolgt heute suggestiver denn je. Demokratieprodukte wie Frieden, Konsum, Wohlfahrt usw. sind transformiert und an individuelle Bedürfnisse angepasst.

Heute verkaufen Design Governancen statt Großraumpropaganda Lebensgefühle wie Trust, Innovation, Zukunft, Sustainability und Identität.

Krieg als Fortsetzung der Politik mit anderen Mitteln »ist zu einer globalen Unternehmung geworden, die ihre Rechtfertigung in sich trägt.« (Hardt/Negri 2003: 28), nämlich den *Schutz der Weltdemokratie.* An diesem Euphemismus ist nichts neu, außer dass ihn heute das Empire überall und nirgends einsetzt, mittels transnationaler Organisationen, globalisierender Unternehmen und Einzelakteure. *Ewiger Frieden* (Kant 2011/1795) ist demnach *Ewiges Geschäft,* oder *Big Business* – der Generalmythos in einer ökonomisierten und liberalisierten Welt. Und so kann der Clausewitz'sche Satz von der Politik als Fortsetzung des Krieges mit anderen Mitteln für das *(Emergency) Empire* wie folgt fortgeschrieben werden: Das globale Geschäft ist die Fortsetzung des Krieges mit anderen Mitteln, der *modus vivendi* seiner Revolutions – und Transformationskraft, unter der Designoberfläche seiner korporatistischen Markenpolitiken. Von daher lässt eine Marke, eine korporatistische Brandpolitik, also ein *Corporate Design* global agierender Unternehmen, auch immer auf einen eindeutigen Verdacht schließen: auf die rechtsfreien Zonen *under cover.*

Governancen haben sich heute zu komplexen Markt- und Mediensystemen ausgeweitet, in deren Zentrum die Herstellung von Ausnahmezuständen steht. Ausnahmezustände sind jene rechtsfreien Räume, in deren Schatten die Legalisierung und Legitimierung von profitablen Geschäften möglich wird. Die zentrale Strategie für den globalen Erfolg von Governancen ist zweifach: das Cover nach Außen, in Form von Brandmanagement, und die Euphemisierung von Unternehmenspolitiken, in Form von medialer Desinformation und *Ununterschiedenheit.* Hierzu zählen ebenfalls Nachrichtengeschäfte und Breaking News. Think Tanks, Creative- und Medienindustrien sind unentwegt dabei, den kriminellen Nukleus von globalen Unternehmensgeschäften zu tarnen. Gleichzeitig operieren Nachrichtenindustrien mit medialen Schock-Doktrinen, um gezielt Desinformation und Anomie in sozialen Feldern freizusetzen. Unternehmenskonzepte wie beispielsweise Diversität, Trust, oder Nachhaltigkeit müssen in Zukunft vor dem Hintergrund ihres Doppelcharakters betrachtet und besprochen werden.

III. SCHOCK

»Souverän ist, wer über den Ausnahmezustand entscheidet« (Schmitt 1993: 11) – dieser allseits bekannte Ausspruch Carl Schmitts hat heute nicht nur eine ungebrochene Gültigkeit für den Diskurs und für Globalisierungspraktiken, sondern er hat sich in ein neues Stadium seiner uneingeschränkten Anwendung transformiert. Die Herstellung von Ausnahmezuständen ist ohne *False Flag Media Operations*, ohne *mediale Feindbildproduktionen* und ohne *Live Time Entertainment* nahezu unmöglich geworden. In der Analyse des postmodernen Ausnahmezustandes wird der Kausalzusammenhang evident, dass Katastrophen rechtsfreie Räume, *Zones of Emergency*, herstellen, wobei der rechtsfreie Raum als Bedingung für juristische Sondermaßnahmen gilt. Daraus lässt sich ableiten, dass der rechtsfreie Raum Bedingung und Ziel jeder korporatokratischen Unternehmung ist. Demzufolge kann von Vortaten gesprochen werden, die einen rechtsfreien Raum herstellen. Weil diese Vortaten absichtlich herbeigeführt werden – und vor allem in jüngster Geschichte Ergebnis kapital- und profitgesteuerter Interessen sind – gelten sie aufgrund der sie begleitenden *Kollateralschäden* als Kulturkatastrophen. Es kann in Zeiten des postmodern Politischen von der zynischen Tatsache ausgegangen werden, dass Kulturkatastrophen die nicht zu vermeidenden Kollateralschäden maximaler Global Governance repräsentieren. Vortaten sind so gesehen paradoxe Marktoffensiven, welche die Geschäfte mit der Rechtssprechung einschließen, wie auch jene Geschäfte aus den Begleitschäden von Kulturkatastrophen, die noch weitaus größere Märkte erzeugen, als der Krieg (militärisch-industrielle Komplex) selbst. Die juristische Figur des Ausnahmezustands reguliert, rechtfertigt und legitimiert maximale Handlungsfreiheit in rechtsfreien Räumen – mit anderen Worten, maximale Governance für maximale Geschäfte. Vortaten für besagte Geschäfte sind heute unter anderem Nachrichtendesigns, da diese, ganz ähnlich wie Marketingbotschaften, Coverstrategien in Bezug auf kriminelle und illegale Governancen verkaufen. Mit gepushten und gehypten Medienhysterien kann zielgerichtet von lobbyistischen Unternehmensgeschäften abgelenkt werden. Nachrichten- und Bildagenturen sind in den Strategiemanagements globaler Interessenverbände genauso unentbehrlich geworden wie ihre Teilhabe an Finanzmärkten, Regierungsmandaten und in Aufsichtsräten der Industrie.

Da im Kontext der Theorien von Lars Clausen die katastrophensoziologischen Konsequenzen der Anomie in jeder Ereignissituation die gleichen sind, nämlich der *krasse soziale Wandel und der entsetzliche soziale Prozess*, sprechen wir deshalb von *Emergencies* als von *Kulturkatastrophen* (Clausen 2003: 8), die sämtliche Sorten von Katastrophen einschließen. Von diesem Standpunkt ausgehend fokussieren wir auf einen Katastrophenmarkt, der mit dem Paradigma der Katastrophe operiert, um größtmögliche Profite zu erzielen und nicht nur das: Er versucht, die (Kultur-) Katastrophe als größtes zeitgemäßes Event zu etablieren. Denkt man an die jährlichen Ausgaben der USA für den weltweiten Antiterrorkrieg oder die Kosten für die Banken-Rettungspakete, so bleibt daran kein Zweifel.

Zentrales Regierungselement bei der Herstellung von Emergencies, von Kulturkatastrophen, sind *Schock-Doktrinen*. Die kanadische Autorin und Journalistin Naomi Klein, die mit ihrem globalisierungs- und konsumkritischen Buch *No Logo* 2000 einen Weltbestseller schrieb, spricht in ihrem letzten Buch *Die Schockstrategie* (2007) von einer künstlichen und manipulierten Herstellung von globalen Krisengebieten. Katastrophengebiete sind Gebiete, die einen partiellen oder nationalen Ausnahmezustand mit sich bringen oder nach sich ziehen, jene Bedingung für Geschäfte im großen Stil. Unternehmensgebilde sind Markengebilde. Erst mit der Marke und dem Corporate Design der Unternehmung wird das Spiel ein *Global Game*, ein *Corporate Game*. Neoliberale Schnellreformen, wie sie beispielsweise 1975 in Chile als das so genannte »Wunder von Chile« stattfanden, haben das Ziel, in kürzester Zeit ein Wirtschaftswunder mit den Mitteln von Schock-Therapien herzustellen. Solche Reformen treten seit dem Ende des zweiten Weltkrieges weltweit mehrfach in Erscheinung. Als Begriff der Ökonomie bezieht sich der Terminus ›Schock-Therapie‹ auf die plötzliche Freisetzung von Preis- und Währungskontrollen, Entzug staatlicher Subventionen und auf eine sofortige Liberalisierung des Handels innerhalb eines Landes. In der Regel vollzieht sich dabei auch eine groß angelegte Privatisierung von Mandaten wie beispielsweise der Sicherheit und Polizei, die sich zuvor noch im Zuständigkeitsbereich des Staates und damit der öffentlichen Hand befanden.

In den nächstfolgenden Überlegungen soll die Übertragung des ökonomiepolitischen Begriffs der Schock-Doktrin auf medien- und nachrichtenpolitische Ereignisse geprüft werden. Die hier besprochene These besagt, dass mediale Schock-Doktrinen ökonomiepolitische Schock-Doktrinen lobbyistischer Agencies und ihrer Akteure überlagern. Unterhalb von Propagandaoberflächen werden unentdeckt und vorerst unbemerkt Katastrophen (Emergencies) initiiert, die erst viel später, wenn überhaupt, ans Licht der Nachrichtenöffentlichkeit kommen. Für Nachrichtenbeschaffungen zum Zweck der Tarnung, Täuschung und Verherrlichung sind Geheimdienste jeder Art im Spiel, ob diese nun von Regierungen gestützt sind, wie die NSA oder der BND, oder von Medien- und Datenmagnaten wie Apple, IBM, Facebook, im Verbund mit Satellitenanbietern.

IV.   BREAKING NEWS

Breaking News heißen Nachrichten dann, wenn die Aufmerksamkeitsökomomie zur Wahrnehmung von Mitteilungen zensiert ist. Zensiert werden Nachrichten nicht nur durch Filter, sondern durch ihre selektive Fragmentierung und durch die dramaturgische Verknüpfung der selektiven Fragmente. Die dramaturgische Technik des *cut up*, bekannt aus dem Filmschnitt, durchzieht die Masse an medialem Material und verbindet es zu zerstückelten, fragmentierten Mitteilungs-Schocks, zu Breaking News. Dabei wird nicht nur eine Katastrophenmeldung ununterscheidbar an die andere geschnitten, sondern – und das vor allem macht die Vermittlung von *News* erst prekär – der Zusammenschnitt erfolgt im Nachrichtendesignmanagement aus *Interesse-Schnipseln* der Katastrophenmärkte. Auf Fegefeuer und Killerwellen folgen Börsenkurse, Celebrity Socializing, ein paar tausend Tote irgendwo, weltweite Proteste, dicht an dicht mit Werbung, pornografischen Botschaften und globalen Ego-Shooter-Allmachtsphantasien. Pornografie, Bildgewalt, Kaufsuggestionen und tatsächliche Fakten von Ereignissen vermischen sich so zu einem medialen Overkill, dessen Schock-Charakter durch die Art und Weise der journalistisch-medialen Vermittlung und nicht durch die Tatsache der Existenz von Katastrophen an sich erzeugt wird.

Hinzu kommt, dass wir in Zeiten der Social Media Network Revolution von einer immensen Verstärkung einerseits und Beschleunigung andererseits von Medien-Schocks und Medien-Hypes ausgehen müssen. Der Medienkonsument hat zum Medien-Akteur umgerüstet und greift in die Nachrichtenprozesse mit ein. Zumindest was die Verstärkung, Vervielfältigung und Beschleunigung ihrer Verbreitung betrifft, haben Medien-User und User-Schwärme einen ungleich hohen Anteil daran, der vergleichsweise noch vor zwei Dekaden undenkbar war. Was den Medien-Konsumenten täglich an Breaking News erreicht, sind Turbo-Wellen, die sich überschlagen, gegenseitig neutralisieren, um sich wieder zu übertreffen. Der Unterschied zwischen tatsächlicher bzw. realer Katastrophe/Medienkatastrophe ist kaum noch zu verifizieren. Die Gier nach mehr Thrill lässt den Nachrichten-Teilnehmer ebenfalls zum Nachrichten-Designer werden. Alle gestalten mit und die Blogs der Medien-User scheinen interessanter zu sein als die Blogs der offiziellen Nachrichten-Sender. Die Wellenmaschine an unüberschaubaren Nachrichtentornados wird durch die sich aufbauende Konkurrenz zwischen Social Media Networks (SMN) und offiziellem Nachrichten-Journalismus angeheizt, denn die SMN-User sind schneller, wie wir an der Revolution in Ägypten 2011 gesehen haben. Neuerdings gehen Nachrichtensender auch über SMN, um innovativ und *up to date* zu sein.

Keine Marke möchte im Marketing unterbelichteter bleiben als die andere, also setzen alle auf push-up-Effekte. So stehen dann gepushte Medienevents in einer beliebigen cut-up-Technik nebeneinander wie beispielsweise das Erdbeben in Haiti neben der Ver-

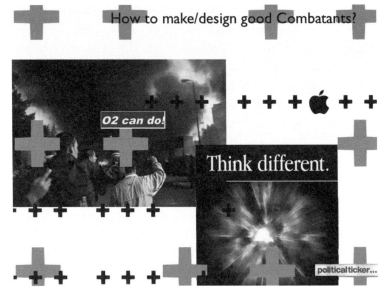

Abb. 1: Collage aus Medienschnipseln (Vortragstafel): Die Werbeslogans »O2 can do!«
und »Think different!«, ein Handy-Bild aus den Social Media Networks der
Ägyptischen Revolution und dem Bild einer Bomben-Explosion. ›Breaking News‹ sind
Vereinnahmungsökonomien, eingebettet in einen Informations-Mix aus Protest,
Kritik, Advertising und Schock.

haftung von Dominique Strauss-Kahn, die neue Staffel von DSDS
neben der Hinrichtung von Bin Laden, Lady Gagas letzter Schock-
Auftritt neben der Eurorettung, das Release des neuen iPhone4 neben dem Abdanken von Karl Theodor zu Guttenberg. Zu viel, zu
hoch, zu schnell, zu *crashy*. Das, was wir aus der Welt der Turnta-
bles und DJs kennen, das Erzeugen von Sound-Events, indem Musikproduzenten dem DJ Dubplates[1] zur Verfügung stellen, die er
zu neuen Tracks mixt, oder mit anderen Dubplates im Soundclash
kollidieren lässt, passiert nun auch in der Nachrichten- und Medienwelt. (Abb. 1)

Wenn wir diesen Vergleich aus der Clubszene auf die Nach-
richtenszene übertragen wollen, entspricht dem Dubplate ein Kata-

---

1 Ein Dubplate (dub – synchronisieren, überspielen; plate – Platte) ist eine
   spezielle Schallplatte aus Aluminium oder Vinyl, die als Einzelstück oder in
   sehr geringen Stückzahlen gefertigt und von den Musikproduzenten an DJs
   gegeben wird, damit diese die bis dato unveröffentlichten Musikstücke für
   ihre Clubauftritte nutzen können.

strophenevent, das von privatrechtlichen Nachrichten-Agenturen als *News* live produziert wird. Alle weiteren, vor allem kleineren Nachrichtenagenturen kaufen dann dieses Dubplate und remixen es. Als Protagonist des Dubplate-Producing von Katastrophenmeldungen ging der von Ted Turner gegründete Fernsehsender CNN in die neuere Nachrichtengeschichte ein. CNN begann seinen Sendebetrieb in den 8oer Jahren in den USA. Mit der Berichterstattung über die Challenger-Katastrophe, die CNN live übertrug, dem Fall der Berliner Mauer sowie der Livesendung zum Beginn des Zweiten Golfkrieges von Peter Arnett, Bernard Shaw und John Holliman vom Dach des Hotel Raschid in Bagdad aus, wurde CNN national wie auch international einer breiten Öffentlichkeit bekannt. Kennzeichnend für das Programm von CNN und später auch aller anderen Nachrichtensender wurden die sogenannten *Breaking News*, die CNN erstmalig im Nachrichtendesign einführte. Um noch einmal die Analogie zur Clubszene aufzugreifen, entsprachen in den 8oer und 9oer Jahren die Breaking News von CNN einem ordentlich gescrachten Dubplatesound. Der Soundclash passierte dann, als CNN von seinen Hauptkonkurrenten Fox News und Lou Dobbs attackiert wurde. Bei dem Soundclash der Giganten im Nachrichtengeschäft dürfen zwei Faktoren nicht vergessen werden: Erstens handelt es sich immer um ein synchrones Geschäft mit Satellitenanbietern und zweitens sind CNN, Fox News, oder Lou Dobbs globale Agencies, die keinen Kontinent und kein Land auslassen. Dubplate-Producer im Katastrophenmarktgeschäft agieren imperial. So ist CNN beispielsweise weltweit mit Büros und Agenturen präsent, in denen Nachrichtenbeiträge recherchiert und gesendet werden. Das CNN Center in Atlanta im US-Bundesstaat Georgia ist der Hauptsitz von CNN und CNN International, daneben gibt es noch weitere Büros in den USA, unter anderem in Washington D.C., New York und Los Angeles. In London befindet sich das größte CNN-Büro außerhalb der USA, verantwortlich für Europa, den Mittleren Osten und Afrika. Weitere Büros in diesem Gebiet sind unter anderem in Berlin, Paris, Moskau, Rom, Madrid, Istanbul, Jerusalem, Beirut, Dubai, Abu Dhabi, Bagdad, Kairo, Lagos und Johannesburg. Die zentrale Sendeanstalt für den asi-

atischen Raum (Asia Center) ist in Hongkong angesiedelt, weitere
Studios gibt es unter anderem in Peking, Mumbai, Tokio, und Isla-
mabad. Den totalen Clash hat heute CNN nicht mehr von oben genannten Konkurrenten zu befürchten, sondern von den Social Media Networks – von Google, Facebook und Twitter. Schocks und
Hypes in Folge, als Breaking News auf verschiedenen Formaten
der Nachrichten-Vermittlung, der im Journalismusgeschäft eta-
blierten Real-Time-Media-Networks in Konkurrenz mit den So-
cial-Media-Networks, heizen sich zu multiplizierten Sende-Kon-
kurrenzen auf. *Technologische Revolutionen* (IT-Revolutions),
Social Media Network Revolutions (SMN-Revolutions) und *Revolutions of Military Affaires* (RMA-Revolutions) kämpfen um
das öffentliche Geschäft. Das Resultat ist der mediale Super-Gau
auf der Nachrichtenebene. Hierbei sind Katastrophen und Kriege
Handelsware von Nachrichtenagenturen, die wie Marketingbotschaften der führenden Brands verkauft werden. Breaking News
sind mediale Schock-Doktrinen und es ist davon auszugehen, dass
die Mediengaus nur annähernd mit realen Katastrophen zu tun haben. Wenn wir in einer Welt der zunehmenden Hypes und Schocks
leben, so sollte ebenfalls davon ausgegangen werden, dass diese
Tendenz eine hergestellte ist und aus der zunehmenden Ökonomisierung sämtlicher Lebensbereiche resultiert.

V. PATHOGENE EFFEKTE (ATMOSPHÄREN)

Nur wer abenteuerliche »Breaks« vollziehen kann, hat noch
eine Chance im Mediengeschäft. Das zugrunde liegende Prinzip ist
bekannt: Die Frequenz der Ereignisse oder der als Ereignis empfundenen Erregungen kommt daher, dass heute immer mehr Menschen öfter und wirkungsvoller ihre Stimme erheben, dass es immer
mehr Konsumenten und User in der gleichzeitigen Rolle als Akteure gibt, dass Überbevölkerung und ökologische Probleme die Erde
eng machen. In das tief geschürften Flussbett generalisierter globaler (Medien)Probleme wie *global warming* und Klimawandel, Be-
völkerungsexplosionen, globale Diaspora, globale Datenkontrolle,
etc. schlagen vertikale Nachrichten-Blitze ein, welche die Permanenz eines globalen Dramas nochmals erschüttern. Zu Dauerka-

Abb. 2: Collage aus Medienschnipseln, die antagonistische Botschaften vermitteln (Vortragstafel): Die Aussiedlung tausender Roma aus Frankreich, das Glamourpaar Sakozy-Bruni vor dem Jungfernflug ihres Privat-Jets »Air Sarko One« und die Werbeslogans »Better fly with Air Sarko One« und »Think different!«.

tastrophen kommen partielle Emergencies. Wie käuflich hierbei Informationen und Mediengeschäfte sind, hat der Fall des Medienunternehmers Robert Murdoch gezeigt, dessen Medienunternehmen *News of the World* 2011 in einen Kriminalskandal geriet, der als »Murdochs Watergate« in die Geschichte einging. Gleichzeitig wird mit dem gleichen Fall offen gelegt, wie salonfähig doch Datengeschäfte von Medienimperien sind, denn im Zweifelsfall kommt keiner der Urheber groß zu Schaden, da Magnaten allesamt miteinander »partnerschaftlich« kooperieren. An großangelegten Intrigen und Gigageschäften hängen ganze Lobbys, deren Imperien bis in Finanz-, Rüstung- und Regierungskreise reichen. **(Abb. 2)**

Eine im Nachrichten- und Medienkontext durch Hypes und Schocks gepushte Erregungsfrequenz reduziert andererseits die Wahrnehmungs-Kompetenz (Aisthesis) ihrer Empfänger. Wenn es so ist, dass ökonomische Schock-Strategien den rechtsfreien Raum (im juristische Sinne) zum Ziel haben, so kann im übertragenen Sinn formuliert werden, dass mediale Schock-Strategien den *ent-*

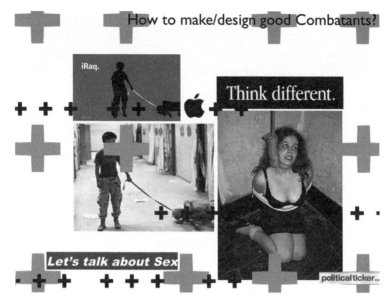

Abb. 3: Collage aus Medienschnipseln (Vortragstafel): Die zur Medien-Ikone stilisierte US amerikanischen Soldatin Lynndie England aus dem Lager Guantanamo erlangt 2008 weltweiten Advertising-Status. Parallel dazu das Bild einer zum Tode verurteilten Prostituierten in Manila. Beide Medienfiguren werden mit der Headline des US-amerikanischen Film-Hits *Let's Talk About Sex* (1998) von Troy Bailey[2] und dem Werbeslogan »Think different!« verknüpft.

radikalisierten Widerstand zur Folge haben, wie Chantal Mouffe sagt (Mouffe 2005), oder die *radikale Mittelmäßigkeit* auf der Konsumebene, wie es bei Henk Oosterling heißt (Oosterling 2009). »*Dass es so weitergeht...*« (Benjamin 1983: 592), memoriert Walter Benjamin im *Passagen-Werk* als Katastrophe bzw. als den zu bedenkenden Katastrophenzustand. Wenn sich die Katastrophe in einer Permanenz ausweitet, wird sie zum Normalfall und führt zu mentalen Lagereffekten in sozialen Feldern – zur Anaisthesis. Ich würde weiter gehen und behaupten, dass mediale Schock-Doktrinen in Permanenz eine flächendeckende soziale Wahrnehmungs- und Verhaltens-Anomie geradezu zum Ziel haben. Eine Anästhesierung, wie ebenfalls Thomas Meyer in seinem Buch *Mediokratie* schreibt (Meyer 2001), die sich unter anderem in *Bystander-Syndromen* bemerkbar macht (dem passiven Hingucken bei Gewalthandlungen), in gesteigertem Konsumbedürfnis von Live-Horror

2 http://www.imdb.com/title/tt0165857/ (8. Juli 2012).

(was die *Breaking-News-Live-Ticker-Kultur* permanent zur Verfügung stellt, wie beispielsweise das Kino-Phänomen *The Blair-Witch Project* von 1999 zeigte) oder in anderen Handlungs-Unmündigkeiten, die sich in aufgeheiztem Schwarmverhalten oder im Konsumrausch entladen können.

Diese Effekte sozialer Anomien aus medialen Schock-Doktrinen sind *atmosphärisch,* d. h. sie sind spürbar, jedoch nicht greifbar. Sie sind in jedem Fall als *pathogen* zu charakterisieren, weil sie epidemische Effekte auslösen. (Abb. 3)

Solche epidemischen Effekte in Bezug auf medienpolitische Ereignisse lassen sich unter anderem in kollektiver Verunsicherung, kollektiver Desorientierung, kollektiver Nervosität und Ängstlichkeit, kollektiver Hysterie und Paranoia, im kollektiven Burn Out der ausgebrannten Gesellschaft, im kollektiven Überflüssig-Werden, in der abgeschobenen Gesellschaft, etc. finden.

Als ein sehr treffendes Beispiel in dieser Hinsicht kann der Ausbruch der kollektiven Hysterie gelten, die nach der Fukushima-Katastrophe in Japan hierzulande zu beobachten war. Diese deutsche Atom-Hysterie war einmalig im europäischen Raum. Neben epidemischen Demonstrationswellen gegen Atomstrom waren in allen deutschen Baumärkten binnen kürzester Zeit sämtliche Geigerzähler, so genannte Gamma-Scouts, ausverkauft. Weder Franzosen noch Holländer noch Engländer verhielten sich ähnlich.

Während der Kriegseuphemismus mit ›Kollateralschaden‹ in einem journalistischen Beiläufigkeitscharakter meist Infrastruktur, Menschen, kulturelle Güter meint, sei hier und jetzt weiter zu differenzieren: Als ›Kollateralschaden‹ wird in diesem Kontext die Beeinträchtigung von Sozialorganen via Medienkonsum bis hin zu ihrer Auslöschung bezeichnet. Breaking News in Kombination mit medialen Schock-Doktrinen und permanenter Bildgewalt erzeugen *neuronale Nebel,* welche die Sozialorgane (Gehirn) im Verlauf einer gewissen Konsumfrequenz empfindlich beeinträchtigen. Pathogene Atmosphären sind solche neuronalen Nebel und vergleichbar mit Inhalationsdrogen. In *Luftbeben* spricht Peter Sloterdijk von dem symbiotischen Phänomen aus Militarisierung und Industrialisierung der Gesellschaft, von den Killerwolken im Gaskrieg 1915

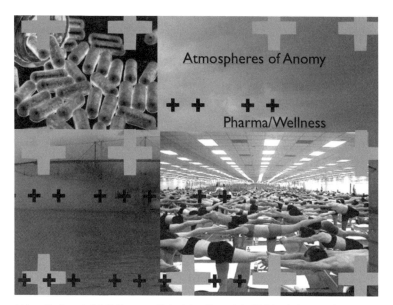

Abb. 4: Vortragstafel: Collage aus Beispielen für soziale Gleichschaltungseffekte, als Konsequenz einer Werbeindustrie, wie Pharma- oder Wellnesskonsum. Diese massenweisen Konsumeffekte sind soziologisch als pathogene Effekte zu verifizieren.

(Sloterdijk 2002). Hundert Jahre später, also heute, hat das Merkblatt für Frontaktivisten, welches jedem Offizier, Unteroffizier und Mann der vordersten Linie ausgehändigt wurde, an Gültigkeit nicht verloren. Die Anleitung für Kompanieführer, gedruckt 1917 in der Reichsdruckerei Berlin, empfiehlt den Einsatz der *Maske*. Doch welche Art von Masken benötigen wir heute als Teilnehmer an permanenten, liberal-medialisierten Konsumevents der Katastrophe – dem urbanen Mediennebel als Inhalationsdroge?

Im Zeitalter des korporatistischen, ortlosen und medialisierten *(Emergency) Empire* erfahren Theorien des Lagers eine akute Reaktualisierung. Das Lager ist, wie Agamben sagt, der Nomos der Moderne und ich füge dem hinzu: der Nomos des *Emergency Empire*. Der anomische Effekt aus Makrodesigns von Governancen (z. B. Unternehmens-Marketing, ausgewiesen durch das cleane Vorbild des global-versierten, erfolgreich-rekrutierten Managers/Officers) und Mikrodesigns des Schocks, wie sie in der Kombination von Breaking News, Bildgewalt, Pornografie, Advertising, Celebrity und Live-Horror auftreten, erzeugt einen

Abb. 5: Vortragstafel: Collage aus Werbeschnipseln, deren Botschaften suggestiv auf den Einzelnen zielen, den User, Kunden und Klienten, seinen weltweiten Handlungsspielraum und seinen Zugriff auf (technologische) Macht, auf das so genannte *Self-Empowerment.*

mentalen Lagereffekt der Standardisierung und Konfektionierung von Wahrnehmungen, von Krankheiten und von Konsumbedürfnissen. **(Abb. 4)**

Für eine Transformation des Ausnahmezustands lässt sich hier festhalten, dass sich Gleichschaltungsphänomene von der politischen und juristischen Gleichschaltung (1933) hin zum mentalen, emotionalen und psychosomatischen Gleichschaltungsdesign bewegen. Es sei an dieser Stelle erwähnt, dass eine Untersuchung memetisch kontaminierter Sozialorgane auf die Frage hin, ob diese bei dauerhafter Überdosis nicht sogar vorzeitig an Demenz und Alzheimer erkranken, ein lohnenswertes Forschungsprojekt an der Schnittstelle von Neurologie, Soziologie und Medientheorie ist.

VI.   KONKLUSION

Im Verbund mit Advertising, Marketing, Medien und Breaking News gelingt es kriegführenden Agencies, sowohl ihre Unkenntlichkeit zu garantieren als auch auf der Makro-Ebene messianisch-cleane Euphemismen, Heils- und Souveränitätsversprechen in Umlauf zu bringen und hier zunächst ein unantastbares Klima von über-gesellschaftlicher Freiheit zu erzeugen. Zukunft, Innovation, Individualität, Erfolg, Establishment, Kapital, Schönheit usw. werden im Unternehmens-Marketing mit Produkt-Lösungen assoziiert, während gleichzeitig Nachrichtengeschäfte die Permanenz von Katastrophen verkaufen. (Abb. 5)

Das Ziel von Design Governancen besteht darin, den Einzelakteur, den ambitionierten »kleinen Mann« (Reich 1984) als Kombattanten zu gewinnen – das heißt in erster und letzter Hinsicht als Klienten eines ideologisierten *Self-Empowerment*. Nicht umsonst heißt ein Einstellungs-Management in globalisierenden Unternehmen *Recruiting Management* – Rekrutierung. Die zentrale Frage, die sich ein Marketing stellt ist: *How to make/design good Combatants?* Die Werbeleistung eines Unternehmens »brandet« sozusagen den potentiellen Klienten zum potentiellen Rekruten, der gegebenenfalls die Chancen erhält, in der globalen Officer-Liga in Führung zu gehen, oder sich aber in permanent unsicheren Zeiten via Produkt- und Nachrichtenkonsum der Illusion von Freiheit und Sicherheit hinzugeben. Der Begriff *Selbstdesign* löst den mittlerweile altmodischen Begriff der *Selbstausbeutung* ab und stellt die Bedingung für mentale Gleichschaltungseffekte her. Dazu gehört auch der Konsum von Breaking News.

Hierbei liefern diffuse Angst-Atmosphären eine ideale Basis für ein engagiertes Selbstdesign der User in einer feindlichen Nachrichtenwelt. Im Zentrum der Regierungstechniken der Breaking News steht die Inszenierung und die Herstellung eines fiktiven Feindes – eines Simulakrums. Dies ist die prominente Strategie einer katastrophenkapitalistischen Kriegsführung, hinter der gigantische Industrien ungehindert ihr globales Geschäft erledigen. »Wir leben inmitten von *Designhegemonien*« ist ein anderer Satz für: »Wir leben inmitten der neuen Kriege.« Die Hardware der neuen Kriege sind die ökonomischen Strukturen, sagt Herfried Münkler (Münkler 2006). Ich füge hinzu: Die Software der neuen Kriege sind ihre Nachrichten- und Mediendesigns und – in deren Konsequenz – die Herstellung artifizieller Angst-Atmosphären.

Angstdesigns, wie sie von Breaking News, aber auch von Marketingbotschaften und von medialen Desinformationen geschürt werden, sind der zentrale Indikator für User-Gleichschaltungen. Diffuse Ängste stellen generell Identitäten in Frage und verunsichern kollektive Identifikationen. Dies ist der psychopolitische Konsens, der zum Impact mit Design Governancen und ihren suggestiven Werbebotschaften führt. Zahlreiche Autoren schreiben über diese Phänomene, beginnend bei Angst als kulturelles Phänomen, über Angstindustrie und Angstgesellschaft, bis hin zu Angst als mentalen Lagereffekt in gleichgeschalteten sozialen Netzen. Zahlreiche Episoden in der jüngeren Nachrichtengeschichte sprechen für die Tendenzen, dass in der westlichen Welt »Angst« einem sphärischen Phänomen ohne konkret fassbare Ursachen entspricht und zu pathogenen Effekten führt. Beispiele beginnen bei biologischen Erregern und Epidemien wie Vogelgrippe, Schweinepest oder EHEC, führen über Netzseuchen wie Viren, Trojaner und Würmer hin zu Datenverunsicherungen, die – je nachdem von welchem Lager aus betrachtet – von Wikileaks oder von ACTA initiiert sind, und enden bei permanenten Feuerwalzen, Schlammlawinen und radioaktiven Wolken in den Medien (oder auch real). Was in einem Mainstream immer wieder kultiviert wird, sind kollektive Vermutungen, Befürchtungen, Gerüchte und diffuse Gefühle von Angst, die durch gemeinsames Kaufen und Konsumieren zerstreut, oder in Demos mit Titeln wie: *Freiheit statt Angst* entladen werden. Wo die gierige, die zornige und zugleich dienstleistende Menge in die Arena steigt, stellen sich automatisch Ströme her, jene von Beschäftigungen, von Sponsorings, von Charities, von Innovationen, von Märkten. Alleine die Zuverlässigkeit dieser Lager-Effekte und ihre industrielle Ausbeutung zu beobachten, ist furchterregend genug. Denn die Quintessenz lautet: Mentale Lagereffekte organisieren sich aufgrund von atmosphärischen *Threat Environments*, aufgrund medialisierter Fiktionen von Freund und Feind und aufgrund von Angstgeschäften einer expandierenden Angstindustrie.

LITERATUR

Benjamin, Walter (1983): *Passagen-Werk*, Frankfurt a. M.: Suhrkamp.

Clausen, Lars/Geenen, Elke M./Macamo, Elisio (2003): *Entsetzliche soziale Prozesse. Theorie und Empirie der Katastrophen*, Münster: Lit.

Foucault, Michel (2006): *Geschichte der Gouvernementalität II. Die Geburt der Biopolitik. Vorlesung am Collège de France 1978/1979*, Frankfurt a. M.: Suhrkamp.

Friedman, Milton (2004): *Kapitalismus und Freiheit*, München/Zürich: Piper.

Hardt, Michael/Negri, Antonio (2003): *Empire*, Frankfurt a. M.: Campus.

Kant, Immanuel (2011/1795): *Zum ewigen Frieden*, hg. v. Otfried Höffe, Berlin: Akademie Verlag.

Klein, Naomi (2001): *No Logo! Der Kampf der Global Players um Marktmacht*, München: Riemann.

Klein, Naomi (2007): *Die Schock-Strategie: Der Aufstieg des Katastrophen-Kapitalismus*, Frankfurt a. M.: S. Fischer.

Meyer, Thomas (2001): *Mediokratie. Die Kolonisierung der Politik durch die Medien*, Frankfurt a. M.: Suhrkamp.

Milev, Yana (2009): *Emergency Empire. Transformationen des Ausnahmezustands/ Souveränität*, Wien/New York: Springer.

Mouffe, Chantal (2005): *Exodus und Stellungskriege. Die Zukunft der radikalen Politik*, Wien: Turia + Kant.

Münkler, Herfried (2006): *Der Wandel des Krieges. Von der Symmetrie zur Asymmetrie*, Göttingen: Velbrück.

Oosterling, Henk (2009): »May you (not) live in interesting times! Über radikale Mediokrität und Interesse«, in: Jongen, Marc u. a. (Hg.): *Die Vermessung des Ungeheuren*, München: Fink, S. 254–266.

Pickel, Andreas (1993): »Schocktherapie als rationale Reformstrategie? Eine Kritik der theoretischen Grundlagen radikaler Marktkonzepte und ein Plädoyer für Reformgradualismus«, in: Albert, Hans/Salamun, Kurt (Hg.): *Mensch und Gesellschaft aus der Sicht des Kritischen Rationalismus*. Amsterdam u. a.: Rodopi, S. 242–270.

Reich, Wilhelm (1984): *Rede an den kleinen Mann*, Frankfurt a. M.: S. Fischer.

Schmitt, Carl (1993/1922): *Politische Theologie. Vier Kapitel zur Lehre von der Souveränität*, Berlin: Duncker & Humblot.

Sloterdijk, Peter (2002): *Luftbeben. An den Quellen des Terrors*, Frankfurt a. M.: Suhrkamp.

Anke Finger, Prof. Dr., geb. 1967, studierte Germanistik, Anglistik/Amerikanistik und Geschichte an der Universität Konstanz (1987–1991) und
wurde 1997 an der Brandeis University mit einer
Arbeit zum Gesamtkunstwerk promoviert. Ihre
erste Professur (Assistant Professor) hatte sie
von 1997–2001 an der Texas A&M University
inne. Von 2001–2006 war sie Assistant Professor, seit 2007 ist sie Associate Professor für
Germanistik und Komparatistik an der University
of Connecticut. Forschungsschwerpunkte sind
Ästhetik, Medien, Avantgarden der Moderne,
Interart Studies, interkulturelle Literaturwissen-
schaft. Jüngste Veröffentlichungen u. a.: mit
Danielle Follett (Hg.): *The Aesthetics of the Total
Artwork: On Borders and Fragments* (2011); mit
Rainer Guldin und Gustavo Bernardo: *Vilém
Flusser: An Introduction* (2011).

ANKE FINGER

GESAMTKUNSTWERK ATMOSPHÄRISCH:
VOM ZERSTÄUBEN DER PIXEL IN DER INTERMEDIALITÄT

In einem Gespräch, das Vilém Flusser 1990 in Robion mit zwei *Arch+* Redakteuren führte, stellte er seine Definition einer von ihm stets als essayistisch und phänomenologisch gedachten Existenz vor: »[D]ie Lebenswelt ist ein Gesamtkunstwerk. In der Genesis wird gesagt, wir sind Kunstwerke, wir haben einen Schöpfer, einen Autor und sind Teil eines Gesamtkunstwerks, das heißt Schöpfung. Der Schöpfer hat dieses Gesamtkunstwerk mit einem eigenartigen Rückspiegel ausgestattet, der es uns erlaubt, darauf zu kommen, wie das Ganze hergestellt ist. Sie können damit nach innen schauen, dann kommen wir auf den Autor in uns, oder nach außen, dann kommen wir auf den Autor um uns herum. Kurz und gut, wir sind darauf gekommen, dass ›der Schöpfer‹ nur eine unter vielen Virtualitäten des Raums geschaffen hat, und jetzt machen wir es ihm nach und schaffen andere. Dadurch haben wir uns abgesetzt und sind zu unserem eigenen Autor geworden.« **(Flusser 1996: 122)**.

Im folgenden soll diese Lebenswelt als Gesamtkunstwerk näher fokussiert werden, indem der in diesem Band debattierte Begriff »Atmosphäre« einbezogen wird in die ästhetisch-modernen, intermedialen und intersensorischen Aspekte, die den heutigen Begriff des Gesamtkunstwerks ausmachen. Mit welchen Autorschaften von Lebenswelten befassen wir uns in dieser Konstellation?[1] Welche Art von Virtualitäten begegnen uns alltäglich und wer sind ihre Autoren und Autorinnen? Was bedeutet es, der eigene Autor, die eigene Autorin zu werden und welche Lebenswelten erschaffen wir uns dadurch? Zudem ist dieser Beitrag eine weitere Auseinandersetzung meinerseits mit der intensiven und aktuellen Neudefinition des bisher häufig und traditionell eher als »toxische

---

[1] Eine Auseinandersetzung mit dem Husserlschen Begriff »Lebenswelt« über Flusser würde hier zu weit führen, aber ich verweise auf den Aufsatz von Ernst 2006.

Atmosphäre« (Sloterdijk) wahrgenommenen Gesamtkunstwerks.[2] Ausgehend von Dick Higgins' Einführung des »intermedia«-Begriffs zur Charakterisierung der Konzeptkunst (1969), gilt es, mit Beispielen aus der Moderne und mit aktuellen (Kunst-)Experimenten, die etwa auf die klassischen Avantgarden verweisen, eine Vernetzung herzustellen zwischen dem Gesamtkunstwerk als historischem Konzept und intermedialen, grenzüberschreitenden Phänomenen, die sich zerstäubenden, also rahmenlosen, grenzenlosen Gesamtkunstwerken ähneln. Diese Vernetzung hinterfragt tradierte ästhetische Ordnungen. Dafür werden als Beispiele herangezogen: Walter Ruttmanns *Weekend* von 1930, das Projekt *Utopia Station* (seit 2003 bis heute) und *TOC* (2009), ein Multimedia-Roman des amerikanischen Autors Steve Tomasula. Das Zerstäuben der Pixel in der Intermedialität findet seinen Ursprung im modernen Fragment und resultiert dementsprechend in intersensorischen Wahrnehmungsprozessen sowohl beim auktorialen Akt, wie Flusser ihn beschreibt, als auch beim Rezeptionsprozess der Leser- bzw. Zuhörerschaft: Raum-Leib-Beziehungen interagieren bei der Wahrnehmung des Kunstwerks mit rezeptionsästhetischen Erfahrungswerten, die sich auf eine differenzierte Interpretation von medialisierten Kunstzwischenräumen stützen können. Dass sich hierbei der anthropozentrische Charakter des klassischen Gesamtkunstwerk-Konzepts (den Neuen Menschen in der sozialen Künstler- und Alltagsgemeinde verankernd) an der aktuellen Idee des Posthumanen reibt, soll als zentrales Argument in diesem Beitrag verfolgt werden.

I.   NEUDEFINITIONEN DES GESAMTKUNSTWERKS

Klären wir zunächst den Begriff Gesamtkunstwerk. Das Gesamtkunstwerk, auch im Hinblick auf die traditionellen Verwur-

2 Sloterdijks Begriff läßt sich meines Erachtens in eine Genealogie des Gesamtkunstwerkbegriffs einreihen, die explizit politisch zu lesen ist. So unterteilt etwa Odo Marquard in seinem Beitrag für Harald Szeemanns Ausstellungskatalog *Der Hang zum Gesamtkunstwerk* von 1983 das Gesamtkunstwerk in vier Kategorien, von der die dritte – das »indirekte extreme Gesamtkunstwerk« – als faschistisch zu verstehen ist (Marquard 1983: 46). Selbstverständlich gehört in diese Lesart auch Adornos Interpretation des Wagnerschen Gesamtkunstwerks als Phantasmagoria.

zelungen in frühen Theorien Wagners, verkörpert ein in der Moderne gerne verfolgtes Ideal einer Kunst im Leben, eines Lebens in der Kunst, also ein ästhetisches Projekt *par excellence*, indem es bestrebt ist, sich alle Medien einzuverleiben und somit die Differenz zwischen künstlerischen/ästhetischen und sozialen Bereichen aufzuheben. Hierzu die Definition Wagners von 1849 aus *Das Kunstwerk der Zukunft*: »Das große Gesamtkunstwerk, das alle Gattungen der Kunst zu umfassen hat, um jede einzelne dieser Gattungen als Mittel gewissermaßen zu verbrauchen, zu vernichten zu Gunsten der Erreichung des Gesamtzwecks aller, nämlich der unbedingten, unmittelbaren Darstellung der vollendeten menschlichen Natur, – dieses große Gesamtkunstwerk erkennt er nicht als die willkürlich mögliche Tat des Einzelnen, sondern als das notwendig denkbare gemeinsame Werk der Menschen der Zukunft« (Wagner 1983: 29).

Eine vorläufige Definition des Terminus, die zum Teil auf Wagners Konzeption fußt, wäre somit die ästhetische Ambition zur Grenzenlosigkeit – ein Projekt des Zusammenspiels und der Vermischung in vielerlei heterogenen Formen. Es ist traditionell nicht synonym mit diversen Formen der Intersensorialität, insbesondere der Synästhesie, einem psychologisch-neurologischen Phänomen, welchem in den letzten Jahren neue Aufmerksamkeit gezollt wird,[3] aber auch nicht notwendig mit allem ästhetischen oder politischen Utopismus. Schon gar nicht ist das Projekt Gesamtkunstwerk auf einen Wagnerismus zu reduzieren.[4] Eher sollten wir zwischen drei Formen des Mischens und des Zusammenspiels oder der Verwebung unterscheiden:

a) Auf einer ersten, materiellen Ebene brechen die Grenzen zwischen den einzelnen Künsten und Gattungen auf (Multimedia, Oper, synästhetisch-intersensorielle Werke), ebenso zwischen Poesie, Philosophie und Kritik, wie es das berühmte 116. Fragment der Brüder Schlegel in den *Athenäums-Frag-*

---

3 Vgl. auch den Beitrag von Hinderk Emrich in diesem Band. Neuere Veröffentlichungen zum Thema sind unter anderem: van Campen 2010 und Glöde/Curtis/Koch (Hg.) 2011.

4 Vgl. auch Christiane Heibachs aufschlussreiches Kapitel zu Richard Wagner (Heibach 2010: 129 ff.).

menten modelliert. Diese erste ästhetische Ebene, ein Aufbrechen, aber auch ein Vernetzen, Verweben, ist notwendig verbunden mit der nächsten, der politischen:

b)   Diese markiert die Überschreitung der Grenzen zwischen
Kunst und (Alltags)Leben oder zwischen Kunst und Gesellschaft. Als kreative Handlung des Künstlers/der Gruppe wird
dieses Interagieren von Kunst und Alltag oft kollektiv oder
interaktiv konzipiert, die Mitwirkung eines Publikums oder
Verbrauchers einschließend, mit dem Ziel einer gesellschaftlichen Transformation, auch auf utopischer oder revolutionä-
rer Basis.

c)   Auf einer dritten Ebene kann das Gesamtkunstwerk auch die
Tendenz zu einer mehr metaphysischen Grenzenlosigkeit beinhalten, etwa zwischen Gegenwart, empirischer Wirklichkeit
oder phänomenologisch informierter Wahrnehmung, einer
Nicht-Gegenwart oder Noch-Nicht-Gegenwart, einer imaginierten Totalität, Einheit, Unendlichkeit oder Absolutheit
– eine Tendenz, die sich auch in der oft ritualistischen Eigenschaft einiger Gesamtkunstwerk-Projekte innerhalb der letzten ca. 150 Jahre manifestiert. Dieses Ensemble der Elemente
oder Ebenen beschreiben ein dynamisches, komplexes, vielfäl-
tiges und vielstimmiges Gesamtkunstwerk der ent-einheitlich-
ten Singularität, das durchaus im Sinne einer Atmosphäre nach
Gernot Böhme und anderen verstanden werden kann.[5]

Diese drei Ebenen des Gesamtkunstwerks, ästhetisch (Vernetzung
der Künste), politisch (Vermischung von Kunst und Alltags-Le-

---

5   Besonders einschlägig für mein Begriffsverständnis ist die Definition von Tadashi
    Ogawa, der die Atmosphäre mit dem asiatischen Konzept des ›ki‹ verstanden wissen
    will: »Das chinesische Wort ›ki‹ bezeichnet eine den Menschen umgebende natür-
    liche Sphäre zwischen Himmel und Erde, die oft als Dunst, Dampf, oder Nebel usw.
    erscheint. ›ki‹ erscheint als Luft, Wind, Wetter, Klima, Atmosphäre usw. Das ›ki‹
    ist eine Art von Dampf, der jegliches menschliches Dasein umgibt, eine besondere
    Bedeutung der ›Stimmung‹, soweit er in der Nähe einer menschlichen Existenz
    erfahren wird.« (Ogawa 2001: 94) Auch für die intersorielle Wahrnehmung ist ›ki‹
    von Bedeutung: »Die Atmosphäre ist ein ›holon‹, ein ›totum‹. Deshalb kann sie nicht
    von einem einzelnen Sinn erfasst werden. Die Atmosphäre ist vielmehr die Sympho-
    nie aller Berührungen und allein zu ergreifen durch die Orchestrierung aller Sinne«
    (ebd.: 103). Für weitere, einführende Begriffserklärungen vgl. Hauskeller 1995.

ben) und metaphysisch (geistig und potentiell erlösend) erklären nicht das Totale im Gesamtkunstwerk – wie ist das »Gesamt« zu verstehen in der Formation einer Lebenswelt? Das Gesamtkunstwerk basiert auf einer ästhetischen Haltung, die sich nicht auf eine unumschränkte auktoriale Subjektivität beruft oder gar auf die Autonomie des Kunstwerks, da es seit seinem romantischen Ursprung durch ein Streben nach kollektiver Autorschaft und der Auflösung der Grenzen zwischen Kunst und Leben charakterisiert wird. Und wie es im Endeffekt schwierig bleibt, Ästhetik oder den Bereich der Kreativität und die Sinneserfahrung von Objekten und Räumen als in irgendeiner Form widersprüchlich oder autonom abgewandt vom Leben, der Ethik, vom Konsum oder der Politik zu konzipieren, so ist dies noch weniger möglich mit dem essentiell sozialen Kunstwerk, das als Gesamtkunstwerk bezeichnet wird. »Gesamt« kann in diesem Zusammenhang also als Versammlung, als Sammlung von verschiedenen Teilen und daher als Überschreiten von Grenzen verstanden werden: ›Gesamt‹ ist ein Partizip, das als Adjektiv gebraucht wird, abstammend vom Verb ›samenen‹ oder jetzt ›sammeln‹, was zusammentragen, sammeln oder versammeln bedeutet. Dies erfordert eine nuanciertere und historisierte Betrachtung der ästhetischen Idee vom Sammeln um im Besonderen die Kontinuität des »gesammelten« Kunstwerks, einer Lebenswelt oder eben einer Atmosphäre zu erfassen. Wie beziehen sich Sammlung und Einheit aufeinander? Welche Rolle spielen Trennung und Fragmentierung in dieser Sammlung? Tatsache ist wohl, dass die Vorstellung eines gesammelten Werks, mit diversen Kohäsionsgraden, vom abstrakten Absoluten bis zur äußersten materiellen Gestreutheit, in der menschlichen Kreativität und im Alltag mitschwingt und sich in weiteren neuen Formen manifestieren wird – durchaus als Atmosphäre.

II. DIE ATMOSPHÄRE: VOM FRAGMENT ZUM PIXEL

Für meine zentrale These, dass zwischen dem anthropozentrischen Charakter des klassischen Gesamtkunstwerkkonzepts und einem posthumanen Verständnis von Wahrnehmungsweisen als intersensorisches Gesamtkunstwerk starke Reibungseffekte bestehen, spielt die Atmosphäre eine Hauptrolle. Ausgehend von Gernot Böhmes Definition der Atmosphäre als »primärer Gegenstand der Wahrnehmung« oder »ergreifende Gefühlsmächte« (Böhme 2006: 19), der neuen Ästhetik als »Auseinandersetzung mit der fortschreitenden Ästhetisierung der Realität« (Böhme 1995: 48) und einer weiteren Bedeutungsergänzung durch den asiatischen Atmosphärebegriff des »ki« erhält das Gesamtkunstwerk eine neue Gewichtung, was die Gestaltung und Erfahrung der Alltags- und Lebenswelt betrifft. Diese entsteht einerseits durch den auktorialen Akt nach Flusser, wie er auch von Praktikern wie etwa Architekten, die Atmosphären entwerfen, umgesetzt wird. Wie dieser auktoriale Akt jedoch andererseits rezipiert wird, ob er sich als Atmosphäre auch »übersetzen« lässt und gesamtkunstwerklich wirkt, erweist sich als intersensorisches Wahrnehmungspolitikum des Einzelnen im jeweiligen Kulturkontext. So entwickelt sich das Gesamtkunstwerk von einem totalen Kunst-Ganzen bei Wagner (Romantik, 19. Jahrhundert) zu einem fragmentierten, grenzüberschreitenden pars-pro-toto bzw. pars-sine-toto in den Avantgarden (Moderne, 20. Jahrhundert) und erreicht im 21. Jahrhundert mit den neuen Medien eine Zerstäubung des tatsächlichen Objekts – Danielle Follett und ich nennen es etwas aggressiver »Sprengung« (Finger/Follett 2011: 1) – welche die Grenzen des Kunst-Objekts und der Atmosphäre, die es umgibt, vernebelt oder zerbröckelt.

Prinzipiell *ist* die Atmosphäre ein Gesamtkunstwerk; besonders dann, wenn das Augenmerk nicht mehr auf dem »Neuen Menschen« einer expressionistisch-ästhetisierten Moderne liegt, sondern die Perspektive sich um 180 Grad dreht und die Umgebung, die Umwelt und Lebenswelt als Neues, Soziales, Interaktives wahrgenommen und erfahren wird. Etwa als »ki«, als Dunst, Atem, Dampf, der den Alltag mit und um den Menschen bildet. Wie in den drei Beispielen zu zeigen sein wird, ist das Kunstwerk als solches, das sich auf verschiedene Weise dem Alltag gewidmet hat, nur *ein* Element des Wahrnehmens, des aisthetischen Prozesses; die Atmosphäre, die anhand der intermedialen, intersensorischen Charakteristik des Raum-Objekte-Leib-Konstrukts geschaffen wird, ist eine weitere Ebene des Gesamtkunstwerks, die ich hier als

Zerstäubung verstanden wissen möchte. Als solche reflektiert sie auch den Raum-Zeit-Aspekt einer Wahrnehmung durch die simultane Rezeption divers vernetzter Künste in alten und neuen Medien. Mit dieser These, vom Blick auf den Neuen Menschen zum Blick hin auf dessen Umgebung und seines Empfindens hierin, entferne ich mich auch von meiner zunächst mit Harald Szeemann vertretenen These, dass ein Gesamtkunstwerk eigentlich gar nicht existieren kann (Szeeman 1983). Seiner Auffassung nach, der ich mich zunächst anschloss, gab es zwar einen »Hang,« eine Tendenz zum Gesamtkunstwerk, die jedoch stets in einer Art Unvollendetheit verharrte. Dieses rein utopistische Verständnis von Gesamtkunstwerk erscheint im Kontext des Phänomens Atmosphäre überholt, da – egal wie fragment- oder pixelartig das Empfundene auch sein mag – das als intermedial und intersensorisch Gestaltete und Präsentierte schlicht als Gesamtkunstwerk wahrgenommen werden kann oder wird. Das Gesamtkunstwerk als intermediale, intersensorische Atmosphäre tritt demnach komplett aus seinem toxischen Rahmen heraus und wird zum variablen Happening, zum Event, zur Lebenswelt – navigiert und bestimmt von demjenigen, der es als solches erfährt oder erfahren soll, nicht vom Künstler, Autor oder Kollektiv. Es existiert, präsentiert sich als auktoriale Atmosphäre *par excellence*, in der Produktion und Rezeption – womöglich – zusammenfallen.

Das Fragment fungiert in dieser von mir vorher nur kurz skizzierten Chronologie als wichtiger Angelpunkt einer Konzentration weg vom Menschen und hin zur Umgebung. Dass in der ästhetischen Moderne »die Unterbrechung zum Stilprinzip« (Fetscher 2006: 30) geworden war, würde niemand in Frage stellen. Ob allerdings vom alleinigen und definitiven »Siegeszug des Fragmentarismus« (ebd.) gesprochen werden kann, hängt von der kritischen Perspektive ab, aus der man die Polymorphie der Moderne zu betrachten sucht. Mit seiner leidenschaftlichen Einheitssuche im Gesamtkunstwerk reduzierte beispielsweise Wagner das Fragment zum Hilfselement. Diese Tendenz zur Einordnung des Fragmentarischen und des Einheitlichen, einhergehend mit der Einordnung der einzelnen Künstler in das jeweilige Lager, umgeht aber die Komplexität des Gebildes, das beide Begriffe miteinander formen. Ich stimme daher Jürgen Söring zu, wenn er behauptet, dass selbst die Zersetzung des Einheitsgedankens in der Sprache, die ja das Anbrechen der nicht mehr zu vereinheitlichenden Welt symbolisieren sollte, doch immer wieder zumindest zu Kunstwerken geführt hat, »nämlich der visuellen Poesie oder ein[em] Lautgedicht« (Söring 2005: 32), was nicht automatisch nach sich zieht, dass diese Kunstwerke auch als Gesamtkunstwerke zu gelten haben. Diesen Rahmen, bzw. dessen Durchbrechung, können sie nicht füllen.[6] Für unsere Diskussion zum Phänomen der Atmosphäre bestätigt sich eher der Hang zur Einheit als eine anthropologische Konstante, wie Söring mit einem Blick auf Lacan zeigt. Diese schlägt durch aufs (Gesamt)Kunstwerk und den Alltag selbst, konstant und repetitiv. Ein Kunstwerk, egal ob es »das Leben« oder die Realität in der Metaphorik des Fragments oder der Einheit darzustellen sucht, ist immer auch wieder ein Werk-in-sich, selbst wenn es Projektcharakter hat und als solches nicht »fertig« genannt werden kann. Aber es projiziert oder impliziert den Charakter eines Ganzen in seiner Unfertigkeit und ist somit nicht komplett Ausdruck einer »totalen« modernen Fragmentarisierung. Demnach liegt besonders dem Gesamtkunstwerkprojekt in der ästhetischen Moderne auch immer eine Konfrontation mit dem Bedingungs-, Interdependenz- und Komplementärverhältnis Fragment und Einheit zugrunde, das es herauszuarbeiten gilt, je nachdem, um welches ästhetische Programm (Manifest) oder Kunstwerk oder um welche Um- und Lebenswelt es sich handelt.

III. DICK HIGGINS UND INTERMEDIA

Wenn wir nun den Begriff »Pixel« einführen, und diesen, aufbauend auf dem modernen Fragmentbegriff, in Verbindung zum Gesamtkunstwerk bringen, möchte ich neben das Gesamtkunst-

---

6 Benedict Anderson fragte mich 1999, was wir denn unter dem Gesamtkunstwerk als Kunstwerk zu verstehen haben: Sprechen wir von einem Gesamt-Kunstwerk oder einem Gesamtkunst-Werk? Ist es ein einzelnes Produkt, das sich als Ganzes präsentiert, also ein Gesamt-Kunstwerk, das einer Einzelkunst entstammt? Ist es ein Kollaborationsprodukt? Oder gar ein (unfertiges) Mosaik, aus Einzelteilen zusammen gefügt? Diese Formfrage bleibt offen.

Intermedia Chart

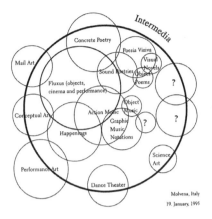

Some intermedia. Here we see only *some* of the overlaps among
the forms and the extent to which some of these are purely
intermedial. Parts of many fall outside those areas; that is, they
include individual works that are not intermedial. The circles
with question marks may be named by the reader.

Abb. 1: Dick Higgins, »Intermedia Chart«, in Higgins 1997: ii.

werkkonzept auch den Begriff »intermedia« stellen. Dick Higgins
hat diesen Begriff 1969 fluxus-nah eingeführt und die Vernetzung
der Künste vor der Zeit in die neuen Medien katapultiert. **(Abb. 1)**

In diesem Bild von 1995 zeigen die sich überschneidenden
Kreise mengendiagrammartig, wie sich schon vermischte, experimentelle Kunstformen miteinander arrangieren können. Bezeichnend ist, dass die Kreise mit Fragezeichen Möglichkeitsfelder ergeben, die intermedial zu füllen sind, und zwar vom Leser und
sozusagen als imaginative Aufgabenstellung. Ob dies aus der auf
dem Blatt dargestellten Atmosphäre heraus zu bewerkstelligen ist
(was etwa ergäbe sich aus der Mischung von Object Music und
Graphic Music Notations?) oder aus der Atmosphäre des Lesers
heraus hinzugefügt wird, ist nicht zu ersehen. Schon fast 30 Jahre
vorher hat Higgins sich für den Begriff »intermedia« entschieden.
In seinem experimentellen Band mit unaussprechbarem Titel und
spielerisch explizitem Untertitel (*foew&ombwhnw. A grammar of
the mind and a phenomenology of love and a science of the arts as
seen by a stalker of the wild mushroom*) verweist er in einem Es-

say zu »intermedia« zunächst auf die historische Wichtigkeit Duchamps: »Part of the reason that Duchamp's objects are fascinating while Picasso's voice is fading is that the Duchamp pieces are truly between media, between sculpture and something else, while Picasso is readily classifiable as a painted ornament. (...) The ready-made or found object, in a sense an intermedium since it was not intended to conform to the pure medium, usually suggests this, and therefore suggests a location in the field between the general area of art media and those of life media.« (Higgins 1969: 17).

Duchamp und ready-mades sind heute selbstverständlich selbst Klassiker in der Timeline von den Avantgarden über das Happening hin zur Postmoderne und den neuen Medien, aber ich möchte besonders auf den Begriff »Feld« und das »something else« hinweisen, das jenseits von Kunst und ihren Gattungen liegt. Vilém Flusser spricht im Zusammenhang mit Kreativität, Medien und Moderne von Möglichkeitsfeldern, die den Zufall und die Umgebung mit einbeziehen: »Die Struktur der Möglichkeitsfelder, der blinde Zufall, erlaubt die Wahrscheinlichkeitsrechnung. Man kann sich ausrechnen, was wahrscheinlich ist und was weniger wahrscheinlich, und man kann das Weltspiel bewusst mitmachen, mit den Möglichkeiten würfeln. (...) Die *Stimmung* des nachgeschichtlichen Daseins ist die des kalkulierten Hasardspiels (...).« (Flusser 1997: 196).[7]

Die Möglichkeiten in Kunst und Alltag lassen sich somit nur bedingt kalkulieren, sie präsentieren sich als Glücksspiel, dessen Wahrscheinlichkeiten nicht Unsicherheit, sondern Grenzenlosigkeit bedeutet. Betrachten wir nun das Gesamtkunstwerk als Atmosphäre als Möglichkeitsfeld, in welchem das »something else« über das Kunstwerk hinaus und in die Umgebung hineinfließt, die ästhetischen, politischen und metaphysischen Grenzen durchbrechend, so zerstäubt selbst das fragmentorientierte, modernistisch geprägte Gesamtkunstwerkkonstrukt pixelähnlich, je mehr man versucht, die Rahmenbedingungen festzulegen. Ein Pixel verweist

---

7 Ich vermeide hier die genauere Unterscheidung zwischen »Stimmung« und »Atmosphäre«; vgl. Wolfhart Henckmann 2007 zu einer überzeugenden Besprechung dieser Begriffe.

auf die kleinste Einheit in einem Bildraster, welches nicht notwendig als Quadrat gezeigt werden muss – es kann verschwimmen, das Bild auseinanderzerren, die Atmosphäre des Bildes selbst in seiner Verzerrtheit darstellen. Es gibt keine Rahmen und Gattungen mehr, keine Verortungen und Angelpunkte. Intermedia als zufallsorientiertes, verzerrtes, glücksspielhaftes Gesamtkunstwerk, als veritable Dunstkugel, ent-grenzt selbst das Fragment und wird zur Pixel-Auflösung.

IV.   WALTER RUTTMANNS *WEEKEND* (1930) UND INTERSENSORISCHES

WAHRNEHMEN

Bemühen wir ein paar Beispiele, die den Weg vom Fragment zum Pixel in dieser Diskussion veranschaulichen können, angefangen mit einem Erfassen historischer Atmosphären: Walter Ruttmanns Hör-Film »Weekend« von 1930. Ich muss an diesem Punkt Gernot Böhmes Ansicht widersprechen, dass es den Avantgarden »nicht gelungen [ist], die Aura abzuwerfen und dadurch aus den heiligen Hallen der Kunst ins Leben hinauszutreten« (Böhme 1995: 26). Im Versuch, einen Alltag der Moderne zu thematisieren, indem sie die Kunst als auratische torpedierten und durch ein Aufbrechen der Kunstschemata den Alltag ästhetisierten, hatten die Avantgarden die Aura durchaus abgeworfen. Viele Künstler und Autoren haben sie schlicht ignoriert, da der am Leib und mit dem Leib erfahrene Alltag der Moderne eine neue Aisthetik und das »something else«, ein dazwischen, geradezu bis zum Überdruss herausforderte. Eine Aura wurde den Avantgarden allerdings dann aufgepfropft, als man feststellte, dass deren Alltagsempfinden zur Kunst genügte und man die ästhetischen Verfahren als solche definierte – nicht als eine fast notwendige Auseinandersetzung mit dem, was diese »Entdecker« des modernen Alltags und »Übersetzer« von Umwelt oder Atmosphäre in Kunstprodukte tagtäglich und unabweisbar umgab.

Herauszuheben ist in diesem Kontext ebenso Brian Massumis Desideratum für eine historisierte Sichtweise unserer Sinne, eine Erarbeitung und Betrachtung vergangener erfahrener Lebenswelten und Atmosphären. Er schlägt eine Chronemik der Sinne und der Wahrnehmung vor, denn der Körper ist nicht »contained in a three-dimensional space.« Massumi bevorzugt explizit ein erweitertes Lexikon der Sinne: »It is not the present that moves from the past to the future. It is the future-past that continually moves through the present. How could it be otherwise? If the body were all and only in the here and now, unlooped by dopplerings, it would be cut off from its ›was's‹ (...) How could a body develop habits and skills? Are these not pastnesses primed in the present for the future? How could a body remember? (...) Most of all, how could a body change?« (Massumi 2002: 200)

Unser Körper existiert nicht nur im Hier und Jetzt, er hat sich eine raum-zeitliche Sinnesmultidimensionalität erarbeitet, die sich im Gedächtnis, in gelernten Körperverfahren, aber auch in der Gewohnheit niedergeschlagen hat. Unsere Sinneserfahrungen kommen nicht von ungefähr, um es etwas lapidarer auszudrücken – sie haben eine häufig auch kulturell programmierte Geschichte, die uns sehr oft unbewusst im Hier und Jetzt begleitet. Unsere Sinne sind aisthetisch miteinander verknotet, aber sie sind ebenso mit einer raum-zeitlichen Prägung verwoben.

Auch Michel Serres bevorzugt es, sich die Sinne als verknotet vorzustellen, nicht nur über verschiedene Zeitinstanzen, sondern auch funktional: Die Sinne arbeiten nicht getrennt oder trennbar voneinander (nicht zu verwechseln mit Synästhesie). Wie etwa David Howes in seiner Einführung zum Band *The Empire of the Senses* zusammenfasst: »intersensoriality« (in seinem Verständnis auch ein Konzept oder Bild eines Knotens) »is a useful notion for enucleating both the complicated (imbricated or twisted) nature of everyday perception and the embodied ›compacity‹ of the senses« (Howes 2005: 12). Es ist daher wenig überraschend, wenn Wahrnehmungshistoriker von einer Tendenz zur Entgrenzung bei den Sinnen sprechen und dabei auch deren Bedeutung für eine kulturelle Programmierung des oder der Einzelnen betonen bzw. auf eine kulturelle Markierung, eine bestimmte Lesart bestimmer kultureller Kontexte verweisen, die durch die Sinne vorgenommen wird. So postuliert etwa Mark H. Smith: »We need to expose the senses for what they are: historically and culturally generated ways of knowing and understanding. (...) [T]he senses are not universal, are not transhistorical, and

can only be understood in their specific social and historical contexts.
The idea that a sense ›is‹ anything does enormous violence to the central idea that senses were lots of things.« (Smith 2007: 3)

Wenn wir, basierend auf Smiths Argumentation, bei Walter
Ruttmanns *Weekend* von 1930 vergangene Atmosphären wahrnehmen wollen, stellt sich unweigerlich die Frage, auf welche Art
unsere Zeit-Raum-Gewohnheits-Sinne gekoppelt sind mit den traditionell gefassten, westlich definierten, biologischen Sinnen? Dass
hier das Eine mit dem Anderen eng verbunden ist, durch kulturelle
»Trainingsprogramme«, sei außer Zweifel. Aber wie lässt sich das
neurologisch-physische Empfinden mit dem gefühlten, gewohnheitserlernten Wahrnehmen verbinden und ergründen? Wie etwa
hören wir Töne, die fast 100 Jahre alt sind, aber klingen, als kämen
sie aus der Straße unter uns? Wie erfassen wir das Zuklappen einer Autotür, ein Geräusch, das uns heute jeden Tag wiederholt erreicht, Menschen Anfang des 20. Jahrhunderts jedoch neu und ungewöhnlich erschien? Wie er-sinnen und erfahren wir historische
Atmosphären neu? Wenn man sich hineinhört in Ruttmanns Atmosphäre eines Wochenendes vor circa 80 Jahren, dann erinnern
die Anklänge, die Soundzitate, an noch immer bekannte Atmosphären, an ein Gebilde aus Klangfragmenten, die auf ganze Atmosphärengebilde hinweisen. Diese ineinander gelagerten Gebilde
werden in Ruttmanns Hör-Film direkt evoziert und der Wochenendalltag wird fragmentarisch lebendig.

Das 11–minütige »photographische Hörspiel« *Weekend*[8] ist
aufgeteilt in 6 Abschnitte, vergleichbar mit der Sektionierung wie
etwa in *Berlin: Sinfonie einer Großstadt* (1927). Ruttmann beginnt
mit einem »Jazz der Arbeit«, der in den »Feierabend« leitet und gefolgt wird von einer »Fahrt ins Freie.« Kirchenglocken ohne jedes
Nebengeräusch deuten auf die so benannte »Pastorale«, d. h. Klänge
eines Dorfes, fern von jeder Großstadt, werden evoziert. Begleitend
zu den Kirchenglocken hört man einzelne Tierlaute und das Klicken
von Bierhumpen. Das Stück endet mit einem »Wiederbeginn der Arbeit« und einem erneuten »Jazz der Arbeit«, der an die pumpen-

---

8 Anzuhören bei http://www.medienkunstnetz.de/werke/weekend/
(23. Juli 2012).

den, repetitiven Rhythmen der Industriemaschinerie im Film von
1927 erinnert. Jesse Shapins nennt diese Verweise Ruttmanns ein
»unveiling of modernity's ocularcentricity«, ein Aufbrechen der
Dominanz des Auges. Die Audio-Montage, Laut-Montage oder
auch der »blinde Film«, wie Ruttmann sein Werk nannte, wurde
sehr von seinem experimentiererfahrenen Freund Hans Richter geschätzt: »By not treating sound naturalistically as had become com-
mon in sound-film – that means when the mouth opens and moves,
then words must come out – but instead treating sound creatively and
musically, Ruttmann has in fact established the artistic domain for the
sound-film.« (zit. n. Shapins 2008: 13)[9] Wenn Shapins, oder W.J.T. Mitchell, den Shapins zitiert, aus Experimenten wie dem Ruttmanns
schließt, dass, in Mitchells Worten, Medien ineinander fassen – gemäß seines Diktums »all media are mixed media« (Mitchell 2006:
211) – und dass so etwas wie »pure« Visualität gar nicht existiert,
dann wird nur das Offensichtliche bestätigt: Die Unterschiede zwischen Sehen und Schauen oder zwischen Hören und Zuhören werden zunehmend nebensächlich, wenn man beim Versuch, eine ganze »Archäologie« oder auch nur einen Moment der sensorischen
Kulturgeschichte zu kartographieren, realisieren muss, dass die Sinne miteinander vernetzt, verknotet und alles andere als pur sind.

Demnach ergibt sich aus Ruttmanns »Miniatur des Alltags«
(Dammann 2005: 200) ein intersensorisches, multi-modales At-
mosphären-Gesamtkunstwerk besonders insofern, als »die Sprache (...) nur noch ein Geräusch unter vielen anderen [ist]« (Dammann 2005: 202) und Ruttmann, wie Dammann betont, sich nicht
mehr »direkt an die Einheit von Raum und Zeit gebunden« fühlt.
Die Montage macht's möglich. Und atmosphärisch gestaltet, nämlich in einem Neben- und Übereinander der akustischen Elemente, verbinden sich die 240 Einheiten (Ruttmanns mühsame, da
authentische, Aufnahmetechnik), innovativ geschnitten, zu einem Dunstkonzentrat von 11 Minuten Wochenenderlebnis. Die
Klangdimensionalitäten, so Ruttmann, untermalen hierbei die der
Raumerfahrung: »Die Tonaufnahme eines gesprochenen Wortes er-

---

9 Einen exzellenten Beitrag zu Ruttmanns Audioarbeiten leistet Daniel Gilfillan
2009.

gibt nämlich nicht nur die Lautphotographie dieses Wortes, sondern
auch das genau qualifizierte akustische Abbild des Raumes, in dem es
gesprochen wird. Das selbe ›Ja‹ von demselben Menschen in derselben
Lautstärke gesprochen ergibt in der Aufnahme ganz entscheidend verschiedene Resultate, je nachdem, ob es in einem Badezimmer, einer Kir-
che, im Freien oder – in einem gedämpften Filmatelier gesagt worden
ist.« **(zit. n. Dammann 2005: 205)**

Weekend bezeugt somit eine gesamtkunstwerkliche Atmosphäre, die – zwar fragmentiert-montagetechnisch zusammenge-
stückelt – ein ineinander fließendes Lautkunstwerk ergibt, mit welchem man noch heute die Möglichkeitsfelder eines Wochenendes
um 1930 erspüren und er-sinnen kann.

V. *UTOPIA STATION*: GESAMTKUNSTWERK ALS ATMOSPHÄRISCHER TREFFPUNKT

Im zweiten Beispiel präsentiert sich das Gesamtkunstwerk als
kollektives Produkt, in das alle Beteiligten mit jeweils ganz unterschiedlichen Beiträgen integriert sind. *Utopia Station* ist eine an-
dauernde Ausstellung, ein Event und Buchprojekt, das 2002 seinen
Anfang nahm und von Molly Nesbit, Hans Ulrich Obrist und Rirkrit Tiravanija konzipiert wurde. Seit einem ersten Zusammentref-
fen von Künstlern und AutorInnen im Jahre 2003 hat dieses Projekt multiple Formen angenommen. Die Inhalte von *Utopia Station*
verändern sich stets, das multimediale Projekt (Webseite, Publikation, Performance) selbst ist variabel, seine Identität fließend, und
jede angenommene Form ist zunächst immer erst ein Zusammen-
treffen (»gathering« oder »assemblage«). Die Organisatoren, die
Utopia Station unter anderem auf der Venedig Biennale 2003 prä-
sentierten, beschreiben es wie folgt: »The Station itself will be filled
with objects, part-objects, paintings, images, screens. Around them a
variety of benches, tables, and small structures take their place. It will
be possible to bathe in the Station and powder one's nose. The Station,
in other words, becomes a place to stop, to contemplate, to listen and
see, to rest and refresh, to talk and exchange. For it will be completed
by the presence of people and a program of events. Performances, con-
certs, lectures, readings, film programs, parties, the events will multi-
ply. They define the Station as much as its solid objects do. But all kinds

of things will continue to be added to the Station over the course of the summer and fall. People will leave things behind, take some things with them, come back or never return again. There will always be people who want to leave too much and others who don't know what to leave behind or what to say.« (Nesbit/Obrist/Tiravanija 2003)[10] Bezeichnenderweise lässt sich das *Utopia Station*-Projekt mit einem kurzen Statement zusammenfassen, das sein Potential, aber auch seine Flüchtigkeit wiedergibt: »For now we meet.« (Abb. 2)

Dem intermedialen Charakter eines atmosphärischen Gesamtkunstwerks und einer Station, auf der man sich zufällig auf eine Begegnung einlassen kann, entspricht rein visuell das Bild Wong Hoy Cheongs. Dieses gesamtkunstwerkliche Mengendiagramm, in welchem der eine Blick den anderen komplett umfängt und umgekehrt, den im Gesamtkunstwerk eingebauten Rückspiegel mit integrierend, von dem Flusser sprach, zeigt das Atmosphärische im Dialog, in der Kommunikation mit dem bzw. den Anderen. Es erfasst aber auch das Umliegende, das Dahinter und Daneben im Trichter, der den Anderen umfängt und mit einschließt. Das »for now we meet« ist atmosphärisch gedacht, ein »encounter« in der Dunstkugel oder im Dunst-Trichter des oder der anderen, die sich aufeinander einlassen, in welcher Form auch immer.

Dass weder Ruttmann noch *Utopia Station* in Pixeln realisiert werden, versteht sich von selbst; *Utopia Station* wirkt weiterhin in diversen Medien, wovon die Webseite mit PDF-Dokumenten der einzelnen Plakate oder Objekte nur eine Präsentation des multi-modalen Projektes ist. Trotzdem beginnen *Weekend* und *Utopia Station* eine neue, innovative Arbeit mit dem Erbe des Fragmentgedankens und weisen auf die pixelbedingten Atmosphären hin, denen wir im Internet, in Videospielen und anderen digitalen Umwelten begegnen.

VI. STEVE TOMASULA UND *TOC*

Als weiteres Beispiel möchte ich daher auf Steve Tomasula und Stephen Farrells Multimedia-Roman *TOC* hinweisen (Tomasula

---

10 Außerdem dazu: Follett 2011.

Abb. 2: Wong Hoy Cheong: »When
My Gaze = Yours« *(Utopia Station
2003: #142)*[11]

2009). Dieser auf DVD erhältliche Roman übertrifft den Audio-
Film Ruttmanns und auch das multi-mediale, multi-modale Projekt
von *Utopia Station* in seiner Intermedialität. *TOC* wurde bisher als
ein literarisches Ereignis gefeiert, das weder Computerspiel noch
interaktiver Film sein will, sondern neue Parameter entwickelt, um
des Lesers literarische Vorstellungskraft herauszufordern. Hier jedoch ergibt sich für den Kritiker oder Wissenschaftler ein Problem:
Hat der Leser, die Leserin es tatsächlich noch mit einem Roman
zu tun, auch wenn die offizielle Bezeichnung von *TOC* so lautet,
obwohl sämtliche traditionellen Genreetiketten offensichtlich ge-
sprengt werden? Oder soll der DVD-Roman als ein filmischer Hy-
pertext gelesen werden, ein rhizomatisches Muster zeichnend, dessen Lektüre oder atmosphärische Wahrnehmung hauptsächlich
von visuellen und auditiven Hinweisen markiert wird?

Laut Christiane Heibach und Katherine Hayles benötigen
wir neue Richtlinien für die Rezeption von intermedialen, intersensorischen Gesamtkunstwerken wie *TOC*. Die Atmosphäre, die *TOC* dem Leser schafft, bzw. mit der dieser konfrontiert

11 http://www.e-flux.com/projects/utopia/art/145cheong/index.html
(24. Juli 2012).

wird, ist weit entfernt davon, mit raschelnden Blättern und imaginären Gedankenräumen aufzuwarten. Die Bilder sind gemacht, die Musik erklingt, das Oral-literarische des Erzählers wird vernommen. Aber wie evaluieren wir den ästhetisch-atmosphärischen Erfahrungswert? Heibach etwa schlägt vor, dass wir den Begriff »Literaturwissenschaft« ausweiten hin zu einer »vergleichenden Sprachkunstwissenschaft« und dass Literaturanalyse »kollektive Produktionsformen; prozessuale Projekte; intertextuelle, intersemiotische und transformative Darstellungsformen; sprachbasierte, vernetzte Aktionen; selbstreferentielle Codekunst« mit einschließt (Heibach 2003: 267); und Hayles fordert, dass Literaturkritik sich konzentrieren solle auf »the in-mixing of human and machine cognition; the reimagining of the literary work as an instrument to be played (...); and the rupture of the narrative and the consequent reimagining and representation of consciousness not as a continuous stream but as the emergent result of local interactions between cascading neural processes and subcognitive agents, both biological and mechanical« (Hayles 2008: 84). Tomasulas Roman ist interaktiv – auch wenn des Lesers Navigationsmöglichkeiten begrenzt sind – und bemüht sich um eine digitalisierte, gesamtkunstwerkliche Erfassung der Raum-Zeit-Erfahrung. Tomasula spielt mit der Wahrnehmung einer äußeren und inneren Zeiteinteilung, oder Zeitzuweisung – biologisch-konkret in der Schwangerschaft der Protagonistin festgehalten, deren Mann auf dem Sterbebett liegt –, die bildlich auf historische Archive verweist, etwa auf die Erfindung der Perspektivität von Alberti, sowie durch die Stimme eines Erzählers, der narrativ Gedächtnisarbeit stimuliert. Hayles, die in ihrem neuen Buch als eine der ersten Wissenschaftler/innen *TOC* kritisiert (vgl. auch Pellegrin 2010), fasst wie folgt zusammen: »The distinction between measured time and time as temporal process can be envisioned as the difference between exterior spatialization and interior experience: hands move on a clock, but (as Bergson noted) heartbeat, respiration, and digestion are subjective experiences that render time as Duration and, through cognitive processes, memory.« (Hayles 2012) Der Zeitkomplex, so Hayles, funktioniert in *TOC* »like a Moebius strip, with one temporal regime transforming into another just as the outer limit of the boundary being traced seems to reach its apotheosis.«(Ebd.)

Tomasulas Roman entspricht demnach Massumis Forderung nach einer raum-zeitlichen Sinnesmultidimensionalität, die sich im Gedächtnis, in gelernten Körperverfahren, aber auch in der Gewohnheit niedergeschlagen hat. *TOC* referiert jedoch auch auf Ruttmanns Montage-Technik insofern, als die Raum-Zeit-Erfahrung »geschnitten« und dann wieder aufbereitet wird – dieses Mal in Pixel: »The main story of *TOC* was originally published as a text-only story in *Literal Latte* in 1996; a year or so later I worked with Stephen Farrell to make a word-image version, which came out in *Émigré*. Spreads from *Émigré* were hung as a Moebius strip from the ceiling in an exhibit at The Center for Book and Paper Arts (in Chicago), where Maria and I also did a reading of the story with images projected on a screen behind us, and this was sort of the genesis of *TOC* as a multimedia piece – theater, in a way, was always part of it. I began thinking of it not just as a stand-alone story, but as a piece in a multi-media whole: I began to write brief chapters around it, basically using that story as the ›present‹ and extending the story back towards mythic time, and forward toward a future. I began to write other sections, thinking about how they all relate as part of a matrix of stories about customs, and history, but a history in which characters don't know all the parts because some parts haven't happened yet, while others are so old they've been forgotten. Mapping it out was pretty much just taping paper sheets together and creating a flow chart for how things would link together, sketching out a storyboard for how they would fit together, as well as create a flowchart for the commands that a reader would activate to move through the story.« **(Tarnawsky 2011)**

Das Konzept des Möbius-Bandes hält den Leser gefangen in der Navigation des Multimedia-Romans, aber auch in der Atmosphäre eines Kosmos, der, bestimmt von den Orientierungskonstrukten »Kronos« und »Logos«, Vergangenheit, Gegenwart und Zukunft miteinander verschmilzt, bzw. deren Grenzziehungen nivelliert. Der Leser sieht sich somit im Prozess der Erkundung mit einer Atmosphäre konfrontiert, die nicht nur die eigenen Sinneserfahrungen ent-täuscht und deren kulturelle Programmierung er-

fahrbar macht, sondern sich selbst als Leser-Gedächtnisraum entlarvt, dem die temporal gesetzten Grenzen fehlen. Ein Zerstäuben
der Orientierungspunkte in der Intermedialität.[12] (Abb. 3)

VII. FAZIT

Um nun zu vermeiden, dass in diesem Beitrag die Form dem
Inhalt folgt, dass sich der Text also zum Ende hin multi-dimensi-
onal zerstäubt, möchte ich auf die Aisthetik der Avantgarden zurückkommen, die sich ja formell, nämlich im Experiment, auch in
Tomasulas Werk wieder finden lassen. Ich plädiere daher abschließend für eine historisierende Wahrnehmung und Erschließung von
Atmosphären, für eine historisch-punktuelle Aufarbeitung von
Atmosphären in der Sinneserfahrung anderer, schon vergangener
Wahrnehmender. Der Begriff der Atmosphäre ist zu sehr dem Jetzt
ergeben, und evoziert auch (noch) nicht das Prozesshafte, das etwa
in einem Projekt wie *Utopia Station* zum Thema wird und – wie
bei Tomasula – mit Gedächtnis- und Zeiträumen verwoben ist.

Zu Anfang dieses Beitrags versprach ich eine Vernetzung herzustellen zwischen dem Gesamtkunstwerk als historischem Konzept und intermedialen, grenzüberschreitenden Phänomenen,
die sich zerstäubenden, also rahmenlosen, grenzenlosen Gesamtkunstwerken ähneln. Die Frage nach der Form, im vorhergehen-
den Absatz schon angedeutet, wird hierbei zentral, verheddert sich
doch das Gesamtkunstwerk stets in der Formfrage. So habe ich
behauptet, dass, prinzipiell, die Atmosphäre ein Gesamtkunstwerk *ist*. Genauso behaupte ich jetzt andersherum, auch wenn es
als sinnlose Umkehrung erscheinen mag, ein Gesamtkunstwerk *ist*
eine Atmosphäre. Die divers auftretende Form eines Gesamtkunstwerks beschränkt sich demnach heute nicht mehr auf die bestehende Problematik der Moderne, die Jay Bolter und Maria Engberg wie folgt diagnostizieren: »what is the relationship between
formal innovation and political action?« (Engberg/Bolter 2011)
Das Gesamtkunstwerk als Atmosphäre ermöglicht einen völlig
neuartigen Zugang in die (auch vergangenen) Welten der »Leben

---

12 Zur Intermedialität in der Literatur vgl. auch Schmidt/Valk (Hg.) 2009.

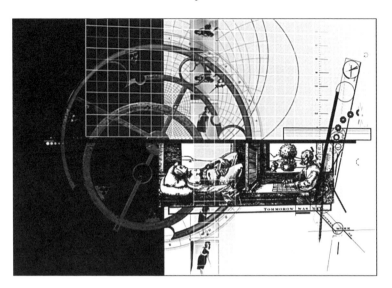

Abb. 3: Aus Steve Tomasula, TOC – der Kranke im perspektivischen Blick.

als Kunst – Kunst als Leben«-Philosophien und -Ideologien, die
die Alltags(gesamt/kunst)produkte der Avantgarden so vehement
auszureizen versuchten. Insofern werden nicht nur die durch Gesamtkunstwerke animierten Sinneserfahrungen mit einbezogen,
sondern auch die Zeit-Raum-Gewohnheitsprozesse, die, zusammen mit den Sinneserfahrungen, ein Gesamtkunstwerk entgren-
zen, aber eine Atmosphäre noch (mit) einschließen. Entfällt damit
notwendig die Formfrage? Es wird sich zeigen müssen, zumindest
im Kontext der nachhaltigen Moderne, inwiefern »formal innovation« und »political action« auch in der Atmosphäre aufeinander-
treffen.

LITERATUR

Böhme, Gernot (1995):
*Atmosphäre. Essays zur
neuen Ästhetik*, Frankfurt
a. M.: Suhrkamp.

Böhme, Gernot (2006):
*Architektur und Atmosphä-
re*, München: Fink.

Campen, Cretien van
(2010): *The Hidden Sense.
Synesthesia in Art and
Design*, Cambridge, Mass.:
MIT Press.

Dammann, Clas (2005):
*Stimme aus dem Äther –
Fenster zur Welt. Die
Anfänge von Radio und
Fernsehen in Deutschland*,
Köln: Böhlau.

Engberg, Maria/Bolter,
Jay David (2011): »Digital
Literature and the
Modernist Problem,« in:
*Digital Humanities Quar-
terly* 5.3, http://digitalhu-
manities.org/dhq/
vol/5/3/000099/000099.
html (1. Juli 2012).

Ernst, Christoph (2006):
»Verwurzelung vs.
Bodenlosigkeit: Zur Frage
nach ›Struktureller
Fremdheit‹ bei Vilém
Flusser«, in: *Flusser
Studies* 02 (Mai 2006),
http://www.flusserstu-
dies.net/pag/02/struktu-
relle-fremdheit02.pdf
(23. Juli 2003).

Fetscher, Justus (2006):
»Tendenz, Zerrissenheit,
Zerfall. Stationen der
Fragmentästhetik
zwischen Friedrich
Schlegel und Thomas
Bernhard«, in: Sorg, Reto/
Würffel, Stefan Bodo
(Hg.): *Totalität und Zerfall
im Kunstwerk der Moderne*,
München: Fink, S. 11–32.

Flusser, Vilém (1996):
*Zwiegespräche: Interviews
1967–1991*, Göttingen:
European Photography.

Follett, Danielle (2011):
»And a loose community
assembles«. An interview
with Molly Nesbit,
Co-curator of Utopia Stati-
on (December 10, 2007),
in: Finger, Anke/Follett,
Danielle (Hg.): *The
Aesthetics of the Total
Artwork: On Borders and
Fragments*, Baltimore:
Johns Hopkins University
Press, S. 129–141.

Gilfillan, Daniel (2009):
*Pieces of Sound: German
Experimental Radio*,
Minneapolis: University of
Minnesota Press.

Glöde, Marc/Curtis,
Robin/Koch, Gertrud (Hg.
2011): *Synästhesie-Effekte.
Zur Intermodalität der
ästhetischen Wahrneh-
mung*, München: Fink.

Goetz, Rainer/Graupner,
Stefan (Hg. 2007):
*Atmosphäre(n). Interdiszi-
plinäre Annäherungen an
einen unscharfen Begriff*,
München: Kopaed.

Hauskeller, Michael (1995):
*Atmosphären erleben:
Philosophische Untersu-
chungen zur Sinneswahr-
nehmung*, Berlin: Akademie.

Hayles, Katherine (2008):
*Electronic Literature. New
Horizons for the Literary*,
Notre Dame: University of
Notre Dame Press.

Hayles, Katherine (2012):
»Tech-TOC: Complex
Temporalities in Living
and Technical Beings«,
28. Juni 2012, http://www.
electronicbookreview.
com/thread/fictionspre-
sent/inspective (02. Sep-
tember 2012), auch in:
Dies. (2012): *How We
Think: Digital Media and
Contemporary Technogen-
esis*, Chicago: Chicago
University Press,
S. 85–122.

Heibach, Christiane
(2003): *Literatur im
elektronischen Raum*,
Frankfurt a. M.: Suhr-
kamp.

Heibach, Christiane (2010): *Multimediale Aufführungskunst. Medienästhetische Studien zur Entstehung einer neuen Kunstform*, München: Fink.

Henckmann, Wolfhart (2007): »Atmosphäre, Stimmung, Gefühl«, in: Goetz, Rainer/Graupner, Stefan (Hg.): *Atmosphäre(n). Interdisziplinäre Annäherungen an einen unscharfen Begriff*, München: Kopaed, S. 45–84.

Higgins, Dick (1969): *foew&ombwhnw. A grammar of the mind and a phenomenology of love and a science of the arts as seen by a stalker of the wild mushroom*, New York: small print distribution.

Higgins, Dick (1997): *modernism since postmodernism: essays on intermedia*, San Diego: SD State University Press.

Howes, David (Hg. 2005): *Empire of the Senses: The Sensual Culture Reader*, New York: Berg.

Marquard, Odo (1983): »Gesamtkunstwerk und Identitätssystem. Überlegungen im Anschluß an Hegels Schellingkritik«, in: Szeemann, Harald (Hg.): *Der Hang zum Gesamtkunstwerk*, Aarau: Sauerländer, S. 40–49.

Massumi, Brian (2002): *Parables for the Virtual: Movement, Affect, Sensation*, Durham: Duke University Press.

Mitchell, W.J.T (2006): *What do Pictures Want? The Lives and Loves of Images*, Chicago: University of Chicago Press.

Nesbit, Molly/Obrist, Hans Ulrich/Tiravanija, Rirkrit (2003): »What is a Station?«, http://www.e-flux.com/projects/utopia/about.html (24. Juli 2012), auch in: Finger, Anke/Follett, Danielle (Hg. 2011): *The Aesthetics of the Total Artwork: On Borders and Fragments*, Baltimore: Johns Hopkins University Press, S. 128–129.

Ogawa, Tadashi (2001): *Grund und Grenze des Bewußtseins. Interkulturelle Phänomenologie aus japanischer Sicht*, Würzburg: Königshausen & Neumann.

Pellegrin, Jean Yves (2010): »Tactics against Tic-Toc: Browsing Steve Tomasula's New Media novel« in *Etudes Anglaises* 63/2, S. 174–190.

Schmidt, Wolf Gerhard/Valk, Thorsten (Hg. 2009): *Literatur intermedial. Paradigmenbildung zwischen 1918 und 1968*, Berlin/New York: de Gruyter.

Shapins, Jesse (2008): *Walter Ruttmann's ›Weekend‹: Sound, Space, and the Multiple Senses of an Urban Documentary Imagination*, www.jesseshapins.net/writings/JShapins_RuttmannWeekend_Jan2008.pdf (23. Juli 2012).

Smith, Mark M. (2007): *Sensing the Past: Seeing, Hearing, Smelling, Tasting, and Touching in History*, Berkeley: University of California Press.

Söring, Jürgen (2006): »›Das angefertigte Werk ist eine Absage gegen Zerfall und Untergang‹. Plädoyer für ästhetische Ganzheit«, in: Sorg, Reto/Würffel, Stefan Bodo (Hg.): *Totalität und Zerfall im Kunstwerk der Moderne*, München: Fink, S. 33–48.

Szeemann, Harald (Hg.
1983): *Der Hang zum
Gesamtkunstwerk*, Aarau:
Sauerländer.

Tarnawsky, Yuriy (2011):
»Interview with Steve
Tomasula«, in: *RAINTAXI
online* (Spring 2011),
http://www.raintaxi.com/
online/2011spring/
tomasula.shtml# (17. April
2012).

Tomasula, Steve (2009):
TOC: A New Media Novel,
Birmingham: University of
Alabama Press, 2009.
http://www.tocthenovel.
com/clips/readers_guide.
html (24. Juli 2012).

Wagner, Richard (1983):
»Das Kunstwerk der
Zukunft«, in: Ders.:
Dichtungen und Schriften,
Bd. 6, hg. v. Dieter
Borchmeyer, Frankfurt
a. M.: Insel.